长江大保护司法论坛文集

（第二卷）

覃文萍 主编

法律出版社
LAW PRESS·CHINA
北京

图书在版编目（CIP）数据

长江大保护司法论坛文集. 第二卷 / 覃文萍主编.
北京 : 法律出版社, 2024. -- ISBN 978 -7 -5197 -9460 -6
Ⅰ. D922.682.4 -53
中国国家版本馆 CIP 数据核字第 20240JJ156 号

长江大保护司法论坛文集(第二卷)
CHANGJIANG DA BAOHU SIFA LUNTAN WENJI (DI-ER JUAN)

覃文萍 主编

策划编辑 邢艳萍
责任编辑 邢艳萍
装帧设计 臧晓飞

出版发行 法律出版社
编辑统筹 法律应用出版分社
责任校对 朱海波
责任印制 刘晓伟
经 销 新华书店

开本 787 毫米×1092 毫米 1/16
印张 28.75 **字数** 451 千
版本 2024 年 9 月第 1 版
印次 2024 年 9 月第 1 次印刷
印刷 固安华明印业有限公司

地址:北京市丰台区莲花池西里 7 号(100073)
网址:www.lawpress.com.cn
投稿邮箱:info@lawpress.com.cn
举报盗版邮箱:jbwq@lawpress.com.cn

销售电话:010 -83938349
客服电话:010 -83938350
咨询电话:010 -63939796

书号:ISBN 978 -7 -5197 -9460 -6
定价:128.00 元

凡购买本社图书,如有印装错误,我社负责退换。电话:010 -83938349

编审委员会

主　任　游劝荣

副主任　覃文萍　吕小武

成　员（以姓氏笔画为序）

冯　果　杜人杰　汪习根　张乐喜

陈　旗　陈柏峰　赵文革　秦天宝

袁正英　覃　林

编辑委员会

主　编　覃文萍

副主编　陈　旗　赵文革　汪习根

前　言

为深入贯彻习近平生态文明思想和习近平法治思想，全面贯彻落实党中央和习近平总书记关于推动长江经济带高质量发展的系列重要指示精神，推动《长江保护法》正确有效实施，在全国人大常委会、中国法学会、最高人民法院、中共湖北省委、省委政法委的关心支持下，湖北省高级人民法院、长江海商法学会、武汉大学、华中科技大学、中南财经政法大学、人民法院环境资源审判理论研究(武汉大学)基地六主办单位于2023年11月25日至26日在湖北省武汉市成功举办第二届长江大保护司法论坛。

党的十八大以来，以习近平同志为核心的党中央高度重视长江大保护和长江经济带高质量发展，作出“共抓大保护、不搞大开发”“生态优先、绿色发展”“谋长远之势、行长久之策、建久安之基”等一系列重要工作指示。湖北省委、省政府深入贯彻落实党中央决策部署，自觉扛牢生态大省的政治责任，将修复长江生态环境摆在压倒性位置，编制实施流域综合治理和统筹发展规划纲要，深入开展长江高水平保护十大攻坚提升行动，着力以流域综合治理为基础的四化同步发展，持续推动长江经济带高质量发展。长江大保护司法论坛组委会紧扣时代发展脉搏，在最高人民法院的有力指导及湖北省委、省委政法委的坚强领导下，围绕当前长江大保护亟待研究解决的热点、难点与堵点问题，研究确定第二届长江大保护司法论坛主题为“长江流域治理法律保障研究”，并从长江保护的法律法规配套立法、执法、司法等方面设计三个分论坛议题，邀请到来自境内外相关领域的众多专家学者积极参与，旨在通过打造长江全流域法治共同体参与及共享平台，为深入推进长江流域治理现代化及实现长江经济带高质量发展持续贡献前瞻理论与实践支撑。

第二届长江大保护司法论坛，接续发扬首届论坛举办的成功经验，彰显专业务实、开拓创新的特色定位，邀请到一批国内外重要嘉宾出席论坛。中国法学会副会长甘藏春,中共湖北省委常委、省委政法委书记肖菊华,水利部长江水利委员会党组书记、主任刘冬顺,克莱恩斯欧洲环保协会(Client Earth)亚洲区主任、北京代表处首席代表龙迪等出席论坛开幕式并致辞。全国人大常委会委员、环境与资源保护委员会副主任委员、农工党中央副主席、中国法学会副会长、环境资源法学研究会会长吕忠梅,全国人大常委会委员、宪法和法律委员会委员、中国法学会副会长许安标,中国法学会副会长、最高人民法院咨询委员会副主任委员江必新,中国工程院院士、华中科技大学土木与水利工程学院教授、国家数字建造技术创新中心首席科学家丁烈云,最高人民法院环境资源审判庭庭长吴兆祥,生态环境部首席法律顾问、中国法学会环境资源法学研究会副会长别涛,最高人民检察院第八检察厅副厅长邱景辉,武汉大学教授、上海政法学院特聘教授、最高人民法院环境资源司法研究中心学术委员会副主任、最高人民法院环境资源审判咨询专家王树义,香港大学法学院博士生导师、助理教授夏颖等出席论坛并做主旨演讲。本届论坛共收到226篇学术论文,来自国(境)内外相关领域领导、专家学者和优秀论文获奖作者共190余名代表参与论坛。与会代表聚焦"长江流域治理法律保障研究"论坛主题,紧紧围绕《长江保护法》实施过程中的问题,就《长江保护法》的配套立法与发展、执法协作协同机制的改革与创新、司法跨领域协同协作等展开深入研讨,贡献出各自在相应领域从实践到思维再到制度体系等方面前瞻性经验总结或对策建议,形成了一批具有应用对策价值的原创成果,在加大长江大保护良法供给、提升流域执法协作整体效能、强化流域司法职能作用、加强科技助力长江司法保护等方面达成了一系列共识。

为巩固与拓展论坛成果,充分发挥论坛高质量研究成果的决策参考和实践指导作用,论坛组委会决定将第二届长江大保护司法论坛部分主旨演讲、优秀获奖论文、司法观点综述等结集出版,既为充分展示相关领域从事理论研究与实务实践的部门为长江大保护所做的有益探索与积极实践,又期冀为深化理论研究、推进具体实践、增强服务保障等提供有益借鉴或启示。希望社会各界持续关心、关注并积极参与长江大保护司法论坛,汇聚众智、凝聚合力,共同为推动论坛常态化、国际化举办持续积极贡献力量,努力将党中央和习近平总书记关于长江大保护的一系列重要指示切实转化为生机勃勃的理论探索和实践成果。

最后,衷心感谢为本届论坛提供帮助、支持和指导的有关部门和领导!向所有参加本届论坛的专家学者致以崇高敬意!让我们携起手来,继续为长江大保护和实现长江经济带高质量发展贡献更多智慧,坚定不移为支撑和服务保障中国式现代化提供源源不断的积极力量!

2024 年 2 月 20 日

目录

附件

1. 智慧法院建设背景下长江大保护司法联动机制构建研究

唐　宁*

内容摘要：开展长江大保护工作是新时代打赢污染防治攻坚战面临的复杂考验，是中国式法治现代化进程中向生态文明图景迈进的关键环节。在长江大保护治理结构这一复杂系统中，极为鲜明地凸显出裁判依据供给充分但体系统合不足、涉案主体繁多不利于裁判尺度统一、沿线地方发展多重公共政策考量难以平衡与数据碎片化无权威整合处理平台等体制障碍。现有的智慧法院建设成果为破解前述难题提供了联动企业数据优化营商环境、融入遥感数据形成实时感知与整合典型判决完善类案检索三处关键切入点。具体而言，在数据获取环节逐次完善与其他主体数据来源对接机制，在数据处理环节以智能化方法进行长江大保护裁判文书识别与整理，在数据利用环节建设服务于长江大保护的司法裁判法律信息库，可以初步完成智慧法院助力下长江大保护司法联动机制的构建，并为后续的机制优化预留制度空间。

关键词：长江大保护　智慧法院　复杂系统　计算社会科学

长江是中华民族的母亲河，是我国重要的生态安全屏障，是中华民族发展的重要支撑。推动长江经济带发展是党中央作出的重大决策，是关系国家发展全局的重大战略。近年来，在全力打好污染防治等"三大攻坚战"的进程中，长江大保护工作推进取得显著成效。以武汉市为例，经过深入推进河湖水环境综合治理，以"三湖三河"流域、东沙湖、汉阳六湖为重点，武汉市推进水环境治理与污水处理设施建设，全面完成13个劣Ⅴ类湖泊和52个Ⅴ类湖泊整治提升，构建水清岸绿、截污控源的水环境治理体系，实现了生态效益与社会效益的较

---

* 唐宁，法学硕士（环境与资源保护法学），武汉市中级人民法院环境资源审判庭法官助理。

好统一。与此同时,在总结长江沿岸生态环境治理巨大成就的同时,仔细考察长江大保护工作覆盖的所有细节,发现部分环节与关键要害处的隐患风险仍然存在。一个典型的例证是,党的二十大记者招待会上,原生态环境部党组成员、副部长翟青透露:在长江干流及重要支流入河入海排污口排查工作中发现6万多个口站,是先前地方掌握数字的近30倍。此项排查工作本身就是借助遥感、无人机等现代技术手段完成的。

以"中国式现代化"推进"美丽中国"建设离不开科学技术的支持。作为推动社会发展的第一生产力,科技力量是长江大保护的重要支撑。妥善解决具有高度科技性的环境法律问题的不二法门,依然在科技创新之中。科技创新是实现经济社会发展和构建人与自然生命共同体的关键所在。这种关键性、基础性的支撑作用,也无一例外地体现在人民法院的日常工作中。数字时代,没有信息化就没有现代化。2017年最高人民法院发布《关于加快建设智慧法院的意见》,2019年最高人民法院印发《人民法院信息化建设五年发展规划(2019—2023)》,2022年中国社会科学院法学研究所连续六年发布《法治蓝皮书·中国法院信息化发展报告》。作为司法领域守正创新的典型实践,智慧法院建设进程中,人民法院各部门合理使用数据科学方法对复杂的案件事实、法院裁判行为及社会运行效果进行深度精细整理与研究,一方面促进了纠纷的高质量解决,更加强有力保证了在个案中实现公平正义;另一方面也为不限于法学的社会科学领域的研究人员提供了重要的观察和分析人类社会复杂系统及行为模式的独特视角。

我国智慧法院建设已经迈入更高平台,从网络执行查控、资质信用惩戒、司法链平台基础存证验证、全流程无纸化等拓展深入到人民法院日常司法工作的各个领域,与服务我国现阶段重大战略需求紧密关联。2021年,最高人民法院环境资源审判庭表示将构建长江全流域的环境资源审判协作机制,加强最高人民法院、流域各级人民法院与长江流域管理部门、各地生态环境保护执法单位的协调联动,共同推进长江保护工作,深化长江流域生态环境整体保护和治理。在此背景下,长江大保护战略实施天然地将智慧法院建设进程与人民法院环境资源审判职能紧密联系在一起,形成了激发新动能、创造新方法、解决新问题的良性互动机制。基于此种考虑,笔者拟以提炼长江大保护司法联动机制的智能化需求为原点,剖析智慧法院建设工作可能助力长江大保护进程的关键环节,以信息技术手段回应现实问题为主要切入点,构想智慧法院建设与司法助力长江大保护的良性互动机制(如图1所示)。

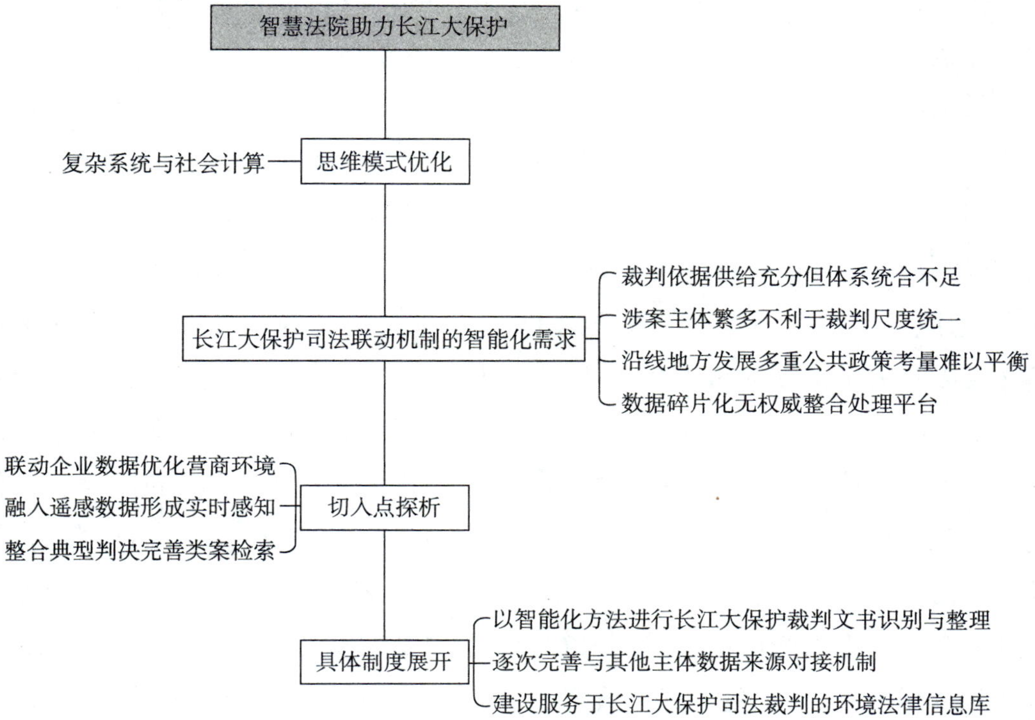

图1　智慧法院建设与司法助力长江大保护的互动机制

一、社会计算与复杂系统视野下的长江大保护

在方法论上,考察智慧法院建设助力长江大保护司法联动进程的深层法理动因,是近30年来复杂系统理论与计算社会科学方法在法律运行及法学研究领域的深入应用。计算社会科学(社会计算)以复杂社会系统中涌现出的具体问题为研究对象,但与人文社会科学传统方法相比,计算社会科学的兴起是一场全面、综合与深层次的变革与创新。这种方法,在社会科学研究中,以种族歧视和呼吁投票运动为起点,迅速扩展到气候变化应对对策提出、新型冠状病毒肺炎大流行规律探究、企业创新创业方案生成等新兴前沿议题中。[1] 对于其

[1] 参见[日]今井耕介:《量化社会科学导论》,祖梓文、徐轶青译,上海财经大学出版社2020年版,第87页。

中较为成型的方法与手段,可以考虑积极稳妥地加以使用,服务于长江大保护进程。

透过现象看本质,长江大保护进程中的智慧法院建设特殊性在理论上的两个前提是,对生态环境治理等复杂系统的认知和计算社会科学及社会计算方法的广泛运用。

长江大保护工作的对象是人与自然互动及人类社会经济活动自发涌现的复杂系统。由于其有机组成部分之间,或特定社会子系统与其环境之间的依赖关系相互作用,复杂系统中的行为在本质上难以用简单的线性规律描述。系统之所以"复杂",系具有这些关系所产生的不同特性,例如,非线性、涌现、自发秩序、适应和反馈循环等。在方法论上,计算社会科学与社会计算两者对多学科交叉以及因果推断的重视程度不同。计算社会科学广泛运用人文与社会科学甚至环境科学领域的知识,与社会计算方法相结合,形成各自学科领域内的结论及政策建议。相较而言,社会计算方法在聚焦点上更集中于技术路径的优化与系统设计的完善。这一领域有代表性的研究突出表现在从大量用户在线行为数据中发现其中隐含的用户行为模式和兴趣偏好的方法和技术,以及如何回过头来设计更为便捷地发现用户行为模式和兴趣爱好的平台方案,具体而言是搜索意图的分析、购物模式的发现、周期行为的挖掘、标签的有效聚类、评论意见的挖掘、用户偏好的发现、个性化推荐方法。[1] 对比而言,计算社会科学是集计算机科学、统计学以及社会科学于一体的新兴研究领域,其目的在于运用创新的计算方法来研究社会议题。[2] 计算社会科学的核心特质是突出跨学科合作的重要性,也即一项使用计算社会科学方法的研究结合了社会科学领域的专家以其敏锐的洞察力与经验为相关研究问题、数据源和获取方法提供重要的理论知识,同时高度依赖统计学专家和计算机科学家在开发数学模型和计算工具方面的专业知识。以计算社会科学在环境治理领域的使用为例,较为典型的研究是在已经获取的海量数据的基础上,通过批量处理技术完成卫星图片识别、比对与判定,以在现实的环境执法过程中提升执法人员发现违法行为的效

---

〔1〕 参见刘红岩:《社会计算:用户在线行为分析与挖掘》,清华大学出版社 2014 年版,第 56 ~ 64 页、第 84 ~ 87 页。

〔2〕 See Hofman J. M., Watts D. J., Athey S. et al., *Integrating Explanation and Prediction in Computational Social Science*, 595 Nature, 2021, p. 181.

率，对违法程度进行初步的判断以供后续跟进的裁量，进而优化整体的行政执法流程。[1] 在覆盖范围上，计算社会科学这一领域的核心是由来自互联网、传感器网络和众包系统的新的、大规模的人口统计、行为和网络数据源来丰富传统的数据源，同时以机器学习、统计学、社交网络分析以及自然语言处理等技术辅助分析一系列与社会相关的议题，完成因果推断，进而提出具有高度针对性的政策建议。

二、我国现阶段长江大保护司法联动机制的智能化需求

在智慧法院建设布局中，人民法院积极适应信息技术革命，推动建立司法大数据管理和服务平台，在服务司法审判实践、提升审判管理质效、建立阳光司法机制、深化应用法学研究、助力科学决策等方面进行了积极有益的探索。具体到长江大保护工作的实际，考虑到长江沿线各地司法裁判具体样态的差异，仍有以下四处潜在的短板（智能化需求）需进一步明晰：

（一）裁判依据供给充分但体系统合不足

作为我国开展长江流域生态环境保护工作所依赖的指针，《长江保护法》坚持“生态优先、绿色发展”的战略定位，突出“共抓大保护、不搞大开发”的基本要求，针对长江流域的特点和存在的突出问题，设置了特别的制度措施，力图推动长江流域经济社会发展全面绿色转型，实现人与自然和谐共生。以《环境保护法》为环境基本法的我国环境法律体系在覆盖长江大保护工作时，可以提供足够的裁判依据支持，但针对长江流域生态系统特性专门定制的司法裁判观点集合、裁判说理方案、不同规则冲突时的缓释策略体系还没有形成，时代呼唤更为智能的裁判辅助系统。

（二）涉案主体繁多不利于裁判尺度统一

从唐古拉山脉到长三角入海口，长江大保护工作覆盖了自然保护区、风景名胜区、广泛的河道水网、港口码头、城市建成区、湿地网络等不同类型的生态

---

[1] Ben Chugg et al., *Detecting Environmental Violations with Satellite Imagery in Near Real Time: Land Application under the Clean Water Act*, The Regulation, Evaluation, and Governance Lab (RegLab) at Stanford University (August 2022), https://reglab.stanford.edu/publications/detecting-environmental-violations-with-satellite-imagery-in-near-real-time-land-application-under-the-clean-water-act/.

环境保护关注要点,其背后对应了党政机关、国有企业、私营企业、事业单位、农村集体经济组织、自然人等主体。诸多主体又因其经营状况、历史发展状况迥异,形成了各自对诉讼请求、公平正义的独特理解,人与自然互动关系的多样化格局,加之长江沿线各地法院对环境资源类案件裁判业务熟悉程度的差异,如何逐步实现裁判尺度的统一也是实现长江全流域覆盖高质量司法保护工作面临的挑战。

(三)沿线地方发展多重公共政策考量难以平衡

在最宏观的意义上,长江大保护与长江经济带建设以实现长江流域整体的生态效益、经济效益的最大化为终极依归。但落实到长江沿线每一行政单元,各地对经济发展、招商引资、工业园建设、移民安置等不同的考量维度、力度,也在不同程度上制约了长江大保护进程中各地法院的联动。如何在最大程度上统一涉及长江整体跨行政区域间生态价值的认知,溯江而上创造包容性强的公共政策共存格局,答案很可能来自应用技术手段对各类公共政策进行无差别、无偏见的精密评估。

(四)数据碎片化无权威整合处理平台

数据本身作为企业、执法部门行为最原始、最直接的记录,往往以电子证据的形式为司法裁判者所使用。来自地方发展与改革部门的意见表明:数据共享对共抓大保护意义重大,如水电气的数据可看出高污染企业运行情况,港口、航运企业间的数据可看出船舶运货的来源、品种、流向等,借助数据监管就能事半功倍。[1] 现阶段直接暴露的问题不仅是数据为各个主体所有,无有效的共享机制;更为深层次的掣肘是不同数据形式间存在认知限度上天然的隔离,亟须有效回应策略来打破或缓解此种隔离状态。

三、依托智慧法院建设构建长江大保护司法联动机制的切入点探析

从现有的研究中发现,法官可以将道德、经济、政策、习俗等因素作为裁判的重要依据,对司法判决的一般性适应后果进行考量,并对裁判规则起到了选

〔1〕 参见王贤:《长江大保护,科技撑不住?谨防科研成果与治江需求脱节错位》,载《半月谈》2021年第21期。

择、补强以及矫正的辅助性作用,进而在一定程度上完成对于司法裁判的预测。[1] 将此种方案应用于以司法手段助力长江大保护的进程中时,考虑到长江流经省份众多,沿岸自然地理条件差异较大,此类预测虽然可以揭示法律现象之间的"相关性",但难以发现法律实践的"因果律"。另外,单纯从现有的数字法学(计算法学)成果出发,[2]将现阶段对于算法研究的成果简单套用在环境司法进程的方案中也未必可取,原因在于长江流域法治问题自身特性决定了其价值挖掘的算法化存在较大障碍,也在于长江流域生态环境保护的法治命题一旦面向实践,必然是具体化、区域化与个性化的。[3] 此时,智慧法院的建设成果成为构建长江大保护司法联动机制的一个数据获取的合理性合法性完备、覆盖自然环境地域恰当、具有较强司法公信力的天然支点,具体而言有以下三个切入方向:现有的智慧法院建设成果可以联动企业数据为裁判提供校准依据,兼顾优化营商环境与推进生态治理双重公共政策目标;可以与已经较为成熟的遥感信息数据融合,形成对于跨行政区域长江保护实时样态的无延时感知,以优化自由裁量权的行使;可以整合在长江大保护进程中不断涌现的典型判决,以技术方法识别法官认知,以营造多元共治的良性长江保护法律秩序。具体而言,分述如下。

(一)联动企业数据优化营商环境

充分考量长江经济带建设与长江大保护的多重公共政策目标的叠加,联动企业数据以优化营商环境是司法裁判智能化进程中化单一价值固守为多元价值协调的典型途径。基于深化"放管服"改革、进一步优化营商环境、主动服务企业绿色发展、协同推进经济高质量发展和生态环境高水平保护的审慎考量,生态环境保护与营商环境优化的制度联结得到重视。例如,武汉市出台《关于进一步优化营商环境以生态环境高水平保护推动经济高质量发展的若干举措》,明确提出:广泛开展智慧化精准监管。优化非现场检查方式,提高监督执法的精准性。充分利用遥感检测、在线监测、视频监控、工况用电监控、大数据分析等科技手段,开展"非现场"监测、"不接触"执法、"信息化"监管,提高环境

---

[1] 参见钱大军、郭建果:《司法裁判中后果考量的实证研究》,载《法律方法》2018 年第 1 期。

[2] 参见蒋舸:《作为算法的法律》,载《清华法学》2019 年第 1 期。

[3] 参见俞树毅、沈燕飞:《论环境法治知识生产的计算科学面向》,载《西北师范大学报(社会科学版)》2022 年第 3 期。

监管执法规范化、精准化、信息化水平。

数字时代,以智慧法院建设实现法院系统服务长江大保护的另一个切入点是智慧法院建设进程与企业营商环境优化的内在关联。现有研究表明,我国不断深入推进的智慧法院建设是新时代我国司法改革与数字技术深度融合进而优化法治化营商环境的关键举措。以2018年至2020年A股上市企业为例,根据最高人民法院发布的智慧法院建设评价指数,智慧法院显著提高了地区内企业的商业信用融资水平;并且智慧法院有助于提高司法便利性和改善司法效率是两条潜在的影响机制。[1]

对于在长江大保护进程中需要及时考虑政策变动导致经营策略或布局的部分可能对环境产生不利影响的民营企业,其往往与信贷获取能力较弱或诉讼风险较大的企业存在相当程度重合,对于前述这一类企业以及行业竞争激烈、绿色转型压力较大或位于长江沿岸经济欠发达城市的企业而言,以智慧法院系统积极辅助的正面作用可能更为明显。企业环保数据与生态环境保护监管机构的数据形成联动,相互印证与补充,可以促进司法裁判进程中对于平衡长江大保护与优化营商环境等多重政策目标的充分考量,并体现在成型的司法裁判文书中,以对企业影响最小的方式完成环境保护任务。

此外,联动企业数据还有可能存在的一个正向效应是,智慧法院建设可以在一定程度上缓解大型自然灾害、长期或短期生态变化、突发公共卫生事件等对企业商业信用融资和盈利能力的负面冲击,以独特的司法手段提高我国微观经济发展的韧性。

(二)融入遥感数据形成实时感知

合理利用我国环境监管信息化建设的前期积累成果,化真实可感的遥感测绘数据为法官完成自由心证的重要认知要素,进而从根本上实现长江大保护进程中沿线环境资源司法裁判机能的提升,是智慧法院建设成果助力长江大保护进程的第二个重要切入点。

2021年1月6日生态环境部发布了《关于优化生态环境保护执法方式提高执法效能的指导意见》,该意见明确指出以自动监控为非现场监管的主要手段,

〔1〕 参见潘越等:《数智赋能、法治化营商环境建设与商业信用融资——来自“智慧法院”视角的经验证据》,载《管理世界》2022年第9期。

推行视频监控和环保设施用水、用电监控等物联网监管手段,积极利用无人机、无人船、走航车以及卫星遥感等科技手段,科学建立大数据采集分析、违法风险监测预警等工作程序,明确启动现场检查的衔接机制。[1] 其后,长江流域部分检察机关在办案过程中积极主动使用无人机获取企业违法行为数据及污染真实样态以辅助办案,效果较好。在现阶段尚无体系化的、成型的面向法院系统的长江流域环境司法培训方法时,利用智慧法院建设平台,通过融合生态环境部、自然资源部等已经成型的遥感数据,可以将长江沿线法院干警集中暴露在更大范围、更真切的生态环境数据及其变化规律面前,实现其在认识和方法上对于传统的司法裁判方法的超越,填补法院系统应对长江大保护这一新兴领域法律问题的缺漏,进而彰显出具体的、实质的正义精神与社会本位的立场。[2]

(三)整合典型判决完善类案检索

司法助力长江大保护的进程难以一蹴而就,当历经年之功。在此过程中,依据人民法院的工作规范,大量的典型案例与优秀裁判文书经过遴选成为后来案件审理过程中的重要参考。对这一类优秀的智力成果的使用,如何结合前沿信息技术,是智慧法院建设成果助力长江大保护进程的第三个重要切入点。

2020 年 7 月,最高人民法院发布《关于统一法律适用加强类案检索的指导意见(试行)》,系统规定了法官检索类案并制作相关报告的义务。2021 年 11 月,在《最高人民法院统一法律适用工作实施办法》中对法官强化类案检索提出了进一步要求。面对最高人民法院对类案检索如此显著的功能期待,长江大保护进程中的类案处理不能仅仅基于法院内部审判管理的视角展开,原因一方面在于长江大保护作为我国生态环境保护工作的重要展开领域,其本身囊括了丰富的审判实践,多样化的案件是类案归纳工作需要克服的难题;另一方面,我国现阶段类案运用主要体现在辅助性与工具性层面,现阶段无法强求法官在对

---

[1] 2022 年 1 月 12 日,生态环境部公布了 2022 年第一批生态环境执法典型案例,各地在环境行政执法过程对执法方式进行优化,比如,辽宁大连利用无人机精准发现线索查处固体废弃物违法一案,环境综合执法大队利用无人机进行辅助锁定问题线索、评估污染程度,迅速掌握现场情况并固定证据,大幅提升执法效能。再如,黑龙江大庆利用无人机查处以逃避监管方式排放水污染物一案,环境综合执法大队强化科技手段的运用,积极推广无人机巡查执法,及时发现违法问题线索,固定违法行为证据,提高环境违法行为的发现率和处置率,为严厉打击环境违法行为提供有力支撑,实现严格执法、精准执法。各省各地不断严格执法责任、优化执法方式、完善执法机制、规范执法行为,全面提高生态环境执法效能。

[2] 参见耿颖:《现代社会转型与领域法话语的展开》,载《武汉大学学报(哲学社会科学版)》2018 年第 6 期。

相对复杂的生态环境案件日常审判中耗费大量时间与精力。与此同时,大数据、云计算、社会计算、自然语言处理等技术逐步在法律信息技术领域得到长足发展,有部分数据库还“嵌入了法院审判运行与管理系统,成为审判运行机制的构成部分”[1]。这种信息技术运用的理念、实践,与智慧法院建设力图推动“审判体系与审判能力现代化”的远景目标不谋而合。

前述两项有利条件为下一阶段长江大保护以智慧法院建设为抓手奠定了基础,尤其在“案多人少”的压力下,以长江大保护进程中遴选出的较为典型的案例为前期工作重点,在大数据时代的开放结构中,融合智慧法院建设的类案检索制度,在尊重和保留传统法学研究范式的基础上,推动法官精练裁判,使其无须耗费大量时间与精力来辨别类案,就能将生态环境裁判的技艺深耕融汇于数据、算法和模型的普适性叙述中,通过信息技术手段来呈现计算复杂的数量关系变化,以揭示与解释潜藏在环境法律现象背后的人与自然互动的真实样态,透过数据科学因果关系的推论以探知环境法律事实的内在结构和外部联系,是一种经由现代数据科学方法优化的技术理性与法律人实践理性的融合。

以我国首部流域法——《长江保护法》的法律适用为例,根据湖北省高级人民法院安排,武汉市中级人民法院发挥专业力量,担负起整个鄂东南地区环境民事公益诉讼集中审判的任务。在此进程中,在条件允许的情况下将审判进程中影响力较大、社会示范效应较好的案件裁判文书及对应案件材料进行原始化处理,再将针对特定情形的判旨、证据认定、裁量幅度分类整理,供有需求的主体依其具体的需求调取使用。具体而言,这种“法律信息仓库”建立在量化分析的本体论和多元化技术积累的基础上,并且具有丰富的“工具箱”。其间,计量研究方法、聚类分析技术、机器学习、人工智能、自然语言处理等“计算”维度的分析工具可以在不同的研究场景下派生和调用。[2]

四、依托智慧法院建设构建长江大保护司法联动机制的具体制度展开

新阶段围绕长江大保护展开的智慧法院建设虽然与传统司法信息化建设

〔1〕 刘磊:《从审判管理到诉讼博弈:类案运用的视角转换与制度构造》,载《中国法律评论》2022年第5期。

〔2〕 参见于晓虹:《计算法学:展开维度、发展趋向与视域前瞻》,载《现代法学》2020年第1期。

具有逻辑的承继性,但也因其作用对象不是传统的法律纠纷,而在具体操作路径上存在根本差异。这突出表现在深度运用智能技术实现长江大保护领域优化司法裁判所需求的数据来源、数据处理与数据利用三个前后相继但侧重点不同的环节中。

（一）以智能化方法进行长江大保护裁判文书识别与整理

以智能化方法处理长江大保护进程中纠纷相关的司法文书,可以形成权威的司法裁判要点数据库,作为整体长江大保护司法联动机制的核心信息源。值得注意的是,以智能化方法对长江大保护所涉裁判文书加以处理,与简单将人工智能与司法裁判生硬联系在一起不同。考虑目前人工智能的发展仍处于初始阶段,属于弱人工智能,具有不确定性和局限性。事实上,机器所不具备的感性思维、对人情事理体察细微程度的缺陷使理想意义上的人工智能无法全面胜任司法工作。[1] 但是即使在承认弱人工智能广泛存在的前提下,以智能化的方法对法官裁判的思路、关注要点进行拆解、组合与类型化,在现实中却是可行的。原因在于,此种方法的合理性不来源于争议极大的弱人工智能手段,而是与新时代信息技术应用整体发展的趋势相吻合。2000 年之后,互联网的蓬勃发展以及虚拟网络中丰富的社会生活使计算社会科学研究转向对从博客、社交媒体、社交网络和其他数字通信痕迹中获得的海量数据进行计算机辅助分析。这种变化给社会科学研究带来了一场“数据革命”:高吞吐量的档案对此类档案的观测站、调查研究和实验先后出现。这以后,大规模输入与输出的高质量数据成为 21 世纪各学科共同的研究需求,药物研发、基因组学、生物学和化学实验使用机器人技术、先进的数据处理和灵敏的检测器快速进行数百万次测试,能同时为许多实务与研究中的困难环节提供对策。这些已经普及的技术实践为智能化方法在长江大保护环境司法裁判进程中稳妥使用提供了基础。

（二）逐次完善与其他主体数据来源对接机制

作为充分发挥智慧法院功能,以司法助力长江大保护工作的首要制度要素,现阶段人民法院司法裁判过程中遭遇新类型数据的概率日渐增大。在社会计算的语境下,大量非结构化电子印迹数据(如对于污染案件的网页搜索、讨论

---

〔1〕 参见高学强:《人工智能时代的中国司法》,载《浙江大学学报(人文社会科学版)》2019 年第 4 期。

动物保护的社交网络互动内容、长江黄河沿线卫星遥感、视频图像、移动通信中暴露的违反禁止性规定进入自然保护区的具体定位、社交媒体中对于气候变化等议题的普遍关切与认知偏差等)的记录和积累为审理此类案件的法官、研究此类问题的法律学者带来了前所未有的重大机遇和挑战。一方面,这些非结构化数据具有规模更大、实时性更强、精度更高的特点。因此,非结构化大数据的使用既可以降低小样本数据的稀疏性和偏差度,又可以增加社会现象动态发展过程的可见度,更好地描述社会经济发展态势。[1] 另一方面,对于司法裁判人员如何有效认知与识别此类数据,则无法通过法院内部培训的单方努力完成。例如,在2022年1月7日全国生态环境保护工作会议上,生态环境部部长黄润秋明确提出要推动建立以自动监控为核心的远程监管体系,充分运用大数据指引精准打击违法行为。2022年6月,佛山市南海区出台了《关于规范应用无人机开展行政执法的指导意见》,进一步规范无人机取证工作,明确规定无人机取得的证据可以作为直接证据使用。一方面,该指导意见赋予了无人机参与执法的基础身份认证,确保无人机执法的合法性;另一方面,该指导意见还根据法律上不同的证据类型,分别明确无人机采集的测绘数据、检验监测数据、图片、录像作为书证、视听资料、鉴定意见、勘验笔录(现场笔录)四种证据类型使用时应符合的形式要件。又如,自然资源部办公厅印发的《土地卫片执法图斑合法性判定规则》明确了涉及发展林果业和挖塘养鱼情形的卫星遥感图片合法性判断规则。在有共享意愿的主体间先行展开试点,带动整体长江大保护工作链条上最多数量的主体参与数据共享,可能是现阶段向前推进此项工作的务实考量。

(三)建设服务于长江大保护司法裁判的环境法律信息库

在现有的人民法院与数据库行业以及信息技术行业企业的合作中,通行的合作模式是以海量的案例为基础,努力挖掘案例之间的逻辑联系,分析这些案例背后的司法规律和大致的走向,根据案件的主体诉讼请求,违约和侵权的概率以及过错责任和最后的法律处罚等法律要素建立计算机能够读得懂的模型,作为法官办案的助手。在现阶段已有成果之上,仍有必要进行进一步的优化。

---

〔1〕 参见周涛、高馨、罗家德:《社会计算驱动的社会科学研究方法》,载《社会学研究》2022年第5期。

面对相对复杂、涉及企业管理模式与环境保护技术的长江流域司法裁判，人工智能难以胜任与水污染、企业经营紧密联系的复杂案情的识别和理解，这主要是由于计算机的固定思维与自然语言的复杂性之间存在转换的张力。考虑到现阶段法院系统“案多人少”的实际，开发与优化服务于长江大保护目标本身的、融合长江沿线涉案企业行为类型并可以自动完成相应案件发现、收集、判旨提炼、争议焦点确认的环境法律信息库，可能相比于让本已经暴露于案件数量压力下的法官再次直面复杂的环境法律问题，更有针对性，也更加高效。

在以往的环境法律信息库建设实践中，较为典型的有服务于环境法教学的“长江生态环境行政公益诉讼虚拟仿真实验”数据库（中南财经政法大学建设）以及服务于社会公众的“环境地图”数据库（公众环境研究中心建设），专注于服务法官司法裁判的长江流域环境法律信息数据库仍处于空白状态。基于前文构想，填补这一空白的现阶段可行路径是整合多方数据来源，在数据精准度上打好基本功，同时为自然语言处理、机器识别等技术应用于环境司法领域积累特殊定制化的支持经验（具体设想如图2所示）。

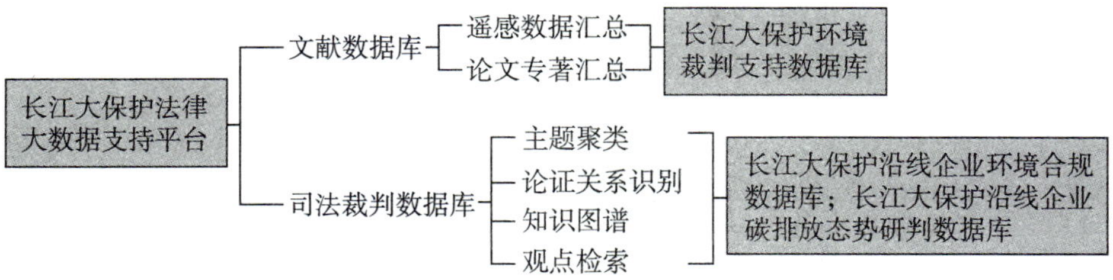

图2 长江大保护法律大数据支持平台构成

五、结语

回顾发展历程，中国智慧法院建设过程中较好地结合了地方试点主义、技术治理主义与国家推进主义的积极元素，形成了独具特色的中国经验。诚然，智慧法院建设作为一类典型的新技术应用浪潮的载体，是运用人工智能、大数据技术等新兴计算机科学技术来研究和解决法学问题的计算法学方法在现实生活中的具体化，是具有多学科基础的跨学科研究方法的直接实践。这一创新方法在人民法院司法助力长江大保护进程中直面的是可计算、可监测、可验证的法学问题与现实需求，可以实现海量法律数据、生态环境监测数据与经济商业数据的自动化融合与处理。笔者重点关注的这一类联动机制具备注重数据分析和实践经验的特点,并保留了其提供法律实证研究契机的重要空间,为从更为广阔的研究视角切入和应用更为复杂的研究方法预留了未来可以期待的空间。

2. 长江流域重要饮用水水源地保护长效机制研究*

邓　瑞　邓志民　王　孟　李　斐　刘扬扬　肖　洋　李亚俊**

内容摘要:2022 年水利部印发《长江流域重要饮用水水源地名录》,为新时期长江流域水资源保护管理工作奠定了基础。指导重要饮用水水源地保护是《长江保护法》赋予水行政主管部门的法定职责,也是维系流域供水安全保障的底线。本文在对长江流域重要饮用水水源地保护管理现状和问题分析的基础上,提出重要饮用水水源地长效机制构建思路和后续工作建议。研究成果对于落实《长江保护法》饮用水水源地保护要求,贯彻长江经济带绿色发展和长江大保护建设的要求,推动长江流域重要饮用水水源地保护长效机制建设具有重要意义。

关键词:长江流域　重要饮用水水源地　名录管理　安全保障评估　保护管理　长效机制

一、研究背景

长江是我国重要的战略水源地,保护好长江流域淡水资源和饮用水水源地,是《水法》、《水污染防治法》、《长江保护法》以及水利部"三定"规定赋予水行政主管部门的重要职责,是强化流域管理治理[1]、保障国家"江河战略"落地

---

* 项目名称:国家自然科学基金(52109005);水利部水源地保护管理项目(G022002);水利部重大科技项目(SKS-2022040)。

** 邓瑞,工程师,主要从事流域水资源保护规划、管理和政策法规研究工作;邓志民,高级工程师,主要从事流域水资源保护规划、管理研究工作;王孟,正高级工程师,主要从事流域水资源保护规划、管理研究工作;李斐,正高级工程师,主要从事流域水资源保护规划、管理研究工作;刘扬扬,正高级工程师,主要从事流域水资源保护规划、管理研究工作;肖洋,高级工程师,主要从事流域水资源保护规划和水利水电工程环评工作;李亚俊,工程师,主要从事水利水电工程环评工作。

[1] 李国英:《坚持系统观念　强化流域治理管理》,载《中国水利》2022 年第 13 期。

见效[1]的重要基础。2021 年实施的《长江保护法》明确"国家加强长江流域饮用水水源地保护。国务院水行政主管部门会同国务院有关部门制定长江流域饮用水水源地名录"。为深入落实《长江保护法》有关要求,2022 年水利部印发《长江流域重要饮用水水源地名录》(以下简称《流域名录》),综合确定 324 个流域重要集中式饮用水水源地纳入《流域名录》,并提出以名录管理为基础,开展水源地安全检查评估、监督性水质监测、水资源调度管理以及备用水源地建设等重点任务,形成了流域饮用水水源地管理的顶层设计。

我国饮用水水源地保护管理涉及水利、生态环境、住房和城乡建设等多个部门,水源地名录管理及评估工作始于 2006 年,目前已基本建立起饮用水水源地保护与管理的基本框架。水利部长江水利委员会(以下简称长江委)切实履行流域水资源保护和饮用水水源地安全保障职责,开展重要饮用水水源地保护管理规划、管理、研究等系列水源地保护管理工作,强化流域管理治理,牢牢守住了流域系统饮水安全底线。国内一些学者在流域水源地安全保障[2]、水源地制度建设[3]、水源地水质保护[4]、水源地生态补偿[5]等方面开展了研究,但是大多数研究集中在水源地的单项保护,尚未构成系统性的保护措施体系。在管理上,长江流域重要饮用水水源地保护长效机制有待进一步加强,饮用水水源地名录管理不健全、水源地安全评估仍需加强、水源地预警流量(水位)机制亟待建立、水源地管理的协作机制不顺畅等制约饮用水水源地安全的因素仍然存在。

为落实《长江保护法》和水利部关于饮用水水源地保护的要求,本文基于对长江流域重要饮用水水源地保护管理现状的回顾,分析饮用水水源地保护管理方面存在的问题,提出构建重要饮用水水源地保护管理长效机制的总体思路与对策建议,为落实长江经济带绿色发展和长江大保护的要求,强化流域管理治理提供技术和管理支撑。

---

[1] 马建华:《切实履行流域管理机构职责 全力保障国家"江河战略"落地见效》,载《中国水利》2022 年第 21 期。

[2] 邓瑞、邓志民、王孟、沈丹丹:《长江流域重要饮用水水源地安全保障评估及对策研究》,载《(第十届)中国水生态大会论文集》,第 76 ~ 87 页。

[3] 胡爽:《长江流域重要饮用水水源地管理实践及制度保障对策》,载《长江技术经济》2020 年第 3 期。

[4] 夏凡、胡圣、杨旭光:《完善我国饮用水水源地水质指标体系的思考》,载《人民长江》2016 年第 17 期。

[5] 李建、贾海燕、徐建锋:《长江流域水库型水源地生态补偿研究》,载《人民长江》2019 年第 6 期。

二、长江流域重要饮用水水源地保护管理现状

（一）长江流域重要饮用水水源地概况

2022 年，水利部印发《流域名录》，《流域名录》以向地级市以上城市供水且供水人口大于 20 万的地表水水源地和年供水量 1000 万立方米以上的地下水水源地为重点，考虑与《全国重要饮用水水源地名录》（以下简称《全国名录》）的衔接情况，综合确定 324 个流域重要集中式饮用水水源地纳入《流域名录》（含太湖流域 22 个）。长江流域 302 个重要饮用水水源地（不含太湖，下同），涉及青海、四川、云南、重庆、湖北、湖南、江西、安徽、江苏、上海、甘肃、陕西、河南、贵州 14 个省市，其中地表型饮用水水源地 208 个，地下水型饮用水水源地 4 个。涉及供水人口 2.07 亿人，供水能力 270.85 亿立方米。从水源地分布情况来看，四川省分布水源地数量最多，其次分别为湖南省、湖北省。

长江流域重要饮用水水源地中，河道型、湖泊型、水库型、地下水型水源地分别有 208 个、5 个、85 个和 4 个，分别占水源地总数的 68.9%、1.7%、28.1% 和 1.3%；各类型水源地供水人口分别为 15657.31 万、120.40 万、4892.72 万和 57 万，分别占水源地总供水人口的 75.5%、0.6%、23.6% 和 0.3%；各类型水源地供水能力分别为 221.51 亿立方米、1.65 亿立方米、47.31 亿立方米和 0.39 亿立方米，分别占水源地总供水人口的 81.8%、0.6%、17.5% 和 0.1%。（见图 1）

长江流域重要饮用水水源地以河道型为主，水源地数量 208 个，占总数的 68.9%。其中长江、岷江、嘉陵江、湘江、沅江、汉江、赣江等水量较大，是水源地取水口集中分布区域。根据统计，长江干流、岷江、嘉陵江、湘江、沅江、汉江和赣江分布有水源地 75 个、2 个、17 个、19 个、4 个、14 个和 14 个，分别占水源地总数的 24.8%、0.7%、5.6%、6.3%、1.3%、4.6% 和 4.6%。

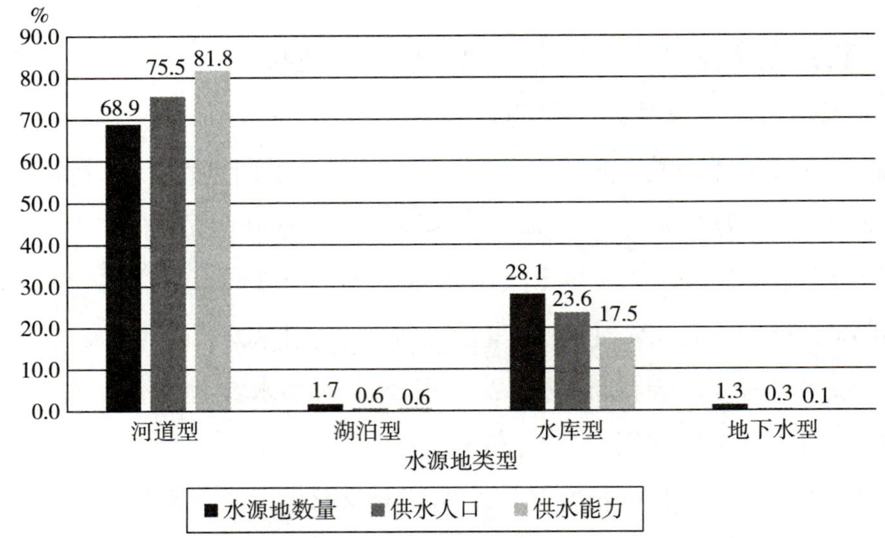

图1　各类型饮用水水源地数量、供水人口、供水能力占比情况

长江流域302个重要饮用水水源地中,分布数量最多的分别为四川省、湖南省、湖北省。总体来看,四川省、湖北省、湖南省等省市饮用水水源地以单一取水口划定水源保护区较多,但单一水源地供水人口和供水量较少;上海市、江苏省饮用水水源地数量较少,供水相对集中,单一饮用水水源地供水人口和供水量较大。

(二)长江流域重要饮用水水源地管理状况

1.健全流域水源地保护相关规划

长江委编制的《长江经济带水资源保护带、生态隔离带建设规划》,以长江经济带215个全国重要饮用水水源地为工作范围,提出针对饮用水水源地的陆域隔离防护带建设、滨水缓冲带建设、水域净化带的生态隔离带建设的空间布局方案、措施体系、相关建设和管控要求。长江委编制的《长江经济带沿江取水口、排污口和应急水源布局规划》(以下简称《两口一源规划》),在梳理长江经济带91个市(州)行政区、1023处县级以上集中式饮用水水源保护区的基础上,从选定应急水源地并开展规划设计、加强配套工程建设、强化水源保护、保证应急水源水质安全等方面提出长江经济带应急水源建设布局。长江委编制的《长江流域(片)综合规划》《长江流域(片)水资源保护规划》《长江流域片"十四五"水安全保障规划》等规划也从水源地保护、隔离防护、污染防治、生态修复、备用水源地建设等方面提出了重点任务,[1]为布局长江流域饮用水水源地工作进行了顶层设计。

2. 持续开展流域(片)重要饮用水水源地安全保障达标建设评估和监测监管

以保障饮水安全为主线,围绕纳入《全国名录》的221个重要水源地,每年从水量、水质、监控、管理等方面对年度达标建设情况进行复核评估和现场检查评估。2016年以来,长江流域饮用水水源地安全保障水平总体优良,水源地评估指标分值呈现逐年上升趋势,2021年评估分值较2016年上升5.8%,评定等级为优的水源地从2016年的56.6%提高到2021年的87.3%。[2] 应急备用水源地建设比例由2016年的60.3%上升为2021年的73.6%,供水保证率和供水设施运行情况总体保持稳定;一级保护区已完成问题整改水源地数量的比例由2016年的70.3%上升为2021年的92.7%;视频监控能力、特定指标监测、水质水量在线监测能力分别从2016年的82.2%、75.3%、69.4%提升到2021年的92.7%、83.9%、86.8%,水源地安全保障能力持续提升。

持续开展流域水源地水质监测,依托水文监测对重要水源地开展监督性监测。2021年监督性监测覆盖的25个水源地中,除沅江市自来水公司水源地外,其他水源地取水口水质均达到或优于Ⅲ类,流域重要水源地水质状况优良。[3]根据《两口一源规划》及年度水源地检查评估,持续开展了流域片备用水源地建设督导工作,督导加快推进城市应急备用水源建设,强化供水安全保障。

3. 开展流域重要饮用水水源地风险评估和水源地生态隔离带示范建设

长江委选取湖北省、湖南省等重要饮用水水源地作为典型,构建了饮用水水源地点源和移动源风险评估指标体系,评估了重要饮用水水源地主要风险,提出风险防范措施与对策。围绕切实保障饮用水水源地安全的目标,开展流域饮用水水源地生态隔离防护状况调查分析,研究提出饮用水水源地生态隔离带建设体系和陆域隔离防护带、滨水缓冲带、水域净化带的建设要求;选取典型河流型、湖库型水源地,研究提出生态隔离带建设的重点、布局、时序要求,拟定生

---

〔1〕 穆宏强:《长江流域水资源保护科学研究之管见》,载《长江科学院院报》2018年第4期。

〔2〕 长江水利委员会:《长江流域(片)饮用水水源地安全保障达标建设评估报告(2017—2021年度)》。

〔3〕 长江水利委员会水文局:《2021年度长江流域国家重要饮用水水源地监督性监测(水质监测)评价报告》。

态隔离带建设的总体方案。

4. 开展典型区域水源地达标评估

长江委开展了丹江口水库水源达标评估和水源保护。2020～2021 年对丹江口水库水源地水量、水质、监控和管理现状进行调查,对年度丹江口水库水源地的水量、水质、监控设备、管理体系进行安全达标评价;开展了三峡库区水源地安全评估和隔离带建设研究。落实《长江保护法》、三峡后续高质量发展要求,以三峡库区 42 个县级以上饮用水水源地为典型,构建三峡库区饮用水水源地安全保障评估指标体系,评估三峡库区饮用水水源地安全保障状况,建立三峡库区水源地安全保障措施体系。开展了陆水水库水源达标评估和隔离带示范建设,对水库区位和发展进行定位分析,准确地掌握陆水水库水源地安全保障达标建设情况,提出了陆水水库隔离带建设思路,为流域内其他水源地安全达标建设提供技术示范。

三、长江流域重要饮用水水源地保护管理存在的问题

供水安全是水利部门的核心任务之一,水利部"三定"规定明确水利部"指导饮用水水源保护有关工作"。经过多年努力,水源地核准和安全评估已成为水利工作重要抓手,得到生态环境部、住房和城乡建设部、国家卫生健康委员会等部门认可,以名录管理为基础的水源地达标评估机制已相对成熟,流域重要饮用水水源地安全保障水平得到显著提升。2021 年实施的《长江保护法》明确要制定长江流域饮用水水源地名录,首次将水利部门的水源地名录管理法治化、制度化,对水利部门开展水源地保护工作提出了严格要求。因此,对标《长江保护法》、水源地保护职责新要求以及近些年达标评估工作面临的现实问题,需要进一步分析开展饮用水水源地相关工作中存在的问题和差距,为厘清工作思路、推进下一步工作奠定基础。

(一)流域饮用水水源地准入、变更和退出机制仍需健全,管理制度机制亟待规范

自 2016 年水利部公布《全国名录》以来,流域机构和各省围绕纳入名录的重要饮用水水源地持续开展饮用水水源地安全保障评估、监测等工作,强化名录管理取得显著成效,长江流域饮用水水源安全得到有效维持。2022 年,水利

部印发的《流域名录》包含了302个(不包含太湖)水源地,并进一步明确水源地保护与名录管理要求。现有饮用水水源地名录管理仍相对薄弱:一是名录内水源地管理、变更和调整有待规范化。饮用水水源地名录准入机制不健全,近年来部分水源地供水功能、供水对象等发生了变更和调整,但由于尚未出台配套的饮用水水源地名录准入和退出机制,导致这些水源地申请变更调整时无据可循。二是2016年《全国名录》和2022年《流域名录》关系需要厘清。主要包括:需厘清2016年《全国名录》和2022年《流域名录》之间的关系,是不是两套独立的体系;2022年《流域名录》未包含西南诸河区域,该区域涉及的重要水源地后续如何管理;长江流域范围内的部分全国重要饮用水水源地未纳入2022年《流域名录》,这些未纳入的水源地后续又将如何管理。三是名录管理需要凝聚更多共识和合力。根据日常管理和调研发现,生态环境保护部门已建立县级以上饮用水水源地信息系统,水利部门牵头开展的重要饮用水水源地安全评估建设工作和生态环境部门牵头开展的饮用水水源地规范化建设工作,其内容大体一致,但在监管方面协调度不够。

(二)威胁水源地安全的问题和提升水源地安全保障水平的需求依然存在,水源地安全评估需进一步加强

以2016年流域片221个水源地为基础,长江委每年持续开展水源地安全保障评估,虽然水源地供水保障水平显著提升,但是威胁水源地安全的问题依然存在,[1]距离维持高水平的水源地安全保障水平仍有一定的差距。一是流域部分备用水源地建设需加快推进。根据2021年流域应急备用水源地建设情况,满足要求的备用水源建成率为73.6%。主要原因是很多县级市备用水源建设仍处在规划或在建阶段,相关配套设施不能满足要求,导致备用水源地建设滞后。二是水源地水质风险隐患需要加强关注。水源地水质安全面临风险,2022年7月陕西省商洛市丹江流域"7·27"锑浓度异常事件等突发水污染事件在以往水源地安全评估中未得到有效关注,尚未制定饮用水水源地风险源评

[1] 贺涛、栾震宇、管伟:《流域生态系统管理视角下的水源地保护攻坚战略探讨》,载《环境保护》2018年第13期。

估方法[1],人民群众面临的突出水生态环境问题[2]亟待解决。三是对于新污染物监测防范能力需要提升。现阶段生态环境、水利、住房和城乡建设等部门对于水源地的水质监测指标主要是24项常规指标和5项补充指标,每年或每两年开展一次109项全指标监测,尚未对水源地新污染物开展专项监测,相应的监测能力和防范措施尚不成熟,影响水源地饮水安全和人群健康的隐患仍然存在。四是水源地保护管理协作机制和信息共享机制尚不健全。从重要饮用水水源地达标建设的实际情况可以看出,水源地保护与管理存在管理部门多、协作不够的问题,[3]特别是在信息共享机制方面问题较为突出,导致现阶段水源地安全评估工作存在短板。

(三)水源地安全保障亟须与水利部门新时期治水思路和管理重点相衔接,安全评估成效尚未充分发挥

目前,重要饮用水水源地达标建设评估涉及水量、水质、监控、管理4大类25项指标,2018年机构改革后,流域内部分省份饮用水水源地保护职责划转至生态环境部门。因此,评估指南设定的一些考核职责在实际操作中面临一些问题:一是评估指标亟须与水利部门新时期治水思路和管理重点相衔接。比如,水量评估指标没有突出取水许可管理、取水口设置、应急水源布局等水利部门的职责职能,水量评估的抓手还不够有力。水质评估指标的相关工作内容职责主要集中在生态环境部门,部分省区难以协调,存在资料获取困难等问题。二是水源地安全评估成效尚未充分发挥。每年水源地安全评估结果虽作为最严格水资源管理制度考核点,但分值占比较小,未建立与评估结果相挂钩的独立的奖惩机制,对于评估发现的问题也未建立反馈整改机制,水源地安全评估成效尚未充分发挥。

(四)水源地保护项目资金主要集中在生态环境、城乡住房建设等部门,水利部门开展水源地达标建设工作项目依据和政策资金支持需进一步加强

目前,关于水源地的项目和资金主要分布在开展水源地规范化建设、备用

[1] 侯立安、徐祖信、尹海龙等:《我国水污染防治法综合评估研究》,载《中国工程科学》2022年第5期。

[2] 王金南、孙宏亮、续衍雪等:《关于"十四五"长江流域水生态环境保护的思考》,载《环境科学研究》2020年第5期。

[3] 王新才、吴敏:《关于加强南水北调中线水源地保护和管理的思考》,载《长江科学院院报》2019年第9期。

水源地建设、水源地污染源治理等工作中，主要职责职能集中在生态环境、城乡住房建设等部门，水利部门虽然在“三定”规定中明确“指导饮用水水源地保护”，但有关水利部门开展水源地达标建设和保护管理的资金和项目来源缺乏明确依据。加上近些年水利部门水资源保护职责调整，原来来自水资源保护的水源地保护经费也大幅削减，这就导致水利部门开展此项工作缺乏资金支撑，推进达标建设难度进一步加大。

四、建立长江流域重要饮用水水源地保护长效机制的对策建议

(一)工作思路

着眼于水利部门关于水源地保护的职责定位以及《长江保护法》关于水利部门水源地保护的新要求，以保障流域饮水安全为核心，从规划、机制、评估、考核等方面加快建立长江流域重要饮用水水源地保护长效机制。

一是完善水源地安全保障规划体系。以名录管理为基础，明晰水利、生态环境等部门水源地保护管理职责边界，健全水源地保护部门协作机制；完善流域水源地安全保障规划和应急备用水源建设规划，强化顶层设计。

二是规范水源地名录管理机制。以《流域名录》302 个水源地为基础，建立饮用水水源地信息台账，构建长江流域饮用水水源地安全评估及监管系统，实现“一张图”信息全覆盖和全过程信息化管理。制定重要饮用水水源地名录管理规定，明确名录动态调整的程序和要求，强化水源地动态管控，建立水源地准入退出机制。

三是强化水源地安全评估和保护。做实饮用水水源安全评估，做好饮用水水源地规划布局和建设，[1]严格饮用水水源地取水管理和水量调度，健全饮用水水源地监测预警体系，强化饮用水水源地监督管理，加强饮用水水源地保护协作。

四是严格水源地监管考核。落实地方政府水源地保护责任，强化水源地保护监管考核，建立水源地保护管理的联动机制，实施饮用水水源地分级管理和保护，充分发挥流域管理机构指导、监测、监督作用，开展优质水源地示范创建。

---

〔1〕 刘兆孝：《〈长江保护法〉对推进流域水资源保护重点工作的启示》，载《长江技术经济》2021 年第 2 期。

(二)对策建议

1. 明晰水源地保护管理职责边界,健全水源地保护协作机制

从国家对于水源地保护管理的部门分工看,水利部门职责是指导饮用水水源保护有关工作。饮用水水源保护涉及水量、水质以及安全风险等方面。[1]生态环境部门主要是围绕水源保护区开展污染防治工作,保障水源水质满足Ⅲ类以上标准。饮用水水源水量方面所涉及的工作包括分水、调度、工程运行、取水口设置、取水量确定、应急水源布局等。从保障供水安全的角度,水利部门需要从水源保障整体视角明确水源保护的安全、好坏的问题,因此除上述水量工作外,还要关注水源安全风险防范[2],兼顾了解水质情况,关注和掌握的情况应更全面。这与生态环境部门负责污染防治不矛盾,问题是在边界明确的前提下,如何实现更好的衔接和合作。水利部门一是应明确水源地的位置,哪里的水可供饮用;二是全面掌握饮用水水源保护情况,并具体负责水量保障、工程安全、取水许可等任务,对发现的保护区及环境方面问题,应通报生态环境部门解决。

要进一步完善饮用水水源地保护在部门联动、上下游协调、信息共享、突发水污染事件应对、水源地安全评估等方面的协作,推动形成政府主导、部门协作的饮用水水源地保护协作机制。水利、生态环境、自然资源、住房和城乡建设等部门按照职责分工做好水源地保护相关事宜,督促地方政府落实责任制,[3]加强人员、经费、项目等投入,建立稳定的水源地保护长效机制,共同构建从水源地到水龙头全过程的水源地安全保障体系。

2. 健全水源地安全保障规划体系,布局水源地保护顶层设计

推进流域重要饮用水安全保障规划。以饮用水水源地饮水安全为目标,以流域重要水源地为工作范围,明确水源保护、污染防治、隔离防护、生态修复、应急备用水源建设、监测监控、监督管理以及重点区域水源保护等任务措施,建立重要水源安全保障工程措施和非工程措施体系。

---

〔1〕 王孟、刘兆孝、邱凉等:《地方水资源保护立法理论与实践》,长江出版社2017年版,第10页。

〔2〕 焦琰:《我国饮用水水源保护地方立法的目标优化、模式创新与制度完善》,载《环境保护》2021年第9期。

〔3〕 王振华、黄茁、吴敏:《南水北调中线水源地水质保护立法及建议》,载《长江科学院院报》2015年第6期。

制定完善长江流域沿江取水口、排污口和应急水源布局规划。2015 年长江委编制、水利部批复的《两口一源规划》范围是长江经济带区域，没有完全涵盖长江流域 19 个省（自治区、直辖市）；取水口和备用水源地主要集中在长江干流，而对于非长江经济带中的长江流域范围未做取水口和应急水源地布局规划。因此，应当从流域层面在加快制定完善长江流域沿江取水口、排污口和应急水源布局规划，推进水源地备用水源地建设顶层设计。

3. 加强水源地名录管理，建立水源地名录准入、变更和退出机制

落实《长江保护法》饮用水水源地名录管理要求，根据已经出台的《流域名录》，[1] 对于纳入《流域名录》管理的饮用水水源地，健全完善水源地信息管理档案。建立长江流域饮用水水源地核准制度和准入、调整和退出机制，制定详细的变更程序和管理措施，对新增承担城市生活供水的水源地及时列入名录，建立起全面、统一、动态的流域水源地名录管理系统，实施水源地准入、变更及退出机制动态管理，建立饮用水水源地名录管理长效机制。

4. 持续开展水源地安全评估，夯实水利部门水源地管理保护抓手

优化水源地安全评估指标。目前水利部正在修订《全国重要饮用水水源地安全保障评估指南》，将“重要饮用水水源地安全保障达标建设评估”调整为“重要饮用水水源安全评估”，围绕水源供水安全、工程安全、风险水平、管理水平，制定评估体系和工作要求。开展水源地安全累计评估，针对当年的评估情况，要对比以往年份水源地评估状况，围绕现状、问题与成效等方面开展累计评估，以 5 年为一个周期，系统评估梳理 5 年周期内水源地安全状况变化。

要充分发挥水源地安全评估的成效。[2] 扩大水源地评估结果应用深度和范围，一是建立流域水源地问题督查机制，每年评估的问题以水利部或流域管理机构名义印发至各省级政府或水行政主管部门，强化督导检查；二是强化水源地评估结果在河湖长制、最严格水资源管理制度考核中的比重，探索建立水源地评估结果与取水许可等审批事项的挂钩机制。

开展流域重要饮用水水源地建设专项督导。我国水污染防治行动计划提

---

〔1〕 邓瑞、邓志民、王孟等：《长江流域饮用水水源地名录管理的思考和建议》，载《人民长江》2023 年第 5 期。

〔2〕 刘扬扬、王孟、邓瑞等：《〈长江保护法〉施行后流域水资源保护的思考》，载《人民长江》2021 年第 10 期。

出,到2020年年底地级市要建成应急备用水源地。从近些年重要饮用水水源地检查来看,地级市备用水源地建设仍然缓慢,部分仍处在规划阶段或者在建阶段,距离重要水源地达标评估要求仍有差距。《流域名录》提出合理规划水源布局,推进城市备用或应急水源建设。因此,建议把备用水源地建设作为一项专项行动,加快推进纳入《流域名录》的市级、县级城市备用水源建设。各地应把与《流域名录》中水源地相匹配的备用水源地纳入评估对象和保护监管范围。

5. 开展长江流域典型水源地预警流量(水位)与保障研究

2022年汛期,长江流域来水由偏丰转为明显偏枯,7月以来,长江流域持续高温少雨,江河来水偏少、水位持续走低,对流域供水安全构成一定威胁,因此着手开展长江流域典型水源地预警流量(水位)与保障措施研究必要且迫切。以《流域名录》中典型饮用水水源地为研究对象,根据保障饮用水水源取水安全和便于监管的原则,考虑水源地所处河湖地形状况及水资源禀赋特征,结合已有的水文监测断面分布情况,分析河流型、湖泊型和水库型三种不同类型地表饮用水水源特点及影响饮用水水源安全的敏感要素,设定用水水源敏感断面,核定饮用水水源地流量(水位)预警断面。针对取水受水位波动影响大的水源地,以保障取水口正常取水为目标,结合取水口高程及取水方式,核定水源地预警流量(水位)目标。根据河流大小、调度方式、监测能力、应急响应能力等,结合防汛抗旱、生态流量等已有预案,合理设置饮用水水源地水位(流量)预警层级。根据预警层级,研究建立饮用水水源地水量(水位)预警响应措施和保障措施。

6. 开展饮用水水源地示范创建,凝练流域水源地保护经验和典型案例,加强饮用水水源地名录保护的资金和项目支持

水利部门研究提出优质水源建设标准和要求,创新开展饮用水水源示范创建,通过一批示范水源地引领,逐步提升饮用水水源的安全保障水平。积极推进饮用水水源地优质水源达标工程,建议水利部对授予"示范水源"称号的水源或者其所在市、县,在项目资金安排和其他奖补资金安排时给予倾斜支持。落实《长江保护法》饮用水水源地保护要求,流域管理机构对每年抽查的水源地积极开展流域层面优质水源地建设经验推广。

五、结语

加强重要饮用水水源地保护管理是《水法》《长江保护法》赋予水行政主管部门的重要职责。笔者提出的长江流域重要饮用水水源地保护长效机制弥补了相关领域研究的不足,具有一定的建设性,对指导长江流域重要饮用水水源地保护管理工作具有重要的意义。2021 年实施《长江保护法》明确了强化长江饮水安全,但由于水源地保护涉及水利、生态环境、住房和城乡建设、卫生健康等多个部门职责,长江流域水源地的保护需要在体制机制上进一步深入研究,在流域协调机制下形成水源地保护合力。

3. 污染环境犯罪协同治理模式的本土构建*

李　灿**

内容摘要：污染环境犯罪治理引入协同犯罪治理模式正逢其时，需要刑罚手段与非刑罚措施共同发挥作用。恢复性司法理念、人类—生态主义法益理论、犯罪情境预防理论都成为其正当性基础。污染环境协同治理模式是构建生态环境治理体系的重要组成部分。污染环境犯罪协同治理模式需要以现行法律制度框架为依据，根据污染环境犯罪的特点，在完善行刑衔接机制、生态环境损害赔偿制度、技术治理等方面予以构建。

关键词：污染环境罪　犯罪预防　协同治理

2020年中共中央办公厅、国务院办公厅印发的《关于构建现代环境治理体系的指导意见》中提出，坚持多方共治。明晰政府、企业、公众等各类主体权责，畅通参与渠道，形成全社会共同推进环境治理的良好格局。党的二十届三中全会决定提出，“聚焦建设美丽中国，加快经济社会发展全面绿色转型，健全生态环境治理体系”。在此背景下，构建污染环境犯罪协同治理模式正当其时。污染环境犯罪企业协同治理模式，是指不同主体针对涉嫌污染环境犯罪的企业，在其企业内部与企业外部之间，通过刑罚或者非刑罚的方式有组织有体系预防污染环境犯罪发生以及修复生态环境的治理模式。在“重典治污”的情况下，企业协同犯罪治理模式发挥预防环境犯罪的功能，从而避免出现刑罚不平衡的问题。污染环境犯罪协同治理模式应该作为一种犯罪控制的企业文化选择和犯罪治理方式，内部监管考察的重点在于环境评价与环境监测等数据的真实准

* 本文为国家社科基金重大项目《污染环境犯罪多元治理机制研究》(19ZDA160)的阶段性成果。

** 李灿，法学博士，上海市人民检察院第一分院检察官助理。

确,外部的重点在于构建民事、行政、刑事等不同层次的责任体系,并在法律系统、技术系统、政策系统、交叉耦合部分协同发力。

一、污染环境犯罪企业协同治理模式的理论基础

污染环境犯罪协同治理模式作为生态环境治理体系的组成部分,契合污染环境犯罪治理主体多元的特点,同时,恢复性司法理念、宽严相济刑事政策、犯罪情境预防理论都为其提供了理论支持。

(一)污染环境犯罪协同治理模式有助于生态环境修复

企业协同犯罪治理模式可以改善污染环境主体多为企业的局面。据学者统计,在2014~2019年的5年里,涉企业犯罪中环境资源类犯罪排名前三,成为企业犯罪的"重灾区",[1]在两批改革试点中,污染环境犯罪案件也是位于前五的主要罪名,污染环境犯罪企业协同治理大势所趋。对于污染环境犯罪,由于存在一定的犯罪黑数,存在饱受学界诟病的"以罚代刑"现象。污染环境犯罪由于在《刑法》上设置以"违反国家规定"为前提,因此,污染环境罪的违法性判断必须要符合前置法上的判断。污染环境犯罪的危害具有潜伏性,一旦对环境造成重大污染难以恢复,污染土壤、河流造成的危害难以弥补。因此在污染环境犯罪协同治理模式构建中,需要注重污染环境犯罪的特点,根据涉案企业生产经营的全流程进行体系设计,以链条式治理的理念进行针对性治理。污染环境犯罪后果一旦发生,难以有效恢复被破坏的生态环境,因此污染环境犯罪企业协同治理模式构建中需要注重前端规则的构建与监控,尤其是在环境影响评价(以下简称环评)、环境监测数据等方面的监控,同时对污染环境犯罪隐蔽排污,合理处置危险废物,未造成环境污染的情形进行合理监督。

恢复性司法理念与企业协同治理模式具有暗合之处。恢复性司法理念在实践中的应用主要是犯罪嫌疑人通过自愿或者强制的方式进行生态修复。刑事司法实践中采用恢复性司法理念,在刑事判决中增设生态修复责任,往往以"补植复绿""增殖放流"方式出现,对于土壤污染采取清洗技术等手段进行事后补救。两者相同之处都注重对犯罪主体采取相应措施恢复生态系统功能,弥

[1] 参见李勇:《企业附条件不起诉的立法建议》,载《中国刑事法杂志》2021年第2期。

补刑罚仅仅具有惩罚功能的缺陷。采取生态修复措施,恢复生态系统功能,可以降低特殊预防的需求,成为监管考察验收合格的重要标准。企业协同犯罪治理模式注重特殊预防;而生态修复模式是对刑罚措施的补充,通过缴纳生态修复金、第三方修复、行为人自行修复等不同类型的修复措施,使被污染的环境得到一定程度的恢复。企业协同犯罪治理模式对企业污染环境犯罪进行事前预防,并且在一定周期内对企业进行监管,避免企业采用隐蔽排污、超标排放的手段污染环境。

(二)污染环境犯罪协同治理模式契合宽严相济刑事政策

随着社会结构的转型与社会治理理念的转变,尤其是近20年重大严重暴力犯罪呈现下降趋势,3年以下有期徒刑的案件逐渐增多,我国进入"轻罪"时代。宽严相济刑事政策倡导采用刑罚、非刑罚措施等多种手段治理犯罪,改变了以往以刑罚为主的治理模式,"挽救企业"的理念符合"轻罪时代"的治理方略。在最高人民检察院发布的《检察机关涉民营企业司法保护典型案例选编(第三辑)》的案例二唐某非法经营案中,尽管未取得许可证经营危险废物但未违法造成环境污染的,并未认定为非法经营罪。"慎诉"的内涵,顾名思义,就是依法慎重起诉,在《刑事诉讼法》对起诉范围界定的基础上予以把握,必须考虑犯罪主体的责任刑与预防刑,降低企业犯罪预防必要性。企业协同犯罪治理模式不仅可以有效治理企业,避免民营企业经营困难倒闭,即使被起诉,根据相应的防控要求,企业进行内部整改,进行特殊犯罪预防,某种程度上也是贯彻宽严相济刑事政策的重要举措。

(三)污染环境犯罪协同治理模式有助抑制污染环境犯罪发生

犯罪如同文明社会的疾病,犯罪治理如同扁鹊治病。对于污染环境犯罪企业而言同样如此,要提前预防环境犯罪的发生,不能等到企业病入膏肓再介入治理。无论是能够拯救企业,还是能够拯救犯罪个人,都善莫大焉。按照犯罪生成模式理论,污染环境犯罪是"带菌个体"在"致罪因素"与"催化剂"的影响下形成的犯罪,因此阻断污染环境犯罪发生的关键在"致罪因素"与"催化剂"。[1] 其中"致罪因素"与"催化剂"的减少,将有效降低企业环境污染的发

---

〔1〕 汪明亮:《污染环境犯罪生成模式与多元治理机制》,载《南京社会科学》2021年第3期。

生概率。污染环境犯罪企业协同犯罪治理模式契合犯罪预防理论,有利于提高预防环境犯罪的实际效果。企业协同犯罪治理模式就是在企业内部形成遵守环保标准的企业氛围和制度,从而避免形成导致污染环境犯罪的潜在因素。从"带菌个体""犯罪情境""社会控制弱化"三个致罪因素层面,设置不同层次的环境犯罪预防体系。有学者的研究显示,意识到行为一旦被发现则成本巨大这一点的管理者不容易违反法律。相反,当管理人员被描述其因相类似行为而受到企业内部惩戒时,其犯罪意图得到抑制。[1] 企业内部建立完善的监测制度,不仅可以减少环境违法行为的发生,而且在环境违法行为发生后也能及时发现与报告违法,从而提高环境治理的效能。[2]

二、污染环境犯罪协同治理模式的本土构建

在生态环境治理现代化体系中,污染环境犯罪协同治理模式主要以行政处罚法作为重要制度中轴,环境法、民法为辅助,而经济体系、社会体系则在污染环境犯罪治理的前端预防、后端修复的过程中发挥治理的功能。要处理好环境违法中行政处罚与刑事处罚在程序上的协调机制,在证据转换、线索移送、检察监督等方面进行完善。在实体层面需要区分生态损害赔偿诉讼、环境公益诉讼与刑事附带民事诉讼中不同性质的责任本质,妥当适用行政罚款、刑事赔偿、生态损害赔偿责任,更好发挥其在不同制度中的互补功能,同时需要完善市场主体、经济治理体系,从而构建协同治理的模式。

(一)完善环境违法惩治行刑衔接机制

就环境法律制度的理论研究而言,由于环境法学本身具有多学科的交叉性,环境法学的不同学科之间一定程度存在自说自话、彼此独立的隔阂。从环境法学研究与司法实践的互动来看,难以形成对司法实践真正具有指导性的意见,理论界无法提供有效的知识需求导致司法界与理论界各行其是。尽管目前学界对"行刑衔接"机制分别从机制设计理论视角下予以重构、主张独立性散在型的立法方式进行合理衔接,对实践中环境犯罪公安初查、环境侦查的界限、

---

〔1〕 参见[美]莎莉·S.辛普森、卡罗尔·吉布斯、梅丽莎·罗莉等:《关于企业环境犯罪控制策略的实证分析》,李本灿译,载《刑事法评论》2015年第36卷。

〔2〕 参见邓可祝:《重罚主义背景下的合作型环境法:模式、机制与实效》,载《法学评论》2018年第2期。

取证及证据使用进行探讨,但“生态环境领域行刑衔接方面存在的有案不移、以罚代刑等问题,并没有因生态环境领域行政执法权集中化改革得到根本性改善”[1],实践中官方数据也显示[2],目前我国的污染环境犯罪追诉率较低,与现实的污染环境犯罪高发的现象形成反差。实践中行政与刑事处罚在污染环境犯罪上存在“以罚代刑”的问题,导致污染环境犯罪存在大量黑数未被查处。

一是完善案件移送监督制度。环境监管主体承担环境监管责任,如果发生重大污染环境案件,监管主体可能被以环境监管失职罪追究刑事责任。污染环境刑事责任的追究,需要生态环境行政执法主体移送相关案件,如此一来,监管主体很难主动交出自己存在监管纰漏的案件。检察机关对于有案不立的现象难以监督,在环境案件的刑事司法过程中,检察院往往只是参与行政执法监督和对环境监察失职罪等职务性犯罪进行主动侦查。由于信息不对称,检察机关对污染环境犯罪的介入不够及时主动。[3] 因此,有学者建议“移案监督”制度化。尽管《行政执法机关移送涉嫌犯罪案件的规定》第 14 条对检察监督予以规定,但实践中难以贯彻执行,因此,一方面,需要建立环境保护两法衔接工作信息共享平台,建立案件移送备案查询制度、专项立案监督制度等配套性制度,将生态环境部门的移送案件纳入检察监督。另一方面,需要赋予检察机关调查核实权,最大限度保全证据,防止污染环境风险进一步扩大。[4]

二是完善证据转换。因环境污染案件往往涉及多方面的专业知识,证据种类也较为复杂,相关证据的取得存在难度大、专业性高、时效性强等特征,环境污染类案件的证据往往不能及时固定。例如,向水域排放有毒有害物质,在排放后,因造成的水体污染情况无法及时有效的鉴定,难以确定污染行为造成的损害后果,从而导致无论是在行政执法机关向司法机关移送案卷材料时,还是

---

〔1〕 侯艳芳、陈望舒:《生态环境领域行政执法权的配置对行刑衔接的影响及其应对》,载《山东社会科学》2021 年第 9 期。

〔2〕 根据生态环境部环境行政处罚案件情况通报,2021 年 1 ~ 12 月全国共下达环境行政处罚决定书 13.28 万份,罚没款数额总计 116.87 亿元,案件平均罚款金额 8.8 万元,移送涉嫌环境污染犯罪案件数量为 1868 件。载生态环境部官网,https://www.mee.gov.cn/ywdt/xwfb/202201/t20220122_967946.shtml。

〔3〕 刘瑶:《环境污染案件中行政执法与刑事司法无缝化衔接的阻碍及对策分析》,载微信公众号“徐州审判”2020 年 6 月 26 日。

〔4〕 参见寿樱、刘凤琪:《论完善环保领域“两法衔接”机制中的检察监督》,载《中国检察官》2021 年第 15 期。

在法院立案受理审理过程中,均会出现因证据未能及时固定而导致的事实难以认定的问题。首先,在证据种类中,行政执法部门搜集的各类证据往往有些不能满足刑事司法对证据的形式要求。其次,依据法定程序搜集证据是证据客观性的重要保障。证据获取及固定的合法性标准存在差异,尽管有之前出台相应的规范标准,如今情势发生重大变化,前执法移送标准仍然未明确,亟须修改相关制度文件,以更有效指导实践。各地积极探索行刑衔接机制,上海检察机关提前介入全市首例非法处置危险废物并造成周边环境大气污染案件,建议区环境监测站对加工现场进行空气指标检测,并以臭气、甲苯、二甲苯等浓度超标检测结果为依托,顺利对该案提起公诉。

三是合理界定环境行政执法与刑事司法衔接机制中行政机关的权限边界。《行政执法机关移送涉嫌犯罪案件的规定》第 2 条规定:“本规定所称行政执法机关,是指依照法律、法规或者规章的规定,对破坏社会主义市场经济秩序、妨害社会管理秩序以及其他违法行为具有行政处罚权的行政机关,以及法律、法规授权的具有管理公共事务职能、在法定授权范围内实施行政处罚的组织。”《环境保护法》第 10 条规定:“国务院环境保护主管部门,对全国环境保护工作实施统一监督管理;县级以上地方人民政府环境保护主管部门,对本行政区域环境保护工作实施统一监督管理。县级以上人民政府有关部门和军队环境保护部门,依照有关法律的规定对资源保护和污染防治等环境保护工作实施监督管理。”因此,除了各级生态环境主管部门外,其他有关部门,包括海洋行政、海事、渔政渔港、自然资源、林业草原、农业农村、水利、住房和城乡建设、公安、工信、市场监督管理等主管部门也要依照《环境保护法》和有关法律的规定对资源保护和环境污染防治等环境保护工作实施监督管理。并依法具有相应的执法权。

(二)发挥环境公益诉讼与生态损害赔偿制度作用

目前对于公益诉讼与生态损害赔偿的问题,在环境法学、诉讼法学领域争议较多。其中核心争议就是生态修复责任与民事诉讼中的公益诉讼责任之间的关系。笔者认为,污染环境犯罪协同治理模式需要调适不同法律制度体系中的法律责任配置。在环境治理过程中,保护污染环境犯罪侵犯的公共利益有公益诉讼与生态损害赔偿两种制度路径,尽管都有独立的理论基础,但在实践中往往遭遇规则不清晰、规范冲突的现实问题。公益诉讼提起的主体有社会组织和检察机关。生态损害赔偿诉讼指特定的国家机关依据法律授权,对违反法律污染环境、破坏生态、损害生态环境公共利益的行为,向人民法院提起诉讼,请求法院判令行为人赔偿生态环境损害,由法院依法裁判的活动。[1] 公益诉讼、刑事附带民事公益诉讼、生态损害赔偿的不同制度,都是为回应实践需求而发挥法律制度的治理功能,但不同的制度之间衔接存在冲突。由于本文主题所限,仅就其中的财产性责任作一说明。根据行政罚款是否可以进行抵扣刑事罚金,存在区分模式与合作模式。[2] 在功能回应型治理模式下,环境法律责任的多元化是必然的发展方向,行政罚款与刑事罚金二者也应当走向合作模式,第一种情况下,两者彼此独立,行政罚款不影响刑事罚金的课以,后者则需要行政罚款抵扣一定的刑事罚金。目前实践中,采用的是限制并合主义,2021 年修订的《行政处罚法》第 8 条第 2 款,2020 年修订的《行政执法机关移送涉嫌犯罪案件的规定》第 11 条第 3 款都规定,法院在判处罚金时,如果已对行为人判处行政罚款,则可以进行折抵,但是行政处罚不能代替刑事处罚。[3]

行政处罚与刑事处罚都具有惩罚和预防的共同目的,但行政罚款与刑事罚金的财产性责任容易模糊两者的边界。生态损害赔偿制度中的生态损害惩罚性赔偿也具有惩罚功能,由于都是财产性责任,惩罚功能趋同而容易模糊适用边界。上述问题的产生主要是由于环境法律关系中,民事、行政、刑事责任存在冲突和竞合。法律责任的设立初衷,是为弥补遭受损害的法律关系,法律责任本质上是分担损害,从而达到矫正正义。因此根据责任设立的功能不同可以分为惩罚性责任与赔偿性责任。在惩罚性责任内部,比如行政罚款与刑事罚金,可以进行抵扣,不仅符合比例原则,而且能合理评价行为人的违法犯罪行为。在生态环境违法整体性责任体系中,造成生态环境损害的行为同时具有民事违

---

[1] 有学者将生态损害赔偿诉讼分为广义和狭义。参见吴卫星、何钰琳:《论惩罚性赔偿在生态环境损害赔偿诉讼中的审慎适用》,载《南京社会科学》2021 年第 9 期。

[2] 参见刘飞琴、司雪侠:《环境行政罚款和刑事罚金关系处理的模式探析——兼论环境法律责任的承担方式》,载《华中科技大学学报(社会科学版)》2021 年第 4 期。

[3] 《行政处罚法》第 8 条第 2 款规定:违法行为构成犯罪,应当依法追究刑事责任的,不得以行政处罚代替刑事处罚。第 35 条规定:违法行为构成犯罪,人民法院判处拘役或者有期徒刑时,行政机关已经给予当事人行政拘留的,应当依法折抵相应刑期。违法行为构成犯罪,人民法院判处罚金时,行政机关已经给予当事人罚款的,应当折抵相应罚金;行政机关尚未给予当事人罚款的,不再给予罚款。

法性与刑事违法性，一般也具有行政违法性，需要准确区分惩罚性责任与赔偿性责任，避免重复评价。司法实践中已经出现适用惩罚性赔偿罚金的案例，在江西省浮梁县人民法院审理的全国首例污染环境惩罚性赔偿案中，被告公司跨省倾倒化工废液，造成当地土壤和水源污染，严重危害1000多名村民饮用水安全，被告人被追究刑事责任。同时，人民法院首次适用《民法典》污染环境惩罚性赔偿条款，依法判决被告公司承担环境修复费用、环境功能性损失费用等285万余元，并承担环境惩罚性赔偿金17万元。判决生效后，人民法院以资金集约管理使用方式，引入并监督第三方专业机构实施修复工程，使环境公益诉讼与修复执行有效衔接，受损生态环境得以修复，人民群众权益得以切实保障。[1]

由于行政罚款、刑事罚金都具有惩罚性，在司法实践中适用应当秉持审慎谦抑原则。企业作为经营主体，负担过重的惩罚性赔偿责任不符合罪责相适应原则，但是生态修复费用属于公益性质的赔偿责任，对企业可以同时课以赔偿责任与惩罚性责任。[2]

（三）完善环境治理的政策制定机制

全球化、工业化、城镇化、市场化力量叠加，历史性因素和发展性矛盾交织，我国生态环境问题具有不同于其他国家的复杂性，单一的治理主体、治理方式难以应对复杂的环境治理问题，因此多元协同共治的策略显得尤为重要。现代化污染防治体系构建需要完善责任考核机制、环境质量智慧预警体系、公众参与通道、环境数据共享开放机制。[3]

污染环境犯罪治理宏观而言是国家治理体系的一部分，一方面，需要增强制定环境政策过程中的民主性、科学性、合法性和时效性。在权威型环境治理中，环境保护的公共决策往往隐匿于政府系统内部，可能只是在政府不同部门之间基于职权配置和政策分配展开的互动过程，而群众的利益需求往往未能体现在环境公共决策之中。尤其是涉及广大民众切身的身体健康权益的环境政

---

〔1〕 参见江西省浮梁县人民法院（2020）赣0222民初796号民事判决书。

〔2〕 参见吴卫星、何钰琳：《论惩罚性赔偿在生态环境损害赔偿诉讼中的审慎适用》，载《南京社会科学》2021年第9期；孙永上、李猛：《环境公益损害：刑事、民事、行政责任如何界分？》，载《检察日报》2020年11月20日，第3版。

〔3〕 参见张伟进：《现代化污染防治体系构建的重要性、主要障碍及应对策略》，载《重庆社会科学》2021年第11期。

策,如果没有经过充分的论证与民众参与,最后制定的政策也无法得到有效施行,2007年发生的“厦门市反对PX项目”事件即是明证。政策的科学性也是政策能正确得到贯彻落实的前提,只有经过充分调研的政策才能确保政策因地制宜,避免出现“一刀切”的情形。在政策制定完成后需要进行合理评估,及时进行调整,避免政策出现滞后性。另一方面,注重发挥中央环保督察制度的重要作用。在中央环保督察查处公布的典型案例中,存在大量由于政府不作为而导致的环境污染问题。[1] 比如在中央生态环境保护督察集中通报典型案例中,贵州安顺区夏云工业园区违法问题突出,不仅园区内309家入园企业未依法开展环境影响评价,而且对2017年群众举报反映的情况敷衍塞责,督察过程中发现很多群众举报问题并未得到解决,排放污染物超过标准,环境污染问题依然严重。[2]

(四)构建污染环境犯罪治理技术体系

数字技术用于犯罪治理逐渐受到理论界与实务界的重视,污染环境犯罪治理同时需要做好技术治理与法律治理的衔接,实现技术理性与法律理性的融合,提升技术在犯罪治理中应用的范围。首先,建立污染环境案件信息查处内部信息平台。在污染环境犯罪治理过程中,由于执法、监管部门的信息不对称问题成为长期困扰实践的痛点、堵点,“行刑衔接”中信息的获取恰恰是阻碍机制运行的首要因素。[3] 信息平台的建立不仅是单纯的信息技术问题,更重要的是打通信息的鸿沟。在组织体内部,垂直的执法权力可以顺畅运行,但内部之间由于部门利益分割,信息平台的接入单位选择、新平台的建设主体、信息录入的范围及可公开的范围都存在诸多多重逻辑下的矛盾冲突。由于组织体内部各个机构之间的任务冲突,导致部门有自己不同的组织目标,进而导致平台无法建设。按照学者设计的理想的公开信息范围,公安机关对应当立案而未立案的案件信息,往往成为检察机关检察监督的重点,甚至可能成为构成涉嫌环

---

〔1〕 参见黄秋霞、左翰嫡:《从47起中央环保督察典型案例看环保问题背后的形式主义》,载中央纪委国家监委网,https://www.ccdi.gov.cn/toutiao/202109/t20210912_249939.html。

〔2〕 《中央生态环境保护督察集中通报典型案例(十五)》,载生态环境部官网,http://www.mee.gov.cn/ywgz/zysthjbhdc/dcjl/202201/t20220117_967334.shtml。

〔3〕 参见杜文俊、陈超:《机制设计理论视域下“行刑衔接”机制的重构与完善》,载《国外社会科学前沿》2020年第11期。

境监管失职罪的线索，反过来，司法机关查处的案件也需要依靠公安机关移送才能进入诉讼环节。因此，信息平台的建立存在理论与实践的双重需求，对于推进构建污染环境犯罪治理技术体系至关重要。

此外，加大污染环境犯罪数据的公开和应用。犯罪统计在犯罪治理中不仅是观测犯罪现象的重要工具方法，也是优化犯罪治理效果的技术路径。一方面，大数据的交换成为跨部门互联互通监测网络、推动数据交换和信息共享的重要方式。另一方面，大数据、智能化有助于提升政府的生态环境监管的公信力，提高环境监管效能，创新监管模式，提升环境治理能力。目前关于污染环境犯罪的研究，相关部门和高校合作的环境司法研究中心每年会发布相应的环境司法报告，但对于生态环境的行政处罚数据并未有清晰的获取渠道，必须依一定程序和条件申请，对污染环境犯罪的研究、治理、决策提供诸多不便。因此应加大对污染环境违法行为的数据公开，条件成熟时，可以绘制污染环境犯罪的热点地图，观测不同城市污染环境可能发生的重点区域。建立污染源大数据库，对多发、易发的相应污染源数据进行集合动态监测。设立污染环境犯罪分类场景治理应用技术以及污染环境犯罪预防识别技术，群众随时举报污染环境犯罪的技术机制，提升污染环境犯罪情景控制和社会治理化水平。[1] 建立污染环境犯罪预警模型，通过收集数据、风险评估、应急处置，尤其是发现与常规工艺流程不相符的用水用电数据，对可能涉及污染环境犯罪的相关指数设置阈值范围，一旦超过，侦查人员需要进行研判，可以及早发现污染环境犯罪的风险时段、区域及人员。[2]

---

〔1〕 参见汪明亮：《污染环境犯罪生成模式与多元治理机制》，载《南京社会科学》2021 年第 3 期。

〔2〕 参见刘艺绚：《基于数据挖掘的污染环境犯罪预警模型构建初探》，载《网络安全技术与应用》2022 年第 3 期。

4. 流域司法何以可能:现实动因、理论要义与实践路径

程　光*

内容摘要:我国流域立法已初成体系,如何理解和推动流域司法是进一步实现国家流域综合治理重大决策的关键。流域地理位置分布的广泛性、保障流域生态社会需求的迫切性、传统司法治理模式的局限性、科技革命的进步性等现实因素,促进了流域司法的理论探讨和实践展开。在理论上,流域司法应以流域立法为根据、以流域协同为理念、以流域管辖为范围、以流域和谐为目标,形成体系化的研究范式。在实践中,人民法院可从维持流域内各区域利益衡平、不过度依赖鉴定意见、关注人民群众生产生活习惯、放宽再次起诉条件等方面着手,从而形成流域司法特色,以高质量司法推动流域综合治理。

关键词:流域司法　流域综合治理　跨区域集中管辖　行政区划

近年来,我国立法机关以特定流域为立法对象推动流域立法,审议通过了《长江保护法》和《黄河保护法》,基本形成了"以解决流域性问题为导向,既遵循生态环境保护规律,又满足复杂社会关系调整需要的流域法律制度体系"[1]。这一新的立法态势引起了学界的探讨,并得到了学界的肯定。[2] 然而,与对流域立法的热烈探讨相对应的是,学界对流域司法的讨论似显不足,这在一定程度上限制了流域司法理论研究和实践工作的推进。一般来说,司法是指司法机关运用法律处理具体案件的活动。[3] 只有完善的立法而没有顺畅的司法,法律制度运转将陷入困境。在流域综合治理法律制度中,随着《长江保护

---

* 程光,武汉东湖新技术开发区人民法院法官助理,法学博士。

〔1〕 吕忠梅:《关于制定〈长江保护法〉的法理思考》,载《东方法学》2020 年第 2 期。

〔2〕 参见陈亮、杨攀:《流域立法的法理追问》,载《烟台大学学报(哲学社会科学版)》2023 年第 1 期。

〔3〕 参见李龙主编:《法理学》,人民法院出版社、中国社会科学出版社 2003 年版,第 392 页。

法》《黄河保护法》立法活动的完成,以及各类司法解释、地区性规定的不断出台,我国流域立法体系趋于完善。但是,立法活动的基本完成不意味着流域综合治理的成熟,对流域司法的原理和规律的探讨较少以及相应理论准备得不充分,将给在不同部门法学科话语体系下选择流域综合治理的法治化路径带来阻碍,降低流域综合治理的实际效能。鉴于此,笔者结合流域综合治理的立法现状和司法实践,厘清流域司法的形成动因,再从理论上剖析流域司法的基本要义,最终从实践层对流域司法中的若干实务难点作出探讨,以期给流域司法实践提供参考。

一、流域司法的现实动因

对标新时代党和人民群众对流域综合治理的更高要求和更大期望,司法机关当前的紧迫任务是直面新发展阶段人民群众在环境安全方面的新需求,针对流域综合治理的不足之处,破解如何改革当前司法制度以满足流域综合治理需求这一核心问题。

(一)我国各流域地理位置分布广泛

从水文学上看,流域是指由分水线所包围的河流集水区,分为地面集水区和地下集水区两类,我们在生活中所称的流域是指地面集水区。我国河流数量众多,每条河流都有相对固定的流域,一个大的流域可以按照水系等级分成数个小的流域,小的流域可以继续被细分为更小的流域单位。同时,从技术上也可以截取某河流河道的一段,单独划分为一个流域。统计数据显示,在我国流域面积超过 1000 平方千米的河流共有 1500 多条。从行政区划层面来看,这些河流中有的流经的行政区域范围较小,有的则跨越了不同的县市,还有的甚至因跨越了多个不同省份而绵延不绝。例如,长江横跨中国东部、中部和西部的 11 个省(自治区、直辖市),流域面积达 180 万平方公里,占我国国土面积的 18.8%。如欲对这些覆盖面积广大的区域实施流域司法,其中关涉的问题之多可想而知。除了由河流形成的流域之外,广义的流域还指由湖泊形成的集水区。从概念上说,湖泊流域面积是指汇入湖泊的来水区域大小或者说湖泊集水区域的大小,其对湖水补给来源、湖泊需水量、湖水水情、湖水水质等都有影响。我国的湖泊众多,不少湖泊都形成了自己特定的流域范围。结合行政区划的安排,很多湖泊都跨越了多个行政区域。

概言之,我国的河流湖泊流域范围较广,具有跨行政区域、跨地区的典型特征,是一个个具有系统性和空间性的生态系统。在开展综合治理过程中,流域环境具有整体性强、利益关联度高、损害隐蔽性强、治理周期长等特点,环境损害和污染物的传输流动不受地理位置和行政区域划分的限制,[1]这导致传统的以行政区划为基准的司法治理模式难以有效发挥作用,衍生了流域内司法活动的诸多困境和难题。[2]

(二)保障流域生态安全的社会需求迫切

在现代社会,生态环境恶化现象严重阻碍了国家的安全稳定和人民群众的幸福生活。随着我国社会经济的不断发展,流域生态环境安全在国家安全体系中的地位越来越重要,是广大人民群众的期盼之所在。只有流域生态环境得到保护,在流域内生活的人民群众才能够不受环境污染的困扰,才能够正常开展生产经营活动,社会的安全稳定才能够得到保证。同时,流域的生态环境安全还直接影响到流域经济发展的可持续性,与流域内人民群众的生活水平息息相关。但是,近年来我国不少流域都面临着一定程度的生态环境安全危机。

例如,党的十九大报告指出以"共抓大保护、不搞大开发"为导向推动长江经济带发展。近年来,我国整合长江流域社会经济资源,促进长江流域社会经济发展,已基本完成了"长江经济带"的建设工作。从特点上看,"长江经济带"以长江本身为纽带,统筹长江流域的人口、产业、文化等各个要素,连接了长江的上中下游、左右岸和干支流,对长江流域的国民经济、社会发展、文化建设等全局性工作都极具战略意义。可见,只有拥有安全的生态环境,以长江流域为设计基础的"长江经济带"才能发挥功效。然而,长江流域部分地区的生态环境安全现状并不能令人满意。对此,有论者通过统计分析指出,到国家确定新一轮"长江经济带"建设战略时,长江的沿岸已分布有七大炼油厂、五大钢铁基地、40 多万家化工企业,岸边污染带近 600 公里,仅规模以上排污口就有 6000 多个,每年向长江排放废水、污水近 400 亿吨,占全国污水排放量的一半以上,

---

〔1〕 参见尤婷:《流域环境司法协作:法理阐释与制度完善》,载《湖南行政学院学报》2023 年第 1 期。

〔2〕 参见彭中遥:《洞庭湖环境资源案件跨区域集中管辖——现状反思与完善路径》,载《环境保护》2018 年第 15 期。

整个长江流域生态系统退化趋势正在加剧。[1] 这种流域生态现状不仅给“长江经济带”的发展带来了阻碍，而且给人民群众的身体健康造成了不可逆的损害，亟须以综合性的统筹治理方式开展长江流域保护活动。[2]

与长江流域面临的生态环境问题类似，黄河等流域内也存在水土流失、泥沙淤积、景观凋零、生物多样性降低等生态环境问题。[3] 这些流域受制于巨大的生态环境压力，河流湖泊的生态涵养功能逐渐退化，环境污染普遍加重，成为阻碍流域生态环境优化和社会经济发展的因素。如何立足流域综合治理改革，通过法治方式确保流域资源永续利用是流域发展面临的重大课题。

（三）传统司法治理模式具有局限性

根据流域综合治理要求，司法机关要通过司法活动保障流域生态环境安全，服务流域内社会经济高质量发展。从实践效果来看，传统司法治理模式在流域综合治理过程中容易割裂环境资源的整体性联系、破坏流域生态系统的完整性，[4]有部分短板亟须通过新的方式予以补齐，保证司法职能的发挥和司法权威的彰显。

第一，地方化。在传统司法治理模式中，司法机关的管辖范围仅限于本行政区域之内，即行政区划的范围框定了司法机关履职的范围。然而，生态环境系统是一个动态变化的自然体系，流域环境纠纷的产生并非某一个因素影响的结果，更多的是多个因素共同作用产生的结果，会影响多个行政区域。由此，司法机关在对本行政区域内的案件作出处理后很可能会影响其他行政区域内相关主体的权利义务。此时，司法机关可能会从本地区的利益着眼作出裁判。同时，当司法机关对处于其他行政区域的被告作出裁判并把案件交付执行后，被告相应地也可能会从自己所在辖区利益保护角度出发拒不配合执行。长此以往，流域综合治理中的地方保护主义倾向逐渐产生。[5] 第二，零散性。在传统司法治理模式中，司法权行使范围限制在本行政区域内，司法权行使缺少协同

---

〔1〕 参见杜铭：《长江经济带：从大开发到大保护是历史进步》，载《经济日报》2016 年 1 月 19 日，第 13 版。

〔2〕 参见王树义、赵小姣：《长江流域生态环境协商共治模式初探》，载《中国人口·资源与环境》2019 年第 8 期。

〔3〕 参见梁嘉铭：《高质量发展视角下黄河流域景观资源可持续发展的立法研究》，载《四川轻化工大学学报（社会科学版）》2022 年第 3 期。

〔4〕 参见李景豹：《论黄河流域生态环境的司法协同治理》，载《青海社会科学》2020 年第 6 期。

〔5〕 参见卢荣荣：《中国法院功能研究》，法律出版社 2014 年版，第 115 页。

性,司法权行使目的主要是解决个案争议。这就容易导致流域综合治理工作呈现出零散性特点,司法权行使的整体质效有待加强,与促进流域内社会经济发展的全局性目标存在一定距离。第三,浅层次。流域综合治理要求司法机关对涉及流域治理的深层次制度问题作出回应,不仅能够解决个案中的流域纠纷,还能够和其他主体共同推动流域综合治理重点领域建章立制,最终形成长效性系统治理机制。然而,在传统司法治理模式中,司法人员需要提高案件办理效率,尽快化解个案纠纷,这导致司法机关一般只能做到就案办案,司法对流域治理作出的贡献流于浅表,当事人对裁判的认可度有待提高,司法人员的职业成就感尚有提升空间。总体来说,地方化、零散性和浅层次是现阶段传统司法治理模式在流域综合治理中的局限性所在,这导致传统司法模式仅能作用于流域内单一要素,无法充分满足环境司法协同保护的新需求。[1] 当前,随着流域立法工作逐渐完成,司法机关亟须找到一条新的流域治理道路,进而"化地方为全域、将零散变整体、由浅层到深层",高质效推动流域综合治理。

(四)科技革命给流域司法的提出和落实提供了契机

目前,以大数据、云计算、人工智能等为基础的新一轮科技革命已经对我国司法治理体系和方式产生了深刻影响。虽然,技术变革给司法机关的传统办案理念和模式带来了挑战,但是从长远来看也给审判体系和审判能力的现代化提供了契机,符合流域司法对公平正义的要求。

一方面,党的十九大以来,党中央着眼大局对建设数字中国战略作出了一系列重要部署。其中,智慧法院建设是新时代推动司法机关信息化建设的重要任务。实践中,大数据可以横跨多个区域将分散而独立的涉案数据有机融合、研判共享、深度应用,实现信息资源共享和无缝隙服务。[2] 在推动司法大数据技术发展的全局背景下,流域司法的信息化和智慧化建设是实现流域综合治理目标的关键,关系到人民法院信息化建设的完整性和先进性。因此,流域司法的开展需要结合智慧法院的建设工作进行,这是流域司法从全局层面嵌入国家信息化建设战略的要求,也是流域司法工作能够持续深入开展的动力来源。

---

〔1〕 参见游劝荣:《长江流域环境司法保护的现实困境与发展进路》,载《中国应用法学》2023 年第 3 期。

〔2〕 参见高丽华、周珂:《整体性视野下长江流域环境司法一体化研究》,载《干旱区资源与环境》2023 年第 7 期。

另一方面，一系列数字技术的产生和应用对流域司法起到了推动作用，使司法机关有能力处理流域司法实践中出现的当事人参与诉讼不便、证据收集鉴定不易等区域性实务难题。[1] 例如，由于江河湖泊的流域面积广大，跨区域的现象普遍存在，因此流域司法将面临更为复杂的在案证据，较之于以往更难以对案件事实做出准确认定，这要求司法机关和当事人以及其他专门机关应能够在不同区域获取案件证据，进而全面准确了解案件事实，这与以往在相对小的地域范围内收集证据的审判模式显不相同。在流域范围上，由于江河湖泊是不断运动的动态生态系统，与人为拟制的静态行政区域范围存在区别。故而，从相对较长的时间来看，司法机关根据流域立法形成的流域案件管辖范围很可能是变动不居的，有时甚至会出现流域范围变动而司法机关尚不知晓的问题，因此，智慧司法技术的提出和运用对流域司法的顺畅运行而言正当其时。司法机关通过大数据分析、人工智能等智慧司法技术，可以在一定程度上消解流域司法过程中可能出现的新问题，将这些法律之外的新问题交由科学技术来应对，司法实务人员则可以专注于案件办理本身。

二、流域司法的理论要义

对司法机关来说，流域综合治理的提出以及流域立法的推进，为传统司法治理模式的变革提供了机遇。流域司法作为全国性、全域性、全局性的系统工程，核心要义在于以我国流域实际情况为基础进行环境司法治理模式的再造，这当然不是对现有环境司法治理模式的推倒重来，而应是对现有环境司法治理模式的适当改良。把流域司法作为司法工作创新发展的新契机，是司法机关助推新时代生态环境保护事业的重要使命。在流域综合治理体系的构建过程中，司法机关需要逐渐转变对传统司法模式的认识，深化对流域司法的理解。从概念上说，笔者认为流域司法是指由司法机关根据流域立法的规定，为实现流域生态环境的和谐稳定，在管辖范围内贯彻协同理念行使司法权的专门活动。具体来说，需要从四个维度认识流域司法的理论要义，从而有效推动流域司法的开展。

---

〔1〕 参见徐胜萍、曾佳：《论环境资源案件跨区域集中管辖制度的完善》，载《华东师范大学学报（哲学社会科学版）》2017 年第 1 期。

（一）以流域立法为根据

司法机关开展司法活动的根据是立法机关公布施行的各类法律规范。在流域司法中，流域内司法机关应以流域立法为根据开展司法活动，追究相关主体的法律责任，“处理好开发利用和保护之间的关系，以生态文明建设指引整个流域经济社会的可持续发展”[1]。目前，我国流域立法体系主要由《长江保护法》《黄河保护法》组成，同时依托其他法律法规中有关生态环境保护的规定，共同为流域司法的开展提供规范基础。

从立法情况来看，《长江保护法》和《黄河保护法》的思路类似。两部法律的第2条第2款都通过解释各自流域的内涵，基本划定了法律的适用范围。在此基础上，《长江保护法》第八章和《黄河保护法》第十章全面规定了破坏流域生态环境的主体可能需要承担行政责任、民事责任和刑事责任，在流域司法中，这是司法机关追究相关主体流域侵害责任的根据。其中，根据《长江保护法》和《黄河保护法》，除了行政责任的追究基本可以由行政机关根据以上两部法律直接作出之外，民事责任和刑事责任的追究则需要以《民法典》和《刑法》为根据，通过民事诉讼程序和刑事诉讼程序来确定和实现。同时，司法机关需根据三大程序法的规定对流域司法中的程序问题作出处理，规范流域司法案件办理流程。

总体来看，《长江保护法》和《黄河保护法》的颁布施行为流域司法的运转提供了初步的法律根据，为司法机关阐释了流域司法的主体、范围、方式等基本问题。在流域司法中，这两部法律已经成为司法机关开展流域司法活动的权力来源。

（二）以流域协同为理念

从地理特点上看，流域不仅跨越多个地方行政区，还多以一个完整的生态地理单元而存在。对以河流构成或形成的水流域来说，其包括河流的上中下游、左右岸、干支流等部分，并衍生与河流相互贯通的湖泊，这些不同的生态模块之间以水相连，形成了相互影响的内部关系。在以往的以行政区域为基准构建的司法管辖制度中，这种相互影响的内部关系被人为的行政区划给切断，使

---

[1] 陈虹：《流域法治何以可能：长江流域空间法治化的逻辑与展开》，载《中国人口·资源与环境》2019年第10期。

司法机关在对同一流域开展综合治理工作时难以形成合力,存在权力分配和权力行使上的冲突。因此,当流域司法的概念被提出来之后,流域协同就成了司法机关在实践中应贯彻的基本理念。在该理念的指导下,流域内外各司法机关之间加强流域司法协作自属当然。需要注意的是,广义上的司法是以法院为核心展开的国家职能活动,在司法活动中存在司法主体和参与者两个维度,即法院是司法活动的主体,行政机关、组织和个人是司法活动的参与者,[1]因此,在流域司法中司法机关需要在以下两个方面关注流域协同理念的贯彻。

一方面,在国家公权力机关的内部,司法机关应加强和行政机关之间的协同。长期以来,除少数地区的环境资源审判队伍外,大部分司法机关的环境资源审判队伍建设都有待加强,也亟须得到来自行政机关的支持和帮助。然而,在传统的环境法治制度下,法院系统只与法院系统合作、行政机关只与行政机关合作,两个系统各自独立发挥作用容易产生片面化、单一化弊端。[2] 因此,司法机关在流域司法中加强和行政机关之间的协作就显得十分必要。通过行政机关的介入,不少涉环境资源领域的专业性问题可以由行政机关来阐释说明,形成对司法人员专业性知识的补充,这是生态环境保护的强项,而非司法机关的优势。同时,由于大部分流域案件的办理都涉及对破坏环境主体的行政处罚,因此司法机关加强与行政机关之间的协同也有助于行政处罚的落实。质言之,在推进流域环境司法协同治理的过程中,司法审判或许不是治理的终点而是改善的起点,其工作推进需要各机关的相互配合。[3] 另一方面,在国家公权力机关的外部,司法机关应加强和环境保护组织、生态环境污染鉴定机构等主体之间的协同。在我国的流域司法中,除了广泛运用多种属性的公权力解决流域环境破坏问题之外,如何将司法机关和私主体结合起来,共同维护流域生态环境安全也是一个需要注意的理念问题。在这个层面的协同中,私主体的介入不仅可以在科学技术上给司法机关提供大量帮助,使司法机关更容易准确查明

---

〔1〕 参见于浩:《当代中国司法改革的话语、实践及其反思——以“司法”定义切入》,载《山东社会科学》2015 年第 10 期。

〔2〕 参见肖爱:《整体性协作:区域环境纠纷解决机制的新视野》,载《中南大学学报(社会科学版)》2019 年第 5 期。

〔3〕 参见郭武、李璨:《协同治理:我国流域环境司法的理念更新与制度建构》,载《河南理工大学学报(社会科学版)》2022 年第 6 期。

案件事实,还可以发挥私主体的独特优势,促进流域生态环境纠纷的多元化解。从比较法的角度来看,域外部分国家或地区的公权力机关在进行流域治理时,较为重视和流域内企业等社会主体之间的合作,[1]这可以给我国的流域司法一些启发。

(三)以流域管辖为范围

作为国家公权力的司法权,只能在司法机关的管辖范围之内由专门人员行使。换言之,管辖制度的设计决定了司法权行使范围的大小。以往,管辖制度主要由程序法根据行政区划的情况来厘定。但是,党的十八届三中全会以来为了适应我国新的社会发展形势,"探索建立与行政区划适当分离的司法管辖制度"成为全面深化人民法院改革的任务之一。随着流域综合治理的提出,《长江保护法》《黄河保护法》等流域法在部分地区已开始发挥框定管辖范围的实际功能。在河流湖泊密集区,司法机关还自行通过出台地方性规定的方式探索设计流域司法管辖范围,采用"二合一"或"三合一"模式办理流域环境资源案件。总体来看,这些法律规定和尝试基本都采用的是跨行政区域管辖的模式,即为了实现生态系统保护的整体性,以作为生态功能区的整个流域为单位划分司法管辖区域,再将原本分散在不同行政区域内并由不同人民法院管辖的环境资源案件统一交由专门环境审判机构集中管辖。[2]

例如,湖南省高级人民法院为加强省内环境资源保护、完善流域环境资源审判工作机制,至2021年已有21个专门环境资源庭(法庭),其中包括湘江环境资源法庭、洞庭湖环境资源法庭、东江湖环境资源法庭等7个有权跨区域集中管辖流域环境资源案件的专门法庭。江西省司法机关在省内鄱阳湖、修河等"五河一江一湖"的范围内,设立了鄱阳湖环境资源法庭等11个环境资源法庭,对省内流域司法管辖机制构建进行了探索。贵州省司法机关根据省内河流山脉的分布、走向等情况,综合考虑各地区交通条件、审判力量等因素,形成了由五个基层人民法院及其对应的四个中级人民法院和贵州省高级人民法院组成的"一四五"跨区域环境案件审判格局。从制度设计上看,这些专门法庭的管辖权范围基本以特定河流湖泊的流域范围来划定,这打破了以往三大程序法以

[1] 参见范兆轶、刘莉:《国外流域水环境综合治理经验及启示》,载《环境与可持续发展》2013年第1期。
[2] 参见王旭光:《论当前环境资源审判工作的若干基本关系》,载《法律适用》2014年第11期。

行政区划范围为基准划定管辖权行使范围的立法模式,在一定程度上实现了司法辖区和行政区划的相互分离。在实践中,这些跨行政区域司法机构的设置突破了传统的以地方行政区划为基础的司法管辖单元,是司法在全国层面的统一性和地方层面的异质性之间的协调。[1] 这种设计使这些专门法庭能在多个行政区域内行使流域司法权,统筹办理流域生态环境案件。

(四)以流域和谐为目标

司法作为和谐社会生活的公平正义之术,以其独特的规则与技巧调和着社会冲突、弥合着关系裂缝,其是无序社会的溶解物和社会和谐的缔造者。[2] 流域司法属于整个司法活动的范畴,它的目标是解决流域内人民群众的纠纷,保障流域稳定,实现流域和谐。同时,作为一种特殊的司法形式,流域司法希望完成的目标是实现特定流域内的社会和谐。把握好这一目标,贯彻流域治理新理念,有助于司法机关在实践中加深对流域司法的认识,为司法活动指明方向。[3]

第一,保障流域内生态环境的和谐是流域和谐的主要内容。"和谐"一词的内涵较为丰富,政治和谐、文化和谐、经济和谐等均可以涵盖其中。从我国流域立法的历程和现状来看,立法机关开展流域立法的初衷是维护流域生态环境安全,维护的是流域生态环境的和谐。以此为基础,流域司法所欲达成的流域和谐的目标指的主要是生态环境的和谐,一般不包括其他维度的和谐。因此,流域司法工作基本是围绕改善流域内生态环境现状、提升流域内生态环境水平来开展的。第二,实现流域内和谐而兼顾流域外和谐是流域和谐的主要范畴。如前所述,流域管辖制度给流域司法划定了基本范围,司法机关无权超出这个范围开展流域司法。因此,流域内司法机关应明确自己所开展的司法活动能实现的社会治理目标一般仅限于流域之内。换言之,本机关能够实现的只是流域之内生态环境的和谐,流域之外生态环境的和谐只是一种附随的司法效果,否则,如果流域司法欲实现的目标范围过大,则将导致流域内司法机关所需承受

---

[1] 参加周迪:《司法的流域性——兼论我国长江经济带司法协同治理》,载《中国环境管理》2021 年第 3 期。

[2] 参见汪习根:《在冲突与和谐之间——对司法权本性的追问》,载《法学评论》2005 年第 5 期。

[3] 参见王文革、陈耿钊:《流域水资源可持续利用——长江保护法立法原则解读》,载《南京工业大学学报(社会科学版)》2019 年第 5 期。

的审判压力过重,难以根据本流域的基本特点来看待案件争议,这就与流域司法体制运行的初衷不符。第三,由司法机关开展的司法活动是实现流域和谐的主要形式。各种社会治理目标的达成,需要依靠不同种类的社会治理方式。对流域司法的目标实现来说,流域和谐的实现不是依赖行政行为,也不是依赖人民群众的私力救济,而是依赖司法机关所开展的司法活动,即通过一种由司法权主导的公权力运行模式来达成流域和谐的目标。这一模式不具有行政管理活动的主动性,司法机关处在相对被动的地位以居中裁判者身份处置流域纠纷。同时,这一模式旨在通过国家公权力机关运用公权力去强力纠正流域内有碍生态环境发展的行为,强制程度远超私权利主体实施的私力救济。

三、流域司法的实践路径

如前所述,当前我国流域立法工作已初步完成。因此,关于流域综合治理的探讨不宜再单纯站在立法完善和制度建构的角度,而应着眼于流域司法的若干实务难点,结合法律和司法解释提前做出理论应对。通过这种探讨为司法机关开展流域司法工作提供指导,形成流域司法特色,以区别于其他领域的司法模式。

(一)重视流域内各区域间的利益衡平

作为一个协调统一的生态体,流域由上中下游、左右岸、干支流等多个区域组成。这些区域之间存在生态意义上的关联,一个区域的生态环境变化可能会导致其他区域生态环境的变化和经济利益的增减,这一点在传统司法活动中较少出现。因此,就流域司法角度而言,司法机关在对涉及流域内某一个区域的案件进行处理时,需持系统论观点从流域整体出发审视裁判结果的合理性,使流域内各区域之间的利益保持在衡平状态,这是我国生态文明司法实践智慧的一种现实展示。[1]

一方面,审慎对待流域内不同区域的不同环境保护行政标准。在三大诉讼程序中,流域内行政机关给个人、企业划定的污水排放量、捕鱼时间等行政审查标准都是司法机关办理案件的重要参考,有时甚至会直接决定相关主体的责任

〔1〕 参见李启家:《环境法领域利益冲突的识别与衡平》,载《法学评论》2015年第6期。

属性以及责任轻重。但是，由于流域横跨多个行政区域，所以实践中可能会存在不同行政区域的行政机关所设置的环境保护标准不尽相同的问题。对此，司法机关不能简单以涉案主体所在行政区域的标准作出裁判，还要综合考虑其他区域的标准。在必要时，司法机关可通过制发司法建议等方式与行政机关加强沟通，逐步实现流域内环境保护行政标准的统一化。另一方面，重点协调上中下游之间的生态利益和经济利益。在由河流组成的流域之中，上中下游之间的联系程度十分紧密，某个区域的生态环境要素发生自然性变化很容易影响到其他区域。基于“经济利益和环境利益之间的同质同源、共生共进关系”[1]，流域内企业在生产经营过程中依托上中下游的生态资源形成特色产业结构和生产模式进而获得经济收益，并持续给其他区域带来明显的环境影响。例如，在排放工业污水的问题上，上游企业排放的污水会通过河流流向中游和下游，实践中下游由于地势较低故而其一般会是污水聚集区。如何平衡这一矛盾，需要司法机关作出判断。有论者以湘江流域为例，指出该流域上下游地区在生态环境保护和地区经济发展之间存在三大利益冲突，需要通过利益衡平的司法方法预防和化解矛盾。[2] 司法机关在办理此类案件时需考虑上中下游的水文状态和生态关系，不能将上游的生态污染后果简单交由中游和下游承受，应实现上中下游的利益衡平。与上中下游类似，流域内左右岸、干支流之间同样存在紧密的生态联系，司法机关也应贯彻利益衡平思维办理相关案件。

（二）不宜过分依赖鉴定技术

在流域协同理念的指导下，不论是行政机关还是第三方机构，都可以在流域司法中运用科学技术和专业知识为司法机关提供专业性建议。这些专业性建议在司法实践中的主要表现形式是鉴定意见。作为一种法定证据类型，鉴定意见对流域司法这类专业性较强的司法活动而言具有重要参考价值。但是，随着流域司法的不断深入，司法人员逐渐形成了特定的司法习惯之后，事实认定被进一步科学化了，技术建议和司法审判之间界限的模糊化以及司法人员对技术建议的过度依赖就会成为需要解决的司法难题。[3]

---

〔1〕 参见程多威：《环境法利益衡平的基本原则初探》，载《中国政法大学学报》2015 年第 6 期。

〔2〕 参见陈颖、廖小平：《论利益衡平视域下湘江流域生态补偿》，载《时代法学》2013 年第 6 期。

〔3〕 参见［美］米尔建・R. 达马斯卡：《漂移的证据法》，李学军、刘晓丹、姚永吉、刘为军译，中国政法大学出版社 2003 年版，第 43～44 页。

在流域司法中,司法人员在借助鉴定技术办理案件时应关注以下几点。第一,从严把握委托鉴定的条件。从规范上看,我国三大诉讼法对鉴定条件的规定较为宽松,同时,由于流域面积广大而复杂,需要通过鉴定查明确定的事实或证据不在少数。但是,司法机关仍应当对委托鉴定的条件从严把握,避免那些不需要进行的鉴定活动。第二,重点跟踪鉴定的持续时间。在以往的司法实践中,鉴定意见的出具耗时较长。而由于流域司法鉴定更具复杂性,因此司法机关如果不随时跟踪鉴定持续时间并督促鉴定机构从速鉴定,则可能造成案件审理迟滞。基于流域生态环境的可变性,这种因鉴定时长而导致的审理迟滞不仅会影响审判质效,还可能造成流域生态环境不可逆的变化甚至是损害。第三,善于用举证责任规则应对鉴定意见出具难的问题。由于流域环境的复杂性,鉴定意见的作出势必较一般案件来说更为不易,甚至有可能出现历经长时间等待而鉴定机构无法出具鉴定意见的情况。此时,司法机关应根据法律和司法解释及时运用举证责任规则对案件作出判决,使举证责任承担者承受鉴定意见未作出所导致的无法举证的不利后果。概言之,虽然科学证据已经成为环境案件审判中事实认定的关键依据,但是这类证据依然存在不少未被公众察觉的局限性。[1] 在流域司法中,司法机关应摒弃唯科学主义立场,从实体和程序着手以流域司法的基本需求引领科学证据的合理使用。

(三)关注流域内人民群众的生产生活习惯

流域不仅是政治、经济、生态的集合体,还是文化的集合体。流域生态资源储备、交通运输功能、自然景观形态等都对流域内人群的文化创造和观念形成起到了塑造作用,不同流域的人群会形成各自独特的文化传统和精神特质。[2] 从经验上看,居住于同一流域内的人民群众由于生产活动形式具有相对一致性,一般会形成相对统一而又各具特色的民俗习惯和生存方式。这些习惯使得司法机关在办案过程中,需要在法律和司法解释之外尽可能多地考虑非法律因素对案件判决结果的影响,实现法律效果和社会效果的统一。

一方面,对行政诉讼和刑事诉讼来说,由于二者是有公权力机关参与的诉

---

〔1〕 参见马驰升:《论生态环境司法中科学证据的审查判断:科学主义与公众参与的融合》,载《中南大学学报(社会科学版)》2022年第6期。

〔2〕 参见孟庆瑜、张思茵:《论流域生态安全的法学逻辑与法治保障》,载《治理现代化研究》2022年第6期。

讼形式而具有公共属性。因此，根据法律及司法解释，人民群众的习惯一般不会直接成为司法机关的裁判依据。但是，由于流域特殊的自然文化属性，司法机关在实践中仍可以将习惯作为法律之外的考量因素。尤其是司法机关在处理涉及行政处罚、认罪认罚从宽等情况的案件时，习惯很可能会成为减轻责任的因素。另一方面，对民事诉讼来说，由于此类诉讼一般不会有公权力机关的参与，属于私主体之间的权利义务纠纷，因此，司法机关有权以法律和司法解释的规定为主并辅之以习惯来考量案件结果，进而妥善处理流域纠纷。这样一来，不仅可以实现法律和司法解释的规范目的，也可以使作出的裁判符合流域内人民群众生产生活习惯的需求。进而言之，司法机关在民事诉讼中应适时根据《民法典》第 10 条在没有法律规定的情况下适用习惯作出裁判。质言之，考虑到流域是一个特殊的人类活动空间以及“民事习惯在司法中的法源地位”[1]，司法机关在办案过程中应对人民群众的生活习惯保持高度关注。

（四）放宽再次起诉条件

在流域司法领域，再次起诉主要发生在民事诉讼当中。从规范上看，最高人民法院《关于适用〈中华人民共和国民事诉讼法〉的解释》（以下简称《民诉解释》）第 248 条对司法机关认可原判决当事人再次起诉的条件作出了规定。但是，从司法实践来看，原判决当事人针对已经生效判决所指向的诉讼标的再次提起诉讼的请求一般都不会被司法机关同意，而会被司法机关根据《民诉解释》第 247 条以重复起诉为理由不予处理。在一般案件中，这种情况的出现主要是因为司法机关对再次起诉之“发生新的事实”要件的理解较为严苛，使不少再次起诉的请求被划入了重复起诉禁止的范畴。[2] 这一法律适用方式在流域司法中需要有所改变。

在流域司法案件的办理中，虽然司法机关会根据法律和司法解释对流域内生态环境资源做出分配，但是，由于流域不同于固定不变的行政区域，是一个会动态变化的自然生态系统，其组成要素、现实状态等都可能在未来随着地区环境的改变而改变。从自然生态循环发展的角度上看，这种改变的发生将是一个

〔1〕 谢晖：《“可以适用习惯”的法教义学解释》，载《现代法学》2018 年第 2 期。

〔2〕 参见刘庆国：《重复诉讼的识别与规制——以〈民事诉讼法司法解释〉第 247 条为视角》，载《山东法官培训学院学报》2018 年第 2 期。

大概率事件,这就可能使司法机关之前作出的裁判或者当事人双方达成的和解协议不符合新的流域生态形势,所以案件双方当事人都存在再次起诉而希望由司法机关重新作出裁判的可能性。对此,司法机关应将这种情况作为“存在新的案件事实”的情形允许当事人再次提起诉讼,进而通过新开启的诉讼程序对发生变化的流域纠纷重新作出处理,而不宜简单适用重复起诉禁止规则不予受理或驳回起诉。

四、结语

我国生态环境资源丰富,各地区河流湖泊交错纵横,对地区经济发展乃至于区域文明进步的意义均属重大。在此时代背景下,以流域司法推动流域综合治理,为司法机关落实新时代生态环境保护工作要求提供了一条重要的实践路径,是对传统司法治理模式的一次重塑性变革。基于基本已经完成的流域立法工作,流域保护在立法层面实现了统一,流域整体性和治理碎片化的矛盾将会由立法转向司法。[1] 学界可参考环境司法、未成年人司法等专门领域成熟的司法理论与实践经验,通过厘清基本概念并研究相关延伸问题的方式,缓解流域司法压力。例如,如何看待流域司法和现有司法管辖制度之间的关系、流域司法框架下如何从制度层面加强不同机关之间的相互协作、如何继续推动流域立法进而为流域司法打造更完善的规范体系等问题,均值得学界深入研究。概言之,在我国以生态环境保护为目标开启流域综合治理的时代背景下,流域司法这一全新的理论探讨和实践尝试,有赖于更多的理论成果和实践经验的深化拓展,以期形成流域司法的中国方案。

---

〔1〕 参见黄锡生、尚睿:《长江流域环境司法协作的理论构造与制度完善》,载《河南财经政法大学学报》2022年第2期。

5. 环境保护禁止令的制度创新与规则优化

——基于126份环境污染案件裁判文书样本分析

金燕玲*

内容摘要:最高人民法院2021年12月27日发布实施《关于生态环境侵权案件适用禁止令保全措施的若干规定》,填补了司法实践中的应用缺陷,统一了环境保护禁止令在环境司法领域的规范适用,明确了环境保护禁止令的法律地位。笔者总结了环境保护禁止令在行为保全框架下的合理创新、权利保护主体的利益考量转变和环境损害救济手段的体系丰富等内容,以各地法院在环境污染案件中应用环境保护禁止令情况为切入点,对相关裁判文书进行分析,初步了解环境保护禁止令陷入整体的应用率不高等诸多困境。究其原因,当前环境保护禁止令存在损害内涵界定不清、举证规则不明确、救济渠道不通畅、执行保障不足等问题,笔者从明晰损害认定标准、完善举证规则、构建救济体系、强化执行协作监督等方面出发进行研究,以期提高环境保护禁止令的可操作性和准确度。

关键词:环境保护　行为保全　禁止令　风险预防　环境司法　利益衡量

面对环境司法领域对环境保护禁止令统一和规范应用的要求,2021年12月27日,最高人民法院在总结各地司法实践经验的基础上,发布实施《关于生态环境侵权案件适用禁止令保全措施的若干规定》,弥补了实践中的应用缺陷,规范了环境保护禁止令在司法领域的总体适用,环境保护禁止令成为实现生态环境损害预防性救济的重要手段,能够实现综合利益最大化及环境正义的要求。笔者通过对相关裁判文书进行分析,初步了解环境保护禁止令的应用情

---

* 金燕玲,湖北省鄂州市中级人民法院法官助理。

况,但环境保护禁止令的适用比例如何?法官在认定"难以弥补的损害"时是否存在困难?现有的举证规则能否应对环境污染及生态环境侵权纠纷的特殊性?环境保护禁止令的执行措施是否能够实现及时制止环境污染和生态破坏行为的目标?以上问题均有待研究,文章拟从环境保护禁止令的实践情况出发,检视现状,剖析原因,并提出优化环境保护禁止令的运行规则,以期从整体上提高环境保护禁止令规范应用的可操作性以及准确度。

一、环境保护禁止令的制度创新

(一)首次明确环境保护禁止令在环境司法领域的法律地位

生态环境治理领域中如何通过司法手段及时制止环境侵权行为、防范生态环境风险是各级人民法院共同面临的重要难题。2010 年,昆明市中级人民法院与昆明市人民检察院联合制定了《关于办理环境民事公益诉讼案件若干问题的意见(试行)》,在环境司法领域首创"禁止令"概念,[1]后期各地法院先后进行了实践探索,取得了一定的成效,但各地标准不一,导致出现跨流域、跨地域环境案件无法统一适用、法律依据缺乏引发当事人对禁止令合法性基础的质疑等问题。从制度设计的原理来看,对程序功能进行准确定位才能实现结构对功能的回应和遵循,[2]最高人民法院发布的《关于生态环境侵权案件适用禁止令保全措施的若干规定》既在各地司法实践经验的基础上进行了吸收借鉴,统一审查规则、实施标准,又在现有民事诉讼程序中对行为保全制度进行了合理创新,明确了环境保护禁止令在环境侵权诉讼中的法律地位,化解了司法实践中环境保护禁止令有实无名的尴尬处境。环境保护禁止令保护的对象为正在发生或者即将发生的环境风险或者环境损害,与生态环境预防性救济体系的内核一致。利用环境司法理性思维激活环境保护禁止令的预防性功能,将生态环境司法保护的端口前移,弥补了当前环境司法的滞后性,从民事行为保全机制创新、环境法益衡量原则、环境司法救济手段等方面丰富和完善了预防性环境保护法治体系内容。

---

〔1〕 参见史建磊:《环保禁止令各地实践》,载中国新闻网 2014 年 5 月 28 日,https://www.chinanews.com/ny/2014/05-28/6220926.shtml。

〔2〕 参见李曼:《民事行为保全担保制度的完善路径》,载《当代法学》2018 年第 3 期。

（二）行为保全从传统民事领域向生态环境领域有机延伸

最高人民法院早在2015年便提出“……当事人或者利害关系人根据民事诉讼法第一百条或者第一百零一条规定申请保全的，人民法院可以裁定责令被申请人立即停止侵害行为或者采取防治措施”[1]，但上述措施的适用范围如何、是否有公益诉讼和私益诉讼上的区分、如何实施和应用并无进一步规定，过于原则性的规定导致人民法院在审查和认定时缺乏明确方向。最高人民法院《关于生态环境侵权案件适用禁止令保全措施的若干规定》创新性适用“禁止令保全措施”，明确了环境保护禁止令是在民事行为保全制度框架下的环境司法保全措施，基本上遵循了民事行为保全制度的相关规则，是民事保全制度在环境司法领域的具象化机制。与一般的行为保全侧重于保护独立个体利益相比，环境保护禁止令调整的内容为生态环境问题，在原有环境诉讼制度上增加生态利益的保护砝码，让民事行为保全制度发挥生态利益保护的功能，不仅对应了生态环境保护实践的内在要求，也丰富了民事行为保全制度的时代内涵。环境保护禁止令的延伸保护功能表现在：一是关注到不同利益群体、不同利益类型的诉求，并通过巧妙设计对相应利益进行法理层面上的合理安排和冲突消弭，具有保障个人利益和环境公益的双重属性；二是更加侧重于保护社会环境公共利益，是民事行为保全制度在环境司法领域的有机延伸，强化了环境保护禁止令制止侵害的制度功能，适应了环境司法领域的内在要求，有利于从源头遏制污染环境、破坏生态行为；三是具有及时阻却环境损害发生或者扩大化的客观效果，有利于提前化解环境矛盾和纠纷，降低司法成本，预防大型环境纠纷案件的发生。

（三）利益保护内容从单一利益向复合利益衡量转变

“法律的目的须在各规范中考虑所涉及的利益，并衡量法律所旨在赋予价值的利益及牺牲的利益”[2]，在利益平衡理念下，利益保护的片面化单向化会导致社会利益共同体的分割破裂，而准确进行利益衡量是社会利益协调发展的关键之处。环境保护禁止令的目的在于既要通过禁止令措施及时制止环境侵权行为或者重大生态环境风险，有效避免或减少申请人合法权益、公众环境权

[1] 《最高人民法院关于审理环境侵权责任纠纷案件适用法律若干问题的解释》第12条。

[2] ［德］菲利普·黑克：《利益法学》，傅广宇译，载《比较法研究》2006年第6期。

益遭受难以弥补的损害,同时又要考虑被申请人的合法权益,防止出现单方利益保护不足和个别利益过度保护两种极端倾向,在审查环境保护禁止令期间必须在申请人与被申请人的利益之间作出权衡。利益平衡是一个价值目标,"平"实际上是两造之间的权衡。[1] 最高人民法院《关于生态环境侵权案件适用禁止令保全措施的若干规定》首次明确了法院作出环境保护禁止令的基本条件和考量因素,采用列举加兜底条款的方式,高度概括了作出环境保护禁止令须具备的条件,同时列明了其他需要进一步综合考量的环境风险,将环境保护立法中未能清晰表达出的利益衡量原则明确化,人民法院可结合具体案情,谨慎决定是否作出环境保护禁止令,提高了环境保护禁止令作出的准确度。

(四)环境司法手段从事后损害赔偿向预防救济扩展

在人类社会现代化进程中,不断发展进步的生产力与承载力有限的生态环境容量之间的关系日趋紧张,经济利益与生态利益两种正当的利益需求在某些社会活动下往往无法相互兼得。从我国民事权利救济的传统模式出发,对侵权行为的制止只能在判决确认了实体权利义务归属并且已经生效之后才可以进行。对于持续性侵权行为或者损害结果持续发生的情形,诉讼的提起本身并不能停止侵权行为或预防侵权结果。这样的结果就是,当诉讼结束时,受害人所遭受的损害远超诉讼提起时的状态。这种事后救济的模式,不仅有可能给受害人造成难以弥补的损害,而且违背了对权利应有的保护之道,事后的生态环境补救性救济体系在生态环境权益保护上显然"先天不足"[2],因此建立一种在裁判之前采取临时性措施制止被诉侵权行为的前置性预防制度尤为重要。

在环境侵权领域,责任形式越丰富,表面对受害人的救济越完全,[3]各地人民法院在环境资源案件审判中贯彻"保护优先、预防为主"原则,不断创新预防性司法措施,积累了较为丰富的实践经验。最高人民法院《关于生态环境侵权案件适用禁止令保全措施的若干规定》针对生态环境一旦受到损害难以恢复甚至完全丧失生态环境服务功能的特点,将"保护优先、预防为主"作为实施环境保护禁止令的重要原则,把环境损害或潜在风险预防置于环境保护的第一顺

---

〔1〕 参见刘作翔:《法理学视野中的司法问题》,上海人民出版社2003年版,第230页。
〔2〕 参见曹明德、马腾:《我国生态环境民事预防性救济体系的建构》,载《政法论丛》2021年第2期。
〔3〕 参见王利明:《侵权责任法的中国特色》,载《法学家》2010年第2期。

位，满足了人民群众对预防污染环境及防止破坏生态的迫切需求，明确将“情况紧急”下采取环境保护禁止令的时间予以缩短，强化环境保护禁止令的预防性权利救济功能，及时制止生态环境侵权行为，可以有效避免或者减少生态环境损害的影响。明确环境保护禁止令的法律地位，能为预防性责任方式提供明确的“补钙”路径指引，[1]体现了生态环境司法体系向前端延伸的保护思路，丰富了我国环境司法中预防性救济法律保障体系。

二、环境保护禁止令的实践现状分析

（一）样本的整体性检视

生态环境侵权领域，环境污染行为是最为常见和多发的侵权行为，涉及大气、土壤、水、噪声等多种污染类型，往往污染行为持续时间久、损害范围广，环境保护禁止令适用空间大。笔者以环境污染责任纠纷为样本分析环境保护禁止令的司法应用情况，具有较大的客观性。为保证数据客观真实，笔者以“环境污染责任”为关键词，选取裁判日期为“2022 年 1 月 1 日至 2023 年 6 月 1 日”，在中国裁判文书网、法信等裁判文书公开平台对最高人民法院《关于生态环境侵权案件适用禁止令保全措施的若干规定》实施以来的案件进行检索，最终筛选出 126 份涉环境污染纠纷案件的裁判文书，通过描述性分析及比较分析，尝试总结环境保护禁止令在环境污染案件中的适用情况。

1. 环境污染类型呈现多样化、复合型特征

样本案件中涉及大气、水、土壤、噪声、固体废物、放射性物质等多种环境污染类型，涵盖的范畴较为全面和广泛，水污染和噪声污染等常见污染类型仍然占据较大比重。同时，由于生产经营活动并非单一活动，行为人的污染行为也呈现出复合型特征，比如在产生大气污染的同时也会导致水污染、在出现固体废物污染时也会伴随土壤污染和大气污染，多种污染类型并存印证了环境损害的复杂性（见图 1）。

---

[1] 参见刘明全：《环境诉讼禁令制度的法理与二元构建》，载《法商研究》2017 年第 6 期。

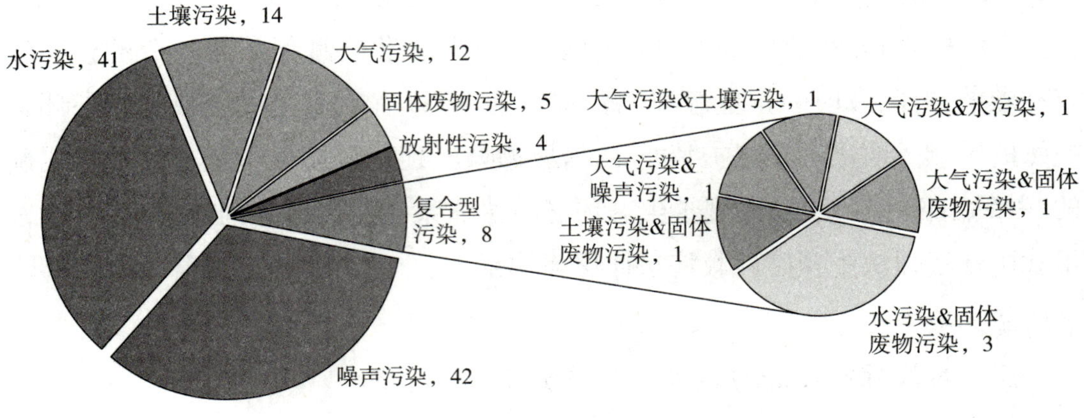

图 1　样本环境污染案件的污染类型

2. 权利主张主体多元,污染行为在经营过程中产生

在环境污染案件中,受害人多为个人,个人直接提出诉求的数量为 96 件,占样本案件的 76.19%,经营户和公司等经营主体提出诉求的数量为 16 件,占样本案件中的 12.69%,都侧重于主张个人权益;行政机关、检察机关、公益组织等为了环境公共利益提起诉讼的案件也占据一定的比重。而环境污染行为的源头主要是公司的生产经营活动,在样本案件中数量为 95 件,占比 75.40%(见图 2),反映出环境案件中环境污染行为多在生产经营过程中产生,不仅对大气、土壤、水域等环境载体产生损害,同时也对人的身体、财产产生直接或间接的损害结果,体现出环境案件中侵权损害后果的复杂性特征。

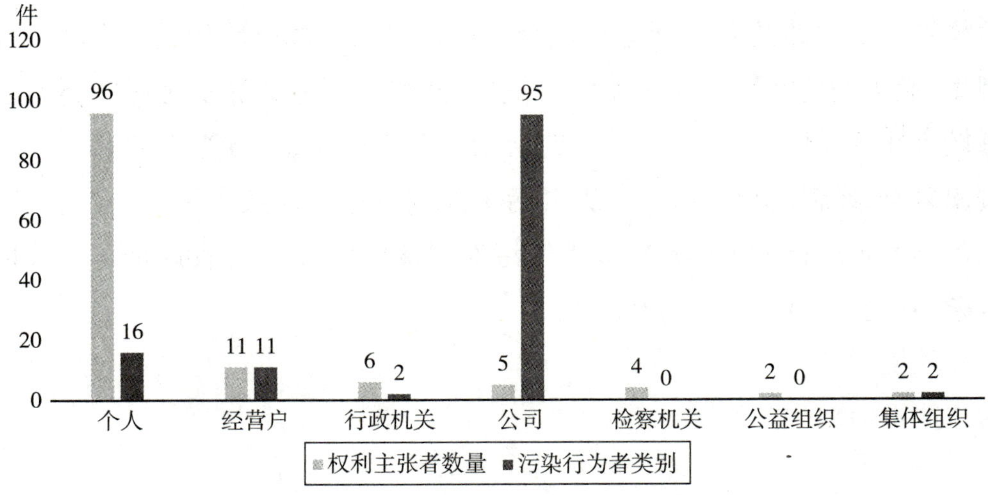

图 2　样本案件中权利主张者与污染行为者分布情况

(二)环境保护禁止令在环境污染案件中的应用现状

1. 环境保护禁止令案件数量整体偏少

在 126 件环境污染纠纷案件中,有 4 件申请了环境保护禁止令,仅占样本案件的 3.17%,而不管是诉前还是案件审理过程中,没有申请环境保护禁止令的案件为 122 件,占比达 96.83%(见图 3)。可以看出,环境保护禁止令在环境污染纠纷中的适用整体偏少,偏低的制度应用率严重影响了环境保护禁止令救济的实践价值。

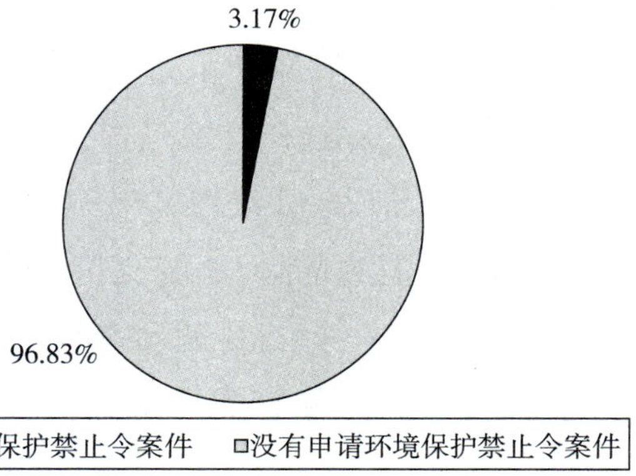

图 3　环境污染纠纷中环境保护禁止令的申请情况

2. 环境保护禁止令实施效果初显

样本文书中,实施了环境保护禁止令的 4 个案件中,3 件为诉前环境保护禁止令,1 件为诉中环境保护禁止令。从实施方式来看,法院通过在侵权行为现场张贴公示禁止令的方式,责令被申请人停止侵权行为或者采取补救措施,及时制止破坏生态环境的违法行为,避免环境损害的发生和扩大。环境保护禁止令案件占样本案件比例虽低,但已实施的环境保护禁止令均有效制止了环境污染行为,环境保护禁止令取得初步实施成效。

(三)环境污染案件中停止侵害类诉求的裁判情况

1. 环境保护禁止令与停止侵害类请求具有目的一致性

在环境污染侵权案件中,侵权行为及损害后果具有持续性,行为人的侵权行为往往不会因受害人提起诉讼主动停止,因此在环境污染纠纷中,环境污染侵权行为通常处于持续状态,受害人的第一诉求往往为请求行为人停止侵权行为或者采取一定行为消除现有损害。而在实施环境保护禁止令案件的裁判文书中,禁止令内容表现为停止侵害、排除妨碍、消除影响等责任形式,[1]这三种责任形式在《民法典》的侵权责任规定中有所体现,同样也需要达到责令被申请人立即停止一定侵害行为的目的,两种请求内容在目的上是一致的,其实质就包含了环境保护禁止令救济的内容。分析停止侵害类诉讼请求在环境污染案件中的支持情况对于明确法院审查环境保护禁止令需要注意的因素具有较大的参考作用。

2. 停止侵害类诉讼请求的支持率处于较低水平

如前所述,虽然环境保护禁止令在实践中取得初步效果,但是在环境污染案件中的适用率仅为3.17%。环境保护禁止令是以非诉程序直接要求侵权行为人停止某种侵权行为或消除危险,在诉讼过程中则以受害人或权利人提出停止侵害类诉讼请求为前提。在126份裁判文书中,有57件案件中的受害人提出请求侵权行为人停止侵害、消除危险,法院支持该类诉讼请求的案件量为23件,占比40.35%,未支持的有34件,占比超出50%(见表1)。法院在认定侵权行为事实客观存在的同时,对停止侵害类请求的支持率整体处于偏低水平,被害人的救济难度较大。

表1　环境污染纠纷中停止侵害类诉讼请求提出及支持情况

<table>
<tr><th colspan="3"></th><th>数量（件）</th><th>百分比（%）</th><th>累计百分比（%）</th></tr>
<tr><td rowspan="4">样本案件数量</td><td rowspan="2">当事人提出停止侵害类诉讼请求</td><td>法院支持停止侵害类诉讼请求</td><td>23</td><td>40.35</td><td>18.25</td></tr>
<tr><td>法院未支持停止侵害类诉讼请求</td><td>34</td><td>59.65</td><td>26.98</td></tr>
<tr><td colspan="2">合计</td><td>57</td><td></td><td></td></tr>
<tr><td colspan="2">当事人未提出停止侵害类诉讼请求</td><td>69</td><td></td><td></td></tr>
<tr><td colspan="3">合计</td><td>126</td><td></td><td></td></tr>
</table>

(四)停止侵害类诉求低支持率缘由分析

1. 因果关系是否成立的证明要求不一

通过对比法院裁判受害人提出的停止侵害诉讼请求的依据发现,大部分法

---

〔1〕　参见刘明全:《环境诉讼禁令制度的法理与二元构建》,载《法商研究》2017年第6期。

院在举证责任认定上,认为请求停止侵害行为应当进行举证,但实践中举证责任分配不一和证明标准要求不同。有的法院认为受害人负有充分举证责任,在侵权行为人不认可的情况下,法院对受害人提供的现场照片、视频或者自行委托鉴定的结果往往不予采信。而有的法院认为受害人只需对环境污染行为产生的损害结果完成初步的举证责任即可,侵权行为人则要对自身行为与损害后果之间不存在因果关系承担相应的举证责任。

2. 司法认定损害事实的成本较高

在23件支持受害人提出的停止侵害等诉讼请求的案件中,主要采信证据来源为检测报告和现场调查,其中法院依据检测报告予以支持的有17件,经过现场调查结果予以支持的有6件,可见司法机关在认定侵权行为与损害结果之间是否存在因果关系以及是否达到需要立即要求侵权行为人停止侵权行为的依据来源为第三方专业机构出具的检测报告,占比达到73.91%,审查过程中往往忽略当事人提供的照片、视频等证据材料,对第三方检测报告存在较大程度依赖。一旦侵权行为人对受害人自行委托完成的检测报告提出异议,基于程序的合法性要求,法院便会在审理过程中启动重新检测鉴定程序,导致该类案件的审理周期普遍较长。样本文书中,平均一审审理周期209天,经过鉴定检测程序的案件审理周期265.5天,未经过鉴定200天,审理周期相差两个多月。同时,在当事人提交或者申请以鉴定检测报告结果作为侵权事实依据的案件中,鉴定费用最高达70000元,最低也花费538元,平均鉴定费用达17172元,相较于一般环境侵权案件,当事人消耗的时间成本和负担的金钱成本显著增加。

3. 法院对禁止令的执行措施相对单一

除了法院张贴公示禁止令或者现场督促履行方式之外,环境保护禁止令基本上仰仗被申请人自觉履行,虽然最高人民法院《关于生态环境侵权案件适用禁止令保全措施的若干规定》第12条规定了若被申请人不履行禁止令的,人民法院可以参照妨害民事诉讼活动的行为进行司法惩戒以及追究刑事责任。通过强制方式教育被申请人,帮助其意识到不履行环境保护禁止令内容的错误性质,倒逼被申请人自觉履行。但是法律规定对被申请人采取妨害民事诉讼的强制措施的认定同样需要审慎审查,也需要经过相关程序予以认定,在时间上并不具有优势。因此就目前而言,环境保护禁止令的执行手段相对单一,基本上属于人民法院的“内部事务”。

三、环境保护禁止令低适用率的原因剖析

(一)“难以弥补的损害”的界定尚未明确

虽然最高人民法院《关于生态环境侵权案件适用禁止令保全措施的若干规定》明确了法院应当受理申请人申请环境保护禁止令的理由为如不及时制止被申请人正在实施或者即将实施的污染环境、破坏生态环境行为,会使申请人合法权益或生态环境受到难以弥补的损害,但关于“难以弥补的损害”的认定,是法院在环境保护禁止令审查中最难以把握和界定的问题。最高人民法院《关于生态环境侵权案件适用禁止令保全措施的若干规定》也提供了司法机关考量“现实而紧迫的重大风险”的因素,但依据列明的四种考量因素来认定风险的现实性和紧迫性,对司法实践的帮助仍然十分有限,风险在何时转化成损害难以判断。由于环境纠纷具有侵权的二元性、侵权责任的双重性和纠纷的复合性等特质,[1]污染环境、破坏生态的行为既包含环境本身受损的后果,也包含不特定人群的人身、财产受损的后果,损害要达到哪个层级能够认定为“难以弥补”的程度,仍然不够清晰,法律规定过于抽象。从字义上理解,“难以弥补”带有强烈的主观色彩,对于在哪些情况下能够构成“难以弥补的损害”并没有明确规定,没有针对不同的案例情形作出可变通的规定,较多依赖于法官的自由心证,容易出现环境保护禁止令审查过程中适用标准的随意性和不统一性,无益于环境损害事实的认定,导致出现制止类请求支持率低、环境保护禁止令应用率低的双重窘境。

(二)举证责任分配规则有待厘清

最高人民法院《关于生态环境侵权案件适用禁止令保全措施的若干规定》明确了申请人向法院申请环境保护禁止令时应当提交申请书和相应的证据,申请人负有证明被申请人行为与损害结果之间存在因果关系的责任,采用“谁主张,谁举证”的一般举证原则。然而在环境案件中,由于环境污染和生态破坏行

---

〔1〕 参见吕忠梅、张忠民:《环境司法专门化与环境案件类型化的现状》,载《中国应用法学》2017年第6期。

为往往具有潜伏性、复杂性和隐蔽性等特点，侵权行为与损害结果之间的因果关系链条不明显，证明规则和证明材料也较为复杂。最高人民法院《关于生态环境侵权案件适用禁止令保全措施的若干规定》规定了申请人应当提供证据证明被申请人正在或即将实施污染环境、破坏生态环境的行为，不及时制止将使申请人合法权益或者生态环境受到难以弥补的损害，[1]但对于申请人需要达到何种证明标准没有明确，被申请人在何种情况下负有对其行为与损害结果之间不存在因果关系的证明责任不明确，导致司法实践中对于侵权行为与损害后果的关联性证明要求也存在不同做法，申请人负担的证明标准不一。尽管我国环境保护的法律规定及司法解释在环境侵权事实的证明规则方面已经向主张侵权事实存在一方当事人进行了倾斜性调整，但司法实践中，法院出于司法审慎理念和司法裁判被动性、中立性的要求，往往要求申请人举证证明侵权事实与损害结果之间存在因果关系，一旦申请人在某个环节出现举证不能的情形，无法形成完整或清晰的证据链，便要承担其申请被法院驳回的风险，环境保护禁止令的证明标准与环境侵权诉讼的证明标准几乎没有区别。而以个人身份申请环境保护禁止令的往往也是受害人，由于缺乏证明行为与损害之间存在因果关系的知识和经济等能力，适用诉讼程序中一般举证规则，往往会使申请人的证明责任负担过重，导致出现申请人申请环境保护禁止令困难的局面。

（三）禁止令签发错误的救济模糊

由于发出环境保护禁止令的主要目的为防止生态环境遭受破坏导致难以弥补的损害，这意味着申请人提交禁止令申请时生态环境正处于损害中或即将遭受损害，因此环境保护禁止令在作出时要具备时效性，紧急情况下要求法院在接受申请后 48 小时内作出审查结果，意味着法院需要在十分有限的时间内对环境损害的案件事实以及权利归属等问题进行查明，短时间内作出的应对决定往往无法获得案件事实的全貌，环境保护禁止令在作出时面临较大的适用错误风险。最高人民法院《关于生态环境侵权案件适用禁止令保全措施的若干规定》新增了应当听取被申请人意见、责令申请人提供担保、当事人有权申请复议等权利救济渠道，但是对于审查流程和审查方式等具体程序规定不明确，对于

---

〔1〕 参见最高人民法院《关于生态环境侵权案件适用禁止令保全措施的若干规定》第 4 条第 2 款第 3 项。

禁止令错误签发的后果,也未予以明确。

(四)禁止令的执行保障机制不足

最高人民法院《关于生态环境侵权案件适用禁止令保全措施的若干规定》创新规定了环境保护禁止令以张贴禁止令公告的方式实施,扩大了禁止令的社会影响力,旨在通过社会监督方式倒逼被申请人自觉履行禁止令。但目前环境保护禁止令的执行主体仍然较为单一,司法机关与环境执法及环境监督机关的协作联动几乎处于空白地带,环境保护禁止令的执行缺乏长效保障机制,这也是当前环境保护禁止令适用不广泛、应用率不高的原因之一。而在法院原本就负担大量案件执行任务的现状下,随着未来环境保护禁止令的深度应用,有限的司法力量难以有效地监督造成环境侵权的被申请人履行环境保护禁止令的内容,相较于普通民事判决确定的履行义务而言,环境保护禁止令的怠于执行或执行不能引发危害的范围更加广泛,环境损害后果往往无法预估及有效控制,环境保护禁止令的功能将大打折扣。

四、环境保护禁止令的规则优化

(一)明确"难以弥补的损害"考量路径

"难以弥补的损害"作为法院审查环境保护禁止令的基本形式要件,应当秉持紧迫性或者环境损害不可逆转的标准。环境损害必须是真实的、现实存在的,具有时空上的迫切性,所产生的风险具有重大性,不及时制止将很可能导致申请人合法权益或者生态环境受到难以弥补的损害,[1]司法实践中可以从以下几个方面予以参考。

1. 损害结果是否难以用金钱替代赔偿

环境损害需要达到一定的损害程度才能被"难以弥补"调整,环境侵权行为侵害的基础对象包含环境和财产双重对象,仅确定财产性损害对象不足以囊括最终的损害结果。虽然司法实践中很多环境维权纠纷中要求行为人修复环境或者支付修复费用,行为人可以通过履行金钱义务的方式代替其承担侵权行为造成环境损害结果的责任。但权利人的合法权益损害具有不可逆性,难以通

〔1〕 参见刘竹梅、贾清林、刘慧慧:《〈关于生态环境侵权案件适用禁止令保全措施的若干规定〉的理解与适用》,载《法律适用》2022年第3期。

过其他方式予以弥补,事后的恢复已经属于不可能或者极为困难实现的情形。[1] 环境损害从其性质上来讲几乎难以以事后方式进行损害赔偿弥补,侵害结果随时可能发生扩大化危机,导致生态环境平衡状态遭受不可逆转的损害,且通常是永久性的。如果存在这样的损害,那么经过利益权衡之后,法院应当认定出现了难以弥补的环境损害,支持申请人提出的禁止令请求。

2. 损害行为是否超出社会容忍限度

人类借助大自然的资源馈赠推动经济发展和社会进步,大自然的原始状态无法避免地会被打破,人类同样也需要包容在一定范围内的生态破坏与环境污染。因此,生态环境遭受的损害结果是否需要采用禁止令措施可以将是否超出社会公众的可容忍范围作为其中一个参考因素,比如损害结果是否超出环境质量标准、损害行为是否逾越生态保护红线、是否威胁野生动物生存等。但在案件实际情况复杂多变的情况下,对于社会容忍度难以提供一个完全普适性的数据标准,这就需要人民法院在认定环境损害过程中结合案件实际情况进行价值判断,合理行使法官的自由裁量权,基于科学、合理、客观的技术规范和法律支撑,在维护环境公共利益的基础上平衡不同利益关系,兼顾经济发展、环境保护和维护司法权威。

3. 诉讼程序能否快速保障申请人利益

当个人合法权益或生态环境遭受侵权行为人的侵害时,受害人虽然可以直接向法院起诉主张相关权利,但环境纠纷往往涉及复杂利益,普通诉讼程序审理周期长,成本高,经过漫长的诉讼过程获得的胜诉结果,未必能够让其得到切实的保护,反而因损害后果已经实际发生、扩大化甚至发生永久性损害,需要保护的权益永远失去而变得毫无意义。环境保护禁止令的目标旨在为遭受破坏的生态环境或相关权利人的合法权益提供及时有效的应急保护措施,因此在环境侵权行为正在或即将发生的危险状态下,需要法官快速反应,考量普通诉讼程序能否全面保障申请人的合法权益或者维持生态环境的良好状态,若难以保障或者判决保障效果无法预估,说明相关权利人的环境权益急迫需要获得保护,则应当立即发出环境保护禁止令。

---

〔1〕 参见黄薇主编:《中华人民共和国民法典释义》(下),法律出版社2020年版,第1826页。

(二)完善侵权行为与损害后果的举证规则

1. 合理分配双方的举证责任

实践中,大部分环境污染和生态破坏行为的损害结果尚未达到严重性的程度,但是不予以制止会存在导致损害进一步扩大的风险,简单地适用“谁主张,谁举证”的一般举证规则或者套用举证责任倒置规则无法完全发挥环境保护禁止令的风险预防功能优势。如果将举证责任分配给申请人,可能会打击申请人申请环境保护禁止令的积极性,若完全分配给被申请人,则会出现申请人滥用环境保护禁止令的情形,因此在审查过程中结合证明对象和双方的举证能力适用因果关系推定规则较为合理。申请人对其主张的被申请人的环境侵权事实进行基础举证,如果能够达到相对优势标准,证明环境风险的存在,促使法官对被申请人的损害行为与潜在损害结果之间存在关联性形成内心确信,便可初步推定因果关系存在。达到上述条件后,举证责任便转移到被申请人身上,由被申请人承担其行为与潜在损害后果不存在因果关系的举证责任,同时对其主张的免责事由进行举证,提出的证据应当达到高度盖然性标准,足以让法官排除一切合理怀疑,达到充分信服的程度,若被申请人不能证明其行为不会对生态环境造成损害或者损害较小,便可推定行为与生态损害结果之间的因果关系成立。

2. 降低申请人的证明标准

由于环境损害具有不可预估性和不可控制性且部分侵权行为存在尚未转化为环境损害的事实,环境侵权行为与环境损害结果之间呈现的是事先预测型的因果关系,与传统侵权行为相比具有根本性区别。不管立法对特殊侵权行为规定的是过错推定责任还是无过错责任的归责原则,司法实践对损害事实的认定仍与证明标准直接相关,若采用传统“高度盖然性”证明标准则过于苛刻,导致大部分申请人陷入举证不能的困境。环境保护禁止令是一种临时性权利保护措施,申请人提供的证据在证明标准上只需达到比“高度盖然性”更低程度的相对优势证明标准即可,即法官能够对相关环境侵权事实获得一定程度的存在可能性的印象,同时不完全排除存在其他可能性的心证状态。

3. 借力环境专家辅助审查专业问题

申请人获取环境损害证据的难度较大以及审判人员对生态环境相关学科

专业知识的掌握不足成为限制环境保护禁止令落地见效的"瓶颈",因此环境禁止令审查过程中除了要合理设定举证标准和科学分配举证责任之外,也要发挥法院在调查取证上的能动作用,但鉴定评估所需的较长时间无法满足环境保护禁止令的审查时效性的要求,因此在环境保护禁止令的审查过程中引进环境专家,有利于强化法院在审查阶段的积极角色定位,可以减轻申请人在资金、技术等方面的负担。借助环境科学等领域的专业技术专家对环境损害评估及禁止令实施效果辅助审查评估,更好地实现双方在申请禁止令过程中的平等状态。环境专家可以专家证人、专家咨询员、人民陪审员三种身份参与环境保护禁止令的审查过程。环境专家通过社会调查或实地调研等方式对审查过程中涉及的污染物性质、生态环境破坏遭受损害的范围和程度、因果关系作用原理、防止损害扩大的措施等专业性问题向法官提供环境损害认定的参考依据。环境专家的有效利用丰富了事实查明的方法,为审判人员依法妥当行使自由裁量权提供了专业依据和智力支持。[1]

(三)分层次构建禁止令的救济体系

1. 复议程序中的对席审查

最高人民法院《关于生态环境侵权案件适用禁止令保全措施的若干规定》第10条规定了当事人、利害关系人享有对环境保护禁止令的复议权。由于环境保护禁止令在作出之前对被申请人的权利限制更大,当被申请人提出复议时,环境保护禁止令处于执行期间,申请人请求的防止损害进一步扩大的目的已初步实现,损害结果的紧急程度暂时缓解,故而在复议程序中不可过分限制被申请人为自己的合法权益辩护的权利,更应充分保障被申请人的辩护权,防止复议程序流于形式。环境保护禁止令的复议程序中应当实现对席审理的常规化,书面审理则作为例外的补充手段。法官应当对双方当事人进行必要的询问并允许双方进行言词辩论,如有必要还可允许双方出示新证据,给予双方当事人充分的举证、辩论、质证的机会,将复议程序中的形式审查转变为实质审查,真正发挥复议程序的纠正监督功能,保障被申请人的救济权。坚持复议程序中的对席审理原则不仅可以有效防止申请人滥用环境保护禁止令,提高环境

[1] 参见江必新:《中国环境公益诉讼的实践发展及制度完善》,载《法律适用》2019年第1期。

保护禁止令的门槛,同时可以积极防范法院随意适用环境保护禁止令制度,确保法院审慎适用环境保护禁止令以及合理权衡双方当事人的利益。

2. 禁止令错误执行后的赔偿权

从责任性质上看,因行为保全措施错误提起的赔偿责任属于侵权责任,需要根据侵权责任的构成要件来分析。故对于环境保护禁止令错误的救济,同样应当通过引用《民法典》相关条文等方式来明确民事诉讼领域中关于救济措施的相关内容,坚持过错责任原则。环境保护禁止令在执行期间或执行结束后被认定为错误,如申请人提供了担保,被申请人因被错误的环境保护禁止令在禁止生产经营行为期间遭受的损失可以通过申请人提供的担保金予以赔偿。倘若担保金不足以弥补被申请人损失且人民法院在审查并作出环境保护禁止令的过程中存在过失,被申请人可以提出司法赔偿,通过国家赔偿渠道弥补损失。对经特殊审批的无须提供担保的环境保护禁止令经查实是错误的且造成被申请人损害的,被申请人也可以提起司法赔偿。对于经复议程序审查中发现错误的环境保护禁止令是因为申请人存在主观恶意提交申请导致,申请人不仅需要对自身滥用环境保护禁止令造成的损失承担全部赔偿责任,人民法院还应当对其进行惩罚性赔偿。

(四)完善禁止令执行协作监督机制

1. 法院可依职权强制执行

环境保护禁止令预防功能的关键在于落实到禁止令的实施,而禁止令的实施需要以完善的强制执行制度作为保障。不同于财产内容的执行,可以直接查封、冻结或者控制,环境保护禁止令需要被申请人自觉履行或停止实施一定行为,因此对环境保护禁止令应当采取有别于执行一般保全裁定的执行措施。在被申请人不自觉履行环境保护禁止令内容时,基于环境保护禁止令的急迫性特征,法官可以依据其职权主动启动执行程序,以避免环境损害的进一步扩大。

2. 协同多方力量保障执行

人民法院在侵权现场张贴公示禁止令的执行效果难以预测和把控,环境保护禁止令的有效执行无法单靠司法机关的力量,需要多方面、多部门的配合监督,协同检察机关、环境行政机关、环保组织以及公安机关等部门解决环境保护禁止令的执行问题。相对于法院来说,环境行政机关有更多的专业人员,配备专业的检测设备，可以更加方便准确地对被申请人的行为进行监督，有效防止其不按要求履行禁止令义务；公安机关可依据法院提供的拒绝执行证据，直接对被申请人采取相应的措施，增强环境保护禁止令的威慑性；检察机关发挥监督执行职能，监督被申请人的环境损害行为，针对可能给环境带来不可逆转损害的行为及时提起公益诉讼，遏制环境损害的加剧，对司法裁判结果进行跟进；环保组织等社会主体发挥日常监督环境事务的功能，行使监督建议权，能够有效地节约司法资源，保障环境保护禁止令的执行。

3. 发挥公众执行监督功能

将公众参与纳入对环境保护禁止令的执行监督中，利用公众的主体性、亲历性、广泛性优势，及时发现并反映问题，充分发挥公民对生态环境损害的监督权与参与权。相较于社会群体中的少部分受益者，大多数公众天然地对不利于自身生存空间发展的环境污染和生态破坏等不良行为具有敌对想法，也更为重视对行为人消解环境风险的责任行为的行为效果，且环境问题的区域性也使得当地公众具有天然优势，对自己生活的环境变化具有敏锐的洞察力，相较于其他主体，其监督效果更具动态性、实时性。利用新媒体渠道，将环境保护禁止令整个执行过程进行公开，促使被申请人积极履行相应义务，主动执行环境保护禁止令内容，实现及时制止环境损害的最优结果。

五、结语

环境保护禁止令是以保护环境为目的的一种特殊的禁止令制度，对正在或即将发生的环境侵害行为可起到直接的干预和纠正作用，及时阻却与防止环境损害，避免进一步扩大风险或造成损失，反映了环境司法理念和环境司法手段的进步与发展。环境保护禁止令从设计之初就改变了传统的事后填补型环境保护措施，转而向环境风险预防救济发展，更加关注实质环境正义。环境保护禁止令能否达到预期效果发挥更好的实践意义，则依赖环境保护禁止令的规范运行和不断地修正完善，以达到精准有度、定向有序的良性运行。

6. 长江流域生态环境保护的法经济学分析

谢雨心 *

内容摘要：长江作为亚洲最长的河流，对沿岸城市具有重要的环境意义、经济意义和社会意义。但是自改革开放以来，人们为追求经济效益而采用投入高、消耗大、污染严重的经济发展方式，严重破坏了长江流域生态环境，长江流域的环境治理问题日益成为我国环境保护的重难点。但生态系统是一个循环且相互联系的整体，单一的治理模式没办法根除污染扩散和转移的问题。文章拟以法经济学理论为基础，分析长江流域综合性立法体系问题及其解决途径，提出在实施我国《长江保护法》的进程中，应通过构建以流域为基础的跨区域立法协调机制，更好地发挥市场和政府的作用，完善激励机制，拓宽公众参与渠道，实现对长江流域生态环境的保护与治理，达到长江流域环境效益、经济效益和社会效益统一以及实现可持续发展的目标。

关键词：长江流域　《长江保护法》　法经济学　环境保护

长江作为亚洲最长的河流，对沿岸城市具有重要的环境意义、经济意义和社会意义。但是自改革开放以来，人们在追求经济效益的同时忽略了生态环境保护，这种投入高、消耗大、污染严重的经济发展方式，严重破坏了长江流域生态环境。水污染、水土流失、洪涝灾害等问题的发生，使长江流域生态环境保护迫在眉睫、刻不容缓。

2021 年 7 月习近平总书记在西藏林芝考察时强调："要坚持保护优先，坚持山水林田湖草沙冰一体化保护和系统治理，加强重要江河流域生态环境保护

---

* 谢雨心，中南财经政法大学环境与资源保护法学硕士研究生在读。

和修复,统筹水资源合理开发利用和保护”[1]。2021 年 3 月 1 日我国首部全国性流域立法《长江保护法》开始实施,为长江流域生态环境保护提供了重要法治保障。自此我国以河流命名的流域立法模式基本成型,整体系统观的理念在流域立法中得到体现。

现有关于长江流域生态环境保护问题的研究中,国内外学者从经济学视角运用统计分析、统计软件量化分析、外部性分析、对比分析等方法阐述运用政府管制、惩罚性税收、财政支持等经济手段治理流域环境污染问题,[2]或者单纯从法学的视角以相关流域法的推进实施为基础,对立法、执法和司法之间的衔接问题进行分析。长江大保护问题是学术界关注的热点,但已有的研究大多是从经济学或者法学的单一角度进行分析,而很少把二者结合起来进行法经济学分析。笔者尝试对长江流域生态环境保护问题进行法经济学分析,综合法经济学理论,根据“现状问题 + 法律事实 + 理论基础 + 立法现状 = 环境现状 + 环保问题 + 经济规则 + 经济分配和效益”构建以流域为基础的跨区域立法协调机制,有助于丰富有关长江流域环境保护问题的相关研究。笔者基于法经济学理论研究长江流域生态环境保护问题,试图探索出更具有环境效益、经济效益和社会效益的法律解决途径,这对于推动长江流域生态环境保护模式创新,实现长江流域可持续发展具有重要现实意义。

目前基于长江流域生态环境保护的法经济学分析的研究十分少见,笔者只是进行一种尝试性的初步探索,还存在不成熟和不完善的地方。例如,长江流域生态环境保护问题涉及多个方面,笔者所运用的法经济学理论和分析方法可能不够全面,在分析长江流域生态环境保护问题的部分层面上可能存在遗漏。

一、生态环境保护法经济学分析的理论基础

(一)外部性理论

外部性理论是在 20 世纪初由英国剑桥大学的马歇尔和庇古提出。外部性

---

〔1〕 段相宇等:《把雪域高原建设得更加美好》,载《中国纪检监察报》2021 年 7 月 26 日,第 8 版。

〔2〕 参见王思凯、张婷婷、高宇、赵峰、庄平:《莱茵河流域综合管理和生态修复模式及其启示》,载《长江流域资源与环境》2018 年第 1 期。

是指某个人或群体的行动和决策使其他人或者群体受益或受损的情况。如果该经济行为个体的活动使他人或者社会受益,且受益者无须承担成本,则产生的是正外部性;如果该经济行为个体的活动给他人或社会造成损害,而造成损害的主体没有承担相应的成本,则产生的是负外部性。环境问题涉及的主要是负外部性,负外部性是由于企业在生产经营过程中造成了环境的污染和资源的破坏。[1] 空气、水源、水生生物和土地都是具有经济价值的资源,这些资源并不属于某些特定的人或者社会团体,而是关系到全人类福利的公共资源。但是这些公共资源却因为部分企业的生产经营行为而受到侵害,环境污染和破坏逐渐加重。企业在生产经营过程中所产生的生产成本并没有包括对环境产生的负外部性这一部分,这些损失被转移给了社会,导致全体受害人员承担了生态环境损害的结果。在实践中,负外部性问题的解决可以通过科斯定理界定产权以及设定庇古税,实现外部性内部化。

(二)博弈分析理论

博弈分析理论是由冯·诺依曼与奥斯卡·莫斯根特恩提出的经济学的标准分析工具之一。通常人们会遇到这样的情况:社会中存在一些决策者,且每个人的最优化选择依赖于他人的行为。这些情况包括博弈中每个人必须作出自己的决策,以及决策时行为人如何对其他人的行为做出反应。因而,博弈论会加深人们对于一些法律法规的理解,采取适当的行动以避免不好的情况的发生。环境问题从发生到解决的过程中,决策主体之间都在相互影响,包括排污企业、受害当事人以及政府等。他们作为"理性经济人",会尽可能地收集信息、平衡决策。博弈论能够帮助环境问题中的决策者分析其中的利害,协调相互之间的利益,从而使环境决策的作出更加科学高效。

(三)成本收益理论

成本收益理论是经济学进行经济分析的一个重要工具,是以技术上合理决策的概念为基础,以货币价值为衡量标准,其目的在于根据经济价值来确定政策方案是否可行。在经济学家看来,人的基本行为动机没有什么不同,都是在追求效用的最大化。人的基本行为准则就是比较行为的预期收益与预期成本

---

[1] 参见钱弘道:《生态环境保护的经济分析》,载《政法论坛》2003年第4期。

的大小。人在追求效用最大化的过程中,凡是能给他们带来效用的一切因素都列为行为的收益,一切给他们带来负效用的因素都列为其行为的成本。在环境立法实践中,成本收益分析方法通过将决策项目所涉及的各种不同利益的考虑进行估价,应用于政策决策,其最直接的好处是促进政府决策的经济合理性和公共资源的合理和公正分配。通过对环境政策的成本收益分析,能进一步确定环境政策的可行性以及如何进一步完善相关环境政策。

(四)公共物品理论

公共物品理论是研究公共事务的一种现代经济理论,该理论由萨缪尔森提出,他认为公共物品是指即便增加某一产品的消费,其他人不会因此减少对该产品的消费。公共物品具有消费的非竞争性和非排他性,非竞争性指增加消费者的边际成本为零,非排他性指对该物品的消费不可能排除其他人。公共物品可以供所有人自由使用,但是无法限定使用量,如空气、河流、土地等,在这种情况下,个人的自私行为会损害公共物品。就环境而言,个人会因为追求自身的利益而对环境产生污染,因此为保护公共物品,需要政府的干预等手段。

(五)产权理论

产权理论是新制度经济学的一个分支,主要致力于产权、激励与经济行为关系的研究,探讨不同的产权结构对报酬制度及资源配置的影响,强调产权在经济交易中的作用。它是在交易成本和科斯定理的基础上发展起来的。产权理论的基本观点是:市场无疑是一种配置资源的有效的方式,但要使它有效地运转起来,交易者还必须对所要交换的东西有一种明确的、排他性的、可以自由转让的所有权。在具体实践中,资源与环境问题大多是由于产权界定不清,而不是市场失灵的结果。由于产权缺乏排他性,导致监督成本与收益的不匹配,人们都不愿承担监督责任,最后导致集体的资源退化和环境恶化。通过对产权进行明确界定以增强其排他性,能够有效应对该问题。结合产权理论,可以通过产权交易解决环境污染问题,不仅能够达到社会利益的最大化,还能够保护环境,实现资源的可持续性发展。

二、长江流域生态环境保护的法经济学分析

(一)长江流域生态环境保护面临的问题分析

1. 外部性对长江流域生态环境的影响

外部性是指因为私人边际净收益不等于社会边际净收益,从而不能获得资源的最优配置。因为长江流域生态环境污染者所付出的成本远小于社会成本,所以长江流域环境污染具有很强的负外部性。[1] 束缚污染者行为的只有其自身承担的成本,如此长江流域环境污染将会很容易就超过其环境本身所能负荷的污染量。与此同时,长江流域生态环境保护具有很强的正外部性,这就导致长江保护者所得的利益远小于社会收益,自身微薄的利益往往不足以推动长江保护行为继续下去。除此之外,长江流域生态环境问题具有复杂的整体性和系统性,在遭受污染和破坏后,可能会对其他地区产生负面影响,从而会对社会的整体福祉产生影响。长江流域生态环境污染的外部性具有两个特点,一方面,它具有非市场性,长江流域生态环境的外部性并不通过市场机制起作用,其不涉及买卖双方,不能通过市场调节来很好地解决这一问题;另一方面,它具有伴生性,外部性的问题与私人成本和社会成本相关,而决策的产生往往也基于这两个要素,长江流域生态环境外部性需要决策进行干预。通过分析长江流域生态环境的外部性,可以对解决环境污染的政策进行合理选择,从而减弱外部性对长江流域生态环境的影响。

2. 长江流域生态环境的非竞争性和非排他性

长江流域生态环境具有消费上的非竞争性和非排他性,具有公共物品的基本属性。一方面,长江流域生态环境资源是大家所共享的资源,任何一个人的加入不会影响其他人从长江流域生态环境中所获得的效益;另一方面,长江流域生态环境所带来的舒适的旅游景观、丰富的水动能,让未支付任何费用和支付了一定费用的人都可以享受其带来的益处。长江流域生态环境的非竞争性和非排他性意味着任何人都能从中受益,每增加一位受益者所需的边际社会成本为零。根据帕累托最优规则,公共产品应当免费提供,任何人都能从中受益,

---

〔1〕 参见陈玉玲:《生态环境的外部性与环境经济政策》,载《经济研究导刊》2014 年第 16 期。

这就避免不了“搭便车”的现象。长江流域生态环境是公共物品，导致它的产权问题很难得到清晰界定，这样一来，对长江流域生态环境进行保护的人士就不能够独占自己因环境保护而产生的收益，使长江流域生态环境保护具有正外部性。根据理性经济人假设，对长江流域生态环境造成污染破坏的人一旦发现自己对污染物单独处理好后再排放所需的成本远大于直接排入长江流域的成本，如此一来，长江流域生态环境问题也成了另一个“公地悲剧”。

3. 长江流域污染信息不对称

信息作为环境经济系统的重要因素之一，其突出特点是具有非对称性，而这一非对称性往往是由于信息的稀缺引起。就长江流域生态环境污染问题而言，那些排污者所掌握的诸如排污渠道、排污时间、污染物种类和危害等信息往往是要多于环境监管部门和受害者的。正是因为排污者为了使自己的利益最大化而掩盖自身的污染行为，所以污染监管防治政策的推行阻碍重重。[1] 在对环境污染实施监控的过程中，监管部门需要投入大量的成本来获取有关排污源头、污染物传播情况、最终污染情况的信息，这都是由于污染物流动的不确定性以及对排污情况了解不彻底，所以对长江流域生态环境污染的处罚工作很难顺利推进。总体来说，在长江流域生态环境经济系统中，各方的信息搜集、处理、分析和使用能力存在较大的差异。相较于长江流域范围内的居民而言，沿岸企业获得关于长江流域环境情况的信息要容易得多，并且可以运用这些信息来调整自己的经营策略，这就很不利于居民及时采取保护措施。因此，长江流域生态环境经济系统的信息资源具有非对称性。

（二）长江流域生态环境保护的法经济学分析

1. 外部性问题可能的解决途径

外部性问题可能的解决途径包括两个方面：第一，基于科斯定理的产权制度设置。著名的新制度经济学家科斯认为可以采取政府重组产权的方法，以私有化解决环境的外部性问题。这便是著名的科斯定理的提出：如果各个私人主体能够无成本就资源配置问题达成一致，那么私人市场就能够解决外部性问题，并实现资源的有效配置，即只要产权确定合理，市场就能够自行运作解决外

〔1〕 参见姚瑞华、赵越、王东、孙运海、孙宏亮：《长江中下游流域水环境现状及污染防治对策》，载《人民长江》2014年第S1期。

部性问题而不需要政府进行干预。在资源的产权明确的前提下,无论谁是资源的所有者,只要产权明晰,资源配置就会向社会最优点移动。运用科斯定理解决外部性问题的具体方法是由企业排污者与权利受损者进行谈判,通过补偿、赔偿等方法自行解决污染产生的负面影响。[1]

在长江流域生态环境保护的实践中,可以通过制定法律法规明确资源的产权,让企业自行与私人或者社会机构进行谈判,就收益补偿以及污染治理赔偿等问题达成一致意见,将原本由社会承担的成本具体分摊到污染者身上,以解决长江流域生态环境的外部性问题。

第二,基于庇古税的税制实践。在经济学方面,环境税通过将污染成本内化到生产成本和市场价格中,在市场机制中对资源进行再分配。环境税是针对面前日益严重的环境污染现状提出的新的税种制度。[2] 生态环境具有一定的经济价值,并且随着社会发展,其稀缺性越发显著,这种稀缺性就是经济价值的体现,可以将环境税看作一种环境补偿费用,它运用强制性的手段,让污染者对其造成的环境破坏进行了补偿,以税收的形式使污染者和税收者的利益得到了平衡,它是“谁污染谁治理,谁破坏谁补偿”环境保护原则的体现。随着经济的发展,环境税的运用越来越得到大家的肯定,这是因为排污收益模型的经济学含义更加直接。通过对企业排放至环境的每单位污染物直接征收费用,提高了企业的排污成本,从而促使企业减少污染物排放,控制其在污染治理所增加的成本与未实施污染控制所需缴纳的污染费用之间保持平衡。因此,庇古税的收取激励了企业进行污染控制技术的研发与运用,从而减少他们因排污而被征收的费用。总体来说,如果每个企业都朝着降低排污水平的方向而努力,社会总污染也会随之降低到标准水平以下。

在长江流域生态环境保护的实践中,可以通过法律确定环境税的征收制度,减少私人边际成本和社会边际成本,使污染者实际承担其污染行为所造成的损害的责任,从而督促企业为降低成本而采用更为清洁的生产方式,控制其污染物排放,有利于长江流域的生态环境保护。

---

[1] 参见吕晓斌、郭凤典:《环境产权的经济分析》,载《特区经济》2008 年第 7 期。

[2] 参见李强、王琰:《环境规制与经济增长质量的 U 型关系:理论机理与实证检验》,载《江海学刊》2019 年第 4 期。

2. 环境的公共物品属性需要进行产权界定

环境具有公共物品的非竞争性和非排他性，为使资源得到最优配置，需要对长江流域生态环境的产权予以界定。一直以来，环境产权的模糊是因为资源的稀缺性不受重视，但是产权问题不仅局限于这一个方面。随着长江流域生态环境资源稀缺性的增加，相应的价格也在不断上涨，随之而来是越来越多寻租手段的出现，监管部门投入的监管成本也相应不断增加。所以，决定长江流域生态环境产权界定的因素是长江流域生态环境资源对寻租者（环境污染破坏者）的价值减去寻租成本。由此得出，长江流域生态环境产权的界定取决于各主体之间的博弈，相关主体之间博弈的均衡是产权所有者对长江流域生态环境进行监督的边际成本与获得产权边际收益之间的均衡。在长江流域生态环境保护的实践中，为实现正确有效的产权界定，需要权利界定与资源分配最优、收入最大化保持一致。

3. 针对非对称性下排污监管博弈的法经济学分析

正是因为环境信息存在非对称性，企业可能会因为存在侥幸心理而非法超额排污，这给政府监管部门的工作带来了极大的困难，所以在排污权交易的背景下，要严格控制大气污染排放的总额。在此前提之下，除了限定长江流域范围内的排污总量，还要明确到各行政区划甚至于各个企业。假设 a 为企业购买流域污染物排污权的数量，c 为政府监控排污企业达标情况的成本，n 为超额排污而加倍惩罚的倍数（以配额为基准），监管部门选择查处的概率为 m，能够查处的概率为 p，排放企业能够达到标准的概率为 q，期望收益为 T，可以构建两方博弈矩阵，如表 1 所示。

表 1 "政府监管部门—排放企业"两方博弈矩阵表

监管部门	企业达标(q)	企业不达标(1 - q)
查处(m)	(- c, - a)	[- c + npa, (1 - p)a - npa]
不查处(1 - m)	(0, - a)	(0, a)

政府选择监管的期望收益是：$m[-cq+(1-q)(-c+npa)]$，求导后可得：$q=1-c/npa$；所以，当阈值比 q 大时，政府选择不监管，而比 q 小时，政府选择监管。式中 c/a 为每单位配额的查处成本，当其增加时，企业会选择超额排放而接受惩罚。惩罚倍数大于 n 时，政府选择监管，当 np 增加时，企业会选择

达标排污而避免接受惩罚。企业选择达标的期望收益是:$q[-ma+(m-1)a]+(1-q)\{m[(1-p)a-npa]+(1-m)a\}$,求导可得:$m=-n+2/p$。因此,政府监管部门查处概率如果大于 m,企业会减少排污量到规定限度内,小于 m 则增加排污量。此时的 n 作为惩罚倍数,其值越大,企业减少排污量到规定限度内的概率越大。综上所述,对超额排污的企业的惩罚力度越大,对企业排污行为的震慑也越大。这就是在制定法律制度中严格有关监管内容的必要性以及应重点考虑阈值的设定。[1]

综上所述,生态环境外部性问题需要依法设定环境税(庇古税)来解决,生态环境是公共物品,而带来的负面影响需要界定产权来消除,同时信息资源的非对称性则需要法律设定排污惩罚手段以及落实行政执法来缓解。因此需要进一步通过立法、执法和司法手段实现长江大保护的目标。

三、长江流域生态环境保护立法现状及成本—收益分析

(一)长江生态环境保护的立法现状

在 2020 年《长江保护法》颁布之前,长江生态环境保护的立法以长江干流立法为主,其中主要包括三种法律法规,地方性法规、地方政府制定的规章以及其他规范性文件。以“长江”为关键词通过在法律法规检索网站进行查询,可以发现现行有效且与长江保护有关的法律文件包括 8 部地方性法规、5 部地方政府制定的规章以及相当多的地方政府发布的其他规范性文件。在地方性法规中,存在 6 部省级地方性法规以及两部设区的市的地方性法规,包括《镇江市长江岸线资源保护条例》和《安庆市长江江豚保护条例》。这些法律法规在内容方面大多贴合国家环境保护法律修改的方向,与国家政策的出台、修订以及地方环境保护的需要息息相关,从水污染和船舶污染防治、岸线保护、野生动物保护、防护林管理、自然保护区管理、水源涵养和河道采砂管理等方面着手解决长江流域的生态环境问题(见表 2)。[2]

---

[1] 参见杨博文:《跨区域大气环境治理的法律经济分析》,载《制度经济学研究》2017 年第 4 期。

[2] 参见王敏:《长江保护地方立法的现状、问题与因应》,载《南京工业大学学报(社会科学版)》2020 年第 5 期。

表 2　长江生态环境保护地方性法规、规章汇总

类别	法规、规章
水污染和船舶污染防治	《江苏省长江船舶污染防治条例》
	《江苏省长江水污染防治条例》
	《安徽省长江船舶污染防治条例》
岸线保护	《南京市长江岸线保护条例》
	《镇江市长江岸线资源保护条例》
	《南京市长江岸线保护办法》
野生动物保护	《安庆市长江江豚保护条例》
防护林管理	《重庆市长江防护林体系管理条例》
	《四川省长江防护林体系管理条例》
自然保护区管理	《上海市长江口中华鲟自然保护区管理办法》
水源涵养	《四川省长江水源涵养保护条例》
河道采砂管理	《长江河道采砂管理条例》
	《江苏省长江河道采砂管理实施办法》
	《长江河道采砂管理条例实施办法》

近年来，中央政府着力于推进长江流域的生态环境保护，多次通过以召开长江经济带发展为主题的座谈会的形式，探索长江保护新模式，作出长江流域生态环境保护的系统性全面部署，并推进长江流域生态环境保护立法工作，督促《长江保护法》的制定与落实，让长江流域生态环境保护工作有法可依。[1]《长江保护法》是我国第一部基于流域保护制定的专门法，一方面是对现有环境保护法律的补充，另一方面也强调了长江流域生态环境保护的重要性，并满足了流域保护的相关要求。[2]

（二）长江流域生态环境保护立法的成本—收益分析

对于长江流域生态环境保护立法的法经济学分析主要是法律的成本—收益分析，法律在长江流域的生态环境的保护中应当起一个降低成本、提高收益和提高资源使用效率的作用。《长江保护法》的制定与实施为长江流域生态环

〔1〕 参见杨晶晶、王东、马乐宽等：《贯彻落实〈长江保护法〉建立健全长江流域生态环境保护规划体系》，载《环境保护》2021 年第 Z1 期。

〔2〕 参见续衍雪、孙宏亮、马乐宽、杨晶晶：《基于〈长江保护法〉做好长江生态环境保护修复》，载《环境保护》2021 年第 19 期。

境保护工作提供了法律依据以及强制性保障,整体系统观的理念也在流域立法中得到表达。《长江保护法》的立法成本包括总成本、单位成本和边际成本,长江流域生态环境保护的总成本包括执法司法过程中当事人产生的费用、企业控制污染的额外费用等显性成本,也包括立法过程中存在的隐性成本;总收益包括通过制定实施法律所获得的环境效益、经济效益和社会效益,通过总收益的大小可以初步评估立法是否合理有效;立法的边际收益是总收益与新增立法量之比。从经济学的角度来看,法律市场是寡头市场,而寡头市场的边际收益递减。因为,一方面,法律是滞后的且具有时效性,原有的法律在面对新出现的问题时往往不能处理得很好,而立法时又存在信息不对称的问题,不能够全面地解决社会中出现的问题,从而导致边际收益递减;另一方面,企业会采取排污规避行为,法律规定了对排污企业的惩处手段,损害了企业自身的利益,企业就会采取行动规避监管从而避免可能的法律惩罚,这样一来排污企业与监管单位之间就存在了博弈,从而立法和法律实施的收益就相应地减少了。〔1〕

《长江保护法》的推进落实要重视成本—收益分析。就控制污染排放这个方面而言,也是有成本的。企业在将污水排放到长江中之前要进行过滤以及二次处理,这一过程也会存在资源的消耗。当劳动力和资本进入污染处理装置的制造和操作中时,这些资源也失去了用于其他产品和服务的机会,这些被放弃的资源的价值就成了企业为控制污染而投入的成本。控制污染的收益包括因为更为清洁的环境给社会成员带来的福利的增加。只要确定了控制污染所花费的成本和预期收益,确定一个控制水平也就成为可能。如果投入污染控制中的边际社会收益大于边际社会成本,那么可以继续加大污染控制力度,社会净收益也会随之不断提高。如果投入污染控制中的边际社会收益小于边际社会成本,社会净收益就会随着控制水平的提高而降低,降低到边际社会收益与边际社会成本刚好相等的点。因此控制污染而产生的边际社会收益可以定义为每增加一单位收益所导致的收益总额的变动量。任何污染控制水平的社会收益总额都是通过每一单位控制污染的投入而增加的边际社会收益的加总得到的。

---

〔1〕 参见李珂、叶竹梅编著:《法经济学基础理论研究》,中国政法大学出版社2013年版,第56页。

法经济学分析以流域内跨行政区域协同治理为根据，基于公平公正公开原则展开。公民在长江流域生态环境保护过程中拥有信息知情权以及决策参与权，可以向有关部门提出正当的、合理的建议。流域内跨行政区域协同治理手段具有多元化的特征，它包括区域协调性、管理系统性、机构协调性、主体多样性以及手段的权威性等方面。在长江流域生态环境保护工作中，政府机构、公民应当相互配合，实现公权力和私权利的平衡以及协调，使《长江保护法》的实施运行协调有序。在外部性与管制中，社会成本 - 私人成本 = 外部成本，如果外部成本大于零，则说明长江流域生态环境存在负外部性，在实践中的具体表现是，水资源的污染给居民的身体健康带来危害以及损害生物资源的可能性增大。就长江流域生态环境保护而言，要最终达成流域内各行政区均衡协同一致行动，通过设立相关立法、执法、司法协调机构，各行政区落实环境影响评价共同参与机制，进行对接和协调一致，明确各主体应当承担的责任，基于共享信息、共同参与政策法规的制定和执行标准一致性，产生有效的合作模式，鼓励公众参与，调动社会的积极性，以达到长江流域治理效果优于分行政区治理效果的目的。

四、长江流域生态环境保护的法律路径完善

（一）运用法律手段明晰产权，建立排污许可证交易制度

排污许可证交易也即污染权交易，是指在生态环境部的监管下，排污企业之间以排污权指标为标的进行交易的活动。排污权交易的内容包括，一方面，政府管理机构确定污染物排放总量并分发给各企业相对应的排污许可证，企业根据排污许可证的内容向特定地点排放特定数量、特定浓度的污染物；另一方面，构建排污权交易市场，明确排污权交易的合法可行性。排污许可证交易的主要特点是排污产权合法化，即以排污许可证的形式使污染排放权实体化，并且允许该产权像商品一样在市场中流通，从而达到控制污染的目的。

构建排污许可证交易制度需要以下几个步骤：首先，由政府相关主管部门确定长江流域内的最优环境质量标准，并根据该标准确定长江流域的环境容量，从而计算出长江流域所能承载的最大污染物排放量，并将它们等分为单位排污权；其次，相关主管部门按照拍卖、出售或者自愿申报等方式分配这些排污

权;最后,建立排污权交易市场,使排污权的买卖自由合法化。在进行排污权交易时,企业可以结合自身的情况,选择买进或者卖出一定数量的排污权。

排污权交易市场的建立,能够通过价格机制引导企业决策,从而实现落实污染责任承担以及相应的环境容量权利的分配。它一方面能确保实现环境质量目标,另一方面大幅降低了企业和社会控制环境污染的总费用,实现资源的最优配置,同时刺激企业清洁生产转型的进程。这种排污许可证交易的市场理论比传统的政府管理模式对环境保护更加有效。

(二)政府征收环境税,落实污染者付费原则

长江流域环境税是为实现长江大保护目标而征收的一系列税种的统称。在经济学方面,环境税把环境污染和生态破坏的社会成本内化到生产成本和市场价格中,通过市场机制实现环境资源的再分配。环境税是针对目前日益严重的环境污染现状提出的新的税种制度。[1] 生态环境具有一定的经济价值,并且随着社会发展,其稀缺性越发显著,这种稀缺性就是经济价值的体现。[2] 可以将环境税看作一种环境补偿费用,它运用强制性的手段,让污染者对其造成的环境破坏进行相应补偿,以税收的形式使污染者和受损者的利益得到了平衡。[3] 它是“谁污染谁治理,谁破坏谁补偿”的环境保护原则的体现。

通过全国人民代表大会立法设立专门的环境税收政策,筹集环境保护资金预防和控制长江流域生态环境污染。推动《环境保护税法》的落实,以法律形式确定,使税收更加具有强制性、透明性和程序性。落实“多排多缴,少排少缴,不排不缴”的激励机制,有利于引导长江流域的排污企业治污减排,共同保护长江流域生态环境。

(三)构建一体化标准模式,达到立法执法协调一致

在长江流域生态环境保护的法律路径完善上,始终遵循“两大协同,两大趋同”原则,只有通过统一标准、共同立法和协同执法才能从根源上解决问题。这

---

〔1〕 参见李强、王琰:《环境规制与经济增长质量的U型关系:理论机理与实证检验》,载《江海学刊》2019年第4期。

〔2〕 参见[美]理查德·A.波斯纳:《法律的经济分析》(上册),蒋兆康译,中国大百科全书出版社1997年版,第75~80页。

〔3〕 参见[美]巴里·康芒纳:《封闭的循环——自然、人和技术》,侯文蕙译,吉林人民出版社1997年版,第204页。

种一体化标准模式,需要做到两大协同:立法协同和执法协同;两大趋同:标准趋同和主体趋同。

立法协同指的是各地通过协同立法,达到治理标准的一致性。在实践中,可以通过建立跨行政区划立法协调中心来实现这一目标。让该中心负责实体性立法,进行利益分配和纠纷解决,能够很好地实现长江流域生态环境保护法律的一致性。长江流域内的各行政区应当协同立法,制定实体法、程序法以及相应的规章制度,从而保障长江流域内生态环境保护的稳定性、一致性和系统性。

执法协同是指在法规协同的基础上,保证执法强度和标准的一致性,从而防止企业运用转移污染设备的手段逃避排污处罚。因为生态环境污染具有整体性的特点,一旦排污企业为了规避惩罚将工厂设立在两地交界的位置,在这种情况下,该企业就处于单一地方性法规管制的灰色地带,造成监管空白。执法协同能很好地解决这一问题,即便工厂位于交界位置,也能对其进行公平公正的处罚。

标准趋同和主体趋同要求机构设置的一致性,并由立法协调中心进行监管。标准的一致性可以避免因各地标准不一而出现排污企业转移阵地的现象。主体趋同要求对整个长江流域的生态环境质量进行监管,以保证整个流域的污染排放量降到最低限度。

五、结语

笔者基于外部性理论、博弈分析理论、成本收益分析理论、公共物品理论以及产权理论,针对长江流域生态环境保护存在的特征及问题,运用庇古税、科斯定理、产权界定以及排污监管博弈解决对应问题,并通过对长江流域生态环境保护立法现状及其成本效益分析,提出完善长江流域生态环境保护的法律路径。长江流域生态环境保护可以运用法律手段明晰产权,建立排污许可证交易制度,对污染排放进行有效控制;政府通过征收庇古税(环境税),落实污染付费原则,引导企业进行治污减排;构建一体化标准模式,明确环境保护立法路径,使流域内跨区域标准一致、执法力度一致,避免因企业规避执法而带来的环境损失。

7. 人民法院服务保障长江流域综合治理的功能定位与路径探析

李 腾*

内容摘要：《长江保护法》实施以来，围绕服务保障长江流域综合治理，人民法院在司法理念、审理机制、司法协同等方面呈现出从"审理"到"治理"、从"司法专门化"到"流域司法专门化"、从"内部协作"到"外部协作"的趋势和特征，同时长江流域环境司法存在综合治理协同性不强、司法能动性和联动性边界不清、司法内部整合力度不够等问题，需要重新审视人民法院的功能定位，在长江流域综合治理体系中找准自身角色定位，理顺长江流域治理中行政权与司法权的关系，注重法院审判角色与治理角色的平衡，从外部大循环及内部小循环双重维度构建服务保障长江流域综合治理的路径。

关键词：长江流域　流域综合治理　人民法院　功能定位

长江是中华民族的母亲河，也是中华民族发展的重要支撑。党和国家历来高度重视长江流域生态环境治理，习近平总书记曾多次前往长江上、中、下游实地考察，主持召开长江经济带发展座谈会，提出"共抓大保护、不搞大开发"的实践要求，为长江流域高质量发展把脉定向。中国共产党湖北省第十二次代表大会确立建设全国构建新发展格局先行区的目标任务，提出以流域综合治理为基础推动四化同步发展，[1]印发《湖北省流域综合治理和统筹发展规划纲要》，为湖北加快建设全国构建新发展格局先行区擘画蓝图。《长江保护法》作为我国第一部流域专门立法，为统筹长江流域生态保护和经济发展提供了立法支

* 李腾，武汉市江岸区人民法院审判管理办公室（研究室）法官助理。

〔1〕 参见湖北省人民代表大会常务委员会《关于大力推动全面实施〈湖北省流域综合治理和统筹发展规划纲要〉的决定》。

撑,标志着流域综合治理迈入新的历史阶段,同时意味着长江流域治理的重心从立法逐渐走向行政执法和司法领域。当前,长江流域的系统性、整体性与治理主体多元化、治理碎片化之间的矛盾仍然存在,加之受立法技术、流域地理水文条件、经济发展水平等多种因素影响,制约了流域综合治理的效用发挥。人民法院作为国家审判机关和社会治理的重要力量,有必要在审视长江流域环境司法实践的基础上,理顺与其他治理主体的关系,明确功能定位,更好立足本职、发挥优势、能动司法,坚持在法治轨道上服务保障长江流域生态环境保护和绿色发展,促进流域治理体系和治理能力现代化。

一、现状检视:人民法院应因长江流域综合治理的实践样态

(一)长江流域综合治理的司法实践

1. 司法理念层面:从"审理"到"治理"。最高人民法院先后发布一系列司法文件(见表1),将司法审判深度融入中心大局,服务保障国家发展战略实施。司法理念从全面加强长江流域绿色发展的四大基本理念,即遵循自然规律、坚持保护优先、促进绿色发展、注重区域协同转变为坚持生态优先、绿色发展,坚持统筹协调、系统治理,坚持依法严惩、全面担责的长江保护司法理念,〔1〕更加注重从环境要素角度着手,推动形成长江流域司法保护一体化格局。依法延伸审判职能,在严厉打击破坏长江流域生态环境违法犯罪行为的同时,探索流域生态修复机制,创新执行方式,〔2〕发布司法白皮书、典型案例等,积极践行恢复性司法、回应型司法理念。

表1 最高人民法院发布的关于长江流域综合治理的主要文件

文件名称	文号	实施日期	主要特点
最高人民法院关于为长江经济带发展提供司法服务和保障的意见	法发〔2016〕8号	2016年2月24日	行文主要以刑事、环资民事、行政、知识产权等传统部门法为逻辑
最高人民法院关于全面加强长江流域生态文明建设与绿色发展司法保障的意见	法发〔2017〕30号	2017年12月1日	明确全面加强长江流域绿色发展的四大基本理念

〔1〕 参见武建华:《建立健全长江全流域环境司法协作协同机制》,载《人民法院报》2021年4月15日,第8版。

〔2〕 参见最高人民法院《中国环境资源审判(2022)》。

续表

文件名称	文号	实施日期	主要特点
最高人民法院关于为长江三角洲区域一体化发展提供司法服务和保障的意见	法发〔2020〕22号	2020年7月10日	行文主要以刑事、民商事、行政、执行等传统部门法为逻辑
最高人民法院关于贯彻《中华人民共和国长江保护法》的实施意见	法发〔2021〕8号	2021年2月24日	明确三大长江保护司法理念;注重从环境要素着手为长江流域治理提供服务保障
最高人民法院贯彻实施《长江保护法》工作推进会会议纪要	法〔2021〕304号	2021年11月24日	重点解决长江流域环境资源审判中的法律适用问题

2. 审理机制层面:从"司法专门化"到"流域司法专门化"。加强环境司法专门机构和归口审理机制建设,探索跨区域司法管辖模式,从环境司法专门化逐渐拓展升级为流域司法专门化。截至2020年6月,长江流域设立环境资源审判庭483个、合议庭(团队)468个、人民法庭(巡回法庭)252个,17家高级人民法院实行环境资源民事、行政案件"二合一"或民事、行政、刑事案件"三合一"归口审理模式,〔1〕基本实现环境司法专门化。在此基础上,各地依托海事人民法院、环境资源审判庭、流域巡回法庭等审判组织积极探索长江流域环境司法管辖机制。如江西在长江、鄱阳湖等重点江河流域设立7个跨行政区域集中管辖的环境资源法庭,形成"一江一湖五大河"流域一体化司法保护格局,同时在仙女湖、东江源等重点区域设立流域环境资源法庭,构建以生态系统或者生态功能区为单位的跨行政区划集中管辖机制。〔2〕

3. 司法协同层面:从"内部协同"到"外部协同"。在最高人民法院的指导下,长江经济带11个省(自治区、直辖市)和青海省高级人民法院签订《环境资源审判协作框架协议》,长江流域法院结合地方发展战略探索跨行政区域司法协作机制。如2021年湖北、湖南、江西三省高级人民法院签署《关于构建长江中游城市群审判工作协作机制的框架协议》,〔3〕次年签署《关于建立长江中游生态环境保护区域司法协作的长沙·橘子洲头绿色宣言》,〔4〕推进长江中游城

---

〔1〕 参见最高人民法院《〈长江流域生态环境司法保护状况〉白皮书》。

〔2〕 参见江西省高级人民法院《江西环境资源审判(2018—2023)》。

〔3〕 参见湖北省高级人民法院《长江大保护环境资源审判白皮书(2018—2022)》。

〔4〕 参见刘沁:《湘鄂赣三省高院签署〈长沙·橘子洲头绿色宣言〉深化区域司法协作 共护长江中游生态》,载《人民法院报》2022年7月22日,第1版。

市群协同发展。为进一步加强流域行政执法与司法衔接,各地人民法院与检察机关、公安机关、长江流域行政职能部门建立“河湖长制 + 法官”等协作机制,签订框架协议,联合发布备忘录、倡议、宣言,深化长江流域环境综合治理。如湖北省高级人民法院和水利部长江水利委员会、交通运输部、长江航务管理局、长江航运公安局等部门联合出台《关于贯彻实施〈中华人民共和国长江保护法〉构建长江流域(湖北段)生态环境保护行政执法与司法协调联动机制的实施意见》,加强行政执法与司法审判协调联动。(见表2)

表2　长江经济带11个省(自治区、直辖市)法院长江流域司法协作机制(不完全统计)

省市	机制名称	实施机关	类别
上海	“一站、一会、两机制”〔1〕	上海市青浦区人民法院等部门	省域内;法院外部
上海、江苏	长江口生态环境保护司法协同崇明共识	上海市崇明区人民法院;江苏省如皋市、东台市、江阴市人民法院;上海铁路运输法院	跨省域;法院内部
上海、江苏、浙江	长三角示范区淀山湖流域生态司法协作备忘录	上海市青浦区人民法院;江苏省苏州市吴江区人民法院;浙江省嘉善县人民法院	跨省域;法院内部
上海、江苏、浙江、湖北	长三角海事司法合作交流平台	上海、南京、宁波、武汉海事法院	跨省域;法院内部
江苏	环境资源“9 + 1”审判机制〔2〕	江苏省各级人民法院	省域内;法院内部
江苏、安徽	关于加强滁河流域生态环境资源保护跨区域司法协作的意见	南京市江北新区、浦口区、六合区及安徽省全椒县、南谯区、来安县、含山县、和县人民检察院;南京市玄武区人民法院	跨省域;法院外部
浙江	环境治理司法协同中心	湖州市南太湖新区人民法院、安吉县人民法院、安吉县区直相关部门	省域内;法院外部
江西	江西生态环境司法与行政保护一体化平台	江西全省法院、检察院、环境资源主管部门	省域内;法院外部

〔1〕 2020年上海市青浦区法院联合公安、检察院、环保、水务、规土、农委、城管等部门设立环境资源司法执法联络站和联席会议制度,完善环境资源纠纷案件联合化解机制和违法犯罪重大案件联动办理机制。

〔2〕 以生态功能区和流域为单位设立9个生态功能区环境资源法庭,经最高人民法院批准设立的南京环境资源法庭集中管辖全省应当由中级人民法院管辖的一审环境资源案件。

续表

省市	机制名称	实施机关	类别
江西、湖南、湖北、安徽	长江中下游环资司法协作机制	江西省九江市中级人民法院;湖南省岳阳市中级人民法院;武汉海事法院、湖北省黄石市中级人民法院;安徽省安庆市中级人民法院、池州市中级人民法院	跨省域;法院内部
湖北	关于贯彻实施《中华人民共和国长江保护法》构建长江流域(湖北段)生态环境保护行政执法与司法协调联动机制的实施意见	湖北省高级人民法院、水利部长江水利委员会、交通运输部、长江航务管理局、长江航运公安局等相关部门	省域内;法院外部
湖北	检察公益诉讼制度与生态损害赔偿制度衔接机制	湖北省高级人民法院、湖北省人民检察院等9部门	省域内;法院外部
湖北、湖南	环洞庭湖环境资源审判司法联动协作框架协议	湖北省高级人民法院;湖南省高级人民法院	跨省域;法院内部
湖北、河南、陕西	环丹江口水库生态环境保护与修复环境资源审判协作框架协议	湖北省高级人民法院;河南省高级人民法院;陕西省高级人民法院	跨省域;法院内部
湖北、湖南、江西	关于构建长江中游城市群审判工作协作机制的框架协议	湖北省高级人民法院;湖南省高级人民法院;江西省高级人民法院	跨省域;法院内部
重庆、湖北	长江三峡生态长廊司法保护框架协议	重庆市第二中级人民法院;湖北省宜昌市、恩施土家族苗族自治州中级人民法院	跨省域;法院内部
重庆、四川、陕西、甘肃	嘉陵江流域环境资源审判协作之送达文书和调查实施办法	陕西省宝鸡市、汉中市中级人民法院;甘肃省陇南市中级人民法院;重庆市第一中级人民法院;四川省广元市、南充市、绵阳市、遂宁市、巴中市、达州市、广安市第一中级人民法院	跨省域;法院内部
重庆、甘肃、青海、陕西、四川、湖北、河南	秦岭沿线七省(市)高院生态环境司法保护协作框架协议	重庆市高级人民法院;甘肃省、青海省、陕西省、四川省、湖北省、河南省高级人民法院	跨省域;法院内部
四川、重庆	成渝地区双城经济圈环境资源审判协作框架协议	四川省高级人民法院、重庆市高级人民法院	跨省域;法院内部
贵州、重庆、四川、云南	长江上游、赤水河流域环境司法协作机制	贵州省、四川省、云南省高级人民法院;重庆市高级人民法院	跨省域;法院内部

资料来源:最高人民法院《〈长江流域生态环境司法保护状况〉白皮书》、长江沿线各省(市)高级人民法院环境资源审判工作白皮书、长江大保护白皮书、法院人大工作报告及微信公众号刊载报道。

（二）长江流域综合治理的司法困境

1. 综合治理协同性不强。长江流域的系统性、关联性决定了综合治理的复杂性、协同性。《长江保护法》贯彻山水林田湖草沙一体化保护理念，规定了各级行政主管部门工作职责，明确“长江流域各级河湖长负责长江保护相关工作”，在立法层面破解了“九龙治水”的割裂局面，但是实践中“联而不动”“协而不同”现象较为普遍。一方面，流域治理方式和治理理念发生重大变化，从“单一主导”走向“协同共治”，原有的层级化管理模式已无法满足当下综合治理的现实需要，各治理主体，特别是司法机关在长江流域综合治理中的职责和作用需要进一步明确；另一方面，现有的区域协作机制开放性不强，多以行政区域、经济功能区为单元，区域协作之间存在重叠、交叉。长江流域目前有上游成渝经济区、长江中游城市群、长江三角洲城市群等多个城市协作圈，各区域经济发展水平、合作深度差异较大，[1]难以构建协调统一的全流域综合治理格局。

2. 司法能动性和联动性边界不清。是否能动司法、如何能动司法，对这一问题的不同认识直接影响人民法院在长江流域综合治理中的功能发挥。个别地方在参与流域综合治理过程中存在协作不当等“司法越位”行为，容易导致司法角色与期待角色的偏差与失衡，与行政角色混淆。在联动方面，实践中各地司法协作机制以框架协议、实施方案为主，建立制度机制的层次不高、缺乏强制执行力和制度保障，协作方式多为联合普法宣传、河湖巡视等内容，在长江流域环境公益诉讼，生态补偿、生态修复等执行方式，环境违法犯罪问题线索移送处理，文书送达和信息交换等方面协作不深入。

3. 司法内部整合力度不够。环境司法专门化虽已基本形成，但受管辖权相关立法限制，在推进流域司法专门化层面还存在制度障碍，仍处于探索阶段。受地方保护主义影响虽有所削弱，但是立足全流域的司法治理水平还不高。在同一司法管辖领域内，涉长江流域案件的裁判尺度、执行方式不尽统一，审判专业化程度不强，审判“外溢效应”有待进一步发挥。在实行环境资源案件集中管辖和未实行集中管辖的法院之间存在职能发挥“冷热不均”的现象，对未受理环境资源案件的法院如何服务保障流域综合治理缺乏明确具体的指导。

---

〔1〕 参见高丽华、周珂：《整体性视野下长江流域环境司法一体化研究》，载《干旱区资源与环境》2023年第7期。

二、角色重塑：结构功能主义视角下人民法院的功能定位

结构功能主义理论为完善社会治理体系提供了新的思路,通过优化系统内社会治理的主体结构、运行机制和流程环节,协调各要素之间的关系,形成综合效应,提升治理水平。[1] 长江流域综合治理作为完善社会治理的重要组成部分,结构功能主义理论同样可以作为认识和分析人民法院在长江流域治理体系中职责定位的价值工具。长江流域治理体系的构建就是要组织系统各个部分(治理主体)发挥其应有的作用,在相互耦合中形成一种整体性的制度结构模式。如果系统或子系统中的某个部分出现失灵,需要及时进行调整,确保整个系统协调统一、运行顺畅。

(一)流域治理体系中的法院定位

首先,人民法院在流域综合治理中处于非主导地位。流域治理体系存在多个治理主体,各主体功能作用由其职责所决定,基本形成党委领导、政府主导、第三方机构服务、社会公众参与、司法保障的治理格局(见图1)。其中党委依托河湖长工作制领导全局、协调各方,加强对地方政府部门的考核,压实主体责任;政府部门通过各种环境行政手段直接主管流域综合治理;第三方机构以其环境领域的专门知识和技术为政府部门实施管理、司法机关服务保障提供专门服务;社会公众既是治理主体,有权通过成立环境保护组织参与流域环境保护、提起公益诉讼,也是参与全程、监督各方、评价效果、享受成果的主体;司法机关是服务保障者,监督和支持行政机关依法行政。其次,人民法院是流域治理体系中的重要法治保障力量。党的二十大报告以专章对全面依法治国作出重要部署,强调"在法治轨道上全面建设社会主义现代化国家"。"全面推进国家各方面工作法治化",包括流域综合治理的法治化,是人民法院的重大使命和任务。人民法院应当充分发挥审判职能和司法治理功能,服务和保障流域综合治理在法治轨道上运行。

---

[1] 参见夏德峰:《结构功能主义视野下的国家治理体制机制优化》,载《社会主义研究》2014年第4期。

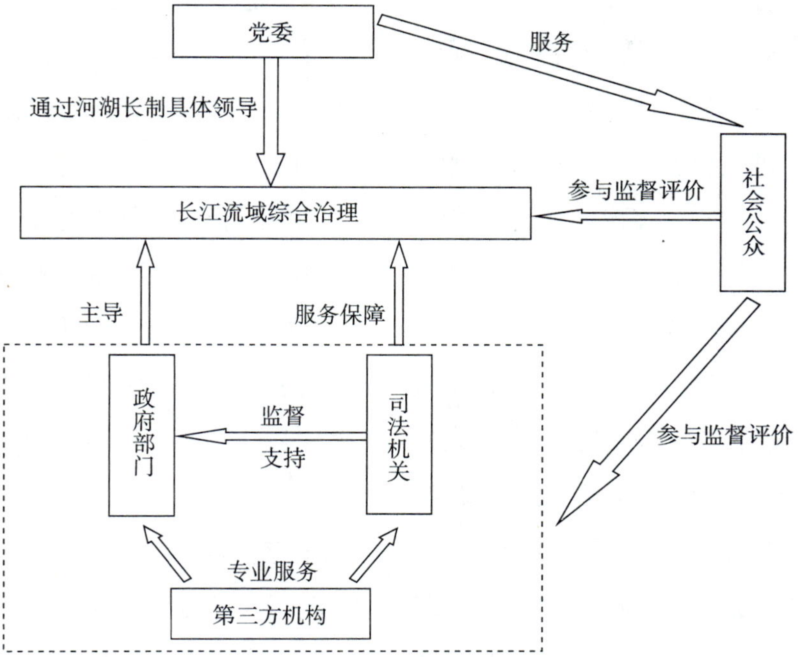

图1　长江流域综合治理各主体关系

（二）环境行政权与司法权关系中的适度"能动司法"

人民法院与行政机关同为流域治理体系中的组成部分，在明确其在整个治理体系中的定位的同时，也应当理顺司法权与行政权的关系，更好发挥自身比较优势。从传统行政法理论来看，行政权的主要目的就是执行公共政策、维护公共利益，司法权对行政权进行监督，对行政行为侵害公民合法权益实施司法救济。[1] 近年来，包括人民法院在内的司法机关越来越强调"能动司法"，在追求个案法律效果的同时，也注重案件的政治效果和社会效果，在推进环境公益诉讼、建立生态修复基地、创新执行方式上更加主动，一定程度上对流域环境治理中的行政失范行为起到了填补作用。但能动司法应当保持适度，维持权力运行的法治逻辑，避免司法功利主义倾向：

一是要尊重行政权的主导地位。涉长江流域环境案件专业性和技术性强，行政手段较为灵活，在职权、人员、资金保障、专业力量等方面具备司法手段无可比拟的天然优势，可以及时迅速地处理破坏流域生态的案件，主动对辖区流

〔1〕 参见王明远：《论我国环境公益诉讼的发展方向：基于行政权与司法权关系理论的分析》，载《中国法学》2016年第1期。

域治理进行合理规划,常态化开展执法活动。二是要遵守司法权的运行规律。司法权具有被动性的特点,作为一种判断权、裁判权,其运行遵循"不告不理"原则,不能主动越位,挑战自身的"中立"形象,必须严格依照法律设定的司法程序对案件进行处理,对行政行为的合法性进行审查,从而实现对行政权的有效监督。若行政行为确属违法,原则上依法撤销原行政行为并责令行政机关重新作出,不主动干预行政决策。三是要坚持以司法被动性为前提的能动。能动司法是人民法院延伸审判职能、主动参与治理的重要理念,要以案件依法审理为基础,发挥案件"溢出效应",在制定司法政策、输出司法规则、助力科学决策、出具治理方案上深度融入长江流域综合治理。

(三)审判角色与治理角色的功能整合

人民法院作为流域治理体系中的组成部分,其本身也可视作一个相对独立的子系统,通过整合人民法院的各项职能,实现司法审判与司法治理的平衡,更好发挥治理效果。首先,司法审判是人民法院的核心角色,也是发挥司法治理功能的前提和保障。人民法院通过对当事人的诉求进行审查并作出裁判、对违法犯罪行为进行惩处、对行政机关作出的具体行政行为进行合法性审查,在个案、类案处理中化解矛盾纠纷、打击违法犯罪行为,实现公平正义。其次,司法治理是司法审判中衍生的职能,可以分为司法的内部治理和外部治理两个层次。司法的内部治理是保障审判权公正高效运行的关键,关键在于通过对司法权运行各环节全流程的监督,保证人民法院肌体健康和良性运转,是实现良法善治的前提。司法的外部治理是实现其政治功能和治理功能的基本方式,通过发挥案件"外溢"效应,达到"审理一案、治理一片"的效果,引导和规范社会行为,倡导规则之治。

三、路径优化:人民法院服务保障长江流域综合治理的双循环

(一)对接大循环:完善长江流域司法"大协同"机制

在流域综合治理体系大循环中,人民法院通过深化长江流域司法协同机制提供法治保障。

1. 强化规则协同。一是完善长江流域统一立法。立足流域整体性特征,对《长江保护法》配套法律法规进行修订,强化长江上下游、干支流、左右岸一体

化保护的同时,适时吸纳协同机制有关内容,为流域执法司法协同机制奠定实体法基础。二是通过对诉讼法的修改或制定司法解释,将司法实践中形成的经验做法上升为制度规则,采用列举、概括和禁止相结合的立法方式,使司法协作既符合司法规律的要求,又体现一定的开放性,[1]指导各级人民法院有序参与流域综合治理,正确履行职责、发挥功能作用。三是对同一流域现有的协同机制进行整合,及时清理各类框架协议、备忘录等协同性不高的文件,将已形成的具有实操性的经验做法上升到地方立法,形成统一的规则体系,推动流域司法协同机制规范化、常态化。

2. 强化主体协同。一方面要加强人民法院与其他司法机关的协同。通过定期召开联席会议、联合发布文件、同堂培训等方式,在证据收集和采信、统一法律适用规则、完善环境公益诉讼制度、涉流域违法犯罪问题线索和案件移送等方面加强协调配合,形成既相互制约又相互配合的良性互动。另一方面要解决司法机关与环境行政机关沟通不畅、协作不深的问题。通过细化司法协作内容明确人民法院工作职责,从联合开展河湖巡视、普法宣传上升到辅助科学决策、参与综合治理层面。完善流域综合治理的考核、评价、反馈、激励机制,强化各主体功能发挥,共同解决疑难问题,形成流域执法司法协调联动的自发自觉。

3. 强化信息技术协同。加强信息交换和资源共享是破解流域综合治理协同性不强、打通治理壁垒的重要手段,也是实现流域综合治理体系和治理能力现代化的重要保障。人民法院依托网上办案平台发挥"数助决策"功能,实时分析流域相关案件的审理判决情况,发现行政机关在流域执法中存在的监管漏洞和不规范行为,帮助其规范执法行为、加强内部管理。行政机关在流域环境数据检测、环境鉴定等方面具有天然优势,可帮助法官在确定环境生态损害责任、责任承担方式的选择等方面提供技术支持。此外,信息技术共享可以为双方交换文书、信息传达,共同化解流域内的矛盾纠纷和风险隐患提供便利。

(二)盘活内循环:构建长江"全流域"司法治理机制

在流域综合治理体系内循环中,人民法院通过内部治理手段实现长江流域一体化司法保护。

---

[1] 参见吴勇:《我国流域环境司法协作的意蕴、发展与机制完善》,载《湖南师范大学社会科学学报》2020年第2期。

1. 建立流域司法管辖机制。现有的司法管辖体制与行政体制高度重合,既不符合流域的基本特征,也难以避免地方保护主义的干涉,同时跨行政区域的联合执法与流域治理,也期待司法管辖作出改变与之相适应。长江流域司法管辖机构的设置有三种模式:第一种模式是建立统一的长江流域专门法院,在一、二级流域下设若干专门人民法院和流域巡回法庭,优点在于完全打破行政地域限制,与流域的空间属性相适应,对当前的管辖制度来说是较大突破,但是否具有可行性还需要进一步论证。2023 年 7 月 13 日召开的全国大法官研讨班指出,专门法院必须按照“中央批准 + 立法决定”模式设立,考虑专业需要、案件规模等因素,根本上还要从国家发展战略考量,充分论证现有机构是否不足以应对贯彻落实党中央战略部署,服务保障经济社会高质量发展的现实需要。[1]第二种模式可依托“海事法院 + 巡回法庭”[2]的模式设立,在现有的海事法院建制基础上挂牌成立长江流域法院。海事法院专司所辖流域海商事案件,在长江流域案件管辖上具有优势和成熟的经验,在审级上也不存在法律障碍。第三种模式是在现有管辖机制内选择若干中级人民法院、基层人民法院,下设若干巡回法庭管辖涉长江流域案件。第二种、第三种模式已有地方法院试点,且取得一定成效,建议在条件成熟时逐步采取海事法院挂牌、设立流域专门法院方式实现对全流域的系统治理,与现有的流域治理体系相适应,便于执行,便于群众诉讼。

2. 加强司法专业化建设。流域司法专门化是环境司法专门化的升级版,对司法的专业程度提出了更高要求。一是要加强全流域司法的审判指导,总结流域司法审判经验,及时形成统一的裁判规则,指导全流域的司法审判工作。二是要加强对环境技术的司法回应。在流域环境司法案件中,技术性强是显著特征,而司法过程存在明显的“社科”倾向,[3]在环境技术方面存在薄弱环节。一方面要加强专门人才的培养,建立一支业务娴熟、具备环境专业知识的专门法官队伍,养成符合环境司法和流域治理的思维方式,发挥好环境科学在案件裁判、综合治理方面的作用;另一方面要对鉴定意见的认证和采信明确具体标准,

---

〔1〕 参见张悦:《努力以审判工作现代化服务保障中国式现代化——来自全国大法官研讨班开幕式上的声音》,载《人民法院报》2023 年 7 月 14 日,第 4 版。

〔2〕 参见游劝荣:《长江流域环境司法保护的现实困境与发展进路》,载《中国应用法学》2023 年第 3 期。

〔3〕 参见秦天宝:《司法能动主义下环境司法之发展方向》,载《清华法学》2022 年第 5 期。

强化对鉴定意见的司法审查,防止司法判断过度依赖于鉴定意见和专家意见。

3. 强化司法功能价值输出。一是在贯彻实施《长江保护法》等流域立法的同时加大司法解释工作力度,保障司法规则供给,[1]以完善司法政策、规则推动长江流域综合治理的良法善治。二是要加强司法建议工作,将司法建议作为参与流域综合治理、加强协调联动的重要方式,发现流域行政执法过程中折射出的深层次治理问题,并提出工作建议和对策,有效发挥法治参谋作用。推动涉长江流域案件司法建议反馈落实情况纳入流域综合治理考核,强化跟踪问效,推动形成工作闭环。三是通过发布流域司法白皮书、典型案例、开展普法讲座等形式,发挥司法的评价、规范、指引功能,形成更为广泛的治理效果。

四、结语

长江流域综合治理是一项艰巨复杂的系统工程,事关发展与安全、事关人民福祉、事关千秋万代。人民法院应当顺应新时代新形势下流域综合治理的结构转向,坚持能动司法,积极转变司法理念、融入新发展格局,主动将审判执行工作置于中心大局思考谋划,强化协同机制,凝聚长江大保护执法司法合力。围绕水安全、水资源、水环境、水生态、水文化谋良策、做实功,在法治轨道上促进和服务保障长江流域综合治理体系和治理能力现代化。

---

〔1〕 参见《中国环境司法发展报告(2022)》。

8. 长江流域生态环境刑事审判修复性司法研究

——以长江流域11个省(自治区、直辖市)环境刑事审判实践为样本

李　辉*

内容摘要:《长江保护法》从法律上确立了加强长江流域生态环境保护和修复的原则,对长江流域生态环境案件的修复性司法理念提出了更高要求。目前,长江流域环境刑事审判实践中,部分地方贯彻和践行了修复性司法的理念,但仍然存在不少问题,进一步规范和完善长江流域生态环境刑事审判修复性司法机制,有利于强化长江流域生态环境保护,促进长江流域生态文明建设和长江流域经济带的可持续发展。

关键词:长江流域　生态环境　刑事审判　修复性司法

长江流域是中华民族的摇篮,长江流域生态环境资源的过度开发,制约了流域经济的高质量和可持续发展。2016年以来,习近平总书记先后到长江上、中、下游召开四次座谈会,强调要把修复长江生态环境摆在压倒性的位置,共抓大保护,不搞大开发[1]。2021年3月1日,《长江保护法》颁布实施,从法律上确立了加强长江流域生态环境保护和修复的原则。[2] 修复性司法的理念无论是在司法实践还是在政策法规层面,都越来越受到重视。

---

* 李辉,法律硕士,2017年毕业于中南财经政法大学,现任湖北省宜都市人民法院立案庭庭长。

〔1〕 参见杨临萍主编、最高人民法院环境资源审判庭编著:《聚焦长江司法保护》,人民法院出版社2021年版,第171页。

〔2〕 参见《长江保护法》第1条。

一、生态环境刑事审判修复性司法的理论探究

(一)生态环境刑事审判修复性司法的概念界定

修复性司法的概念由美国学者巴内特在 1977 年发表的《赔偿:刑事司法中的一种新范式》一文中最先提出,[1] 提倡违法者通过承担补偿、赔偿、道歉、公益劳动等责任,积极承担刑罚范围之外的法律或者道德义务,实现对违法者的惩罚、受害人权益的保护、受破坏的社会关系的修复等效果的统一。在实体上以一些民事责任替代部分刑事责任承担,在程序上通过运用民事纠纷解决方式的优势来弥补刑事案件处理中的需求与缺憾。[2]

生态环境修复性司法,是指司法机关在处理存在生态环境损害风险或者已经发生损害后果的环境资源案件时,在追究违法者环境损害法律责任的基础上,同时让违法者承担生态环境修复责任,赔偿生态环境损害损失,支付生态环境修复费用。鼓励和引导违法者实施损害修复治理行为,参与生态环境保护活动,调动其他相关主体协同治理,最大限度保护生态环境,修复受损生态系统,提升环境质量。将生态环境修复性司法理念应用到刑事审判实践中,让生态环境刑事被告人承担刑事责任的同时履行生态环境修复义务,即所谓生态环境刑事审判修复性司法。

(二)生态环境刑事审判修复性司法的政策法律依据

2012 年 11 月,党的十八大作出了"大力推进生态文明建设"的战略决策,提出要通过实施"重大生态修复工程"来改善生态环境。[3] 最高人民法院《关于审理环境民事公益诉讼案件适用法律若干问题的解释》第 18 条、第 20 条、第 21 条,明确规定了对污染环境、破坏生态,损害社会公共利益或者具有损害社会公共利益重大风险的,人民法院可以判令被告承担修复生态环境的责任,将生态环境修复到损害发生之前的状态和功能,无法修复的,可以采取替代性修复方式;同时确定不履行修复义务时被告应承担的生态修复费用,并由被告赔

---

〔1〕 参见王树义、赵小姣:《环境刑事案件中适用恢复性司法的探索与反思——基于 184 份刑事判决文书样本的分析》,载《安徽大学学报(哲学社会科学版)》2018 年第 3 期。

〔2〕 参见金果:《超越正义的宽恕:反思规范之下审判阶段的恢复性司法》,载《华东师范大学学报(哲学社会科学版)》2016 年第 5 期。

〔3〕 参见邱玉梅、李卓:《论生态环境修复责任制度的完善》,载《时代法学》2020 年第 2 期。

偿生态环境损害至修复完成期间服务功能丧失以及生态环境功能永久性损害造成的损失。[1] 2016年5月,最高人民法院《关于充分发挥审判职能作用为推进生态文明建设与绿色发展提供司法服务和保障的意见》中提出,“落实以生态环境修复为中心的损害救济制度,统筹适用刑事、民事、行政责任,最大限度修复生态环境。”[2]2016年9月,最高人民检察院《关于全面履行检察职能为推进健康中国建设提供有力司法保障的意见》提出,“办案中应当贯彻恢复性司法理念,根据案件情况可以要求行为人修复环境、赔偿损失,降低环境污染的损害程度。行为人主动采取补救措施,消除污染,积极赔偿,防止损失扩大的,依法从宽处理”。[3] 上述国家政策和司法解释强调了环境资源案件中以修复责任为中心的损害救济制度,为生态环境刑事审判修复性司法提供了政策和法律依据。

(三)生态环境刑事审判修复性司法的价值分析

生态环境刑事案件审判中适用修复性司法,其一,有利于被损害客体的恢复。生态环境刑事审判修复性司法从传统的打击犯罪的刑事惩罚转向惩罚与生态环境治理保护并重,通过司法机关、被告人、环境监管部门、环保机构的共同努力,运用修复性措施,可以有效促进被损害的生态环境的恢复。其二,有利于对犯罪人的改造。刑事司法不仅具有评价、惩罚功能,更有教育、引导、预防功能,刑事修复性司法通过对环境犯罪行为人的惩处和对修复治理的鼓励,可以指引犯罪人和社会公众认识到保护生态环境的重要性,树立生态文明价值观。其三,有利于维护环境公平。习近平总书记曾指出,“良好生态环境是最公平的公共产品,是最普惠的民生福祉。”[4]破坏生态环境不仅影响社会公共利益,也影响代与代之间的环境公平,通过修复性司法推动受损害的环境尽快得到恢复,是维护环境公平的题中应有之义。其四,有利于减少社会治理成本。传统的被告人服刑的刑事惩罚,造成了“违法者服刑,环境损害仍在,政府被动治理,社会无奈埋单”的治理困境,[5]生态环境恢复性司法要求生态环境的破坏者承担修

---

〔1〕 参见最高人民法院《关于审理环境民事公益诉讼案件适用法律若干问题的解释》第18条、第20条、第21条。

〔2〕 参见最高人民法院《关于充分发挥审判职能作用为推进生态文明建设与绿色发展提供司法服务和保障的意见》第2条。

〔3〕 参见最高人民检察院《关于全面履行检察职能为推进健康中国建设提供有力司法保障的意见》第6条。

〔4〕 参见光明日报评论员:《良好生态环境是最普惠的民生福祉》,载中国共产党新闻网2014年11月7日,http://cpc.people.com.cn/n/2014/1107/c78779-25992133.html。

〔5〕 参见李景豹:《论恢复性司法在环境资源案件中的应用》,吉林大学2022年博士学位论文,第43页。

复受损环境的责任,必定可以减轻政府相关部门以及社会大众的治理负担。

二、长江流域生态环境刑事审判修复性司法的实践考察

通过司法实践的探索、法律和政策的不断修订和完善、实践和理论的相互支撑,我国生态环境刑事审判修复性司法逐步向前发展。在发展过程中,各地司法实践中都有不同程度的探索和创新,一些生态环境刑事案件的审理取得了良好的法律效果和社会效果。为了对我国长江流域当前的生态环境刑事案件司法实践状况有客观的认识,笔者以"刑事案件""环境""判决书"为关键词,在中国裁判文书网中检索长江流域11个省(自治区、直辖市)(青海、西藏、四川、云南、重庆、湖北、湖南、江西、安徽、江苏、上海)2022年至2023年7月的环境资源刑事案件裁判文书作为样本,来考察当前长江流域生态环境修复性司法的实践与现状。经过筛选,11个省(自治区、直辖市)共检索出生态破坏、环境污染或资源浪费类刑事案件310件,其中西藏2件、四川18件、云南4件、重庆2件、湖北7件、湖南211件、江西43件、安徽12件、江苏10件、上海1件,刑事附带民事公益诉讼128件。具体涉及罪名及法律责任承担情况见表1:

表1 长江流域11个省(自治区、直辖市)生态环境刑事案件罪名及法律责任承担情况

单位:件

罪名	非法狩猎罪	68
	危害珍贵、濒危野生动物罪	15
	非法捕捞水产品罪	135
	非法采矿罪	24
	污染环境罪	19
	非法占用农用地罪	12
	滥伐林木罪	19
	盗伐林木罪	7
	危害国家重点保护植物罪	1
	失火罪	10
自由刑	3年以下有期徒刑、拘役或管制	262
	3年以上7年以下有期徒刑	7
	缓刑	203

续表

罚金刑	并处罚金	95
	单处罚金	对个人 36
		对单位 3
附加刑	没收工具	127
	没收违法所得	29
	社区矫正	17
刑事附带民事责任承担方式	赔偿生态环境(资源)损失	45
	支付生态环境修复费用	44
	公开赔礼道歉	32
	支付专家咨询费、鉴定费等	24
	替代修复(增殖放流、补植复绿等)	43
	环境公益劳动(张贴标语、义务巡河等)	6
	禁止令	2
免除刑罚		2

通过表 1 可知,长江流域生态环境资源刑事案件以非法捕捞水产品罪最多,占 43.5%;大多数案件量刑为 3 年以下有期徒刑、拘役或管制,占案件总数的 84.5%,缓刑适用率高,占案件总数的 65.5%。附带民事公益诉讼案件数约占 41.3%。从上述数据可以看出长江流域生态环境刑事案件呈现以下特点:

(一)生态环境刑事案件违法程度相对较低

样本中,量刑为 3 年以下有期徒刑、拘役或管制及单处罚金、免予刑事处罚的案件占 97.7%,可以看出绝大多数案件人身危险性或者社会危害性较小,被告人的主观恶性不大。我国《刑法》分则第六章第六节规定的破坏环境资源保护罪的 15 个罪名中,最重的刑罚为 10 年以上有期徒刑,并处罚金或者没收财产,且仅涉及 2 个罪名,余下罪名最高刑罚均在 7 年有期徒刑以下,说明生态环境犯罪人身危险性、社会危害性、被告人主观恶性相对较低得到了立法者、司法者和社会的普遍认同。这也为非监禁刑罚的适用及修复性司法的法律责任承担提供了基础,对被告人科以严重的刑罚并不能消除生态环境类刑事犯罪的危害后果,难以取得保护和修复生态环境的社会效果。

(二)环境资源类案件刑事民事责任交叉明显

从以上样本案件中刑事附带民事责任承担方式可以看出,停止侵害、排除妨碍、消除危险、恢复原状、赔偿损失、支付修复费、赔礼道歉等方式均有体现。与其他类型的刑事案件相比,生态环境类刑事案件中犯罪人对遭受损害的生态环境承担修复和弥补责任是必不可少的。一方面,附带民事责任履行情况即生态环境的修复情况影响或决定着刑事责任的承担,比如最高人民法院、最高人民检察院《关于办理环境污染刑事案件适用法律若干问题的解释》(2023)第6条规定,"实施刑法第三百三十八条规定的行为,行为人认罪认罚,积极修复生态环境,有效合规整改的,可以从宽处罚;犯罪情节轻微的,可以不起诉或者免予刑事处罚;情节显著轻微危害不大的,不作为犯罪处理"。最高人民法院、最高人民检察院《关于办理非法采矿、破坏性采矿刑事案件适用法律若干问题的解释》也有类似规定。[1] 另一方面,刑事责任承担也会影响修复性民事责任的履行,若被告人被判处实刑,替代修复、公益劳动等民事责任则难以实施。

(三)刑事附带民事责任承担方式的创新

参照表1不难看出,为了保护生态环境刑事案件中的生态环境法益,达到"谁污染,谁治理;谁破坏,谁恢复"的生态环境保护的目的,不少地区在生态环境刑事附带民事责任的承担方式上进行了探索和创新,以求从更深远意义上解决生态环境问题。例如,被告人罗某、周某犯非法狩猎罪一案,法院不仅判处罗某有期徒刑1年、周某有期徒刑10个月,缓刑1年,共同赔偿国家野生动物资源损失费131700元,还责令其二人履行非法狩猎破坏生态环境修复责任,补种树苗100株,并制作张贴野生动物保护宣传标语60份,判决生效之日起30日开始履行,在2023年10月11日前履行完毕,履行完毕后由当地林业局验收。[2] 被告人达某、其某犯失火罪一案,法院判处达某、其某有期徒刑1年,缓刑2年;同时判处达某、其某按照芒康县林业和草原局出具的森林火灾植被恢复方案修复受损生态环境,即在2022~2023年在森林火灾火烧迹地补种当地杨800株(规格高≥150cm,地径≥5cm),成活率≥85%(如未达到逐年依次补种),后期管护3年(费用自理),同时担任义务护林员2年,履行乡护林员义务;

---

[1] 参见最高人民法院、最高人民检察院《关于办理非法采矿、破坏性采矿刑事案件适用法律若干问题的解释》第10条规定:"实施非法采矿犯罪,不属于'情节特别严重',或者实施破坏性采矿犯罪,行为人系初犯,全部退赃退赔,积极修复环境,并确有悔改表现的,可以认定为犯罪情节轻微,不起诉或者免予刑事处罚。"

[2] 参见湖南省湘阴县人民法院刑事附带民事判决书,(2022)湘0624刑初379号。

判决生效后10日内在县级以上国家媒体上向社会公众赔礼道歉。[1] 这两个判决中,被告人承担的生态环境修复义务,不仅包括传统的赔偿资源损失、赔礼道歉方式,还要求被告人从事环境公益劳动,一方面使环境破坏后果的严重性降到最低,生态环境得到最大限度的修复;另一方面也使被告人亲自参与环境修复与治理活动,接受环保和法制教育,提高其环保意识和法律意识,实现了惩罚与治理并重,法律效果与社会效果的统一。

(四)生态环境刑事案件的环境危害后果的附属性

被告人实施犯罪行为的直接动机并非破坏环境,其直接动机往往是追求某种经济利益。因此,生态环境犯罪往往是伴随逐利行为产生的,这也使生态环境刑事案件环境危害后果具有附属性。[2] 生态环境犯罪的危害结果又具有长期性和隐蔽性,出于人类自身可持续发展的需要,在生态环境刑事案件的审理和判决中,需要特别注意生态环境保护的正确价值引导。从上述样本案例中附带民事公益诉讼案件近50%的占比,以及替代修复、环境公益劳动、公开赔礼道歉等责任承担方式的大量使用,可以看出国家司法机关也通过发挥司法能动性,将修复性司法理念应用于司法审判实践之中,发挥其对行为人和社会大众的价值引导作用。

三、长江流域生态环境刑事审判修复性司法存在的问题

通过认真梳理前述长江流域11个省(自治区、直辖市)在中国裁判文书网公开的生态环境刑事案件判决书,可以看出流域各省(自治区、直辖市)对修复性司法积累了一定的司法实践经验,但目前仍处在理论和实践的探索阶段,还存在诸多问题。比如,生态环境刑事审判修复性司法功能发挥不充分,审判人员对其认识、理解和实践程度不同;各地自行探索,地区发展不平衡;修复性措施单一,且适用标准不一;重司法审判,轻侦查、起诉过程中的全流程修复性司法;修复责任执行效果监督和评估不足等,一定程度上影响了修复性司法的效果。

(一)生态环境刑事审判修复性司法功能发挥不充分,地区发展不平衡

当前,最高人民法院、最高人民检察院发布的长江流域生态环境典型案例

〔1〕 参见西藏自治区芒康县人民法院刑事附带民事判决书,(2021)藏0328刑初17号。

〔2〕 参见张霞:《生态犯罪案件中恢复性司法应用研究》,载《政法论丛》2016年第2期。

反映出各级司法机关积极倡导环境刑事审判修复性司法理念,但由于法律法规不健全、制度机制不完善、队伍建设参差不齐等原因,司法实践中,生态环境刑事审判修复性司法并没有实现全覆盖。前文的样本案例中,刑事附带民事公益诉讼案件占比不足50%,一定程度上可以反映这一问题。由于各地区对生态环境的重视程度、司法对生态环境犯罪的打击力度等的不同,在生态环境刑事审判案件数量和修复性司法措施的适用上也存在差异。比如在长江流域11个省(自治区、直辖市)中,以湖南、江西、四川三省的生态环境刑事案件数量居多,310件样本案件中湖南省211件,占比68.1%;江西省43件,占比13.9%;四川省18件,占比5.8%;其他省(自治区、直辖市)案件数量均在10件左右,青海省为0件。这可能与地域环境、裁判文书公开的程度存在一定关联,但从中也能反映出对破坏生态环境行为的司法打击力度的差异。不同地区在修复性司法方面也存在差异,自2013年起,江苏连云港法院在非法捕捞类案件中引入了"增殖放流"的恢复性措施,在环境污染案件中较早的适用了"劳务代偿"的修复方式,其模式得到了最高人民法院的肯定并被写入该年度工作报告。而江苏省也在非法捕捞类案件的诉讼中全面施行增殖放流措施,从而通过司法的手段尽可能地保证水生资源得到修复、生态实现再平衡。[1] 有些法院在生态环境刑事审判中提出了一些具有创造性和针对性的修复性措施,值得鼓励并对这些措施加以完善,但是有些地区司法主体对修复性司法的重视程度不够,地区发展不平衡问题较为突出。

(二)生态环境刑事审判附带民事修复责任方式和标准不统一

通过对样本案件的分析,不难发现当前长江流域生态环境刑事修复性司法在审判实践的具体应用中,责任承担的具体方式和内容存在较大的差别,这也是由于制度不完善,导致法官在行使自由裁量权时没有具体参照标准,进而呈现出一定程度的随意性。例如,样本案件中数量最多的非法捕捞水产品罪,不同地区审判机关判处的刑罚就存在较大差异:有的判处3年以下有期徒刑、拘役或者管制;有的单处罚金;有的在刑事责任的基础上禁止(或限制)被告人从事相关活动;有的要求被告人赔偿损失;有的要求支付修复费用;有的要求被告

---

〔1〕 参见孙炫:《非法捕捞破坏 生态江苏全面推行增殖放流实现生态再平衡》,载荔枝网2020年4月29日,http://news.jstv.com/a/20200429/43a939bf8a174f6d85a34c5b978bb991.shtml。

人在生态环境损害区域进行增殖放流;有的同时承担赔偿损失和增殖放流的责任;有的承担增殖放流修复责任的同时履行一定期限的巡河义务;有的要求从事发传单等公益劳动;有的同时要求公开赔礼道歉等。以上责任承担方式的差异,体现了同类型案件审判实践中由不同司法主体处理法律后果有很大不同,如果不加以规范和制约,很难使生态环境刑事审判修复性司法统一有序,修复性司法的效果可能大打折扣,司法的公信力也难以体现。

(三)生态环境刑事修复性司法重审判,轻侦查、起诉过程中的全流程修复性司法

当前,生态环境刑事修复性司法研究和措施适用主要集中于法院审判阶段,适用的案件范围相对集中于情节较轻(承担 3 年以下有期徒刑、拘役、管制或单处罚金)的刑事案件,在公安机关侦查阶段和检察院审查起诉阶段的适用情况体现不明显,目前以刑事附带民事公益诉讼作为追究生态环境修复性责任的主要方式,生态环境刑事附带民事私益诉讼很少。生态环境刑事修复性司法作为一种司法理念,不仅可以在审判阶段、在轻微刑事案件中适用,也可以探索在刑事违法责任追究的全流程开展,比如在侦查阶段签订生态修复协议等,开始修复环境,在检察院审查起诉阶段直接将修复行为作为量刑建议情节,使生态环境的修复更加及时。

(四)生态环境刑事修复性司法修复责任执行效果监督和评估不足

在生态环境刑事案件中,判决适用修复性措施后,最终能否达到修复生态环境的效果,关键在于执行。由于案件审理周期短,而生态环境修复性措施的履行期限一般都比较长,因此对修复性责任履行情况和执行效果的监督和评估尤为重要。例如,上文西藏自治区芒康县人民法院判决的被告人达某、其某犯失火罪一案,要求被告人在 2022 ~ 2023 年在森林火灾火烧迹地补种当地杨 800 株(规格高≥150cm,地径≥5cm),成活率≥85%(如未达到逐年依次补种),后期管护 3 年,同时担任义务护林员 2 年。该判决中,修复性措施执行过程中由谁来监督,修复性措施的执行效果由谁来评估验收等都不明确。

四、长江流域生态环境刑事审判修复性司法的践行路径

长江流域生态环境刑事审判修复性司法因流域各省(自治区、直辖市)的

审判实践探索而有所发展，加之国家政策的支持和法律制度的完善，修复性司法的理念逐步更新。然而，通过实践的检验和分析，对生态环境刑事审判修复性司法功能发挥不充分，地区发展不平衡；修复性措施单一，适用标准不一；重司法审判，轻侦查、起诉过程中的全流程修复性司法；修复责任执行效果监督和评估不足等问题，需要在理论的指导下予以有针对性地完善，以更好地发挥生态环境刑事审判修复性司法对长江流域环境资源保护和治理的积极促进作用。

（一）明确整体性和能动性原则

长江流域生态环境具有整体性特征，刑事个案中的生态破坏、环境污染犯罪行为虽然发生于某一地区或者某些生态要素之间，但生态环境的损害后果往往需要从整体性视角出发，修复范围的确定和措施的选择也要从整体综合考虑，特别是当原地修复不可能实现或者某一类针对性修复措施（如增殖放流）不合时宜时，可以考虑建立专门修复基地或者适用替代性措施。如四川省甘孜州理塘县藏坝乡“补植复绿”基地——喜马拉雅植物园；安徽省马鞍山市当涂县长江生态司法保护增殖放流基地——当涂县渔业执法工作站等。同时，还要突破刑事与民事、刑事与行政案件类型和责任承担模式的划分，统筹各类措施的体系化整体适用。

此外，长江流域生态环境刑事修复性司法要特别注意发挥司法的能动性。司法机关作为刑事司法活动的控制者，案件的处理方式、裁判结果、修复性措施的选择受其主导，只有积极发挥引导作用，才能保证生态环境刑事修复性司法的效率与效果。尤其是生态环境修复性司法作为一种尚在探索阶段的司法理念，为了达到最大限度地保护和修复生态环境的目的，更要在责任的承担方式、修复性措施的选择、参与主体的确定上充分发挥司法机关的能动性。除了审判机关，侦查和检察机关还要注重生态环境案件的提前介入，通过生态修复令、检察建议等方式，在生态环境损害后果发生前发挥预防作用，在生态环境损害后果发生后引导提前开展修复治理。

（二）规范修复性标准和创新措施

经过司法实践的探索，在长江流域生态环境刑事司法审判中形成了多样化的修复性责任承担方式，大体分为三种：一是货币性措施，如赔偿生态修复损失、支付生态补偿金、支付生态环境修复费用等；二是行为性措施，如履行补植复绿、增殖放流、土地复垦义务等;三是协议性措施,即违法者与受害者、或与司法机关、或与特定行政监管机关等主体根据双方合意签订修复协议书,拟定一揽子修复内容。

1. 货币性措施。在生态环境能够修复的情况下明确责任承担方式为支付生态环境修复费,不能修复的情况下责任承担方式为赔偿生态环境损失,同时应该明确资金的数额、缴纳期限、缴纳账户等。资金的数额可以考虑生态环境破坏的程度、修复的难度、被告人因生态环境犯罪获得的利益等因素,以原环境保护部制定的《环境污染损害数额计算推荐方法》中规定的量化指标为参考,或者征求环保监管等专业行政部门或者评估机构的意见。在规范资金数额的同时,还要逐步建立统一的生态环境损害赔偿修复资金管理制度,统筹规划资金的管理使用,最大限度地发挥修复长江流域生态环境的作用。

2. 行为性措施。明确林木损害、渔业损害、土地损害、土壤损害等生态环境刑事案件中的补植复绿、增殖放流、土地复垦、土壤修复等行为性修复责任承担方式的统一规范适用。原则上由侵害行为人亲自实施,附带履行看护养护义务,或者从事生态环境公益劳动,充分发挥司法的宣传与教育作用,同时明确行为措施的实施时间,以及专业部门或专业机构定期验收制度,保证修复的效果。

3. 协议性措施。违法者与相应主体签订的生态修复协议形式上可以为协议书或者承诺书,内容上可能包含货币性措施或者行为性措施。协议性措施采用要式主义即书面方式,具体内容应该包括通用条款和特别约定条款。通用条款包括修复主体、措施、期限、效果、违约责任等,特别约定条款根据案件具体情况和当事人意愿确定履约保证金、公益劳动或者其他成本性条款等。

4. 创新性措施。一方面,可以拓展同类型的修复性责任承担方式,如在破坏野生动物资源类的犯罪中责令其培育一定数量的同类动物予以放生;水污染型环境犯罪中,通过水生植物养殖、物理过滤、清淤等方式来达到修复目的。给予违法者更多的修复性选择,有效促进对生态环境的整体性修复。另一方面,通过环保学习令、环保预防令、环保负面信息公开等方式,加强生态环境损害的事前预防,强化生态环境损害的社会监督,充分发挥司法的警戒和教育效果,将生态环境犯罪的后果认知与环保理念传播给社会大众。

(三)建立各阶段修复性司法适用制度

1. 建立生态环境刑事案件提前预防和提前介入制度。要最大限度地发挥长江流域生态环境刑事修复性司法的法律效果与社会效果,必须将修复性司法理念贯穿侦查、审查起诉及诉后执行全过程。侦查机关、检察机关在侦查、审查起诉过程中发现重大生态环境损害风险,应该提前预防和提前介入,对已经发生的生态环境损害及时调查,指导应急处理,鼓励及时修复,对于损害后果较为轻微、修复治理效果较好的案件可酌定不起诉,或以损害的治理后果、生态环境的恢复效果作为条件对当事人决定附条件不起诉。

2. 完善生态环境刑事案件的统一归口、专业化审判制度。生态环境案件的统一归口管理、专业化团队审判,有利于实现裁判尺度和修复性标准的统一,在现有环境资源审判三审合一、组建专业化环境资源审判庭等制度的基础上,推行生态环境案件立案和审判的统一归口,如湖北省高级人民法院出台《关于确定环境资源审判庭职责范围的暂行规定》,就明确统一归口管理的案件类型。通过专业化审判团队的集中统一审理,不仅能提升生态环境刑事案件的审判质效,也有利于规范环境刑事修复性司法措施,深入贯彻落实环境刑事修复性司法理念。

3. 深化生态环境刑事案件修复性司法的协同参与机制。生态环境刑事修复性司法追求司法效果与环保效果的统一,不仅要发挥司法机关的司法职能,更要调动环保行政部门、环保鉴定机构、环保社会组织等各类社会主体的参与,如原环境保护部与最高人民检察院、公安部联合出台的《环境保护行政执法与刑事司法衔接工作办法》,规定流域内不同地区通过联席会议、合作框架协议等形式建立协作制度,都是构建内部与外部协同参与机制的有益探索,对于提升长江流域生态环境刑事案件修复性司法水平有重要意义。

4. 构建生态环境刑事案件执行效果第三方评估监督机制。长江流域生态环境刑事案件修复性司法效果的落脚点在于对执行效果的监督和评估,要客观评价修复性措施是否达到修复生态环境的预计效果,就要构建第三方评估监督机制,对修复的实际效果、生态环境的恢复程度、社会满意度等进行综合监督评估,对生态环境修复性司法的实践成果加以检验,对于司法效果、环境效果、社会效果好的修复性司法措施形成可复制、可推广的经验,以实践服务理论,促进长江流域刑事案件审判修复性司法理念下制度与机制的丰富与完善。

9. 绿色原则融入裁判文书的现状及进路研究

——以援引《民法典》第9条规定的228份民事裁判文书为实证样本

杨　力[*]　王　洪[**]

内容摘要：《民法典》第9条规定："民事主体从事民事活动，应当有利于节约资源、保护生态环境。"体现了生态文明时代立法者对民事主体从事民事活动的环保要求，具有司法适用的效力。在司法实践中，绿色原则如何理解、把握、适用，如何融入裁判文书说理运用，如何统一裁判尺度，仍然充满了疑问和挑战，亟须厘清辨明。笔者以援引《民法典》第9条规定的228份裁判文书为分析样本，探明绿色原则融入裁判文书时存在的问题，如裁判文书说理不足、对绿色原则的内涵理解不一、适用的技术规范阙如，并从区分不同说理强度、严格绿色原则的内涵释义、引入比例原则三个方面提出解决方案，完善绿色原则融入裁判文书的路径，更好地发挥绿色原则的功能与作用。

关键词：《民法典》　绿色原则　裁判文书　现状　进路

党的二十大报告指出，"必须牢固树立和践行绿水青山就是金山银山的理念，站在人与自然和谐共生的高度谋划发展"。"绿水青山就是金山银山"已成为全党全社会的共识共举。《民法典》第9条将节约资源、保护生态环境确立为民法的基本原则，开创了世界范围内的先河，反映出生态文明建设背景下《民法典》"如何看待自然"的新境界，[1]为在我国法律体系中全面贯彻习近平生态文明思想、"用最严格的制度、最严密的法治保护生态环境"奠定了规范基础，顺

---

* 杨力，硕士研究生学历，法律硕士，2017年毕业于中南民族大学，现任襄阳铁路运输法院综合审判庭三级法官助理。

** 王洪，法学学士，2006年毕业于华中农业大学，现任襄阳铁路运输法院执行局法官。

〔1〕 参见王轶：《〈民法典〉的立法思想》，载《社会科学研究》2020年第5期。

应了时代呼唤和经济社会发展规律,也契合全体人民的共同利益。随着2021年1月1日《民法典》的正式实施,绿色原则在民法中有了制度体系保障,也为司法适用提供了广阔的发挥空间。与此同时,作为《民法典》的"新生事物",绿色原则在裁判文书中如何进行说理运用尚缺乏具体智识支持,导致这一原则在司法适用中存在说理错误、说理不足等诸多问题,影响了绿色原则的适用效果。笔者通过对228份裁判文书样本的实证分析,探究绿色原则融入民事裁判文书过程中产生的问题及原因,尝试优化绿色原则司法适用机制,以期为绿色原则融入民事裁判文书提供借鉴。

一、实证检视:绿色原则融入民事裁判文书的实然状态

(一)样本概况

笔者选择的数据库为"法信——中国法律应用数字网络服务平台",将案件类型设置为"民事案件",检索词设定为"绿色原则""《民法典》第9条""节约资源""保护生态环境",审级设定为"不限",起始日期设定为"2021-01-01",截止日期设定为"2023-04-19",共获得304条检索结果。经过筛选,剔除重复样本16份、错置样本8份、无关样本[1]52份,剩余有效样本228份。

1. 案由分布情况。在228份裁判文书样本中,涉及的案由主要为合同纠纷、物权纠纷、侵权责任纠纷、特殊诉讼程序案件案由四类。其中,合同纠纷案件数量占据绝对优势,有186件,占比81.58%,主要包括买卖合同纠纷、建设工程施工合同纠纷、土地承包经营权合同纠纷、物业服务合同纠纷、租赁合同纠纷等。其次是物权纠纷案件,有34件,占比14.91%,主要包括物权保护纠纷、所有权纠纷、用益物权纠纷等。再次是侵权责任纠纷有8件,占比3.51%。最后是特殊诉讼程序案件2件,占比0.88%,为环境保护民事公益诉讼。

2. 地域分布状况。自《民法典》实施以来,除海南省外,全国共有30个省(自治区、直辖市)的法院以及新疆生产建设兵团法院将绿色原则融入民事裁判文书,来解决司法实践中遇到的问题。从样本整体情况来看,自《民法典》施行以来,全国大部分地区的法院都在积极运用绿色原则解决问题。虽然目前检

[1] 指当事人在诉讼请求、上诉请求、答辩理由中引用,但法院未进行评判的裁判文书。

索到适用绿色原则的裁判文书不多,可能存在文书上网不全面、不及时等因素,但也反映出各地人民法院援引绿色原则解决民事法律问题还处于起步阶段,尚且需要在摸索中前行、在实践中完善。

3. 法院层级分布。基层人民法院裁判文书援引绿色原则最多,为 156 份,占比 68.42%,中级人民法院援引绿色原则的裁判文书有 71 份,占比 31.13%,高级人民法院仅有 1 份裁判文书援引绿色原则,占比 0.44%。从以上数据可以看出,中、基层人民法院成为援引绿色原则的“主力军”,其裁判文书中援引绿色原则的数量最多与受理案件的基数有较大关系,援引绿色原则的主要目的是增强裁判文书说理强度与可接受度。

4. 功能分布情况。通过梳理裁判文书样本发现,绿色原则在民事裁判文书适用中主要承载着确立价值导向、辅助解释法律规则、填补法律漏洞三大具体功能。绿色原则在裁判文书中体现确立价值导向功能的样本有 25 份,在此类型样本中,绿色原则不对案件裁判结果产生实质影响,主要是在解决民事主体经济利益纠纷时进行价值导向性宣示,即在维护当事人权益过程中,应当统筹考量节约资源和保护环境因子,兼顾整个社会的可持续发展。绿色原则在裁判文书中体现辅助解释法律规则的功能的样本有 122 份,在此类型样本中,法官主要适用其他已有的法律规范对案件进行阐释分析,但在裁判结果方面,法官仍有一定的自由裁量空间,[1]绿色原则的出现为法官最终决断提供倾向性价值取舍依据。绿色原则在裁判文书中体现填补法律漏洞功能的样本有 42 份,此类型样本中主要是因为随着社会的进步与发展,新型的民事法律关系会不断涌现,民法规范难以涵盖所有可能出现的民事关系,此时适用绿色原则解决新类型案件无其他法律规范可适用的问题。[2]

(二)样本存在的问题

通过对 228 份样本逐一研读、梳理,笔者发现绿色原则融入民事裁判文书

---

〔1〕 如合同是选择解除还是继续履行,以及如何在不符合合同约定情形下作出既合理解决合同履行问题又节约资源的裁判结果,参见山东省五莲县人民法院民事判决书,(2022)鲁 1121 民初 2786 号;山东省德州市中级人民法院民事判决书,(2022)鲁 14 民终 241 号;湖北省黄石市中级人民法院民事判决书,(2021)鄂 02 民终 2291 号;广西壮族自治区柳州市鱼峰区人民法院民事判决书,(2022)桂 0203 民初 1755 号;解决相邻权纠纷的具体处理方式,参见广东省茂名市中级人民法院民事判决书,(2021)粤 09 民终 1713 号,等等。

〔2〕 典型如小区业主要求安装新能源汽车充电桩的案例。

的过程中存在一些值得重视的问题。

1. 扩大化地理解“资源”

《民法典》第9条规定“节约资源”,但并未明确规定“资源”的基本属性和具体范围,部分法官扩大化地理解“资源”,甚至错误地使用绿色原则。在228份样本裁判文书中,有9份将“资源”扩展至司法资源、人身性资源等领域,并运用绿色原则进行阐释说理。有的法官将人身体的部分也认定为绿色原则所指的“资源”,如头发,认为原告要求通过接发等方式复原头发,违背了绿色原则;[1]也有的法官将司法资源一并归于物质资源,认为申请司法鉴定的行为消耗了法院和当事人的精力,严重浪费了司法资源,与当前社会所倡导的节约资源的理念背道而驰。[2] 扩大化地理解“资源”,不仅容易导致绿色原则的滥用,而且不利于绿色原则与民事裁判文书的进一步融合。

2. 释法说理不足

在选取适用绿色原则的228份样本时,尽管已经剔除了未对当事人意见进行评判的52份裁判文书,仍有75份裁判文书在适用绿色原则时存在说理不足的现象。具体表现为:

(1)说理欠缺。在适用绿色原则的228份裁判文书中,有39份裁判文书引用《民法典》第9条作为裁判依据,但没有在说理部分进行论证,此种情况占分析样本的17.10%。例如,在“刘某喜诉张某荣买卖合同纠纷案”[3]中,法院仅概括性地直接引用绿色原则,认为“依法成立的合同的合同主体,应按照全面履行原则、诚信原则、绿色原则行使合同权利、履行合同义务”,而未结合绿色原则进行阐释与说理,属于典型的说理欠缺。

(2)说理简单。样本中有36份裁判文书,虽然运用绿色原则进行了说理,但未运用演绎的逻辑推理,将案件事实、说理过程与绿色原则联系起来,导致说理过于简单,针对性不强,未能有效达到适用绿色原则增强价值导向教育、辅助论证裁判结果等目的,也不能增加当事人和社会公众对绿色原则的认可度,甚至适得其反。此种情况占分析样本的15.79%。

---

[1] 参见广东省广州市海珠区人民法院民事判决书,(2022)粤0105民初7264号。

[2] 参见四川省巴中市中级人民法院民事判决书,(2021)川19民终479号。

[3] 参见广西壮族自治区阳朔县人民法院民事判决书,(2022)桂0321民初2208号。

3. 价值取舍不一

绿色原则作为一项基本的民法原则,其节约资源、保护生态环境的精神在《民法典》物权编、合同编、侵权责任编等章节均以法律规则的形式有所体现。当绿色原则与其他民事规范所保护的权益相冲突时,不同的法官将依据不同的价值观作出不同的取舍。比如,安装新能源充电桩对于节约化石资源、保护生态环境具有重要意义,但同时也会改变小区相关附属设施,可能会损害业主共有的物权利益;[1]甚至同一法院面对同一类型的案件,也会作出迥然不同的多种判决,有的判决支持了业主要求在车位安装新能源充电桩的诉讼请求,有的判决则驳回了该项诉讼请求。[2] 又如,按照合同约定更换空调的型号更有利于维护合同的稳定性和交易的有效性,但却会造成资源浪费,不利于环境保护。[3] 再如,为保护相邻权人的利益,应采取停止侵害、排除妨碍、恢复原状等措施,但同时可能会损害公共利益,于是只能将相邻权人的利益置于公共利益之后考虑。[4] 绿色原则融入民事裁判文书的价值取舍不一,不仅会导致显而易见的"同案不同判"的问题,还会降低人民群众对判决的期待可能性,甚至影响司法公信力建设。

二、追本溯源:绿色原则融入民事裁判文书问题的成因

(一)理论界和实务界对绿色原则相关概念仍存分歧

绿色原则中的"资源""生态环境"概念都非常宽泛,也会随着社会和时代的变化而具有不同内涵,且"语言文字所固有的局限性使得其含义是相当开放的"[5],导致法官对绿色原则的内涵理解不同。这不仅容易限制民事主体权利的行使,而且对绿色原则在司法实践中是否适用、如何适用产生不利影响。

就"节约资源"而言,有的学者认为应当从社会经济学的角度定义"资源",也就是进行特定活动所需投入的一切时间、人工、物质等都属于绿色原则所指

---

〔1〕 参见福建省龙岩市新罗区人民法院民事判决书,(2022)闽 0802 民初 3821 号。

〔2〕 参见建省龙岩市新罗区人民法院民事判决书,(2022)闽 0802 民初 5500 号、(2021)闽 0802 民初 7433 号。

〔3〕 参见湖南省长沙市岳麓区人民法院民事判决书,(2022)湘 0104 民初 6079 号。

〔4〕 参见广西壮族自治区资源县人民法院民事判决书,(2022)桂 0329 民初 510 号。

〔5〕 参见[英]H. L. A. 哈特:《法律的概念》(第二版),许家馨、李冠宜译,法律出版社 2006 年版,第 15 ~ 16 页。

的“资源”;[1]有的学者则认为,应当从环境经济学的角度定义“资源”,也就是指作为生态系统构成要素、具有直接环境意义的“自然”资源,而不是泛指一切有经济价值的物质资料。上述两种不同的认识,将社会经济学的“物尽其用”与环境经济学的“可持续发展”区别开来。[2] 关于“生态环境”的范围,学界至今没有统一认识。有的学者认为“生态环境”属于偏正结构短语,仅局限于自然环境,[3]但有的学者认为生态环境包括生活环境和自然环境。[4] 理论界的观点分歧,已在司法适用中产生映射效果,深刻而明显地影响着司法实务界统一裁判标准的形成,导致法官在司法适用时莫衷一是,标准不同,难以统一,对绿色原则出现了不同的理解认识,产生了不同的裁判结果。

(二)绿色原则在裁判文书中的充分说理机制有待优化

造成裁判文书说理不足的原因是多方面的,在绿色原则司法适用方面也不例外。如在当事人层面更关注裁判结果,对裁判文书说理部分甚少关注。在法官层面,主要精力仍集中于如何作出公正的裁判结果,长期形成的重裁判结果轻释法说理的司法观念,加之办案压力,使法官缺乏主动充分说理意识。在文书说理评价机制层面,虽然最高人民法院和部分高级人民法院出台了相关加强和规范裁判文书释法说理的规范性文件,但其约束和激励机制落实效果不尽如人意。

除了上述因素之外,绿色原则在裁判文书中具有功能作用上的差异,这种功能作用差异在具体释法说理中也应体现一定的区分性,但因《民法典》中绿色原则司法适用时间较短,其在文书说理中的特点和规律性经验尚显不足,目前对法官在裁判文书中对绿色原则的释法说理义务缺乏级次区分指引,不利于法官根据绿色原则在个案中的差异化特点,准确把握其在文书说理中的说理方式和说理尺度,导致法官不同程度存在“说理不足无过,言多易招非议”观念,甚至出于自我保护心理,有意不说理或者说理简单化、模糊化。

(三)司法适用技术规范阙如

作为一种新兴原则,《民法典》第9条对绿色原则的适用作出了一般性规

---

〔1〕 参见贺剑:《绿色原则与法学经济》,载《中国法学》2019年第2期。

〔2〕 参见巩固:《〈民法典〉绿色原则司法适用初探》,载《法律适用》2020年第23期。

〔3〕 参见龙卫球、刘保玉主编:《中华人民共和国民法总则释义与指导适用》,中国法制出版社2017年版,第33页。

〔4〕 参见金瑞林主编:《环境法学》,北京大学出版社2016年版,第3~5页。

定,但具体如何应用、如何把握尺度,却没有相应的细化规定。特别是在面对已经出现的大量新类型案件中,当绿色原则与其他民事规范所保护的权益相冲突时,如依循固有模式和路径,僵化适用法律条款可能会出现不合理不公正的结果,导致利益失衡。由于缺乏司法适用技术规范,导致法官在适用绿色原则作出民事裁判时,没有充分的操作指引供给,只能依据裁判者的个人理解来自由裁量。查阅近年来最高人民法院和各省高级人民法院发布的指导性案例、公报案例、典型案例,除环境污染的部分指导性案例外,未发现其他领域有绿色原则融入民事裁判文书的具体案例。这也说明绿色原则作为新生事物,其适用的技术规范尚在探索与发掘中,尚未形成明确、统一的技术处理标准。

因此,为实现个案正义,需要解决当前绿色原则适用技术不足的问题,为法官在绿色原则所保护的法益与其他民事法律规范所保护的法益之间作出衡量与取舍提供技术标准。

三、范式建构:绿色原则融入民事裁判文书的路径优化

(一)在认识理解维度上,明确绿色原则的内涵释义

明确绿色原则的内涵释义,是正确运用绿色原则解决民事法律问题的前提条件。就当前多元化的社会而言,绿色原则的内涵释义应当具有一定的开放性和包容性,以应对多元的社会发展,但也不能无限扩展其内涵外延和适用领域,脱离立法本意和社会普遍认知,进而影响其在司法适用中的功能作用发挥。

"资源"一词,含义丰富。为了应对当前资源日益短缺、环境日益恶化的被动局面,立法者将绿色原则写入《民法典》,通过调整民事行为的方式为对资源和环境起到良好促进作用。[1] 风车水磨时代已一去不复返,将"资源"的概念仅仅局限于自然资源的范畴,明显不符合时代的发展和社会的需要,极大限制了绿色原则适用领域,所以已不可取;而将"资源"不加限制地扩充至包括一切的社会资源也失之偏颇,这已经跳脱出立法旨趣和绿色原则调整对象本身,将导致绿色原则被滥用、错用,最终影响绿色原则的实际效用。笔者认为绿色原则所指的"资源"应当是指自然资源及由自然资源加工而成的资源,至于已经

---

〔1〕 参见朱慧军:《绿色原则在民事裁判文书中的说理运用——以92份民事裁判文书为分析样本》,载《法律适用》2020年第23期。

经过能量形态转换的司法资源、财力资源、人力资源、人身性资源等社会资源，不应成为绿色原则所调整的对象。

关于“生态环境”，其蕴含了“生态”“环境”两层含义，“生态”与“环境”相互并列，“生态”绝非“环境”的限定，二者属一体两面，各有侧重。与《侵权责任法》（已废止）不同的是，《民法典》侵权责任编特别规定了生态破坏责任与环境污染责任，这也与我国环境公法中的“生态破坏”“环境污染”的相关概念相互呼应，因此“生态”具有其自身独特的意义。“环境”是公众广泛使用的词汇，其在自然科学、社会科学乃至日常生活中常被赋予不同的含义，在《民法典》的语境中，“环境”也具有一定的私法属性。当前，人类活动对自然环境产生的影响日益增强，除了自然因素外，人为因素也不得不被纳入“生态环境”的考量范围，[1]所以“环境”宜理解为包括自然环境和生活环境。若将“环境”仅局限于自然环境，将会影响绿色原则在部分合同纠纷和相邻权纠纷等领域的运用，这显然违背了绿色原则的立法本意。

（二）在释法说理维度上，区分不同的说理强度

鉴于绿色原则在适用上具有确立价值导向、解释法律规则、填补法律漏洞三个方面的功能，其在适用上也具有不同层级的供给要求，法官说理时承担的说理强度也应与之相契合。因此，有必要建立不同层级的说理强度，为法官在个案中的释法说理提供操作指引，提升绿色原则在司法适用中的阐释效果，解决说理过于简单不能达到说理目的，或者过度阐释本末倒置导致效果适得其反的问题。具体来说，对应绿色原则的三大功能，法官适用绿色原则说理可分为三级强度。[2]

第一，法官适用绿色原则旨在确立价值导向时，承担最低的说理强度。确立价值导向的功能主要是法官将绿色原则与其他具体法律规则进行配合适用，通过裁判文书达到说服教育的目的。此时裁判文书对绿色原则的说理应体现为价值导向教育的必要性方面，并与具体个案有机融合，而非强行植入、画蛇添足，以精准有效的方式阐释绿色原则的价值，产生倡导绿色低碳、保护生态环境

---

[1] 参见金瑞林主编：《环境法学》，北京大学出版社2016年版，第3～5页。

[2] 参见马密、黄荣、常国慧：《〈民法典〉绿色原则的司法适用：实践样态与优化路径——以〈民法总则〉第9条的司法适用为基点》，载《法律适用》2020年第23期。

的良好风尚的"外溢效应",但不必强制要求法官必须以援引绿色原则的方式做出对裁判结果具有实质影响的论断。因此法官在适用绿色原则确立价值导向时,只需承担最低的说理强度。

第二,法官适用绿色原则旨在解释法律规则时,承担较强的说理强度。在适用绿色原则解释法律规则时,法官作出裁判的主要依据仍是其他具体法律规范,但在具体责任承担方式等方面存在自由裁量空间。在此情势下,法官根据支持双方当事人主张与抗辩的规范依据所代表的利益价值与绿色原则核心的角力,通过援引绿色原则对其他影响案件裁判结果的具体法律规则进行补充说理,增强法官对裁判依据选择与解释的内心确信,以合理配平各方权利义务,进而确定责任承担方式,最终体现为对各方当事人诉请给予不同程度的支持。绿色原则通过在此过程中的有效参与,缓和经济利益与绿色原则的紧张关系,寻找二者之间的最佳平衡点,也在个案中对法官的自由裁量权进行适度规制。

第三,法官适用绿色原则旨在填补法律漏洞时,承担最强的说理强度。法官在裁判相关案件、适用民事法律规定时,不能仅考虑当事人的意思自治,还应将民事主体的行为对资源和生态环境的影响纳入考量范围。面对新型案件时,因无其他法律规范可以适用,法官援引法律原则进行说理,应当承担最强的说理强度,即结合《民法典》第9条进行具体阐述,充分说明作出这种裁判选择的正当性和合理性。需要明确的是,只有在穷尽所有规范确实无法律规则适用的前提下,才能直接适用绿色原则作出裁判,防止出现绿色原则向一般法律规则逃逸的情形。

(三)在适用规范维度上,引入比例原则作为技术标准

不同法律规范的背后往往有其不同的利益和价值基础。绿色原则也具有鲜明的价值导向,其作为私权利的限制条款,对基于个人本位主义下的个体经济社会利益进行一定约束,若适用超出一定幅度,也会导致绿色原则适用过度或适用不足。当绿色原则在与作为裁判论断的具体民事法律规范所代表的某些原则产生"对抗"时,即应当衡量它们所代表的利益和价值的比例,进而确定不同顺位。为了保证在个案中合理调节绿色原则和其他民事法律原则、规则之间的紧张关系,有必要在技术层面建立法益衡量的标准规范,调适不同价值冲突,实现在绿色原则适度约束下的经济社会利益最大化,以便作出公正合理并

让当事人可接受的裁判。

为明确绿色原则的司法适用技术规范，笔者建议引入行政法上的比例原则来限制法官行使绿色原则时的尺度，不仅可以“将权力关进制度的笼子里”，防止权利滥用，而且具有限制法官自由裁量权滥用的方法论意义。[1]

笔者以实践中法官常常借用绿色原则判断拆除重做的可行性的案件为例，简要说明法官适用比例原则规范绿色原则适用的具体操作方法（见图1）。例如，甲受乙委托为乙的房屋定制衣柜，因定制的衣柜不符合约定，乙起诉要求拆除重做。此时法官可以适用比例原则来解决此问题：第一步，进行正当性审查，即确定目的，此阶段需要法官为本案确定一个明确具体且具有正当性的目的。本案中的正当性目的为确保定制衣柜合同按照约定予以履行。第二步，进行适当性审查，要求干预私权所采取的手段必须适当，即可以实现上述确定的目的。拆除重做的手段可以达到房屋权利人按照合同约定装修房屋的目的，保护了合同利益。第三步，进行必要性审查，此阶段需要法官判断在所有可以实现此目的的手段中，该手段是否是必要的，即对私权利的干预应当最小化。本案中，除了拆除重做是否存在更为缓和、适当的手段？损害赔偿、后期改良等的代替方法显然更为缓和，不仅可以让衣柜的权利人继续使用衣柜，物尽其用，避免拆除重做带来的建筑材料、人工成本等资源的浪费，而且衣柜的权利人也获得了经济上或物质上的补偿。第四步，进行均衡性审查。当对私权利的干预是不可避免的，则这一步骤就需要法官审查手段与目的的契合比例，目的实现所获得的利益应当大于运用手段付出的成本，不能因小失大、得不偿失。以上代替履行方式的成本显然较低，反观拆除重做与所追求的目的之间并不均衡：仅追求了对衣柜权利人合同利益的保护，却造成了资源的浪费，可谓隋珠弹雀。故法院不应当支持乙拆除重做的主张，而应当以损害赔偿、后期改良等方式进行替代。

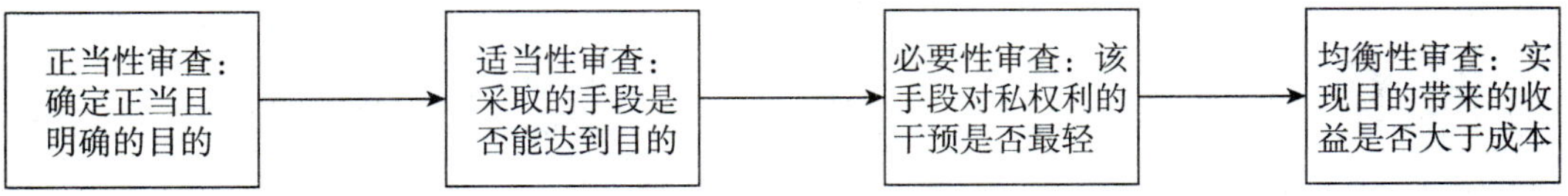

图1　比例原则在绿色原则适用中的具体运用方法

---

〔1〕 参见郑晓剑：《比例原则在现代民法体系中的地位》，载《法律科学（西北政法大学学报）》2017年第6期。

四、结语

《民法典》确立绿色原则后,各级法院积极援引绿色原则解决司法问题。笔者在考察裁判文书援引绿色原则的现状的基础上,尝试从区分不同的说理强度、严格绿色原则的内涵释义、引入比例原则三个方面提供路径指引,以期能对绿色原则更好地融入民事裁判文书有所裨益。囿于样本数量的有限性和研究的局限性,笔者还存在一定不足之处,但我们相信只有法官在裁判中准确把握绿色原则的时代内涵,将承载人民对美好生活向往的绿色原则落到实处,才能确保绿色原则发挥应有的作用、实现应有的价值。

10. 我国生态法院的设立逻辑与体系构建

胡正民*

内容摘要:在生态文明建设的背景下,各地环境资源法庭在司法实践中存在诸多困境。生态法院的设立将有利于建立更加严格和全面的生态环境保护机制,不仅具有可行性与必要性,还具有试点的紧迫性。以设立"高级—中级—基层"三级金字塔架构,以"3 + 10 + N"为模式的生态法院体系既可以顾及多元地域、流域环境需求,又可以保持司法尺度的统一。生态法院的人员、经费应由中央统一保障。通过加大对环境法官的培养,聘请环境技术专家辅助审判,进一步完善新型环境审判团队。同时需对生态法院管辖规则进一步细化,并完善"三合一"等审理模式。生态法院的设立并非一蹴而就,应以长江生态法院为起点,分批设立,最终构建一个更有利于解决环境纠纷、缓解生态压力、维护环境权益的生态法院审判体系。

关键词:环境保护　生态法院　环境审判机制　专门化

我国当前社会发展与环境保护之间的矛盾已日益严峻,传统的司法审判方式无法适应解决繁杂环境纠纷的司法需求。专门化环境审判组织、专业化审判团队,以及整体性思维系统的生态环境保护司法体系已具雏形,但由于生态环境案件数量激增,而且呈现出类型多样化、影响复杂化趋势,各地的环境资源法庭(以下简称环资法庭)仍然面临着诸多法律层面及实践中的问题。强化专门化环境审判成了遏制环境问题、强化审判功能的重要形式,而专门化环境审判的终极形态,就是设立跨行政区划的特定区域的生态环境保护的审判机关—生态法院。这也是环境资源案件(以下简称环资案件)审理司法改革的必然趋

---

* 胡正民,江西省吉安市青原区人民法院审判委员会专职委员。

势。笔者通过分析当前生态法庭在司法实践中存在的主要问题及成因,结合域外相关经验做法,探索生态环境保护专门法院的设立逻辑与实践问题,并提出相应的因应对策。

一、现实图景:生态司法保护机制的困惑

(一)环境审判专门化未成体系

目前,我国各高级人民法院、中级人民法院大多设立了生态环境审判机构或专门部门,但机构的设置远未达到环境治理和生态文明现代化建设的要求。2014 年最高人民法院设立了环境资源审判庭(以下简称环资审判庭)后,各地环资法庭纷纷涌现。目前,全国法院设立的环境资源审判专门机构或组织共有 2813 个。[1] 虽已建成全国环境资源审判体系架构,但其设置的科学性及合理性仍值得探讨。目前由于各地的编制限缩、案源不均、经费不足等"瓶颈",诸多环资法庭无法良好运作,导致不少环资法庭仍然在办理其他普通的民商事案件,不少环资法庭存在"挂羊头卖狗肉"的窘境。

首先,机构建设步伐不一。各级环资法庭建设不同步,差异较大。除湖北、江苏、江西等省份外,相当部分省份的生态环境审判机构专门化程度不高。有的省高级人民法院仅在相关庭室加挂一块环资法庭的牌子,"一套人马,两块牌子",如湖南、安徽。有的省、自治区高级人民法院还未设立专门的环资法庭,如黑龙江、西藏、宁夏等。

其次,机构体系构建不足。上下级法院之间没有形成有效连接。在全省三级法院都设有环资法庭的地区并不多。特别是中级人民法院多数没有设立专门的环资审判庭,如江西省吉安市中级人民法院行政(环资)审判庭。此情况往往造成一审环资案件上诉后无法在中级人民法院找到对应的审判庭室,若由普通庭室来审理,则又丧失了环境司法专门化的初衷。

再次,组织机构形式不同。就设立规定而言,《人民法院组织法》并没有授权基层人民法院设立环资法庭;基层人民法院设立环保派出、巡回法庭,也无法契合依"地区、人口和案件情况"设立人民法庭的建制要求。

---

〔1〕 详见最高人民法院《中国环境资源审判(2023)》,2024 年 6 月 5 日发布。

复次,机构名称随意性大。各地环境审判机构名称各异,有的称生态环境审判庭,如福建省高级人民法院;有的称环境资源保护审判庭,如甘肃省高级人民法院;有的称环境保护审判庭,如山西省高级人民法院、河北省高级人民法院;当然,多数高级人民法院与最高级人民法院一致,称环境资源审判庭。在基层人民法院更是存在五花八门的名称,有生态法庭、生态环境保护法庭、生态保护法庭、环境资源法庭、生态旅游法庭、"双碳"巡回法庭等不同的名称。庭室名称的不统一无法直观体现环资案件审理的范围,也不利于机构的建制。

最后,审级混乱。在现行两审终审的机制下,若基层人民法院设置了环资法庭,则中级人民法院、高级人民法院均需设立相对应的环资审判庭。但目前,不少省份难以契合审级要求,如江西省吉安市在峡江县人民法院设立了赣江流域环境资源法庭,但吉安市中级人民法院仅在行政庭内设立环境合议庭加以对应。若不对现有体制进行适当调整,难以实现环境司法专门化。此外,以江苏省的审级较为明确,9 家基层人民法院设立环资法庭,跨区市集中管辖涉环境纠纷案件;同时由南京市中级人民法院设立的南京环境资源法庭集中管辖 9 个基层环资法庭的上诉案件。

(二)环资法庭的地方化依然严重

环境问题往往涉及多个行政区域,每个区域的法院都有权管辖,环境纠纷案件也易被法院互相推诿。我国海事法院、林区法院、矿区法院等专门法院的运作开启了我国环资案件跨行政区域集中管辖的新格局,随之而来的是全国"遍地开花"。湖北省探索了"1 +5 +10 + N"环资审判体系,湖南省积极构建"1 +3 + x"跨区集中管辖,江苏省推行"9 +1"跨区集中管辖,云南省明确 6 家中级人民法院为核心的跨区划集中管辖。当前,各地实施的环资案件跨区集中审理,能打破地方保护主义,集中优势资源更好地解决环境纠纷,保护生态和节约资源,也为审判质效的提高提供了可靠的司法保障。但此保障并非完整、全方位的,其仍然是限制在部分行政区域内的司法保护,无法充分关注生态的整体性和环境要素的流动性。因此应将环境区域作为一个整体加以开发、利用与保护,让环境要素回归原始的整体形态。

特殊区域的环资案件应由统一的专门机构进行审理裁决,防止因行政区划的分割,无法有效地整体性保护和修复生态环境。由于各地政府在各自辖区内颁发了不同的法规及规范性文件,而文件出台时往往关注着本辖区的基本情况,顾及的是本行政区域内的生态利益与安全,难以充分考虑生态系统的整体性和完整性,存在人为割裂生态环境要素的弊端。各级法院对环境案件的审理遵守国家法律,也遵行着地方法规,这使环境审判仍然存在司法地方化倾向。

(三)案件管辖差异化依然严重

经过多年的发展,环资法庭的建设已取得初步进展,并为生态环境保护作出了一定贡献。各地探索推进的环资案件跨区集中管辖机制,虽然取得积极的效果,但总体而言仍然存在一定的规范障碍,以及一些亟待加强的理论和实践完善的问题。

1. 环资案件集中管辖的进度不一。尽管最高人民法院陆续通过会议、文件等,要求各地积极探索跨行政区划的集中管辖制度,但各地推进的进展不一。如长江、黄河、珠江流域的生态保护与治理,内蒙古、汾渭平原、京津冀等地的大气污染治理,东北的黑土地保护与治理等系统领域,在以省域为单元的集中管辖下,难以适应生态环境系统性保护的需要。

2. 环资案件集中管辖的范围不同。从各地的做法上看,有的将环资民事、行政、刑事及公益诉讼案件统一归口集中管辖,如福建、辽宁、江苏等地;有的集中管辖民事、行政、公益诉讼案件,如陕西等地;也有的仅对公益诉讼案件集中管辖,如新疆、广东等地。在方式方法上,各地呈现出百花齐放的态势。江西、江苏等地在中、基层人民法院层次上设立了环资法庭,上海、河南、湖北、甘肃、陕西等地环资案件集中由铁路法院、海事法院、矿区法院管辖。各地在环资案件集中管辖的范围、方式方法上的差异,使人不得不思考如何更好发挥集中管辖的作用。

(四)审判人员专业性严重不足

环资案件的审理、生态纠纷的解决不仅需要扎实的法律知识,更需要专业技术加以支持。就目前各地采取的“二合一”、“三合一”或“N+一”等审理模式来看,要求法官具有对民事、行政、刑事审判的综合驾驭能力。但目前各地既有法学又有环境科学知识背景的环境资源审判人员寥若晨星。各地环资法庭设立之初的法官往往是从其他庭室抽调而来,基本没有环境专业知识的背景,对生态环境的认识以及环境纠纷案件的法律适用存在局限性。此后,也未建立环境审判人员的专业培训体系。人民陪审员队伍中也严重缺乏具有环境专业知识的专家,难以为法官提供有效建议。环境鉴定机制的不完善也会导致司法资源的浪费、诉讼程序的拖延。环境纠纷案件的裁判结果又高度依赖鉴定意见,而法官对鉴定意见的取舍,目前没有明确标准,无法对鉴定程序和鉴定意见进行科学性的审查与甄选。

二、正义进阶:设立生态法院的逻辑证成

关于生态法院的设立及其实现路径,国内外学者已经进行了广泛的研究。国内有不少专家学者为生态法院的设立鼓呼了多年,其中成立长江生态法院、黄河生态法院的呼声最高。[1] 笔者认为设立生态法院不但具有必要性与可行性,还具有试点的紧迫性。

(一)设立生态法院的必要性

1. 设立生态法院有助于生态文明建设。在当前环境污染日益严重、生态危机日渐凸显的背景下,生态环境保护已成为全球共同面临的一个重要挑战。而作为保障生态环境的有力法律工具,生态法律体系建设成为各国的共同选择。在中国,生态文明建设已被写入《宪法》,建设生态文明也被赋予了国家战略的重要地位。因而,在推进生态文明建设、实现生态环境可持续发展的过程中,生态法院的设立将具有重要意义。

生态法院的设立可以切实保障生态环境安全,促进生态环境司法制度的完善和落实,进一步维护环境司法公正。特别是在跨行政区划的生态环境保护中,因为不同区域的生态环境条件和管理方式不同,很难进行统一的法律管理和维权,而生态法院的设立可以有效解决这一问题,提高生态环境保护的效率和准确性。

2. 精细化的社会分工要求环境审判的高度专业化。随着现代人类文明的进步,社会分工不断细化,社会纠纷也呈现出专业化、复杂化的特点,而传统审判难以解决专业领域内的矛盾纠纷。就法官而言,能力要求不再是“通才”,而是“专才”。事实上,审判机构的专门化及审判法官的专业化并非一个新兴的司法现象。综观全球,众多国家针对社会纠纷的密集程度,设置了审理各种相

---

〔1〕 详见《人民日报》客户端《游劝荣代表建议:设立长江生态法院,守护好母亲河》《重庆市高级人民法院副院长李生龙》等报道。

关案件的专门法院。例如,美国有家事法院,加拿大有税务法院,法国有违警法院等。我国1954年颁布的《宪法》规定了专门人民法院,1954年颁布的《人民法院组织法》明确规定了专门人民法院,包括军事法院、铁路运输法院和水上运输法院。20世纪末,一些地方法院又成立了知识产权法院、互联网法院等。

3. 生态环境类案件数量庞大,专业性强、复杂性高,迫切需要专门的生态法院来应对。据统计,全国法院近年来审理的生态环境类刑事、民事、行政以及公益诉讼、生态环境损害赔偿案件均超过20万件。2017年为23.9万件,2018年为26.1万件,2019年为29.3万件,2020年为25.3万件,2021年为30.4件,2022年为27.3万件,2023年为23.2万件。[1](见表1)从表1可以看出,除受疫情影响最为严重的2020年外,生态环境类案件的数量虽然近两年有所下降,但数量依然庞大。

表1 近年涉生态环境类案件统计

单位:件

年份	刑事	民事	行政	公益诉讼	生态环境损害赔偿	总计
2017	22729	177501	39342	59	—	23.9万
2018	26481	192008	42235	65	20	26.1万
2019	39957	202671	47588	2488	49	29.3万
2020	—	—	—	3557	62	25.3万
2021	39023	185468	73001	5917	169	30.4万
2022	—	—	—	5885	221	27.3万
2023	27895	154111	49619	6219	255	23.2万

生态环境类案件相较于其他普通民事案件,具有专业性强、复杂性高的特点。随着社会经济的发展,纳入生态环境损害范围的案件越来越多,涵盖大气、水流、土壤、湿地、森林、海洋等不同环境要素,涉及各类破坏生态、污染环境的类型,同时需对环境损害后果、修复责任及费用承担等进行认定,对于生态环境修复的验收标准、应急处置等措施,以及资源开发利用、碳汇交易等政策要有较

[1] 数据源于最高人民法院发布的《中国环境资源审判(2017—2018)》《中国环境资源审判(2019)》《中国环境资源审判(2020)》《中国环境资源审判(2021)》《中国环境资源审判(2022)》《中国环境司法发展报告(2023)》。

深的了解，这无形中增加了生态环境类案件的审理难度。只有具备较强的环保法知识功底与通晓环境排放指标、污染修复等技能的专门人才，才能驾驭生态环境类案件的审判工作。生态环境类案件专业性与复杂性的特点，决定了环境司法的专门化。[1] 将生态环境类案件从传统的审判体制中分流出来，剥离给生态法院，确保此类案件审理的专门性。虽然我国现有专门审判机构或组织2813个，但让这些机构或组织从普通法院中独立出来，建立专门的生态法院，环资案件由专业化人才进行审理与裁判，是实现环境审判司法改革的必由之路。无论是其内在因素还是外在因素，都决定了设立生态法院在我国十分必要。

（二）生态法院设立的可行性

1. 域外生态法院设立的成功经验可借鉴。设立生态法院是国际上解决环境纠纷，应对环境危机的通行做法之一，在国际上有许多可借鉴的先进经验。早在1980年澳大利亚就建立了全球第一个专门环境法院——新南威尔士州土地环境法院，该院由7名法官和具有环境保护、自然资源管理、地方管理等领域知识的9名技术专家组成；新西兰在1981年成立了环境资源规划裁判所，1996年正式组建了环境法院；1999年瑞典将原有的水法庭改革成为环境法庭；美国佛蒙特州也于1990年创建了环境法院。亚非国家也对环境法院的设立做了一定的探索，如2003年南非为打击偷捕鲍鱼等违法行为，保护沿海水产资源，在西开普省成立了第一个环境法庭，该法庭拥有较大的裁决权。印度也早在1995年对生态环境审判机制进行了立法，在2010年通过绿色法庭法案，成立了国家绿色法庭，为生态资源保护提供了有效快捷的司法保障；2011年通过了共37条的绿色法庭规则，对生态环境案件的审理程序作了详细规定，具有程序简化和灵活性等特点，绿色法庭由审判人员与技术专家组成。[2] 日本、韩国等近年来也对生态法院的设立及其作用给予了关注和研究。域外国家探索环境司法的理论和实践，为我国生态法院的设立提供了借鉴和实践参考。

2. 我国法律政策为生态法院的建设提供依据支撑。首先，从中央政策上看，党的十八大以来，以习近平同志为核心的党中央高度重视生态文明建设，生

[1] 参见《新时代中国环境资源司法面临的新机遇新挑战》，载《环境保护》2018年第1期。
[2] 参见王国萍、黄锡生：《印度环境法庭的制度考察及启示》，载《理论月刊》2015年4期。

态法院的设立符合建设人与自然和谐共生的美丽家园的方针政策。其次,从现有法律规范来看,设立生态法院不存在法律上的障碍。第一,设立专门人民法院符合我国《宪法》第 129 条第 1 款规定。[1] 生态法院可以认定为生态环境资源领域的专门性法院。《人民法院组织法》第 15 条第 1 款规定,“专门人民法院包括军事法院和海事法院、知识产权法院、金融法院等”。该法条并未出现铁路运输法院,也未出现近年才设立的互联网法院,说明法条中的“等”表示列举未尽。换言之,立法时为以后设置其他专门法院预留了一定的规范空间。《长江保护法》《黄河保护法》的实施为以流域为单元设立生态法院提供了法律基础。第二,最高人民法院在每年法院工作报告及每年发布的《中国环境司法发展报告》中多次提到要创新体制机制,推动环境司法专门化的体系建设。设立生态法院,是着力提升生态环境司法服务和能力水平的创新手段和有力抓手。最后,除政策和法律规定外,相关专家学者也在大力推进生态法院的建设,呼声最高的是设立长江生态法院、黄河生态法院、三江源生态法院等。可以说,立足于我国司法实践,同时借鉴国际先进经验,构建我国生态法院审判体制,既是可行也是必然的选择。

三、实现路径:生态法院体制的建议方案

(一)探索生态法院的架构设置

生态法院的建立既要顾及多元的地域、流域风貌,又要保持司法尺度的统一。因此,笔者认为地方生态法院仍应以“高级—中级—基层”的三级金字塔架构较为妥当。笔者认为,地方生态法院以“3 + 10 + N”的结构模式为最理想的结构体系,即 3 个高级生态法院(以下简称生态高院),10 个中级生态法院(以下简称生态中院),N 个生态基层法院的架构。具体如图 1 所示。需要说明的是,笔者并不是要求全国按架构同时设立生态法院,这既不现实,也不符合生态文明的理念。生态法院的设立应逐步探索分批进行,最终构建一个更有利于解决环境纠纷、缓解生态压力、维护环境权益的生态法院审判体系。

---

[1] 详见《宪法》第 129 条第 1 款:“中华人民共和国设立最高人民法院、地方各级人民法院和军事法院等专门人民法院”。

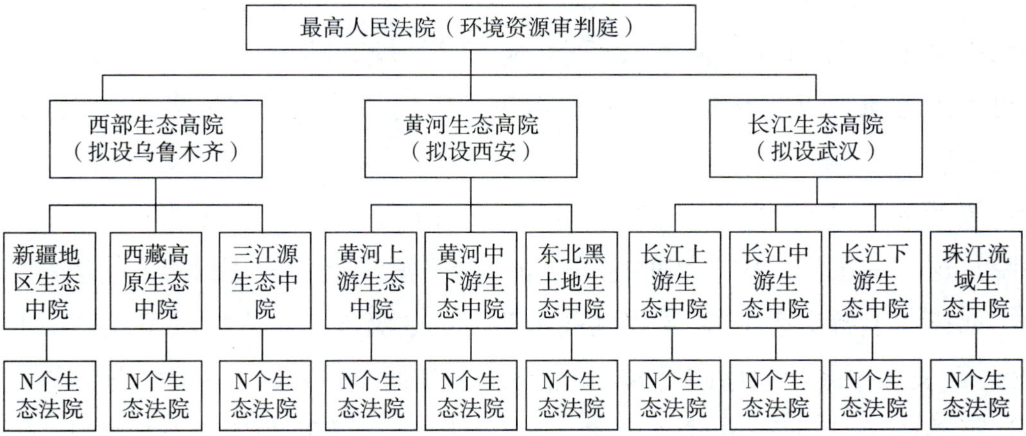

图1　生态法院架构

1. 生态高院的设置。我国的交通运输体系完善，出行越来越舒适便捷，同时大量诉讼可在线完成，生态高院的设置数量不宜过多。通过对我国行政区划、山脉水系分布、经济地带等概念及范围的辨析，在我国设立三个生态高院更为合适，即长江生态高院、黄河生态高院、西部生态高院。长江生态高院管辖整个长江流域，同时扩展管辖珠江流域、淮河流域、东南沿海、海南及部分西南地区。黄河生态高院管辖整个黄河流域，包含华北地区、西北中部地区、青藏高原，同时扩展管辖东北地区、山东半岛等区域。西部生态高院辖区为新疆地区及西藏地区。

长江生态高院的设置地点以武汉市为宜，理由有三：一是武汉市位于处在长江经济带的中部，极具地理优势。二是在武汉市设立长江生态高院具有软件上的优势。湖北省高级人民法院为长江生态法院的建立进行了理论和实践的探索，具有一定的经验积累。长江生态高院设立在武汉市能更好地与各省级行政机构形成生态保护的合力，如信息共享、协调配合、高效联动等，能够为我国东南部的经济社会发展提供更加便捷的司法保障。三是武汉市具有人才资源优势。武汉市聚集着众多高等院校和科研机构，相关环境专家、学者可以为长江生态高院储备专业人才和提供审判咨询支持。黄河生态高院的设置地点以西安市为宜。西部生态高院的设置地点以乌鲁木齐市为宜。具体设立理由，限于篇幅笔者暂不作详细分析。

2. 生态中院的设置。生态中院的设置应考虑区域生态环境整体化保护态势,可以流域、湖域、高原等自然生态系统或生态环境功能区为单元设立跨行政区划的生态中院,如长江流域、黄河流域、珠江流域可以水要素为纽带,东北地区可以黑土地为纽带设置生态中院,但生态中院的设置不宜过多,全国设置10个为宜。

笔者认为,长江生态高院辖长江上游、中游、下游3个生态中院及珠江生态中院。这里的长江上中下游的区域,并非严格意义上的地理区域,均应适度扩张。如长江上游生态中院,须管辖我国西南地区澜沧江全流域及怒江的中下游地区等;长江中游生态中院管辖湖北、湖南及江西全境;长江下游生态中院管辖长江下游地区、淮河全流域及福建、江浙沿海地区,主要为安徽、江苏、上海、浙江、福建以及山东、河南境内属于淮河流域的区域。珠江生态中院管辖广东、广西全境,海南岛区域内虽不属于珠江流域,但目前该区域生态环境类案件相对较少,暂时可以由珠江生态中院管辖。

3. 基层生态法院的设置。基层生态法院可根据各生态环境区域的地理单元和社会经济的发展的实际需求来设置。笔者仅对流域、湖域较为明显区划的长江中游生态(基层)法院的设立方案进行探讨。长江中游的基层生态法院的数量以6个为宜,详见图2。如汉江生态法院管辖整个汉江流域,含滠水、浠水等小流域,设置地点为武汉市。赣江生态法院管辖赣江全流域,地点设在流域中部的南昌市。对于其他区域限于篇幅,暂未深入研究,但笔者认为各地已有森林法院、农垦法院,该类法院本身就在集中受理破坏森林资源、土壤污染等生态环境类案件,为更好地发挥其在生态环境保护方面的作用,可直接改名为生态法院。

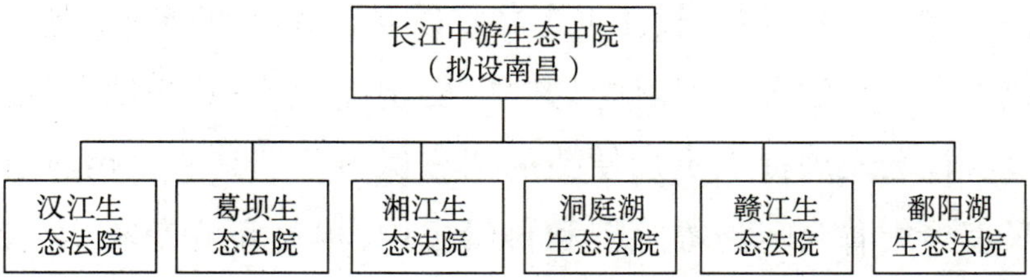

图2 长江中游基层生态法院架构

当然,生态法院的建立并非一蹴而就,可以先选择性成立试点法院。笔者认为,可以先设立长江中游生态中院,同时设立江汉生态法院、鄱阳湖生态法院,作为基层法院试点。试点成功后逐步设立,最后成立长江生态高院。

(二)生态法院的资源配置

当前,环资法庭的人员编制、办案经费受其所在法院的制约,从某种程度上来讲严重影响了环资法庭的独立性。生态法院的人员及经费必须由中央来保障。

首先,生态法院的司法审判人员的编制需求,应由中央政法部门专项编制予以重新配置。生态法院设立初期的人员可从各法院现有环资法庭及其他庭审负责环境审判的人员中直接抽调。当然,被抽调法院可以另行招聘扩容,生态法院再根据实际需求进行招聘。因此,中央政法编制应适当增加,以适应各级生态法院的设立所带来的人员需求。

其次,为保障生态法院的正常运行,应由中央专项财政统一拨付经费。生态法院辐射各个不同的地理单元,跨行政区划明显,若其财政经费仍由各省保障,会遇到各地财政承担比例分配难的困境,无法做到都"心甘情愿"拨付给生态法院。相较而言,各级生态法院的经费均由中央专门财政保障,能有效避免各地可能推诿扯皮的现象,进而推动生态法院更好地服务于各地生态环境保护。

(三)构建新型环境审判团队

随着生态法院构想的逐渐成熟,仅有环资法庭法官肯定不足以解决生态环境案件中的所有专业性问题,生态法院审判能力的提升,还需要技术专家、鉴定人员、人民陪审员的参与和支持。笔者仅对法官的培训及环境审判技术专家制度进行探讨。

1. 增强法官专业素养。如果说环境司法机关是环境正义的最后一道防线,那么法官就是这道防线的守门人。[1] 目前各地环资法庭的法官并非通过专门选拔任用,都是从各庭室抽调而来。短期来看,不同庭室人员的汇聚可集思广益地解决案件,但从长远来看,未经全面系统的环境法律训练,审判团队难以对生态环境案件的特殊性有深刻的理解。着力提升环境审判团队的专业水平势在必行。首先,在生态法院设立前,应加强对现有环境审判法官的业务培训,增

---

〔1〕 参见马晶:《环境正义的法哲学研究》,吉林大学2005年博士学位论文。

强其业务能力。各个环资法庭可以从地方各级法院选拔、抽调有丰富审判经验的法官,同时强化环资审判业务培训,充实环境审判力量。为降低环境法官的流失,应减小办案数量的考核压力。[1] 其次,要注重环境法官后备力量的培养。最后,注重对典型案件的业务研讨。环境法官必须经常开展生态环境法律适用的研究,各个环资法庭之间需要增强交流,互相考察学习。最高人民法院应不断强化全国环境审判业务培训与研讨交流,还可以推进环境审判法官的国际交流等。此外,还需注重环境法官品格的培养,环境法官必须熟知相关常识,以避免"书到用时方恨少"的尴尬和"张冠李戴"的谬误,最终贻笑大方。[2]

2. 建立环境审判技术专家制度。生态环境案件的审判,对技术判断的依赖程度远高于普通案件。如水污染损害案件中,水污染源的认定、水污染的范围大小、有无超出各项水质指标、对有无损害结果发生等界定,污染损害结果如何计算等问题,需要专业技术判断来支持。目前,各地法院同时具备环境科学和法学背景的环境审判法官寥若晨星,绝大多数环境法官并不具备环境科学知识。为解决环境案件专业性、技术性的难题,必由之路就是依赖于外部辅助力量。笔者认为,可借鉴知识产权审判的技术调查官制度,[3] 聘请环境技术专家辅助生态环境审判。目前部分法院在环境司法领域已建立了技术调查官制度。如福建省漳州市中级人民法院在2020年就聘请了43名生态环境技术专家,根据需要参与生态环境案件保全、勘验、庭审等诉讼过程。[4]

环境审判技术专家就是利用其在生态环境资源科学领域的专业知识,为案件的审判提供技术支持,技术专家应归属于《人民法院组织法》规定的"司法技术人员",属于司法辅助人员。技术专家的聘请不存在法律层面的障碍,可以长期聘请,也可以就个案的需要聘请。技术专家的职责是在法官授权下就案件事实层面的问题进行调查,为法官审判提供技术支持。其行使的仅是调查权,不得越位行使审判权。

---

〔1〕 参见韩德强:《环境资源审判工作的现状分析及建议》,载《人民司法》2014年第19期。

〔2〕 参见武建华:《环境资源审判法官应有的品格》,载《人民法院报》2016年6月12日,第2版。

〔3〕 参见李响:《知识产权审判中的技术调查官制度刍议》,载《南京大学学报(哲学·人文科学·社会科学)》2017年第6期。

〔4〕 参见林娟娟、李菁:《漳州中院试水生态环境技术调查官制度》,载《人民法院报》2020年6月10日,第4版。

(四)规范生态法院管辖及审理规则

1. 明晰法院受案范围。目前,知识产权法院、互联网法院等专门法院受理的案件为多为民事和行政案件,不包括刑事案件。各集中管辖法院的环资法庭受理案件的范围存在不同的情况,多数仅受理民事、行政案件,不涉及刑事案件。环境法庭的管辖权属于综合管辖权。[1] 笔者认为,生态法院的受案范围应涵盖民事、行政、刑事案件,环境公益诉讼、环境赔偿、环境损害赔偿协议司法确认及其他新型案件。

首先,一个损害环境的行为往往涉及民事、行政和刑事等多个法律问题,若刑事案件仍由普通法院审理,既会增加案件审判成本,也可能造成不同法院之间裁判标准不统一。而且与生态环境相关的法律及司法解释中均对刑事犯罪审判的重要性有所涉及。因此,生态法院的受案范围应将传统的民事、刑事、行政案件全部纳入。除了传统案件,湿地保护、生物多样性保护、碳汇交易、水权交易、能源纠纷、气候变化、大气污染等,将会是生态环境领域内涌现出的案件新类型。此类新型案件也应纳入生态法院的受案范围。此外,目前已列入环资法庭受案范围的生态环境损害赔偿诉讼、环境公益诉讼也应由生态法院审理。

其次,从案由上分析。民事案件的受案范围包括生态破坏责任纠纷、相邻污染侵害纠纷、船舶污染损害责任纠纷、环境污染(大气、水、土壤、电子废物、固体废物、噪声、光、放射性等)责任纠纷、生态环境保护民事公益诉讼、水域污染损害责任纠纷、生态环境公益诉讼等。[2] 刑事案件的受案范围包括的罪名有污染环境罪,非法处置进口的固体废物罪,擅自进口固体废物罪,走私废物罪,非法采矿罪,破坏性采矿罪,非法狩猎罪,盗伐林木罪,滥伐林木罪,非法占用农用地罪,违法发放林木采伐许可证罪,环境监管失职罪,非法捕捞水产品罪,危害珍贵、濒危野生动物罪,危害国家重点保护植物罪,非法收购、运输盗伐、滥伐的林木罪等。[3] 行政案件的受案范围,涉及生态环境的行政处罚、行政强制执行、行政处理、行政协议、行政赔偿,以及矿产资源许可、生态环境行政公益诉讼

---

〔1〕 参见[美]乔治(洛克)·普林、凯瑟琳(凯蒂)·普林:《环境法院和法庭:决策者指南》,周迪译,中国社会科学出版社2018年版,第2~6页。

〔2〕 参见《最高人民法院印发〈关于修改《民事案件案由规定》的决定〉的通知》,2020年12月29日发布。

〔3〕 参见最高人民法院、最高人民检察院《关于执行〈中华人民共和国刑法〉确定罪名的补充规定(七)》,2021年2月26日发布。

等案件。[1]

最后,生态环境纠纷多如牛毛,生态法院建立初期审判力量有限,不可能所有涉及生态环境的案件均由生态法院审理。如大多数涉及自然资源的权属以及合同纠纷,虽与生态环境保护紧密相连,但该类案件并不需要生态法院进行专门化审理,无须生态法院管辖。

2. 完善"三审合一"审判模式。上述生态法院的受案范围仍以传统的民事、行政、刑事案件加以区分。目前环境案件如何归口审理,存在的"二合一""三合一""四合一"等不同模式,学界和实务上都没有统一的认识,未能探索建立符合环境保护需要的诉讼程序。[2] 笔者认为,民事、行政、刑事案件"三合一"的审判模式较为适合。所谓"三审合一"模式,就是不再对生态环境案件进行民事、刑事、行政的分类,而是将案件集中由一个审判庭审理,这是我国环境改革实践中不断探索的结果,也是多数国家所采取的审判模式。其符合法院职能分工,符合专业化的要求,而且最高人民法院也支持"三合一"审判模式。[3] 就生态法院内部而言,应对环境案件加以分类,区分案件的标准是看其涉及一种法律关系还是涉及多重法律关系,进而采取不同的审理模式。若案件仅涉及单一的民事法律关系、环境行政法律关系或者是环境刑事法律关系,可按普通案件审理即可。对于涉及多重法律关系的案件,可能存在三大诉讼程序交叉的情况,则应当采取合并审理方式。此处的合并,不是简单地将民行、行刑、民刑或者民行刑诉讼程序汇总适用,要具体情况具体对待。首先是区分几种法律关系之间是并行性还是依附性关系。若是并行性的交叉案件,其审理顺序原则上可以任意选择。[4] 对于民行交叉的案件,要先对行政行为进行合法性、合理性审查,之后再审查是否存在民事侵权行为。一般来说,民事侵权责任的判断依赖于行政案件的裁判结果,故需依照先行后民的顺序进行审理。对于刑民交叉案件,无论环境破坏行为后果是否严重,行为人都要承担相应刑事责任;若被侵权人请求民事赔偿,行为人还应承担相应的民事赔偿责任。刑事裁判与民事裁判

---

〔1〕 参见《最高人民法院印发〈关于行政案件案由的暂行规定〉的通知》,2020 年 12 月 25 日发布。

〔2〕 参见张宝:《环境司法专门化的建构路径》,载《郑州大学学报(哲学社会科学版)》2014 年第 6 期。

〔3〕 参见最高人民法院《关于全面加强环境资源审判工作 为推进生态文明建设提供有力司法保障的意见》指出:"积极探索环境资源刑事、民事、行政案件由环境资源专门审判机构归口审理……"

〔4〕 参见都仲秋:《环境司法"三审合一"的构建与完善》,载《北京城市学院学报》2020 年第 5 期。

的结果不产生冲突的，可选择刑民并行的诉讼程序。

四、结语

生态法院的设立可以展现我国保护生态环境的决心，建设人与自然和谐共生的现代化的信心，以大国担当共建地球生命共同体的恒心。生态法院是一扇窗户，透过它不仅能看到我国生态环境保护的最新动向，还能看到司法体制改革的进步与创新。当然，我们应当对生态法院的设立保持理性的态度，生态法院在社会高质量发展时期设立，机遇与挑战并存。笔者期望并相信，随着长江生态法院的设立与完善，定能在探索更加完善的生态环境审判制度、提升生态环境司法保护水平方面作出更多的贡献，创造出更多的经验与智慧。

11. 川渝地区生态修复措施的刑事适用研究

——以1914份环境刑事判决书为研究对象

彭力家*

内容摘要:近年来,川渝两地破坏环境资源的刑事犯罪案件日益增多,生态修复措施在环境刑事领域的适用也日渐频繁。生态修复措施的适用,不仅可以有效促进受损的生态环境得到恢复,还能够起到“修复一处、教育一片”的教化效果,进而更好地实现犯罪预防的目的。但当前,川渝各地法院在环境刑事领域适用生态修复措施时,却存在“适用案件范围较窄”“措施名称各异、适用标准不一”“与认罪认罚相互混同”“生态修复监督管理失位”等诸多问题。笔者以川渝两地为研究的地域范围,以1914份环境犯罪刑事判决书为研究样本,通过检视生态修复措施的适用问题,以问题为导向,剖析适用问题之缘由,最终提出进一步完善生态修复措施适用规则的现实路径,以期能够由小见大,对全国范围内的环境资源司法审判工作有所助益。

关键词:生态修复措施　环境刑事犯罪　川渝　生态环境

自“成渝地区双城经济圈”建设上升为国家战略以后,川渝两地在环境协同司法中的合作日益密切。与此同时,川渝两地近年来破坏环境资源的刑事犯罪案件也日益增多,生态修复措施在环境刑事领域的适用也日渐频繁。鉴于川渝两地地缘距离较近,且所涉环境协同司法工作较多,故笔者以川渝两地作为研究的地域范围,以筛选出的1914份环境犯罪刑事判决书为研究样本,对生态修复措施在两地的适用现状进行实证研究。通过研究发现,川渝各地法院在环境刑事领域适用生态修复措施时,呈现出“案件类型集中”“措施种类灵活多

---

* 彭力家,四川省邛崃市人民法院平乐天台山旅游环保法庭审判员。

样”“刑罚轻缓化”“裁判模式多样化”等特征,也存在“适用案件范围较窄”“措施名称各异、适用标准不一”“与认罪认罚相互混同”“生态修复监督管理失位”等诸多问题,笔者遂以问题为导向,剖析出造成以上问题的各类原因,最终提出进一步完善生态修复措施适用规则的现实路径。笔者选取的样本范围虽仅为川渝区域,但也希望能够由小见大,对全国法院的环境资源司法审判工作有所助益。

一、样本研析:环境犯罪中生态修复适用之现状

为确保挑选的样本案例能够兼具代表性和准确性,笔者选择“中国裁判文书网”作为样本案例的筛选库,以“破坏环境资源保护罪”为样本筛选的案件类型,以“生态修复”为样本筛选的关键词,以“刑事判决书”为样本筛选的文书类型,以“2019~2022年”4年为样本筛选的裁判年份,以“四川”“重庆”两区域为样本筛选的地域范围,通过高级检索共获得川渝地区2016份与生态修复相关的环境资源类刑事判决书。再对该2016份刑事判决书进行人工复检,整理剔除掉重复性裁判文书、不相关裁判文书共计102份,最终获得1914份裁判案例作为研析的样本对象。经甄别梳理,环境犯罪中生态修复措施的适用呈现四大特征:

(一)适用生态修复措施的案件类型集中

按照罪名种类加以归纳梳理,样本案例中适用生态修复措施的案件类型呈集中化趋势,见表1。

表1 2019~2022年川渝地区“生态修复”刑事判决罪名统计

罪名	数量(件)	占总样本百分比(%)
非法捕捞水产品罪	1308	68.34
滥伐林木罪	158	8.25
盗伐林木罪	40	2.09
非法收购、运输盗伐、滥伐的林木罪	3	0.16
非法狩猎罪	92	4.81
污染环境罪	67	3.5
危害珍贵、濒危野生动物罪	57	2.98
非法占用农用地罪	56	2.93

续表

罪名	数量(件)	占总样本百分比(%)
危害国家重点保护植物罪	48	2.51
非法采矿罪	45	2.35
危害珍贵、濒危野生动物罪	35	1.83
危害国家重点保护植物罪	12	0.63

由表1数据可知,川渝地区适用生态修复措施的案件主要集中于非法捕捞水产品罪、林木类犯罪这两种类型,其中非法捕捞水产品罪有1308件,林木类犯罪(滥伐林木罪+盗伐林木罪+非法收购、运输盗伐、滥伐的林木罪)有201件,两种类型案件共计占总样本比例的78.84%。这一显著占比比例与川渝地区的环境资源情况密不可分:在森林资源方面,区域内林木繁茂,2019年至2022年,四川的森林覆盖率为38%,重庆的森林覆盖率为43.1%;在水资源方面,川渝两地位于长江上游区域,地域内长江、涪江、嘉陵江等多条江河流经,水系极为发达,其中四川又被称为“千河之省”。

(二)生态修复措施种类灵活多样

川渝地区环境刑事案件中适用的生态修复措施多种多样、较为灵活,据梳理统计,主要的生态修复措施类型可分为四种:经济类措施、行为类措施、协议类措施、混合类措施,见表2。

表2　2019~2022年川渝地区“生态修复”刑事判决生态修复措施类型

生态修复措施类型	具体形式	典型案例
经济类措施	1.补植复绿费;2.生态修复金;3.环境治理费;4.生态损失补偿费;5.生态补偿金;6.渔业资源损失费;7.其他	(2022)川1002刑初30号案:法院判决责令被告人李某在本判决生效后10日内支付生态环境损害赔偿费用3000元(此赔偿金专项用于生态环境的保护和修复)
行为类措施	1.增殖放流;2.土地复垦;3.补植复绿;4.第三方代履行	(2020)渝0114刑初447号案:法院认为,何某案发后主动补植复绿,修复生态,酌情从轻处罚
协议类措施	1.补种树苗协议;2.复耕协议;3.投放鱼苗协议;4.生态修复协议;5.生态损失补偿协议;6.其他	(2019)渝0102刑初569号案:法院认为:被告人刘某与相关部门达成生态修复协议并已种植相应树苗,可以酌情从轻处罚

续表

生态修复措施类型	具体形式	典型案例
混合类措施	1. 金钱赔偿类 + 教育类；2. 具体行为类 + 看护义务类；3. 具体行为类 + 金钱赔偿类	(2019)川 3301 刑初 26 号案：法院判决被告人高某、罗某按照《康定市鱼通乡俄包村盗伐林木生态修复方案》补种树木 30 株，并承担 3 年的造林管护责任

由表 2 可知，环境犯罪刑事判决书中的生态修复措施兼具多样化、灵活化的特征，不同案件中的罪犯在犯罪行为、履行能力等方面各不相同，川渝各地法院创设出多种生态修复措施，可以更好地量体裁衣、对症下药。如对于经济状况欠佳的罪犯，采取以劳代偿的方式不但能减轻其经济负担，也能激发其积极修复生态的主观能动性，从而实现对生态环境的最佳修复效果。

(三) 生态修复措施适用下的刑罚呈轻缓化趋势

由表 3 数据统计可知，1914 件环境犯罪刑事案件中的被告人共计为 3307 人，其中单处罚金、管制、拘役的被告人合计为 1458 人，占被告人总数的 44.09%。在拘役及有期徒刑中，适用缓刑的人数合计为 2240 人，占被告人总数的 67.74%。可见，在生态修复措施的适用之下，对被告人处以缓刑的刑罚比例较大。这一方面有利于被告人落实生态修复措施，另一方面也能促使更多的被告人积极参与到生态修复中，从而实现刑事处罚与生态修复之间的价值平衡。

表 3 2019～2022 年川渝地区"生态修复"刑事判决刑罚数据

单位：人

所处主刑	非缓刑人数	缓刑人数	总人数
罚金	381	0	382
管制	31	0	31
拘役	472	773	1045
有期徒刑	382	1467	1849

(四) 生态修复刑事裁判模式呈多样化

川渝地区在司法实践中尚未对生态修复引入裁判的模式形成统一性的规范，当下该区域的生态修复刑事裁判模式较为多样化，主要可以分为三种模式类型：(1) 刑事判决的判项模式，即将生态修复措施明确作为刑事判决的判项内容;(2)量刑情节模式,即将刑事判决作出前已实际履行的或已承诺履行的生态修复措施作为量刑轻重的考量情节;(3)刑事附带民事的民事部分判项模式,即法院根据刑事附带民事公益诉讼的起诉人提出的生态修复诉讼请求判决被告人履行相应的修复义务。其中,第2类刑事量刑情节模式的应用最为广泛,在样本案例的应用中所占比例高达81.66%(见表4)。除以上三种模式之外,还存在极少数案件在刑事附带民事公益诉讼中,以另行出具调解书作为民事部分责任的裁判模式。

表4 2019~2022年川渝地区"生态修复"刑事判决裁判模式统计

适用类型	数量(件)	百分比(%)	典型案例
刑事判决判项模式	158	8.25	(2021)渝0116刑初685号:法院判决,责令被告人叶某、龙某在非法捕捞水域放流成鱼12.84千克
刑事量刑情节模式	1421	74.24	(2021)川1528刑初164号:法院认为,被告人万某自愿交纳生态修复金用于修复被破坏的生态,可酌情从轻处罚
刑事附带民事—民事部分判项模式	302	15.78	(2021)渝0101刑初704号案:法院判决,附带民事公益诉讼被告向某赔偿水生生物资源损害费用1980元(已缴纳)
刑事附带民事—民事部分调解模式	33	1.72	(2021)川0921刑初100号:法院认为,被告人与附带民事公益诉讼起诉人达成调解协议并履行,可以酌情从轻处罚

二、问题检视:环境犯罪中生态修复适用之困境

(一)适用生态修复措施的案件范围较窄

从2019年至2022年川渝地区破坏环境资源保护罪的相关统计数据可知,两地在破坏环境资源保护罪中,均存在适用生态修复措施案件范围较窄的客观现象。首先,从案件适用总体而言,生态修复措施并未对每个犯罪人员予以适用,也未能对每个造成环境损害的场域予以适用。其次,从案件适用比例而言,笔者以中国裁判文书网为数据库,筛选得到裁判时间为2019年至2022年的破坏环境资源保护罪判决书共计5831份(部分案件同时包括一审、二审判决书),其中涉及生态修复措施的案件仅为1914件,所占比例约32.82%,尚不足案件总数的1/3。最后,从案件适用类型而言,生态修复措施主要集中于非法捕捞水产品罪、滥伐林木罪等案件类型,而在其他环境刑事犯罪案件中的适用较少,尤

其是在涉及大气污染、有毒有害物质污染、水资源污染的刑事案件中，基本未能看到对生态修复措施的适用。

从生态修复的法理角度而言，在环境刑事犯罪中应用生态修复措施，不但能够起到惩治犯罪的作用，还能起到“惩治一人、教育一片”的群众引导作用，更能促进受损的生态环境得到更好、更快的恢复，可谓一举多得，理应被更广泛地应用于环境刑事犯罪中，而不应当出现前述适用范围较窄的问题。此外，最高人民法院、最高人民检察院等司法机关，近年来也在大力拓展生态修复措施的应用范畴，因此从生态修复的司法实务角度而言，也不应当出现前述适用范围较窄的问题。

（二）生态修复措施名称各异、适用标准不一

在前文表2中已提及，生态修复措施的类型主要为经济类措施、行为类措施、协议类措施、混合类措施四种，但在梳理每类生态修复措施时笔者发现，即使是修复内容完全一致的同一生态修复行为，仍存在两种及两种以上的生态修复名称，这与司法统一性原理存在严重的脱节。例如，“栽种树木”这一修复内容，可在各类刑事判决书中散见“补植复绿、补栽树苗、补种树木、复绿补栽……”各类名称；又如，“投放鱼苗”这一修复内容，可在各类刑事判决书中散见“增殖放流、补足鱼苗、投放鱼……尾”等各类名称；再如，金钱赔偿性质的生态修复措施，可在各类刑事判决书中散见“补植复绿费、生态修复金、环境治理费、生态损失补偿费……”各类名称。从司法实践而言，川渝地区各级法院在裁判文书中命名的随意性较大，甚至在同一法院的环境刑事判决书中，也时常发生生态修复措施名称各异的现象，这不仅不利于司法统一，也给各级人民法院针对生态修复措施司法数据的汇总统计、分析研究工作制造了巨大困难。

根据笔者梳理的研究样本，川渝地区不仅在彼此区域内适用生态修复措施时的具体标准大不一致，就连其各自区域内在适用生态修复措施时，其区域内的适用标准也互不相同，见表5。

表5 “同案不同修复”样本

案号	案由	犯罪行为	适用生态修复标准
（2019）渝0112刑初1527号	滥伐林木罪	滥伐林木立木蓄积达41.0946立方米	法院判决补种树木1478株，管护4年，第一年验收成活率达85%以上，第二年验收保存率达80%以上

续表

案号	案由	犯罪行为	适用生态修复标准
(2020)渝 0102 刑初 302 号	滥伐林木罪	滥伐林木立木蓄积达 49.230604立方米	法院判决补种树木 816 株,养护 3 年,第一年验收成活率达 90% 以上,第三年后验收保存率达 85% 以上
(2020)川 1528 刑初 119 号	滥伐林木罪	滥伐林木立木蓄积 42.34立方米	法院判决补种管护树木的生态修复金 12182 元
(2020)川 1521 刑初第 193 号	滥伐林木罪	滥伐林木立木蓄积38.0893立方米	补种林木 969 株,承担抚育管护责任 3 年

由表 5 可知,生态修复措施的适用缺乏统一的标准,各地区法官的自由裁量权较大,以至于"同案不同修复"的判决结果频现于各类环境刑事判决书之中。

(三)生态修复措施和认罪认罚的适用相互混同

在笔者的样本案例中,犯罪行为人被认定为认罪认罚的比例极高,高达 91.2%。川渝两地法院在对待犯罪行为人的生态修复行为时,大多将其视为酌定的量刑情节,予以从轻处罚。而在此基础上,部分刑事判决书样本中,却同时呈现出把生态修复措施错认为是认罪认罚的一种外在具体表现形式,进而适用认罪认罚从宽制度,造成生态修复行为被重复评价为量刑情节。

举例而言,如在(2021)渝 0116 刑初 437 号非法捕捞水产品案中,彭某、刘某二被告人于案发后主动投案并如实供述犯罪行为,法院认定构成自首,依法予以从轻处罚。并且,鉴于二被告人已主动向长江投放鱼苗,法院认定其具有悔罪、认罪情节,酌情予以从轻处罚。由此,按照该案法院的上述裁判思路,"主动投放鱼苗"的行为则被视同为"认罪"行为。而根据最高人民法院观点以及司法实务中的主流观点,"认罪"的本质系对主要犯罪事实的承认,其具体表现形式包括自首、坦白以及当庭认罪等。此案中,自首行为当然可作为"认罪"行为予以评价,但"主动投放鱼苗"的生态修复措施行为却被包容评价为"认罪"范畴,显属有重复评价"认罪"行为之嫌,致使犯罪行为人基于认罪而被赋予两次量刑减轻情节,在法理上显属不当。

另外,在样本案例中,也有不少裁判文书将生态修复措施的实施视同为承担刑罚之后果,进而将生态修复行为等同于"认罚"行为。例如,在(2021)渝 0114 刑初 162 号、(2021)川 0421 刑初 209 号、(2021)川 1423 刑初 137 号等滥伐林木罪案件中，该类判决的裁判逻辑均有一个共通点，即因弥补损失隶属于"认罚"的后果之一，而生态修复行为又可视为弥补损失的行为，故将生态修复措施视作对刑罚后果的承担，进而认定其符合"认罚"之范畴。

生态修复措施与认罪认罚之间的内涵关系亟须进一步厘清，否则在司法实务中极易出现将一项生态修复行为重复评价为"认罪"或"认罚"，造成法理上的混乱及量刑上的失衡。

（四）生态修复措施的监督管理失位

1. 生态修复资金的管理混乱

在样本判决中，涉及通过缴纳一定金钱从而修复环境的案件共有 607 件，所占比例为 31.71%，比重较大。但对于该生态修复资金的具体管理，川渝各地的司法实践却各行其道，以致出现管理部门较为混乱的现象，见表 6。

表 6　生态修复基金管理部门统计

案号	审理法院	生态修复资金管理部门	裁判文书相关内容
(2020) 渝 0112 刑初 1926 号	重庆市渝北区人民法院	重庆市渝北区人民法院	法院判决：赔偿渔业资源损失 7745.06 元，交付至本院指定账户
(2021) 渝 0101 刑初 4 号	重庆市万州区人民法院	重庆市万州区人民检察院	法院判决：赔偿国家渔业资源损失费 92800 元
(2021) 川 1381 刑初 59 号	四川省阆中市人民法院	阆中市财政局	2021 年 1 月 5 日，被告人熊某向阆中市财政局缴纳生态修复金 865 元
(2021) 川 1902 刑初 132 号	四川省巴中市巴州区人民法院	巴中市巴州区农业农村局	法院判决：缴纳植被恢复费用 1608 元，交由当地林业主管部门代为补种

由表 6 可知，生态修复资金的管理部门，不仅有法院、检察院等司法部门，还包括财政局、农业农村局等行政部门。此外，在涉及生态修复费用的 607 份样本判决书中，尚有 67 份判决书未能载明生态修复费用的经办部门。若无法将生态修复资金的管理部门加以统一明确，势必影响到生态修复资金管理使用的统一性、规范性，尤其在涉及协同治理跨区域环境污染问题时，更会对各区域部门之间的协调性产生严峻考验。

另外，收取生态修复资金后，对于该资金的具体使用，也存在管理不透明的问题。举例而言，如在（2020）川1923刑初185号案中，被告在开庭前已向检察院缴纳了渔业资源修复费用548元，但对于此款项的具体支出用途，该裁判文书却未能明示说明。生态环境的利益具有公共性，公众有权知晓生态修复资金的具体用途，费用管理的不透明不仅影响资金安全，还可能影响环境修复的效果。[1]

2. 生态修复的监督主体不统一

样本案例显示，生态修复的监督主体较为繁杂，缺乏统一性。据统计梳理，在对生态修复进行监督的主体之中，占比较高的主要有三类：

第一类是由人民检察院予以监督。该类案件的发生频率最高，例如，在（2020）川1725刑初121号周某非法采矿罪一案中，法院判决其复耕修复被破坏的生态环境，并由渠县人民检察院监督执行。

第二类是由相关环境行政部门予以监督。例如，在（2020）川1521刑初第189号严某等人非法捕捞水产品罪一案中，该裁判文书载明由宜宾市叙州区农业农村局负责监督增殖放流。但此类行政部门的监督中，其具体监督主体却并未因案件类型的不同而呈现出一定的规律性，甚至在同一类型的刑事案件中，也显现出监督主体五花八门、不尽一致的现象。例如，在滥伐林木罪中，根据不同裁判文书所收集整理的信息显示，其监督主体便有林业局、检察院、农业农村局、财政局等数类主体。

第三类是混合监督类主体，包括行政部门与司法部门之间混合监督、行政部门之间混合监督、司法部门之间混合监督三种形式。例如，在（2021）渝0101刑初704号向某污染环境罪一案中，法院对由当地社区书记和走马镇农业服务中心工作人员共同监督的巡河方案，在裁判文书中予以确认。

如上所述，在诸多监督主体并存的情况下，难以确定统一的监督验收标准。并且，各个职能部门所擅长的领域、依据的规范文件也不尽相同，致使生态修复行为的效果也无法获得有效保证。

---

〔1〕 参见魏汉涛：《刑事制裁与生态环境修复有机衔接的路径》，载《广西大学学报（哲学社会科学版）》2020年第5期。

三、困境反思：环境犯罪生态修复问题之成因

(一)传统刑法观念限制生态修复适用范围

在传统刑法观念中,刑罚对犯罪人的主要功能是惩罚和改造,对社会的主要功能是威慑和教育,从而达到预防犯罪的刑罚目的。[1] 而生态修复措施的使用,在一定程度上却未能与上述传统刑罚理念相互契合,甚至有冲突之嫌。如从对犯罪人的作用效果来看,生态修复措施本质上并不具有惩罚功能,其适用后反而导致监禁刑的适用受到一定程度的限缩,抑制刑罚的处罚力度。并且,若按照适用生态修复措施则减免部分监禁刑的裁判思路,则环境刑事犯罪的刑罚威慑性将大大降低,也将导致犯罪预防效果大为减弱。故生态修复措施的适用和"报应正义"的传统刑事司法观念之间存在明显的鸿沟,这种理念之间的差距必然导致法官在环境刑事判决中产生量刑顾虑,进而影响到生态修复措施在环境刑事判决书中的适用范围、显现频率。

另外,多种生态修复措施的具体适用问题也与刑法的基本原则之间存在冲突,如增殖放流、补植复绿、缴纳生态修复金等措施,并不属于法定的主刑或附加刑的种类,若直接将上述生态修复措施作为刑事裁判文书的判项主文内容,则显然有违罪刑法定的刑法原则。除此之外,无论是采取哪类生态修复方式,其最终结果均可转化为由犯罪人通过直接或间接方式对外支付金钱,从而形成对部分刑罚的豁免,故在司法实务中,不少法律工作者对此产生了"花钱买刑"的质疑。[2] 对于经济实力较好的犯罪人,便可通过更多的金钱换取更好的生态修复措施,进而获得更轻的量刑处罚,而经济实力较差的犯罪人,则无力通过此种财富转化而获得较轻的刑罚,此种"以财量刑"现象的发生,与传统刑法中的平等原则理念可谓背道而驰。

(二)生态修复的法源依据匮乏

根据罪刑法定原则的要求,在适用生态修复措施之时,应以《刑法》的明文规定为依据,且其幅度及种类均不能超过法定的标准。然而,在《刑法》第 37 条所列举的非刑罚性处置措施中,却未明确列举出生态修复措施。直接依据的缺

---

〔1〕 参见侯艳芳:《环境法益刑事保护的提前化研究》,载《政治与法律》2019 年第 3 期。

〔2〕 参见曾睿:《生态恢复性司法的实践创新与制度完善——以福建省为例》,载《理论月刊》2019 年第 2 期。

乏,已成为环境刑事领域适用生态修复措施的最大掣肘。在司法实务中,不少法院则参照一些行政法律规定或民事法律规定,作为适用生态修复措施的间接法律依据,如前文提及的《民法典》《环境保护法》《森林法》《长江保护法》等相关法律规定。但在这些法律规定中,对于生态修复措施的名称却并未能统一明确,对于生态修复措施适用的具体标准也大多模糊不清,未能精细化地分级分层,见表7。

表7　生态修复措施法源依据梳理

犯罪类别	法律规范	具体条款	具体内容
损害植物资源犯罪	《森林法》	第74条、第76条	补植树木,具体幅度为1倍以上3倍以下或1倍以上5倍以下
损害矿产资源犯罪	《矿产资源法》	第39条	赔偿损失,未明确具体修复标准
土地资源犯罪	《土地管理法》	第76条	缴纳复垦费,未明确具体修复标准
固体废物污染犯罪	《固体废物污染环境防治法》	第41条	承担处置费用,未明确具体修复标准
海洋污染犯罪	《海洋环境保护法》	第109条、第118条	赔偿损失,未明确具体修复标准
大气污染犯罪	《大气污染防治法》	第125条	承担侵权责任,未明确具体修复标准
水污染犯罪	《水污染防治法》	第85条	承担治理费,未明确具体修复标准

由表7可知,在各种类型的环境刑事犯罪中,其所能够对应参照的法源依据,均存在生态修复标准模糊不清的弊端。如在固体废物污染犯罪中,难以根据《固体废物污染环境防治法》确定修复固体废物污染的标准;又如在土地资源犯罪中,难以根据《土地管理法》区分缴纳复垦费的多寡;再如在损害矿产资源犯罪中,也难以根据《矿产资源法》确定修复责任的大小。正是由于直接法律依据的缺乏及间接法律依据的模糊不清,致使川渝地区法院适用生态修复措施名称各异、标准不一的现象屡屡发生。

(三)对生态修复措施法律属性存在认识误区

1. 生态修复与"认罪"的内涵并无交叉

审视"认罪"的法律定义,其意在强调对主要犯罪事实的承认,再观其具体表现形式,在"自首""坦白""当庭认罪"等概念定性中,也均强调了对犯罪事实的如实供述。因此,“如实供述犯罪事实”是以上各项概念定义中的共性交集点。而生态修复措施,其意指行为人采取一定的生态修复行为,使受损害的生态环境得到一定程度的恢复,其内涵着眼点为对环境资源的法益修复,而未对是否“如实供述犯罪事实”予以关注。[1] 由此,从各自的概念定性可知,是否如实供述犯罪事实并不影响生态修复措施的实施与否。在司法实务中,也确实存在部分犯罪行为人为减轻刑罚而积极实施生态修复措施,但在对被公诉的主要犯罪事实拒不承认的情况下,生态修复措施的定性便更应与“认罪”的范畴相互割裂开来。另外,也有部分环境刑事判决书中,在被告人拒不认罪的情况下直接判决被告人承担生态修复责任,该种情形下也无法将生态修复措施视为“认罪”范畴。所以,生态修复措施与“认罪”之间,实无内涵交叉,不能等同视之、互相混淆。

2. 生态修复措施不能等同“认罚”

若将生态修复措施等同于“认罚”行为,则将造成对诉讼程序的僭越及法条关系之间的混乱。在司法实践中,检察机关多偏向于将生态修复措施作为“认罚”的一部分,如最高人民检察院公布的 2019 年检察机关适用认罪认罚典型案例“丰某某盗伐林木案”中,强调补植复绿是检验认罚与否的关键标准,且载明该标准为实质性标准,即补种树木成活后方才符合认罚标准。笔者对该案例的观点持反对意见。首先,根据认罚的法律概念,认罚的实质为犯罪嫌疑人基于认罪的基础,而自愿承担实体刑法的刑罚后果。试想,若将成功采取的生态修复措施认定为符合实质标准的“认罚”,则意味着犯罪嫌疑人在尚未被定罪量刑时,已自行承担了部分刑罚责任,且该“刑罚责任”产生于法院生效判决之前,由公安机关或检察院主导而予以定性。但定罪权系审判权的一部分,由法院所专属享有,按照无罪推定的原则,公安机关及检察院不能越权行使,否则将造成诉讼程序中各主体职能混乱。

再就法条之间的关系而言,《刑事诉讼法》第 15 条规定了认罪认罚从宽制度,第 290 条规定了刑事和解从宽制度。在刑事和解协议中,往往涉及赔偿损失、赔礼道歉等内容,这些内容的落脚点在于修补、修复,属于恢复性司法政策

---

〔1〕 参见聂春阳:《关于环境的刑法保护的反思》,载《鄂州大学学报》2020 年第 4 期。

的延伸。[1] 在生态修复措施之中,也有不少措施被囊括入赔偿损失的范畴,如缴纳补植复绿费、生态修复金等。但若将刑事和解协议中赔偿损失类的生态修复措施认定为"认罚"行为,则将造成该项生态修复措施分别符合《刑事诉讼法》第 15 条及第 290 条的从宽制度,引发法条适用的混乱,这也不符合刑法分别独立设置两种从宽制度的立法初衷。故基于立法目的及刑法的条文体系,也不应将实施生态修复措施的结果与"认罚"结果相等同。

(四)生态修复监督管理失位之因

1. 生态修复资金管理使用程序烦琐

造成生态修复资金管理混乱的主要原因是生态修复资金管理使用程序烦琐,致使具有相关职能的部门怠于履行其管理责任。按照《生态环境损害赔偿管理规定》第 30 条的要求,生态损害赔偿资金要作为政府非税收入上缴国库,并且纳入预算管理。而当资金按照预算管理来统筹时,其支出程序一般便需经过三个步骤:第一步为纳入财政预算,第二步为申请财政预算,第三步为按国库资金使用办法进行支出。上述步骤仅为大的环节,其各个大环节中又包含层层签字、层层审批等各个小环节,其管理使用程序的烦琐程度,由此可见一斑。在此烦琐管理使用程序之下,不少生态修复资金的收取部门便出现了生态修复资金管理混乱,以及消极使用该资金的现象。例如,就法院而言,其强制执行职能更侧重于在判决生效后对未执行的生态修复资金予以执行收取,在完全收取后便强制执行完毕;而对于此后的资金使用,便会因为烦琐的管理使用程序以及其职能侧重的偏差而产生懈怠现象。在《重庆市生态环境损害赔偿资金管理办法》中,对生态修复资金的使用进行了规范和细化,但也只是明晰了相关程序步骤,而未能解决生态修复资金管理使用程序烦琐这一根本性问题。

2. 各部门涉环境类职权分配不清

《刑事诉讼法》第 276 条规定了检察院的执行监督权,《关于建立和完善执行联动机制若干问题的意见》第 20 条明确了各行政部门在收到司法文书后的协助义务。由此可知,对于生态修复措施的执行监督,其职能应主要由检察院承担,相关行政部门可以根据司法机关的要求予以协助执行监督,但并不能承

[1] 参见刘蕊:《环境犯罪治理中刑事和解扩张适用及法律规制》,载《理论月刊》2020 年第 7 期。

担主要的监督职责。[1] 但实践中由于检察院普遍对生态修复的专业性环境知识较为缺乏，而相应的行政职能部门却对其对应领域的相关环境知识较为精通，以至于检察院往往以相应行政职能部门的意见作为主要标尺，致使其执行监督权的实施更有赖于相关行政部门的意见，造成监督主体较为杂乱的表象。另外，由于我国生态修复措施的实施时限相对较短，各部门在该领域的联动协作经验相对较少，致使各部门在协同合作中易混淆各自的职能界限。此外，生态修复的过程是一个长期性的过程，对于该长期性过程理应制定科学的长期性指导方案，并在方案中明确各部门的具体职责，但实务操作中却少有修复方案能够对各部门的具体职权分配予以明晰。[2]

四、完善路径：环境犯罪中生态修复适用之进路

（一）厘清生态修复措施的刑法理念误区

就新时代的法学理论而言，生态修复措施的适用与传统刑法的理念之间并非完全对立的矛盾体，因此，对于当下存在的生态修复措施的认识理念误区，必须加以厘清、明晰。首先，生态修复措施并未违背刑法的公平原则，在环境刑事领域，公平原则所指向的对象更为广泛，不仅包括人与人之间，且包括人与自然。生态修复措施的目的是将受损的环境修复到受损前的状态，属于弥补损失的行为，则就其法理层面而言，损失弥补行为本身便是公平原则的体现形式。其次，各类生态修复措施的具体适用也并非没有法律依据，举例而言，如补植复绿的修复措施，其依据之一可参见《森林法》第 76 条，即对盗伐林木者，可由行政部门责令补种。违法行为与犯罪行为之间，其主要差异往往源自“量”上的区别，过“量”的违法行为方需以刑法相苛责。故相关行政法规中的生态修复措施，可作为环境刑事判决的参考依据，就此种意义而言，生态修复措施也并未真正构成对罪刑法定原则的违反。最后，就预防犯罪的刑罚目的而言，生态修复措施的犯罪预防效果，在某种程度上或更甚于监禁刑的犯罪预防效果。如监禁刑的实施地点主要集中于监狱，与人民群众的生活空间之间存在隔离，不易

〔1〕 参见徐本鑫：《刑事司法中环境修复责任的多元化适用》，载《北京理工大学学报（社会科学版）》2019 年第 6 期。

〔2〕 参见黄纬东、徐本鑫：《环境修复刑事法律责任机制的改进》，载《国家林业和草原局管理干部学院学报》2020 年第 1 期。

在日常生活中为人们所时常感知;而生态修复措施的实施地点,与人们的活动空间之间通常未设置隔离区域,生态修复的行为及效果更易被人民群众所感知,从而能够起到更好的犯罪教育、犯罪预防的效果。

(二)完善生态修复措施的法律供给

法律是治国之重器,良法是善治之前提。生态修复措施适用陷入困局的首要原因是当下的法源依据较为匮乏,故必须坚持立法先行,对生态修复措施的法律供给加以完善。

1.《刑法》中增设生态修复类非刑罚处罚措施

生态修复措施在环境刑事判决中的适用,不能缺乏《刑法》上的直接依据。为此,应当将生态修复措施作为非刑罚处罚措施,明确列入《刑法》第 37 条之中。在司法实务中,补植复绿、增殖放流、土地复垦等修复方式已具有较好的实践土壤,故可将此类修复方式规范化统一命名,确保司法适用的同一性,再具体列入生态修复措施项下。在判处被告人刑罚时,应充分考虑其对生态环境的修复责任,根据不同环境刑事案件的特性,适用不同的环境修复类非刑罚处罚措施。[1] 如在涉林木犯罪中,需以补植复绿为主要修复手段;在涉水产品犯罪中,需以增殖放流为主要修复手段;在涉矿产资源犯罪中,需以填补土壤或复垦土地等保持水土方式为主要修复手段。增设生态修复类非刑罚处罚措施,既符合生态环境犯罪的惩治趋势,也符合"两山"理念的内在意蕴,实属大势所趋。

2. 确立生态修复为法定量刑情节

在环境刑事案件中,应当将实施生态修复措施作为法定的量刑情节。从法理而言,当被告人意识到其犯罪行为给生态环境造成的损害,主动实施生态修复措施,具有悔罪表现,则在量刑情节上予以对应增设生态修复措施后,可让承办法官在案件量刑时于法有据。[2] 在增设生态修复措施作为法定量刑情节的具体技术处理上,可将以下因素作为影响量刑轻重的主要因素:(1)生态修复实际效果。生态修复措施的实施过程固然重要,但更重要的应当是生态修复的实际效果,以生态修复成果作为量刑情节的主要参考因素,是恢复性司法的应有之义。(2)可预期的生态修复效果。部分生态修复措施效果的时间跨度长,难

---

〔1〕 参见李霞:《环境犯罪案件中适用恢复性司法研究》,载《云南警官学院学报》2020 年第 4 期。

〔2〕 参见孙晓军:《恢复性司法理念在生态环境司法保护中的运用》,载《人民检察》2019 年第 1 期。

以及时显现,此种情况下应当参考生态修复措施的规模、质量等因素,综合评估出可预期的生态修复效果,作为量刑情节的参考因素之一。(3)实施生态修复措施的宣教影响。犯罪行为人采取的生态修复措施,能够被生态修复措施实施地附近的人民群众更好地感知,起到"修复一处、教育一片"的教化效果。因此,生态修复行为的宣传影响、教育影响,也可纳入量刑情节的参考因素之一。如此,对于犯罪行为人采取的生态修复措施,主要参考以上因素综合确定量刑情节的幅度范围,进而确定刑罚的幅度,最终达到罪刑相适应的刑罚效果。

(三)构造分层分级式环境资源量刑体系

如上文所述,确立生态修复为法定量刑情节,可以使生态修复措施的法源依据进一步完善,但对于司法实践中生态修复措施和认罪认罚时常发生混同的问题,却助益有限。随着法治化进程的加快,环境资源刑事案件的量刑必须更加精细化、精准化。为此,笔者认为,可以从各个量刑情节的构成要件要素着手,对犯罪嫌疑人的行为予以量刑评价,进而构造出分层分级式环境资源量刑体系。

首先,需对易混淆的四种量刑情节的构成要件要素及从宽理由加以明晰,见表8。

表8　量刑情节要件要素梳理

量刑情节	坦白	自首	认罪认罚	生态修复
构成要件要素	如实供述罪行	1. 如实供述罪行 2. 自动投案	1. 如实供述罪行 2. 承认指控犯罪事实 3. 认可处罚量刑	修复生态环境等恢复性措施
从宽的根由	1. 降低司法成本 2. 减少程序负担	1. 降低司法成本 2. 减少程序负担	1. 降低司法成本 2. 减少程序负担	促进受损生态环境恢复

由表8的构成要件要素可知,当行为符合"认罪认罚"的三项构成要件时,也就当然符合"坦白"的要件要素,在此情况下,仅需以"认罪认罚"作为从宽的量刑情节即可,而无须再叠加"坦白"的从宽量刑情节。又如,"自首"与"认罪认罚"的要件要素在"如实供述罪行"上发生了重合,若犯罪行为人的行为同时符合"自首"与"认罪认罚"的构成要件,则在分别适用二者作为量刑情节时,应避免就"如实供述罪行"这一要件重复叠加从宽的量刑幅度。根据从宽的理由来分析,坦白、自首、认罪认罚均能达到提升司法效率、节约司法资源的目的,而

生态修复的作用主要是促进受损生态环境恢复,且后者与前三者的构成要件要素之间并无雷同,故在将生态修复行为作为量刑情节时,可与前三者的量刑情节进行叠加,无须限制叠加后的量刑幅度。

按照表7明晰各易混淆量刑情节的构成要件要素后,便可以此为基础,构建分层分级式环境资源量刑体系,如图1所示。

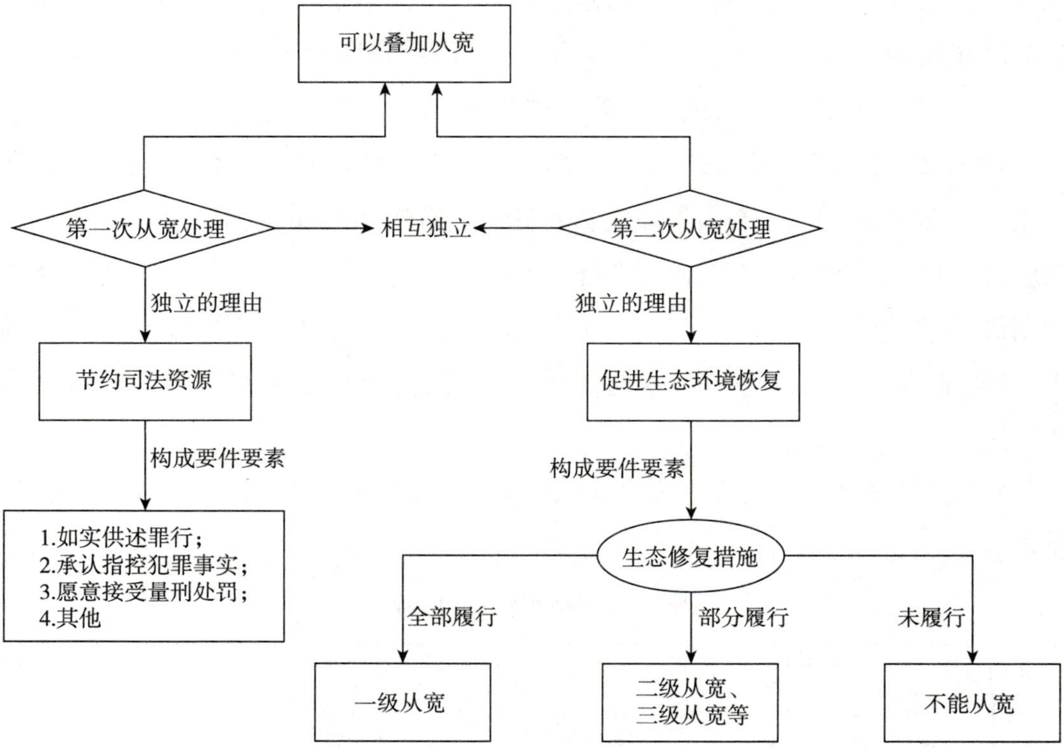

图1 分层分级式环境资源量刑体系

如图1所示,因生态修复措施作为量刑情节时与其他量刑情节相互独立,故可将其他量刑情节作为第一次从宽处理的量刑情节,而将生态修复措施作为第二次从宽处理的量刑情节,在分别适用后再将二者予以叠加。对于按照第一次从宽处理的量刑情节,需严格以构成要件要素作为评价的标准,即当一个量刑情节全部包含另一个量刑情节的要素时,以包含方为唯一量刑情节;当两个量刑情节之间仅为构成要件要素的部分重复时,应就重复的要件要素限制叠加从宽的量刑幅度。对于按照第二次从宽处理的量刑情节,需严格以是否实际履行生态修复行为作为从宽与否的标准,即对于仅有承诺或协议等意思表示行为,而未实际对生态环境的法益作出积极或正面行为的,不能适用从宽量刑的标准;对于已履行生态修复措施的,也需根据履行完成度区分量刑从宽等级,对于全部履行的,可以适用一级从宽标准,对于部分履行的,可以根据部分履行的完成度适用二级、三级或者四级等从宽等级标准。其中,一级从宽标准的从宽幅度最大,二级次之,三级、四级、五级的从宽幅度随等级降低而逐步降低。

(四)创新生态修复监督管理新模式

1. 构建生态基金会,统一管理修复资金

为简化生态修复资金的管理使用程序,解决生态修复资金管理混乱的问题,笔者认为,在确保生态修复资金安全的前提下,可以构建第三方生态基金会,统一管理生态修复资金。生态基金会的组织形式,宜采用参照财团法人的方式,从而可以有效规避司法机关、行政机关的过度干预。利用财团法人的形式,还能更好地接受各方主体的监督,从而确保账目的公开透明,进而保证资金流转的安全性。对于生态基金会的具体管理模式,法院、检察院及所涉的环境职能部门在收取生态修复费用后可作为资金的委托人,由生态基金会作为资金的受托人对生态修复资金严格按照恢复生态环境的目的予以管理使用。通过生态基金会统一管理修复资金,足以规避过往各部门之间管理的差异性问题,生态修复资金的管理使用更具规范性、一致性。为减少程序空转、优化管理使用效率,生态基金会的管理服务提供者必须是职业管理人等组成的专业化的管理团队。若作为第三方的生态基金会未能充分履行其受托义务,则作为委托方的司法机关或行政机关,可依法追究其违约责任,进而促使其依法履约,使生态修复基金的使用能够具有延续性和稳定性。

2. 构建各司其职的协同监督模式

生态修复措施的实施兼具法律方面和生态环境方面的双重属性,法院、检察院作为司法机关往往只能兼顾法律方面的属性,而难以对生态环境方面的效果、效率等属性提出专业性意见,反之,有关生态环境的职能部门,往往在生态环境方面的专业性更高,而难以在司法程序中展现出法律方面的专业性。[1]在此种背景之下,笔者认为,可以各取其长、各舍其短,以法院、检察院为主要监督主体,以环境职能部门为辅助监督主体,构建出各司其职的协同监督模式。

---

〔1〕 参见张燕雪丹、周珂:《环境司法与环境行政执法协调联动的基本模式及主要障碍》,载《南京工业大学学报(社会科学版)》2019年第3期。

在具体操作方式上,首先,应将生态修复方案的设计作为生态修复措施实施的前置条件,如此方能确保生态修复措施的规划性和方向性。其次,应规定生态修复方案的设计必须由环境职能部门参与其中,如此可以解决生态环境修复措施的技术性难题,避免方案脱离生态修复实际,并且环境职能部门作为方案的设计参与者,也更有利于其后期对该方案的实施开展协同监督工作。再次,应在生态修复方案中明确司法机关、环境职能部门等各监督主体的地位和作用,唯有权责分明、职能清晰,才能更好地发挥彼此间的协同作用。最后,法院在司法裁判文书中,应明确生态修复方案的法律效力,相关生态修复措施的履行、监督、验收等均需以方案内容为准,而无须在裁判文书中另行明确监督主体及协同监督主体。当然,应当明确的是,法院、检察院等司法机关仍是该种协同监督模式下的主要责任人,若环境职能部门怠于履行其协同监督职责,则可通过检察院提出检察建议、法院提出司法建议、检察院进行行政公益诉讼等形式,督促其全面履职。

五、结语

生态兴则文明兴,生态衰则文明衰。建设良好的生态环境,不仅关乎人民的福祉,更加关乎民族的未来,可谓功在当代,利在千秋。但通过笔者实证研究可以看出,在环境刑事犯罪数量日渐增多的背景之下,生态修复措施的适用现状却不容乐观。根据恢复性司法的发展趋势以及绿色司法的发展要求,进一步优化生态修复措施,解决其在环境刑事领域的适用问题势在必行。但这并非一个可以一蹴而就的改革过程,它既需要在顶层设计上不断地完善,也需要基层脚步不断地实践反馈、不断地探索修正。甘瓜抱苦蒂,美枣生荆棘,相信通过不断地实践、不断地探索、不断地修正,生态修复措施的适用规则必定能日益完善,为建设绿水青山的“美丽中国”添砖加瓦!

12. 我国碳排放配额法律内涵与属性探析

程俊龙*

内容摘要：碳排放权是重点排放单位排放温室气体的额度，由碳排放配额和核证自愿减排量构成。碳排放配额是国家分配给企业排放温室气体的额度，构成碳排放权的主要部分，重点排放单位需定期履行清缴义务。现有碳排放配额法律属性研究可分为私权属性论、公权属性论、双重属性论。私权属性论未充分回应碳市场建立的必要性、过度依赖经济学理论、回避政府宏观调控，存在缺陷；公权属性论忽视我国现状，有待补足；双重属性论难以回应实际问题，不予考虑。考察我国碳市场建立制度背景，可明确我国碳市场建立目标为应对气候变化。立足我国碳市场现状，碳排放配额的公权属性是促进温室气体减排的必然要求。公权属性并不影响交易，也不能完全否定已经出现的碳排放配额实践创新。碳排放配额清缴义务是公权属性的直接体现，构成碳排放配额实践的首要限制。

关键词：气候变化　碳市场　碳排放配额　法律属性　第二代环境规制

一、引言

虽然全国碳市场运行已近两周年，地方试点碳市场已运行十余年，但碳排放配额作为碳市场的主要交易产品，其法律内涵与属性在我国一直未得到明晰，将对我国碳市场的建设产生负面影响。碳排放配额法律内涵的准确界定是探析碳排放配额法律属性的重要前提。可通过考察我国碳市场制度依据明确碳排放配额的法律内涵。本文在国内外对碳排放配额法律属性研究的基础上，

---

* 程俊龙，中南财经政法大学环境与资源保护法学硕士研究生在读。

本文系中南财经政法大学中央高校基本科研业务费专项中研究生科研创新平台项目“碳排放配额法律属性定位与规制研究”（项目编号：202410676）资金资助。

将碳排放配额法律属性研究分为三类,即私权属性论、公权属性论、双重属性论。通过评析三种理论观点,考察我国制度背景,并结合我国特有的碳排放配额质押、执行等实践创新,明晰碳排放配额的法律属性,回应碳排放配额实践中的争议问题,为今后完善碳市场制度体系提供理论基础,以期为我国碳市场平稳高效运行提供法治保障。

二、我国碳排放配额的法律内涵

在我国,学者在研究碳排放权相关法律问题时并未先行明确碳排放权的法律内涵,是我国碳排放权法律属性一直未得以明确的原因之一。本文的研究对象为"碳排放配额",而非大多数学者研究的"碳排放权",本文认为碳排放配额不等同于碳排放权,且碳排放配额具有研究的必要性。

(一)碳排放权与碳排放配额法律概念辨析

学界尚未就碳排放权、碳排放配额的法律内涵达成共识,依据全国碳市场以及地方试点碳市场相关法律文件对"碳排放权""碳排放配额"的定义,可以一窥我国碳排放权、碳排放配额的法律内涵。

生态环境部于2020年12月31日印发的《碳排放权交易管理办法(试行)》将"碳排放权"定义为"分配给重点排放单位的规定时期内的碳排放额度",未明确定义"碳排放配额"。

我国早在2011年于北京、天津、上海、重庆、广东、湖北、深圳7省市启动碳交易地方试点,在《碳排放权交易管理办法(试行)》出台前各试点地区均出台本地区碳市场管理办法。湖北、北京、天津、重庆碳市场管理办法中均曾将"碳排放权"定义为"企业向大气中排放二氧化碳的权利"。《上海市碳排放管理试行办法》全文未提及"碳排放权"。上海、北京、天津、广东在地方碳交易管理办法中明确了"碳排放配额"的定义,可将定义分为两大类,一类将碳排放配额定义为"企业排放二氧化碳等温室气体的额度",如上海、北京、广东;另一类定义为"碳排放权的凭证和载体",如天津。在《碳排放权交易管理办法(试行)》出台后,湖北、天津、重庆等地修订各自碳市场管理办法中关于"碳排放权"的定义,使其与《碳排放权交易管理办法(试行)》的规定一致。

除上海、广东外,其余各试点碳市场管理办法均名为"碳排放权交易",《碳排放权交易管理办法(试行)》也名为“碳排放权交易”。但试点省份的“碳排放权交易”包含试点省份碳排放配额交易和核证自愿减排量交易。目前,全国碳市场中交易产品为碳排放配额,因此将其称为全国碳排放配额交易市场更为准确。且生态环境部已制定《温室气体自愿减排交易管理办法(试行)》,已形成与全国碳排放配额交易市场并行的全国温室气体自愿减排交易市场。

上述规定体现出我国目前对碳排放权、碳排放配额存在认识差异。一方面,碳排放权是“向大气排放二氧化碳等温室气体的权利”,也是“国家分配给重点排放单位排放温室气体的额度”;另一方面,碳排放配额是“碳排放权的凭证和载体”,也是“企业排放二氧化碳等温室气体的额度”。因此引发学界对碳排放权与碳排放配额两者关系的不同认知。

碳排放权与碳排放配额概念不明晰,肇始于我国引入“碳排放权交易”制度。“碳排放权交易”并非我国首创,而是借鉴国外特别是欧盟碳市场的制度。以欧盟碳市场为例,其英文含义并非“欧盟碳排放权交易”,欧盟碳市场(European Union Emission Trading System,EU ETS),汉语直译为“欧盟排放交易制度”,在此交易市场内,主要交易产品为国家分配的“欧盟配额”(European Union Allowance,EUA)。由于此交易市场运行主要目标是应对气候变化,减少温室气体排放量,因此将其表述为“欧盟碳排放交易制度”更为准确;相应地,“欧盟配额”应当表述为“欧盟碳排放配额”。并且,欧盟2003/87法案中并没有关于“碳排放权”的表述。同时,考察国际范围内已建立碳市场的国家,也未有国家将其命名为“碳排放权交易”。而我国在引入此制度时,没有直接采用直译表述“碳排放交易”,而是将其表述为“碳排放权交易”,由此导致我国长期以来未能区分“碳排放权”与“碳排放配额”。如果舍弃“碳排放权交易”,直接称为“碳排放交易”,明确交易的产品为“碳排放配额”、“核证自愿减排量”和其他交易产品,既与国际通行表述一致,为我国积极应对欧盟碳边境调节机制扫清规范内涵障碍,又能够进一步明晰相关概念,为学理认识统一概念。

然而,由于“碳排放权”已使用多年且深入人心,纠偏成本高昂。根据我国现实情况以及碳市场对碳排放权的相关规定,可将碳排放权理解为由碳排放配额、核证自愿减排量等组成的企业享有的温室气体排放额度。《碳排放权交易管理办法(试行)》并没有明确规定碳排放配额,但依据《碳排放权交易管理办法(试行)》第 6 条、第 14 条的规定,可将碳排放配额定义为“由国家分配的一定期限内排放温室气体的额度”。企业的碳排放权即排放温室气体的额度,包含碳排放配额和核证自愿减排量等。

(二)碳排放配额与核证自愿减排量的差异

碳排放配额和核证自愿减排量均为企业能够排放温室气体的额度,但两者在分配主体、获取途径、目的功能、法律义务方面存在较大差异。

一是产生主体不同。无论是国家碳交易中的碳排放配额还是地方试点碳交易中的碳排放配额,均来自政府依据重点排放单位温室气体排放量确定的配额,即产生于政府。而核证自愿减排量是减排主体在有关主管部门备案后,因实施减排项目自行产生,即产生于减排主体。

二是获取途径不同。重点排放单位获取碳排放配额的途径为国家发放或从市场购买,重点排放单位获取核证自愿减排量只能通过市场交易。

三是目的功能不同。碳排放配额的主要作用是作为控制温室气体排放的指标,鼓励重点排放单位减少温室气体排放,因此侧重于“减排”,而核证自愿减排量更侧重于经济激励,鼓励更多的企业投身环保事业, 从而实现降碳增汇。

四是法律义务不同。由国家发放的碳排放配额需要在规定时间内予以清缴;而核证自愿减排量的持有人并不负有清缴义务,负有清缴义务的重点排放单位可以购买核证自愿减排量在一定比例内进行清缴。

碳排放配额与核证自愿减排量存在诸多差异,根源在于碳排放配额交易市场属于强制市场,而核证自愿减排量交易市场属于自愿市场。某一温室气体排放主体在其温室气体排放量达到一定标准之后,将强制其成为碳排放配额交易市场的主体,在市场内进行交易并履行碳排放配额清缴履约义务。而核证自愿减排量交易,典型为林业碳汇、海洋碳汇交易,则是为了鼓励社会主体主动减少温室气体排放,允许其在市场上进行交易并获得相应收益。两者的诸多差异,导致必须单独讨论两者法律属性。现有碳排放权法律属性研究忽视了碳排放配额与核证自愿减排量的差异,仅关注到碳排放权与碳排放配额的关系,或者将碳排放权等同于碳排放配额,存在较大缺陷。

本文认为,国外碳市场并不存在“碳排放权”,为全面接轨国际碳市场,我国碳市场应舍弃碳排放权概念，仅需明确碳排放配额、核证自愿减排量为碳市场交易产品，且探讨后两者相关法律问题即可。但是，由于“碳排放权”在我国碳市场语境下已反复使用，彻底舍弃“碳排放权”已不现实，可将其理解为碳排放配额与核证自愿减排量的上位概念，表明企业能够排放温室气体的总额度，以这种方式保留“碳排放权”，并明晰碳排放权、碳排放配额与核证自愿减排量之间的关系。三者关系如图 1 所示。

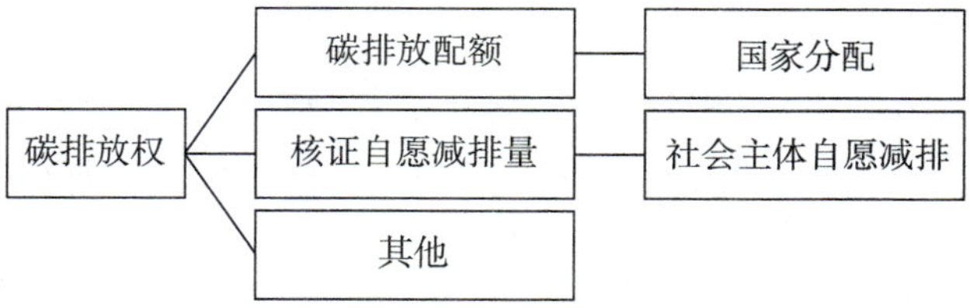

图 1　碳排放权、碳排放配额、核证自愿减排量关系

最高人民法院发布的《关于完整准确全面贯彻新发展理念 为积极稳妥推进碳达峰碳中和提供司法服务的意见》中，分别规定了碳排放配额、核证自愿减排量，而未针对“碳排放权”进行统一规定，也表明应当区分碳排放权、碳排放配额、核证自愿减排量。

基于上述对于“碳排放权”“碳排放配额”“核证自愿减排量”的分析，可见三者存在差异，应单独分析各自的法律属性。本文分析对象为碳排放配额。主要原因有二，一是碳排放配额法律属性现有理论争议较大；二是我国碳排放配额交易体量远大于核证自愿减排量，辨析碳排放配额法律属性更具现实紧迫意义。

三、碳排放配额法律属性研究的理论现状及评析

我国大部分学者并没有认识到碳排放权、碳排放配额与核证自愿减排量的差异，看似研究“碳排放权”的法律属性，但研究对象实际为碳市场内的“碳排放配额”。前已述及，国外碳市场并不存在碳排放权概念，国外学者多研究碳排放配额的法律属性，因此我国关于“碳排放权”法律属性的研究与国外关于“碳排放配额”法律属性的研究具有可比性。国内外关于碳排放配额法律属性的研究可大致分为以下三类。

(一)私权属性论

此观点存在以下四个命题。

命题一,物权化是实现资源最优配置的前提。气候变化源于温室气体的无序排放超出环境承载限度。基于“公地悲剧”模型,大气环境容量资源的公有性是导致温室气体无序排放的首要原因。为应对“公地悲剧”,必须通过法律规定将大气环境容量资源物权化,明确温室气体排放主体的排放量,以实现资源最优配置。[1]

命题二,发挥市场在资源配置中的决定作用,此为经济学理论——市场理论,即市场在配置资源时能够产生有效率的结果。[2] 将碳排放视为使用大气环境容量资源的行为,基于该理论,为妥善配置大气环境容量资源,实现大气环境容量资源的有效利用,必须建立市场。

命题三,财产权是市场发挥作用的重要前提,此为经济学理论——产权理论,即权利的界定是市场交易的前提。[3] 法学学者基于此思维定式,认为若要建立碳排放交易制度,碳排放配额必须是一项私有财产。

命题四,加大对碳排放配额持有人的保护力度。如果认定行政机关可对碳排放配额行使公权力,积极介入碳排放配额分配、交易、履约等各个环节,将不利于保护碳排放配额持有人,且可能导致市场主体积极性下降,抑制碳市场活力。[4]

通过上述四个命题,持财产权论的学者在明确碳排放配额持有人对碳排放配额享有财产权后,基于民法对物权的分类,进一步形成对碳排放配额法律属性的认识。根据大气环境容量是否具备物的特征,将碳排放配额持有人对碳排

〔1〕 参见王慧:《论碳排放权的特许权本质》,载《法制与社会发展》2017 年第 6 期。

〔2〕 参见吴健、马中:《科斯定理对排污权交易政策的理论贡献》,载《厦门大学学报(哲学社会科学版)》2004 年第 3 期。

〔3〕 参见吴健、马中:《科斯定理对排污权交易政策的理论贡献》,载《厦门大学学报(哲学社会科学版)》2004 年第 3 期。

〔4〕 See Rose & Carol M. ,*The Several Futures of Property*: *Of Cyberspace and Folk Tales*, *Emission Trades and Ecosystems*, Minnesota Law Review, Vol. 83: 1, p. 129 – 182(1998).

放配额享有的权利界定为用益物权[1]、准物权[2]，以及直接借用《民法典》第126条规定的新型财产权利[3]。

（二）公权属性论

此观点也存在四个命题。

命题一，财产权是出现环境问题的根源。"外部性"理论认为，经济主体的行为能够对他人和社会产生非市场化的或好或坏的影响——正外部性和负外部性。环境问题是负外部性的一种。当前社会，如果仍然强调私有财产神圣不可侵犯，轻视因财产权保护所引发的环境问题，对国家干预持消极对抗态度，显然已不具备正当性基础。[4]

命题二，在环境保护领域引入市场机制属于规制手段的自我革新。"环境规制代际理论"认为，相较于以命令与控制为核心的环境规制方式，市场机制使排放主体可从减排量中获得收益，当减排收益高于减排成本时，能够调动市场主体的减排积极性。而在命令与控制方式下，排放主体只需遵循既定的排放标准，缺乏减排动力，[5]又因传统环境规制中采用的命令与控制手段难以调动排放主体积极性，且行政成本高昂，所以主动在环境保护中引入市场机制，以市场机制应对环境问题成为第二代环境规制的标志。[6]

命题三，建立碳排放交易市场的目的是环境保护，而非保护破坏环境者的经济利益，此为"碳市场工具论"主张，此论将碳市场定位为政府进行温室气体减排的工具。国家建立碳市场的目的是积极应对气候变化，减少温室气体排放，而非保护市场参与主体——破坏环境者的经济利益。据此，碳排放配额并

---

[1] 参见倪受彬：《碳排放权权利属性论——兼谈中国碳市场交易规则的完善》，载《政治与法律》2022年第2期；刘京：《论碳排放权的财产属性》，载《湖北社会科学》2013年第1期；叶勇飞：《论碳排放权之用益物权属性》，载《浙江大学学报（人文社会科学版）》2013年第6期。

[2] 参见王明远：《论碳排放权的准物权和发展权属性》，载《中国法学》2010年第6期。

[3] 参见孙茜：《建立和完善气候投融资案件裁判规则体系路径探析——以坚持和践行"两山"理念为视角》，载《法律适用》2022年第11期；曹明德：《中国碳排放交易面临的法律问题和立法建议》，载《法商研究》2021年第5期。

[4] See Huffman & James L., *Markets, Regulation, and Environmental Protection*, Montana Law Review, Vol. 55: 2, p. 425-434 (1994).

[5] 参见张宝：《环境规制的法律构造》，北京大学出版社2018年版，第74页。

[6] 参见张宝：《规制内涵变迁与现代环境法的演进》，载《中国人口·资源与环境》2020年第12期。

非一项受到宪法保护的利益。[1]

命题四,为实现减碳目标,要求国家积极干预、灵活管理。气候变化具有不确定性,政府需要根据最新信息及时调整。而一旦在法律上承认碳排放配额持有人对碳排放配额享有财产权利,极有可能导致权利人忽视碳排放配额所承载的环境价值并在一定程度上阻碍国家对碳排放市场的干预,使权利人获得超出其权利范围之外的利益。[2]

(三)双重属性论

在学界对碳排放配额应具备公权属性还是私权属性争论不休时,也有少量学者指出在公权与私权界限模糊的大背景下,认定碳排放配额仅具备单一法律属性已不符合现实要求,碳排放配额应当具有公权与私权双重属性。

1. 一般双重法律属性论

此论认为碳排放配额在分配之前,国家行政权力干预较多,此乃公权属性的体现;在分配之后的交易阶段,涉及交易双方的意思自治,此为私权属性的体现,且此论认可财产权是市场交易的前提。因此,碳排放配额兼具公权与私权双重属性。[3] 本文将此论称为一般双重法律属性论。

2. 二阶法律属性论

此论观点与一般双重属性论基本一致。区别之处在于,此论在认可碳排放配额双重法律属性的前提下,认为碳排放配额所处阶段不同,法律属性不同。以碳排放配额分配为节点,在分配以前,碳排放配额公权属性凸显,在分配之后的交易阶段,私权属性更明显。[4] 碳排放配额二阶法律属性论最早由秦天宝教授提出,之后试图以德国行政法的双阶理论予以补足,并获得部分学者的认可,[5]但支持此论者并未就碳排放权私权属性的具体内涵达成共识,在碳排放

---

〔1〕 See Tipton & Carrie A., *Protecting Tomorrow's Harvest: Developing a National System of Individual Transferable Quotas to Conserve Ocean Resources*, Virginia Environmental Law Journal, Vol. 14:2, p. 381 - 422 (1995).

〔2〕 参见杨本研、方堃:《碳排放权的法律属性研究》,载《环境保护》2021 年第 16 期。

〔3〕 参见李素荣:《碳排放权的法律属性分析——兼论碳排放权与碳排放配额的关系》,载《南方金融》2022 年第 3 期。

〔4〕 参见秦天宝:《整体系统观下实现碳达峰碳中和目标的法治保障》,载《法律科学(西北政法大学学报)》2022 年第 2 期。

〔5〕 参见魏庆坡:《碳排放权法律属性定位的反思与制度完善——以双阶理论为视角》,载《法商研究》2023 年第 4 期。

配额能否用于质押、何种情况下能够用于司法执行等关键问题上均存在较大分歧。

(四)理论评析

1. 私权属性论与公权属性论评析

碳排放配额私权属性论与碳排放配额公权属性论均试图构建自身理论体系,并取得一定成效。私权属性论认为气候变化问题属于典型的"公地悲剧",私有化是应对"公地悲剧"的有效途径,市场是配置资源的最佳方式,市场有效运行的前提是私有产权。因此,碳排放配额能够在碳市场内进行交易,其法律属性必须为一项私权。依此观点,碳市场建立的目的是合理配置温室气体排放资源,避免温室气体排放主体无序排放温室气体。对碳排放配额私权属性论,本文提出以下三点进行反驳。

一是私权属性论没有充分回应碳市场建立的必要性。应对"公地悲剧"不仅有私有化一种方式,还可通过政府管制来解决。环境问题作为"公地悲剧"的典型体现,政府管制是应对环境问题的普遍方式。此论并没有提及为何在减少温室气体排放时需要舍弃政府管制而适用市场手段,而是直接以私有化方式应对"公地悲剧"为逻辑起点论证碳排放配额的私权属性的正当性存在不足。

二是私权属性论严重依赖经济学理论,即市场理论和产权理论。经济学理论能否直接转化为法律表达;经济学理论是否必然限定法律规定;法律规定除了考虑经济学理论之外,是否应衡量其他重要价值因素,如社会公共利益、公平、正义,本论均未对上述质疑予以回应。本文认为从经济学理论假设中推导碳排放配额必须为私权属性存在缺陷。另外,我国排污权交易早于碳排放交易,我国学者对排污权的理论研究也早于碳排放配额的理论研究。排污权依行政许可设定,在行政许可范围内认定其排他性和可交易性已经得到广泛承认。[1] 且国外已建立碳市场的许多国家即使否认碳排放配额为一项财产,但其碳市场仍然能够有效运行。可见,碳排放配额的私权属性并非建立与运行碳市场的充分必要条件。

三是私权属性论回避政府宏观调控。此论从私有化出发,至私权属性为

---

〔1〕 参见邓海峰、罗丽:《排污权制度论纲》,载《法律科学(西北政法学院学报)》2007 年第 6 期;王清军:《排污权法律属性研究》,载《武汉大学学报(哲学社会科学版)》2010 年第 5 期。

止,始终没有考虑国家公权力对碳市场的影响。碳市场并非由市场主体自发形成,而是由国家公权力推动构建,与一般商品交易市场形成方式存在显著差异。国家公权力已经深度介入碳市场,碳排放配额的分配、碳排放配额清缴义务的履行、对碳市场的监管均离不开国家公权力。虽然国家对市场进行监管是为了避免市场失灵,难以据此证明碳市场具有公权色彩,但此论仍难以回应公权力介入碳市场其他环节是否会影响碳排放配额的法律属性。

基于以上论述,本文质疑私权属性论四个命题的正当性。

2. 公权属性论评析

公权属性论以引入市场机制进行环境保护属于政府规制手段的革新为出发点,强调国家建立碳市场的目标为减少温室气体排放,肯定国家灵活管理的必要性,得出碳排放配额应具备公权属性的观点。针对公权属性论,本文肯定命题一与命题四,但就命题二与命题三提出以下观点。

一是命题二尚未考察相关理论在我国能否适用。政府规制的代际理论以及环境规制的代际理论肯定市场在应对环境问题时的作用,建立市场机制是对应对环境问题的传统命令与控制方式的创新,此论已被法学界关注并得到广泛认可。相应地,建立碳市场目的为减少温室气体排放,并非对市场主体权利的确认及保护。碳市场发挥减排作用的方式是允许市场主体在市场内交易因采取节能减排措施形成的富余碳排放配额,并获得收益,以此激励温室气体排放企业减少温室气体排放。但是,以上观点均为抽象学理观点,尚未与我国现实情况结合,由于此论关系国家对碳市场的态度,在没有考察我国碳市场制度背景的前提下,基于一般学理观点得出的结论不具备合理性。

二是即使肯定环境规制的代际理论及国家建立碳市场的目标为减少温室气体排放而非保护一般主体的经济利益,并不必然推导出碳排放配额的公权属性。本文认为,两者之间存在逻辑断裂,碳排放配额公权属性论需要回应国家实现温室气体减排目标为何要求碳排放配额具有公权属性,以及如果认定碳排放配额具有私权属性将对我国实现温室气体减排产生何种负面影响。命题三仅肯定了碳市场并非为了保护碳市场参与主体的经济利益,却未能从正面推导出实现碳市场目标要求碳排放配额的公权属性,因此存在不足。

基于对私权属性论及公权属性论的分析,本文认为私权属性论具有严重不足,难以准确认定碳排放配额的法律属性,公权属性论因尚未考察我国实际情况,也存在不足,但其不足仍有弥补空间。待后文分析我国建立碳市场制度背景及公权属性对我国实现温室气体减排目标的必要性以尝试补足公权属性论的观点。

3. 双重属性论评析

一般双重法律属性论最大的弊端是难以指引社会现实。当私权属性论与公权属性论针对矛盾问题给出基于自身立场的解决方案,明确是与非时,一般双重法律属性论毫无作为。一般双重法律属性中是否存在占主导地位的属性;私权与公权哪种属性占据主导地位;在回答不同问题时,占主导地位的属性是否具有差异,一般双重法律属性论尚未回应上述争议。

对于二阶法律属性论试图以德国行政法的双阶理论予以补充完善,本文提出以下质疑。

一是双阶理论并不能用于解释碳排放配额的法律属性。德国行政法的双阶理论把单一行政事实纵向分割为两个法律关系,以确保行政机关以私法方式参与民事活动时受到公法约束,[1]典型的适用场景为行政协议。根据双阶理论,行政协议决定阶段的法律关系适用公法,履行阶段的法律关系适用私法。在行政协议订立及履行过程中,行政机关始终作为协议相对方参与。但碳排放配额的实践过程与行政协议存在明显不同,因此,并不能将此理论直接用于界定碳排放配额的法律属性,碳排放配额的分配与交易属于不同的法律事实,且政府运用公权力分配碳排放配额之后并未作为碳排放配额交易的相对方,而是作为碳市场的监管者参与整个交易过程,不符合德国行政法双阶理论的适用前提。

二是碳排放配额法律属性依阶段二分后仍难以规避公权属性与私权属性的冲突。持碳排放配额二阶法律属性论者似乎意识到双阶理论并不能完全适用于碳排放配额,加之双阶理论在行政法学界尚未达成共识,故二阶法律属性论者借助双阶理论予以补足。考察二阶法律属性论代表人的补足方式,秦天宝教授认为尽管碳排放配额的交易阶段以私权属性为主,但仍应基于公共利益考

[1] 参见严益州:《德国行政法上的双阶理论》,载《环球法律评论》2015 年第 1 期。

量,对碳排放配额施以必要限制,如仅有清缴履约后剩余的碳排放配额才能用于质押,承认碳排放配额清缴的优先性;仅有在碳市场上购买的碳排放配额才能用于执行,由国家无偿发放的碳排放配额不能用于执行。[1] 由其补足方式可见,碳排放配额交易阶段的私权属性仍需受到社会公共利益的限制,且私权属性应当让步于社会公共利益。二阶法律属性论即使通过划分阶段认定碳排放配额法律属性,仍难以规避特定阶段中公权属性与私权属性的冲突。造成这一冲突的原因可能在于二阶法律属性论者认识到碳排放配额清缴义务对减少碳排放的积极作用,必须以法律最大限度确保重点排放单位履行配额清缴义务,但又将配额清缴置于以私权属性为主的交易阶段,由此不得不对交易阶段中碳排放配额的私权属性予以必要限制。

三是二阶法律属性论在论证碳排放配额应为一项私权时与私权属性论的观点存在差异,且逻辑断裂。私权属性论从产权理论和市场理论出发,将碳排放配额界定为财产或财产性权益。而二阶法律属性论论证碳排放配额法律属性的思路则是交易阶段中交易当事人地位平等且意思自治,符合民事规范的基本特征,应当适用民事规范,故交易阶段的碳排放配额私权属性凸显。此处暂且不论私权属性论与二阶法律属性论正确与否,单比较两者在碳排放配额私权属性中的论证思路,不难发现,私权属性论始终聚焦于碳排放配额本身,论证思路可简化为“×××要求碳排放配额具有私权属性,且碳排放配额符合私权属性的特征,故碳排放配额的法律属性为私权。”二阶法律属性论从交易这一法律行为适用民事规范出发,据此认定碳排放配额的法律属性为私权。交易适用民事规范与碳排放配额的法律属性为私权之间存在逻辑断裂,两者关系并非不言自明。究其原因可能在于,双阶理论试图解决的是行政私法行为应适用何种法律规范,并非用于定性。二阶法律属性论若以双阶理论补足,得出的结论也应仅限于分配之前的阶段适用公法,分配之后的阶段可适用私法。至于碳排放配额的法律属性与法律规范之间的关系仍有待论证。

基于以上观点,本文否定碳排放配额私权属性论与双重属性论,肯定公权属性论具有一定合理性,但仍有待补足。

---

〔1〕 参见秦天宝:《双阶理论视域下碳排放权的法律属性及规制研究》,载《比较法研究》2023年第2期。

四、碳排放配额公权属性论之补足

(一)碳市场建立的目标为应对气候变化

1. 引入市场机制以应对环境问题

中共中央办公厅、国务院办公厅于2020年印发的《关于构建现代环境治理体系的指导意见》提出构建党委领导、政府主导、企业主体、社会组织和公众共同参与的现代环境治理体系,并将"坚持市场导向"作为环境治理基本原则之一,提出需"规范环境治理市场行为"。可见,我国已经认识到市场机制在应对环境问题中的作用,实现了对以命令与控制为核心的第一代环境规制的超越。

2. 考察碳市场建立目标

我国高度重视温室气体减排,并提出2030年碳达峰、2060年碳中和目标,展现了我国主动承担应对全球气候变化责任的大国担当。《中共中央、国务院关于完整准确全面贯彻新发展理念做好碳达峰碳中和工作的意见》规定了政府和市场两手发力的"双轮驱动"工作原则。国务院印发《2030年前碳达峰行动方案》明确碳达峰工作原则之一为"双轮驱动、两手发力",更好发挥政府作用,构建新型举国体制,充分发挥市场机制作用,大力推进绿色低碳科技创新,深化能源和相关领域改革,形成有效激励约束机制。早在2016年国家发展改革委办公厅印发的《关于切实做好全国碳排放权交易市场启动重点工作的通知》中,也明确建立全国碳市场的目的之一是"以控制温室气体排放、实现低碳发展为导向"。《碳排放权交易管理办法(试行)》也将"充分发挥市场机制作用,推动温室气体减排"作为立法目的之一。

国际上,全球气候变化问题早期一直存在较大争议,因为温室气体与全球气候变化的关系、人为活动在全球气候变化中是否起到主导作用、全球气候变化的危害等问题存在科学不确定性,更重要的是一旦采取应对气候变化措施,可能阻碍本国的经济发展,因此多数国家对气候变化问题持消极放任态度。但随着科学研究的深入,全球气候变化已经在相当程度上具有科学确定性。联合国政府间气候变化专门委员会(Intergovernmental Panel on Climate Change, IPCC)1995年发布的第二次报告显示,二氧化碳排放是人为导致气候变化的最重要因素;2014年发布的第五次报告显示,人类活动导致全球变暖的可能性为

95%以上;加之冰川融化、海平面上升等现实紧迫危险,国际社会认识到必须合力应对气候变化问题,减少温室气体排放,先后形成《联合国气候变化框架公约》《京都议定书》《巴黎协定》等国际条约。碳排放交易机制最早由《京都议定书》确立,属于国家间交易,[1]但为今后国内碳排放交易制度奠定了基础。可见,碳排放交易制度的建立初衷就是为了应对日益严峻的气候变化问题,发挥市场机制在减少温室气体排放过程中的作用。

从国际碳市场的建立过程及我国建立碳市场的相关政策文件可以看出,碳市场是国家为应对气候变化问题而推动形成。同时,考察其运行实践,可以发现其符合第二代环境规制的特征。首先,碳市场制度由国家推动建立,而非由温室气体排放单位自发对其温室气体排放量进行的交易。国内外碳市场的形成离不开政府的推动。温室气体排放企业需要为此付出成本,主动建立碳市场的可能性不大,只能由政府推动建立,并运用国家强制力强制部分温室气体排放企业进入市场。为了减少建立并推行碳市场的阻力,早期碳排放配额由政府免费发放,待碳市场更加成熟,将采取碳排放配额有偿分配方式。欧盟即采用此方式推行碳市场。其次,碳市场离不开政府的监督与惩戒职能。理论上,为了发挥碳市场的减排功能,政府需要在一定标准基础上确定某年度温室气体排放总量,从而形成总碳排放配额,根据一定计算方式确定温室气体排放企业的具体配额。欧盟碳排放配额即是按照此方式分配。但由于我国尚未实现碳达峰目标,温室气体排放总量仍在增加,难以确定一定年度的总量,所以我国采取了"以基准线为主"的强度控制作为碳排放配额的分配方式。为控制重点排放单位排放温室气体的额度,政府对其附加清缴义务,即重点排放单位持有的以碳排放配额为主的温室气体排放额度必须大于或等于其实际排放量,重点排放单位未履行清缴义务时需承担法律责任。

碳市场的建立目标为减少温室气体排放,由我国政府推动形成且离不开政府的监督与惩戒,可见其是我国政府积极应对环境问题的产物。

(二)碳排放配额公权属性对实现碳市场目标的必要性

此处需结合碳排放配额实践创新来说明碳排放配额的公权属性对实现我

---

〔1〕 参见宋晓燕:《全球治理视野下的国际经济秩序发展与法治化》,载《东方法学》2023年第2期。

国“双碳”目标的重要性。

1. 我国碳排放配额实践创新

碳排放配额实践创新，是指将碳排放配额应用于交易之外，现在已经存在碳排放配额质押和碳排放配额司法执行两种方式。

以碳排放配额为质押标的是碳金融的新发展，《民法典》并没有规定碳排放配额是否可以用于担保，但是最高人民法院《关于完整准确全面贯彻新发展理念　为积极稳妥推进碳达峰碳中和提供司法服务的意见》认可了碳排放权注册登记机构进行质押登记的法律效力。试点碳排放权交易市场也进行了碳质押实践，上海试点碳市场还出台了相应的碳排放配额质押管理办法。

碳排放配额司法执行，即在民事诉讼中，人民法院冻结重点排放单位的碳排放配额，并试图拍卖、变卖碳排放配额为重点排放单位偿还债务。最高人民法院《关于完整准确全面贯彻新发展理念　为积极稳妥推进碳达峰碳中和提供司法服务的意见》明确规定碳排放配额与核证自愿减排量均可用于执行。

此外，当重点排放单位破产时，碳排放配额清缴履约义务的顺位，以及是否允许破产企业以碳排放配额清偿债务，我国目前均未作出法律规定。由于目前尚无重点排放单位进入破产程序，理论界与实务界尚未对其予以关注。

诚然，上述碳排放配额的实践创新，都可能与清缴履约义务产生直接冲突。以碳质押为例，如果质押人不能按时偿还债务，需拍卖、变卖碳排放配额，从而可能会导致企业剩余配额不足以完成清缴，必须在市场上再行购买碳排放配额，企业此时极有可能缺乏资金购买对应配额，因此不能按时足额完成清缴履约义务。同理，如果允许碳排放配额作为执行标的物，企业可能缺乏资金不能在碳市场购买足额碳排放配额以完成清缴履约义务。可以看出，如果允许碳排放配额创新，拓宽碳排放配额适用范围，使其不仅限于交易，并且不对实践创新施加一定限制，在一定程度上会增加企业清缴履约难度，提高企业不能清缴的风险。

2. 履行碳排放配额清缴义务是实现碳市场目标的必然要求

清缴义务是为了限制重点排放单位排放温室气体。碳市场本是为了减少温室气体排放而建立，在这个市场内，重点排放单位持有的碳排放配额是浮动的，构成对温室气体排放总量的动态控制。如果重点排放单位超过总量排放，就需对其进行处罚。如果允许重点排放单位将其持有的碳排放配额通过交易等方式变现以偿还私人债务,极有可能致使变现后的碳排放配额总量不足。无疑,未能完成清缴义务的重点排放单位应当承担相应的法律责任,但是此时未能完成清缴义务的法律责任反倒成为重点排放单位"合法性"的证明。因为,一般债权人通过债务人变卖的碳排放配额获得了清偿,重点排放单位也因未能完成清缴义务受到相应惩罚,可谓既维护了债权人的利益,又惩治了不法行为,何乐而不为。但这种做法忽视了重点排放单位超额排碳行为本身对大气环境造成的损害。碳市场上碳排放配额的总量是确定的,理想状态下,每个重点排放单位的温室气体实际排放量应当小于或者等于其持有的碳排放配额,从而使得总的温室气体排放量控制在确定的碳排放配额总量之下,以达到控制温室气体排放的目的。然而,一旦重点排放单位交易碳排放配额的原因不是因其持有富余碳排放配额而是为了清偿债务等其他情形,其他重点排放单位购入此部分碳排放配额后,相应地,意味着买入碳排放配额的重点排放单位提高了排放温室气体的限制额,极有可能增加总的温室气体排放量,有损社会公共利益,使碳排放市场建立的初衷——减少温室气体排放难以真正得以落实。

3. 公权属性必要性

为最大限度实现碳市场减排功能,必须对碳排放配额的处置施加必要限制。如果仍将其视为一般的财产权利,强调私有产权神圣不可侵犯与意思自治,并试图排除国家干预,已不具备正当性。民法学者基于对所有权绝对理念的反思,提出财产权的社会义务理论,认识到仍然追求充分的财产自由已经不具备现实基础,财产权的行使必须有助于实现公共福祉[1]。不管是环境规制的代际理论还是财产权的社会义务理论,都在一定程度上体现了公权与私权出于公共利益考量进行的沟通与融合。但两者又存在显著区别,前者侧重于政府运用市场手段治理环境问题;后者强调限制私人财产所有权以保障社会公共利益。而随着社会治理方式的演进,公法和私法的界限越来越模糊已经成为共识,但两者仍然有各自"质"的规定,即公法以社会利益为核心,私法以私人利益为核心。[2] 碳排放配额以减少温室气体排放为首要目标,以实现社会公共利益为初衷,因此应当立足于公权。

---

〔1〕 参见张翔:《财产权的社会义务》,载《中国社会科学》2012 年第 9 期。

〔2〕 参见张淑芳:《私法渗入公法的必然与边界》,载《中国法学》2019 年第 4 期。

五、碳排放配额公权属性的现实意义

(一)我国碳市场现状要求碳排放配额具有公权属性

现阶段,全国碳市场内碳排放配额为无偿发放,为发挥碳市场减排功能,更应强调碳排放配额的公权属性。重点排放单位获取碳排放配额时并未支付对价,财政部《碳排放权交易有关会计处理暂行规定》明确规定对无偿取得的碳排放配额不作账务处理,可见不应将免费发放的碳排放配额视为财产。当前,司法机关在处理案件过程中,过分强调保护债权人的利益,忽视了碳排放配额承载的社会公共利益。如果允许司法机关任意冻结碳排放配额,致使重点排放单位不能完成清缴履约义务,既不利于我国碳市场的发展,也不利于我国"双碳"目标的实现。

限制重点排放单位处置碳排放配额。湖北碳市场早期曾规定控排企业免费配额仅有20%的部分可卖出;重庆碳市场早期曾规定控排企业卖出的免费配额仅有50%的部分可卖出,《重庆市碳排放权交易管理办法(试行)》修订为"重点排放单位须保证其履行清缴义务前在注册登记系统中保留的碳排放配额数量不少于其免费获得的年度碳排放配额数量的50%",提供了限制免费配额交易的有益经验。

(二)立足于公权的碳排放配额意味着适度创新

碳排放配额因其以实现社会公共利益为首要价值追求,应以公权为本,但并不排斥质押、执行等实践创新。碳市场的作用集中体现在价格激励,重点排放单位因采取低碳生产方式形成的富余配额可通过碳市场获取经济收益。除了通过交易获取经济收益外,还可通过质押等方式实现。市场内已经不限于传统的即时交易,还包括远期交易,甚至基于商品价值产生的信用形成了担保。为了充分发挥碳市场激励排放者减排的效果,对碳排放配额质押等方式应当采取更加开放的态度,不能完全禁止现实中碳排放配额的金融创新。但是,以碳配额质押为标志的碳排放配额金融创新,会在一定程度上影响重点排放单位履行清缴义务,企业作为清缴义务人和质押人,当碳排放配额不能同时满足清缴义务和实现质权时,需要明确优先履行碳排放配额清缴义务。

基于碳市场的建立初衷,更为了服务我国"双碳"目标的需要,必须在法律层面明确清缴义务的优先性,而清缴义务的优先性则构成了碳排放配额实践创新的最大限制。

六、结语

碳市场是党中央、国务院为实现我国“双碳”目标作出的重要部署。碳排放配额作为国家分配给企业的温室气体排放额度,是碳市场的主要产品,其法律属性一直存在争议。为了回应实际需求,更为了确保我国碳市场平稳运行,有必要明晰碳排放配额的法律内涵及属性。碳市场是政府运用市场手段解决环境问题的产物,碳排放配额以服务社会公共利益为首要价值追求,决定了其必须立足于公权。市场手段并不限于交易,应允许碳市场不限于“交易”。碳市场减排作用集中体现在碳排放配额清缴义务,碳排放配额实践创新必须以满足清缴义务为先。本文仅就碳排放配额实践创新提出总括性要求,碳排放配额质押、执行等实践创新的具体规则仍有待进一步研究。

13."跨"而"专":长江流域法院初探

——以司法管辖制度改革为背景

向楚旭*

内容摘要:长江流域现行环境资源案件集中管辖改革多在省域内进行,不能完全解决行政区划对长江流域自然属性的分割问题和地方保护主义问题,不利于裁判尺度的统一和司法协同治理。总结省内跨区域集中管辖经验,结合我国实情和国际流域治理的有效做法,设立长江流域法院具有合理性和可行性。为确保审判资源全覆盖,可以根据长江流域环境资源案件数量分布情况,设立长江流域法院的派出法庭或巡回法庭。作为专门法院,长江流域法院的设立需要立法或中央授权,也需要加强与各级法院、公安机关、检察机关以及执法机构协同治理,共同构建长江流域现代化司法体系。

关键词:长江流域　集中管辖　专门法院

环境资源保护案件管辖制度的完善,是司法管辖制度改革的重要内容,是确保流域现代化治理的有益探索,也是生态文明法治的基本保障。中国共产党第十八届中央委员会第三次全体会议通过的《中共中央关于全面深化改革若干重大问题的决定》提出了"探索建立与行政区划适当分离的司法管辖制度"[1]的改革目标。2014 年,最高人民法院提出要逐步改变现有环境资源管辖模式,遵循环境自然属性,结合各地案件数量,探索设立跨行政区划环境资源专门审

---

* 向楚旭,法学学士,湖北省恩施土家族苗族自治州中级人民法院法官助理。

[1] 《中共中央关于全面深化改革若干重大问题的决定》,载中华人民共和国中央人民政府网 2013 年 11 月 15 日,https://www.gov.cn/jrzg/2013-11/15/content_2528179.htm。

判机构,实行对环境资源案件的集中管辖。[1] 即探索以流域或以生态功能区为基础的环境资源案件跨行政区划的集中管辖,包括跨省域集中管辖和省域内集中管辖。[2] 近年来,全国多地法院对流域环境资源案件司法管辖进行了有益探索,呈现出多形态管辖模式,但集中表现为省域内的基础性尝试,具有一定局限性。长江流域面积约为180万平方千米,约占我国国土面积的18.8%,具有重要的战略地位,其本身具有整体性、关联性、差异性等自然特征,现有管辖模式不足以解决长江流域司法与行政重叠而产生的诸多问题。

一、现状检视

我国《民事诉讼法》规定了级别管辖和地域管辖两大类诉讼管辖模式。同时为了确保公平公正审理案件,解决不同法院之间的管辖协同问题,提高审判效率,还规定了移送管辖和指定管辖。司法实践将移送管辖和指定管辖的规定作为集中管辖的法律依据,使部分案件在省域范围内得以集中到指定法院审理。有学者认为,集中管辖是指定管辖的一种表现形式或变通[3],现任第十三届全国人民代表大会宪法和法律委员会副主任委员,原最高人民法院党组副书记、副院长、审判委员会委员,二级大法官江必新认为集中管辖是实施专门管辖的早期探索[4]。环境资源保护民事案件多为侵权纠纷,根据《民事诉讼法》第29条之规定,侵权案件一般由侵权行为地或者被告住所地人民法院管辖。侵权行为地既包括侵权行为实施地,也包括侵权结果发生地。长江是我国第一大河,也是亚洲第一长河,水源流动性使环境污染或资源侵害结果带有“蝴蝶效应”,一起环境资源损害事件可能导致多地出现损害结果,按照侵权结果发生地确定管辖法院可能存在相互推诿等情形,降低了审判效率,也难以查清全部损害事实。而按照侵权行为发生地或者被告住所地确定管辖法院又往往存在地方保护壁垒,不利于实现公平公正。为提高环境资源保护案件审判质效,提高

---

〔1〕 参见《最高人民法院关于全面加强环境资源审判工作为推进生态文明建设提供有力司法保障的意见》,载《人民法院报》2014年7月4日,第4版。

〔2〕 参见李庆保主编:《环境司法概论》,法律出版社2023年版,第20页。

〔3〕 参见刘国红:《生态环境保护案件跨区集中审理研究——以贵州黔南中院为视角》,载《贵州法学》2014年第11期。

〔4〕 参见江必新:《论环境区域治理中的若干司法问题》,载《人民司法(应用)》2016年第19期。

专业化水平,长江干流流经的青海、四川、西藏、云南、重庆、湖北、湖南、江西、安徽、江苏、上海11个省(自治区、直辖市)和支流展延而至的贵州、甘肃、陕西、河南、浙江、广西、广东、福建8个省(自治区)[1],大多进行了专业审判机构和跨区域集中管辖探索,许多省份、地区之间尝试进行了司法协作。

(一)现有集中管辖模式

从长江流域各省关于环境资源保护案件专业审判机构和集中管辖模式来看,均是对省内跨区县或地市的案件实行集中管辖,在一定区域范围内实现了审判资源的集中和裁判尺度的统一,主要有4种模式。

一是省内跨县域集中管辖模式。如青海省高级人民法院于2023年2月8日发布了《青海省高级人民法院对全省环境资源案件跨行政区域进行集中管辖并就环境资源案件范围进行明确的公告》,明确了应由基层法院管辖的环境资源刑事案件(包括环境资源刑事附带民事公益诉讼案件)、环境资源民事案件(包括生态环境保护民事公益诉讼案件)、环境资源行政案件(包括环境行政公益诉讼案件)实行跨行政区域集中管辖,其一审分别由西宁铁路运输法院、西宁市城西区人民法院、海东市乐都区人民法院、海西州格尔木市人民法院、黄南州同仁市人民法院、果洛州玛沁县人民法院集中审理。[2] 又如福建省在省内设置巡回法庭对跨县级行政区划的环境资源案件实行集中管辖。

二是特定案件实行集中管辖。如湖北以跨地级行政区划审理环境公益诉讼,形成由省法院环境资源审判庭指导、5个中级人民法院环境资源审判庭集中管辖环境公益诉讼案件、10个生态环境保护法庭和N个审判团队审理环境资源案件的"1+5+10+N"环境资源审判专门化体系。[3]

三是以行政区划为依托,保留传统的司法管辖与行政区划重叠的模式,设置环境资源审判庭或专门合议庭。如四川省基层人民法院和全省22个中级人民法院均设立环境资源审判庭或专门合议庭,相关基层人民法院结合旅游资源

---

〔1〕《长江流域》,载长江水利网2023年7月13日,http://www.cjw.gov.cn/zjzx/lypgk/zjly/。

〔2〕《青海省高级人民法院对全省环境资源案件跨行政区域进行集中管辖并就环境资源案件范围进行明确的公告》,载青海省高级人民法院网2023年2月21日,http://qhgy.qhfy.gov.cn/article/detail/2023/02/id/7153321.shtml。

〔3〕湖北省高级人民法院:《湖北法院开展长江大保护环境资源审判白皮书(2018—2022年度)》,载湖北省高级人民法院网2022年11月23日,http://hubeigy.hbfy.gov.cn/article/detail/2022/11/id/7032501.shtml。

丰富的特点,在5A级景区或重点景区设立旅游环保法庭67个。[1]

四是以流域生态功能区为单位进行专门管辖,对特定水域范围内的环境资源案件设置专门的环境资源审判庭,实行集中管辖。[2] 如江苏省高级人民法院根据江苏省拥江滨海、河湖众多、水网密布的生态环境特点和司法保护实际需求,以生态功能区为单位,设立长江流域、太湖流域等9个基层法院环境资源法庭,跨区市集中管辖全省基层法院涉环境类案件。[3] 又如湖南省岳阳市君山区人民法院洞庭湖环境资源审判庭、长沙市开福区人民法院湘江环境资源审判庭等。

(二)流域案件数量分布不均

无论是案件总量还是案件类型,长江干流流经的各省(自治区、直辖市)之间存在一定的差异,环境资源保护案件数量最多的是云南省。从《中国环境资源审判(2022)》公布的数据来看,2022年全国法院共受理环境资源一审案件273177件,其中审结246104件,截至2022年12月,全国31个省(自治区、直辖市)共有环境资源审判专门机构(组织)2426个,每个环境资源审判专门机构(组织)平均办结案件112件。四川省2019年至2022年办理了一审环境资源案件25085件,共有67个基层人民法庭,每个法庭每年平均办理案件125件。安徽省2021年全省法院共受理各类环境资源案件17976件,审结16358件。在大力推进环境资源审判专门化建设中,全省共设立环境资源专门审判机构(组织)125个,每个机构(组织)平均审结130件。[4] 江苏法院实行"9+1"模式,2019年至2021年共受理环境资源类案件7116件,结案5578件,年均结案1859件。青海省年均案件数不多,但6个集中管辖一审案件的法院平均办案数较多,从青海省高级人民法院2022年公布的数据来看,近10年青海法院办理环境资源一审案件共13755件,每个集中管辖的基层法院每年平均办理229件。[5]

---

〔1〕 四川省高级人民法院:《四川环境资源审判白皮书(2019—2022)》,载峨眉山长安网,https://www.ems.leshanpeace.gov.cn/cayw/20221026/2668869.html。

〔2〕 强雅倩:《长江流域水污染防治地方协调机制研究》,湘潭大学2020年硕士学位论文。

〔3〕 江苏省高级人民法院:《江苏环境资源审判白皮书(2019年—2022年)》,载江苏法院网2022年7月1日,http://www.jsfy.gov.cn/article/93832.html。

〔4〕 高立迩、唐欢:《省高院发布环境资源司法保护状况白皮书》,载安徽新闻网,http://fzr.ahnews.com.cn/news/2022/06/06/c_229654.htm。

〔5〕 祁增蓓:《青海法院:以最严格的制度最严密的法治保护生态环境》,载中国西藏网,http://www.tibet.cn/cn/ecology/202209/t20220919_7276104.html。

在中国裁判文书网检索案由"破坏环境资源保护罪"和"环境污染责任纠纷",发现长江流域各省市刑事案件数量分布差异较大,干流流域的案件数量最多的为云南省,其他案件数量较多的为湖南、江西、四川、湖北等省份。(见表1)

表1 长江干流各省环境资源保护案件情况

单位:件

省(自治区、直辖市)	破坏环境资源保护罪	环境污染责任纠纷	合计
青海	598	18	616
四川	7782	995	8777
西藏	415	0	415
云南	14604	229	14833
重庆	4535	601	5136
湖北	7159	287	7446
湖南	8710	610	9320
江西	8640	140	8780
安徽	6229	456	6685
江苏	7139	1087	8226
上海	1145	79	1224

(三)流域环境司法协作不畅

司法协作协同是目前长江流域环境司法跨区域合作机制的重要手段,多以协议、宣言等文件形式为支撑,比如江苏省、安徽省高级人民法院建立跨省生态环境修复资金移交机制,推动《长三角地区人民法院环境资源司法协作框架协议》落地、落实、落细。湖南、湖北、江西三省高级人民法院共同签署《关于建立长江中游生态环境保护区域司法协作的长沙·橘子洲头绿色宣言》,构建长江中游城市群审判工作协作机制。但"框架协议""宣言"具有明显的政策属性,并不是法律规范,缺乏相应的约束力,责任承担的内容相对较少。除此之外,目前长江流域环境司法协同主要存在于法院、检察院系统内部,跨部门协作以及与行政机关等的协作较少,协作范围较窄,未能形成系统、全面的协作机制。最突出的问题在于,协作机制多以会议、论坛等形式开展,常停留于纸面,缺乏具体的操作细则,未能充分发挥实质性化解矛盾纠纷、加强环境保护等作用。

二、发现的问题及原因分析

总体而言,长江流域现有管辖模式多为跨县域集中管辖,个别省份如江苏省设立跨区市集中管辖基层法院,不利于对长江流域实行整体保护,难以攻克地方保护主义壁垒,不利于统一裁判尺度和节约利用审判资源。

第一,不利于对长江流域实行整体保护。长江具有明显的整体性、关联性、差异性。一是整体性。干流、支流和湖泊相互连通,形成了完整的生态系统,土壤、水质、生物、微生物、植被之间相互作用,水分子在干流、支流、地下水和地表水之间循环。二是关联性。基于流域的自然属性,发生于某一水域的环境资源案件不仅仅影响该水域,还有可能影响其他水域乃至整个流域。上游、中游的生态环境状况会影响下游,任一要素的变化都有可能对整个水域产生影响。比如三峡水库引发的水华与微震现象导致长江部分支流的水质和排污能力下降[1]。三是差异性。长江流经高原、山地、丘陵、平原与盆地,各地地貌、生态环境和资源类型、储量存在差异,人文风俗也有所不同,案件类型和数量相差较大。因此,现有的跨县域或跨市区集中管辖模式难以对跨省域的环境资源案件进行"长臂"管辖。虽然许多省份、地区之间尝试协作配合,但缺乏具体的操作规范,也缺乏相应的约束力,难以对整体保护发挥实质性作用。

第二,难以攻克地方保护主义壁垒。"共抓大保护、不搞大开发"是长江保护和经济发展的实践指南。但是为了经济利益,存在行为主体违反环境保护规定过度开发利用沙土、水利资源或者不按规定排放污染物等情形,破坏长江流域生态环境。虽然部分省、市法院探索出了跨县域的集中管辖制度,但仅能突破县域政府部门对司法工作的干预,在省级行政区域范围内,还是存在为了促进经济发展、平衡各方利益而实施行政干预的情形,比如某犯罪组织非法采砂案,在追究法律责任过程中,发现了其背后具有"保护伞"的问题。另外,生态文明建设是系统工程,需要各单位各部门齐抓共管,环境执法监管中因相互推诿、怠于履职而产生的行政案件,由其他法院管辖更有利于确保案件审理公平公正。因此,需要进一步加大集中管辖改革力度,为长江流域保护提供更大司

[1] 强雅倩:《长江流域水污染防治地方协调机制研究》,湘潭大学 2020 年硕士学位论文。

法保障。

第三,不利于统一裁判尺度。受案件数量、案件类型、文化差异和审判资源等因素的影响,长江流域各省份对破坏环境资源保护罪的量刑幅度、环境资源民事及行政案件的裁判尺度不尽相同,比如在解决是否将生态修复义务履行情况纳入量刑情节、环境公益诉讼纠纷调解协议如何确认、如何有效结合修复工作与应急处置、如何以实现赔付为目的适当调整磋商程序、如何衔接和协调生态环境修复责任与行政处罚责任或者同一行为所追究的行政责任、民事责任和刑事责任等疑难复杂问题时存在差异,需要进一步加强流域内裁判尺度的统一。

第四,不利于节约利用审判资源。从长江流域各省份环境资源保护案件数量来看,云南省案件数量最多,部分省市之间案件数量最多相差10000余件,不少环境资源专门审判机构存在“等米下锅”的问题。在全国法院案多人少矛盾突出的情况下,应根据案件数量分布情况合理配置司法资源,避免司法资源浪费。

省内试行环境资源案件集中管辖是现实和逻辑的结果,建立流域专门法院需要在总结经验的基础上逐步推行。现有集中管辖模式存在诸多问题,是制度、立法、经济、人才等各方面原因共同所致。

(一)制度困境

根据《人民法院组织法》第15条第2款的规定,专门人民法院的设置、组织、职权和法官任免,由全国人民代表大会常务委员会规定。跨区域集中管辖法院,特别是跨省域集中管辖法院如何设置、法官如何任命、如何接受人民代表大会及其常务委员会的监督,均缺乏相关制度规定。另外,环境资源保护案件涉及公安、检察机关的衔接配合,跨省级集中管辖不易落实。

(二)法律障碍

各省之间虽然签订了框架协议,但跨省地域交流并不密切。最高人民法院《关于贯彻〈中华人民共和国长江保护法〉的实施意见》《关于为长江经济带发展提供司法服务和保障的意见》《关于全面加强长江流域生态文明建设与绿色发展司法保障的意见》等文件构成了长江流域司法治理的指导规范,为环境资源保护案件集中管辖指明了方向,但法律、司法解释没有明确规定设立环境资源保护案件跨省域集中管辖制度,致使在长江流域系统性地设立跨省域集中管辖法院缺乏明确的法律依据。

(三)人才短板

环境资源保护案件不同于一般的民事、刑事、行政案件,审理此类案件具有较高的专业性,对审判人员的综合素质要求较高,既要熟悉民事、刑事、行政诉讼和执行程序,以满足"四合一"的审判执行需要,还要对环境监测、环境要素等专业知识有所了解,因此需要选用专业的审判团队。环境资源案件本身具有复杂性,特别是生态环境污染责任纠纷在确定恢复费、损害费时往往依赖于鉴定或第三方评估,有时甚至需要督促相关行政主管机关监督执行,需要法官、司法辅助人员积累丰富的工作经验。目前需要加大此类审判人力资源的储备力度,以满足现代化环境司法理念和统一裁判尺度等现实之需。

(四)经济因素

环境资源案件集中管辖法院的机构建立、人员培训、设备配置等,都需要花费资金,改革经济成本较高。另外,现有法官绩效考核与案件数量紧密相连,而长江流域各省(自治区、直辖市)的案件数量不尽相同,在何处建立集中管辖法院、如何确定绩效考核方法、财政资金如何拨付等都是现实难题。

(五)诉讼便利问题

实行生态环境保护案件集中管辖,与普通地域管辖的法院相比,当事人的诉讼成本会增加,比如诉讼代理费、交通费等,所需时间成本也会增加。[1] 若集中管辖法院到各地取证调查、巡回开庭,也会增加办案成本,不利于节约司法资源。

三、路径探索

案件管辖是体现程序正义并直接影响实体公正及办案效率的重大程序问题。目前,最高人民法院已经设立了环境资源审判庭,省内环境资源案件的跨区域集中管辖已经有了近 10 年的尝试和探索,应该在总结经验的基础上更大程度地突破地域限制,实现环境案件跨区域管辖全覆盖,寻找能够妥善承载革

---

〔1〕 李雷、李庆保、张勇:《京津冀协同环境司法中的集中管辖问题研究》,载《河北法学》2017 年第 11 期。

新逻辑的体制机制。为实现长江流域环境资源案件整体管辖与专门管辖,合理配置司法资源,保障长江流域内各地诉讼的便利性与裁判尺度的统一,可以设立流域专门法院——长江流域法院,将原本归属各省管辖的涉及长江流域的一审环境资源案件统一归口于长江流域法院审理执行,实现环境资源保护案件民事、刑事、行政和执行“四合一”。

(一)具有合理性

建立长江流域法院具有合理性。一是有效解决省域内集中管辖无法突破行政权力制约的问题。有观点认为,省级统筹无力实现去地方化的目标,反而强化了省一级机构的控制能力[1]。而中央司法权力的下沉,可以从根本上解决环境司法受地方党委政府干预的问题,更有利于系统、有效地保护环境资源,守护绿水青山。

二是机制层面需要统一的司法服务机关。尊重自然、顺应自然、保护自然,是实质化、一体化司法保护长江流域生态环境的内在要求。长江保护法实施后,水利部长江水利委员会统一行使行政管理职责,全新的流域治理模式需要统一的司法机关。

三是国内实践经验的总结。跨省级行政区划的集中管辖制度在京津冀有了成功尝试,即知识产权案件集中到北京管辖、涉外海商事案件集中到天津管辖、跨区划环境资源案件集中到河北管辖。该成功经验是长江流域法院加强与各级法院司法联动的有效示范。

四是有利于高效分配审判资源。建立长江流域法院及其巡回法庭或派出法庭,可以取消基层法院设立的环境资源保护合议庭,选拔具有环境资源保护专业知识、法律知识的复合型法官和辅助人员加入长江流域法院,实现案件分流,提高环境司法专业化水平。流域专门法院便于完善环境资源交叉领域的审判规则和裁判方式,持续探索环境资源审判与其他专业性审判的融合互通,提升环境资源整体治理水平,也有利于优化环境资源审判程序,科学确定环境资源机构职责范围,明确环境资源审判的统一裁判标准,制定审判指南,提高服务质量。

---

〔1〕 李雷、李庆保、张勇:《京津冀协同环境司法中的集中管辖问题研究》,载《河北法学》2017 年第 11 期。

五是域外实践经验的启示。从莱茵河、湄公河、密西西比河、泰晤士河等国际河流治理方式的完善过程来看,逐渐尊重水流动的自然属性,最终达成系统意识和流域意识,以全流域的高度进行治理。有的国家成立专门的流域法院,与普通地域管辖法院平行,取得了较好的司法效果。

(二)具有可行性

第一,智慧法院建设提供科技力量,司法便民落实、落地。发挥"互联网+"优势,充分运用"人民法院在线服务"、"人民法院律师服务"和电子送达、远程庭审等平台,推广网上立案、网上交退费、网上开庭等电子诉讼服务,确保就近能办、异地可办,降低诉讼成本。

第二,专门法院提供经验指导。目前,我国已有军事法院、海事法院、知识产权法院、金融法院等专门法院,在组织建设、人员任命、财政支持等方面都有经验可循。比如可以综合考虑现有专门法院选址经验,结合长江流域各省(自治区、直辖市)案件数量、生态功能等因素确定长江流域法院的选址及巡回法庭或派出法庭的分布。又如全国11个海事法院,审理管辖范围内的一审海事、海商案件,上诉案件则由各地高级人民法院审理,这为长江流域法院的上诉案件审理机构提供了有益参考。

第三,黄河流域实践经验参考。2020年最高人民法院发布的《关于为黄河流域生态保护和高质量发展提供司法服务与保障的意见》提出"探索构建流域、湿地等生态功能区和国家公园等自然保护地涉生态保护案件的跨省域集中管辖机制",即将跨省级行政区划环境案件的集中管辖改革作为既定的改革目标。最高人民法院回复关于依托兰州环境资源法庭建立黄河上游流域生态环境司法专门管辖机制的建议时称,建议中的跨省级行政区划集中管辖问题,涉及对人民法院组织体系和环境资源审判机制的重大调整,目前尚无明确的法律依据或者中央授权,但最高人民法院将以生态环境监管体制改革和司法体制综合配套改革为契机,深入研究,充分论证,为推动黄河流域环境资源案件跨省级行政区划集中管辖创造有利实践条件,进一步说明跨省级行政区划集中管辖具有现实需求。

第四,检察机关探索跨区划集中管辖。环境资源保护案件需要审判机关与检察机关衔接配合,而检察机关亦在探索研究设立流域保护检察院,以解决管辖权限分割问题,改善低效管理现状,促进司法公正,统一司法标准,优化司法资源配置。目前,我国跨区划人民检察院改革试点良好,专门检察机构初现雏形,比如现有的军事检察院和铁路运输检察院运行良好。从国际视野看,俄罗斯联邦检察院的成功示范为我国提供了有益借鉴。俄罗斯联邦设立了一个全流域性的自然保护检察院,即伏尔加河跨地区自然保护检察院,形成了高效且系统的监督体制机制。[1]

(三)长江流域法院的组织体系设置

首先,明确长江流域法院的属性。流域法院与海事法院、军事法院、知识产权法院、金融法院性质相同,属于专门法院。流域法院成立的终极目标,不仅是环境司法专门化,更重要的是去地方保护主义,提高环境司法的公正性与环境保护效率。国家流域法院可以根据我国河流分布情况,在珠江、长江、黄河、淮河等较大流域设立流域法院,审理流域内环境资源保护案件。长江流域法院作为专门法院,是对地方各级法院的衡平与补充,应由全国人民代表大会产生,受全国人民代表大会及其常务委员会监督,向全国人民代表大会做工作报告。

其次,根据案件数量等因素设立派出法庭或巡回法庭。长江流域面积宽广,绵延 180 万平方千米,为更加方便当事人诉讼,提高审判执行质效,可结合案件数量分布、生态功能划分等情况成立长江流域法院的派出法庭或巡回法庭,让司法更加贴近人民群众。

然后,可以借鉴国际实践经验,成立专家团,由环境保护技术、环境工程、环境科学等方面的专家组成。合议庭的人民陪审员可以从专家团中选任,以提升审判组织的专业性。

再次,长江流域专门法院是相对独立的审判组织,不宜在原铁路法院、海事法院的基础上进行改造,而是应结合案件数量、地理位置、审判资源等因素商榷长江流域法院的选址。湖北省环境资源保护案件数量位居长江干流各省(自治区、直辖市)前列,武汉市在长江经济带发展格局中具有重要作用,其位于长江中游,是水利部长江水利委员会、生态环境部长江流域生态环境监督管理局的驻地,具有案件数量多和区位好的优势。另外,武汉市拥有丰富的教育资源和

---

〔1〕 张健伟:《关于中国设立流域保护检察院的基本构想——以司法管辖制度改革为背景》,载《中国检察官》2019 年第 15 期。

人才资源,有利于选拔、培养专业性审判人才。因此,可以将长江流域法院选址在武汉市。

在层级设置上可以考虑三个层级:第一层级为最高人民法院环境资源审判庭,审理部分审判监督案件。第二层级为长江流域法院所在地的高级人民法院,审理长江流域法院的上诉案件和部分审判监督案件。第三层级为长江流域法院及其派出法庭或巡回法庭,审理一审环境资源保护案件和部分一审生效案件的审判监督案件。

最后,设立长江流域法院需要立法明确规定或中央授权,并在此基础上构建环境司法内外协作体系,以联席会议、信息共享为依托,与公安机关、检察机关加强衔接配合,与普通四级法院加强沟通协调,及时移送线索,形成适应于执法司法、司法之间、司法内部等的特点各异的协作配套制度,制定实施细则,凝聚生态环境保护合力,共筑环境司法高效联动机制。

长江流域法院是在总结近 10 年来我国司法实践尝试、吸收国际有效经验的基础上提出的改革举措,符合我国司法管辖制度改革精神,有利于实质性地破解地方保护壁垒,实现环境资源案件的公正审理和流域一体化保护,有利于统一裁判尺度和节约司法资源,也有利于构建我国现代化流域法治体系。设立长江流域法院需要在立法或中央授权的基础上,切实加强与检察机关、公安机关和其他执法机关的深入协同配合,凸显环境共治这一环境治理现代化理念,以更高的审判质效回应人民群众提出的更加丰富、更高水平的环境司法需求。

14. 刚柔并济：寻求新时代“枫桥经验”视野下自然秩序的和谐

——从生态环境治理的“嵌入式”司法建议出发

刘杨萍[*]　李　琴[**]　李　舒[***]　高　敏[****]

内容摘要：从“基层自治”到“综合治理”，从“多元共治”到“治理现代化”，新时代“枫桥经验”在打造共建共治共享的社会治理格局中，不断创新寻求自然秩序的和谐，构筑了一个又一个实践高地，其蕴含的价值伦理在司法实践中更折射出法治的光辉。那么，在推进生态环境治理中国式现代化的伟大实践中，新时代“枫桥经验”如何将群众路线与法治方式相结合，实现生态环境治理体系现代化？本文从生态环境治理的“嵌入式”司法建议出发，以审判实践中“小切口”改革参与环保治理的具体例证开展统计分析，揭开司法建议在环保治理场域的真实面纱，提出刚柔并济——构建“司法建议”之法律保障体系的治理方案，以适应新发展理念和“天、地、人”和谐共处的战略抉择。

关键词：枫桥经验　和谐　嵌入式司法建议　环保治理

软法总的来说是不具有法律约束力，但可能产生实际效果的行为规则〔1〕

——弗朗西斯·施尼德

生态文明从价值理念转变为社会现实，需要在环境保护利益与经济发展利

---

* 刘杨萍，湖北省孝感市云梦县人民法院党组书记、院长。

** 李琴，2011 年 10 月进入云梦县人民法院，现任伍洛寺法庭庭长。

*** 李舒，2015 年 7 月进入云梦县人民法院，现任审判管理办公室主任。

**** 高敏，湖南大学法律硕士毕业，2022 年 8 月进入云梦县人民法院，现为立案庭法官助理。

〔1〕 罗豪才、毕洪海：《通过软法的治理》，载《法学家》2006 年第 1 期。

益之间协调平衡综合决策。在这条追寻“美丽中国”新愿景的绿色发展道路上,建立“天、地、人”和谐共处的协调保障机制迫在眉睫。而新时代“枫桥经验”正是在这种价值追求的主导下创新司法实践,将自治、法治、德治“三治”相融,把法治精神贯穿到五彩缤纷的生态治理实践中,让我们不仅感知到“新枫经验”视野下的刚柔并济,更看到了“绿色法治”语境下的碧水清流。

一、刚柔并济:“新枫经验”视野下的环保司法建议

司法建议自诞生之初,就与社会治理密切相关,应该展现出其蓬勃向上的生命力,成为法院助力国家治理体系和治理能力现代化的重要手段。而长久以来,司法建议以其“软”而功能弱化,社会认同边缘化。若能让司法建议完成制度升级,发挥其“小切口”解决“大问题”的优势,实现从“幕后”走向“台前”的华丽转身,必能为生态环境治理提供标本兼治的时代方案。

(一)个案透视:司法建议激活机制创新,守一方碧水清流

成功的环保案例背后,总有探索者在负重前行中挣脱桎梏的法治故事。故事从笔者所在的Y县护城河开始,2022年9月检察机关在履职过程中,发现该河水库中设置的围栏围网妨碍行洪,存在安全隐患,依法向法院提起行政公益诉讼。案件受理后,承办法官立即开展庭前走访,实地勘察水库现状,积极联系县水利和湖泊局阐明利害关系,建议并敦促其自觉履行行政管理职能。随后,依法向该单位下达行政“一把手”出庭通知书,要求该单位行政机关负责人到庭参加诉讼,并要求当庭发表意见。开庭前,县水利和湖泊局围绕法院庭前司法建议采取整改措施,将设置在水库中的围栏围网予以拆除,消除了水库、河道安全隐患。庭审中,法院针对该案件具体情况结合环保执法细节问题制定了司法建议文书,并当庭宣布。该行政机关负责人当庭表示将按照司法建议书的要求抓好后期监督落实,避免此类问题再度发生。庭审后,县水利和湖泊局对法院的司法建议给予书面回复。经过司法建议书的有效指引,县政府与法院建立了“府院联动”长效工作机制,并形成“一把手”必须出庭参加环保公益诉讼庭审制度,环保治理多元协同格局的保障体系建设初具雏形。

一份司法建议书触发环保法治多项机制改革,这就是“新枫经验”视野下法院践行能动司法理念,以“小支点”触发“大治理”的鲜活实践。

(二)全景扫描:环保司法建议融入"嵌入式"治理之启示

"嵌入式"治理强调的是国家权力与社会结构的互动过程,体现为将悬浮于社会之上的国家权力,内化于社会结构之中。[1] 在环保法治中,人民法院通过司法建议将刚性的法律规定以柔性的方式传递,并借此向环保治理的机制改革提出可行性方案,不失为能动司法的有效路径。上述案例中,法院在行使司法职能的过程中,积极运用司法建议促进环保治理实效,使司法建议落地有声,并激发机制创新,为生态环境多元治理提供了可复制的经验,实现了司法建议化解个案矛盾到引导规则制定的效能升级。

启示一:环保前端预防呼唤司法建议能动作为。

生态环境保护最重要的工作是预防而非治理。司法天然的滞后性使涉环保案件进入司法程序时已然丧失了最佳的治理时机。提高生态司法服务效率必须努力做到靠前服务,主动参与生态环境保护的前端防护体系建设,这就需要人民法院的能动作为,充分发挥法治引领作用,主动通过司法建议等形式就环境保护行政执法薄弱环节提出司法建议。从环境保护的法治理念的宣讲,到环保执法行为的法律规制,直至环保修复方案司法预案的提供,为生态环境保护预防体系建设提供了法治保障,为环境保护建立了绿色司法屏障。

启示二:环保中端治理要求司法建议落地有声。

正如马怀德教授所言"即便是建议,也应当具有约束力"[2],实践中,司法建议存在制作粗疏,发放流于形式,指导性不强,缺乏有效的落实反馈配套机制的问题。而环保治理要求人民法院在环保司法中提供精准化的司法产品,以及生态环境司法保护协同治理的有效方案。因此,人民法院必须精准对接人民群众对环保治理的司法需求,在通过司法建议参与环保中端治理的过程中必须发挥"啄木鸟"的作用,以效果为导向,通过"主动精准释法对接",提供"创新定制司法服务"的方式,提高司法建议的针对性、可操作性和督导力,使司法建议的敷衍式回复和选择性执行转化为一种自觉行动。

---

〔1〕 参见吴晓琳:《中国的城市社区更趋向治理了吗——一个结构—过程的分析框架》,载《华中科技大学学报(社会科学版)》2015 年第 6 期。

〔2〕 马怀德主编:《行政诉讼原理》,法律出版社 2003 年版,第 432 页。

启示三:环保末端修复需要司法建议延伸效能。

审判最基本的职能是定分止争,但远远不能限于此,其针对社会治理中出现的具有典型性、急迫性、必要性的问题,亟须通过能动司法的方式,提供具体建议,从而化解社会矛盾,减少同类纠纷发生的可能性。生态环保治理的司法需求有其特点,司法建议工作在生态环境治理中有其独特的重要作用,面对生态环境治理和修复难度大、成本高的问题,需要行政机关积极主动履行司法建议,这不仅是提早提前对相关环境问题进行预防和治理,也体现了在环境修复和治理过程中法治督导的作用。以法治方式监督生态环境修复和治理水平,保障其达到社会公众期待的程度,突破司法被动性的桎梏,以更主动和贴切的方式保障生态环境修复目标达成,直至最后一个环节。

二、有的放矢:需求升级背景下环保司法建议效力之厘清

解决案件是“治标”,深入探究案件背后的社会问题才能“治本”。在生态环保实践中,百姓满意度是检验实践的标准,一边是人民群众对美好环境的需求更高,一边是环保司法建议“治未病”的动能不足,二者之冲突要求环保司法建议必须提档升级,以新的时代需求审视司法供给之优化,厘清司法建议书的应然效力。

(一)以“书”为“纽”,具备改革制度的法治引领力

我国采取的是立法、行政及司法相互配合、互补和协调的权力配置,这种配置使司法权承载着应有的社会责任——矛盾纠纷化解的功能。“生态环境立法相当有限,应当适当扩大《民法典》惩罚性赔偿规则适用。”[1]环保司法建议往往出现在具体的个案中,是法院审判职能的延伸。但是,法院化解环保纠纷的方式不限于判决,在当前社会背景下,判决甚至不是最重要的解决纠纷的手段。环保司法建议不仅能促使较轻微的环保纠纷实质性化解,还是社会治理的重要手段。案例中,法官将司法建议嵌入案件审理中,为当地生态环境的治理提供了可行的举措,为提高行政机关决策的科学性提供了依据。

---

〔1〕 华国庆、黄大芬:《〈民法典〉视域下环境健康损害惩罚性赔偿的适用研究》,载《法学论坛》2022 年第 5 期。

（二）以“书”为“引”，具备实质性解决纠纷的软法执行力

人民法院正面临着“诉讼爆炸”和涉诉信访案件不断激增的情况，人民群众指责法院未实现其合法权益，对司法提出了更高要求，以实质正义衡量案件的公正。环保司法建议必须拥有相当的执行力，只有具备相当的执行力才能确保其落地见效，而司法建议的定位不应止于案件的审结，必须以争议实质性化解为目标。司法建议在环保治理方面提高针对性、可行性，提高文书制作的规范性，促进反馈机制的建立，监督回访制度的配套，使之具有软法执行力。并可联合政府部门进行通报行政机关司法建议的落实情况。一定范围内向社会公开司法建议，让“司法建议”不再成为公权力之间的秘密，让“司法建议”在阳光下运行，构建司法建议运行监督社会参与的大格局。

（三）以“书”为“标”，具备规范指导的法效渗透力

司法建议是法律赋予人民法院的重要职责，但其发挥的作用与“治未病”的目标相距甚远。法院发送司法建议是将利益冲突转化为技术问题，是法院司法外溢职能的重要体现。当前，诉讼前置程序被提到了更为重要或者至少和审判工作同等重要的地位，其实这些工作不少法院已经在做，有些地区就十分重视诉调分流、诉前调解的作用，规范指导、引领作用十分凸显。司法建议当然也属于诉前的工作环节，应当得到足够重视。而且司法建议不只是在诉前，而应该嵌入整个案件的审理，最大限度地参与生态环境的治理和修复。

（四）以“书”为“鉴”，具备督导纠偏的司法感召力

司法建议是能动司法的重要体现，属于人民法院的外溢职能，弥补了司法事后救济的不足，应充分发挥其“治未病”的效能。人民法院在受理案件之后迅速作出反应，以司法建议的方式向行政机关阐明利害，使行政机关接受建议，并采取有效措施，阻却更严重的环境问题的出现。在修复代价巨大，效果不佳的生态环境保护领域，更是呼吁积极主动的能动司法体制机制。在这种体制机制下开展工作，需要有主动作为的思维模式，充分发挥审判机关在环境行政公益诉讼中预防性的作用，[1]而在生态环境领域司法建议的作用明显，应当予以提倡，以满足多元化的司法需求。

---

〔1〕 杨茹凯：《预防性环境行政公益诉讼之完善进路》，载《中国石油大学学报（社会科学版）》2023 年第 2 期。

三、负重前行：揭开司法建议在生态环境治理场域的“面纱”

法律的生命在于实践,司法建议制度在新时代背景下更有其现实要求。然而,由于理论层面和实践层面的边缘化,尽管司法建议胸怀治国丹心,却一直在实践道路上负重前行。为了检视司法建议在生态环境治理场域的效能,笔者对S省近4年(2020～2023年)期间发布的司法建议进行统计分析,采集到该省三级法院环境资源类司法建议611份。通过解析这611份研究样本运行现状,从中反映出6大特征：

(一)对象广泛:以行政机关为主,辐射领域宽泛

行政机关、事业单位肩负行政管理职能、公共政策决策职能。占比86.1%的司法建议大多都发往相关行政机关,以县政府、环保局、公安局、自然资源局、林业局、司法局、应急管理局、水利和湖泊局等行政单位为主,13.9%的司法建议发往案涉企业、村委会等。在同一起环保相关案件中,有的涉及多方责任主体,同一司法建议也存在同时发送多个部门的情况。司法建议针对的是司法审判领域中反映出的有关环境资源保护、行政执法、公共决策等方面存在的问题。(见图1)

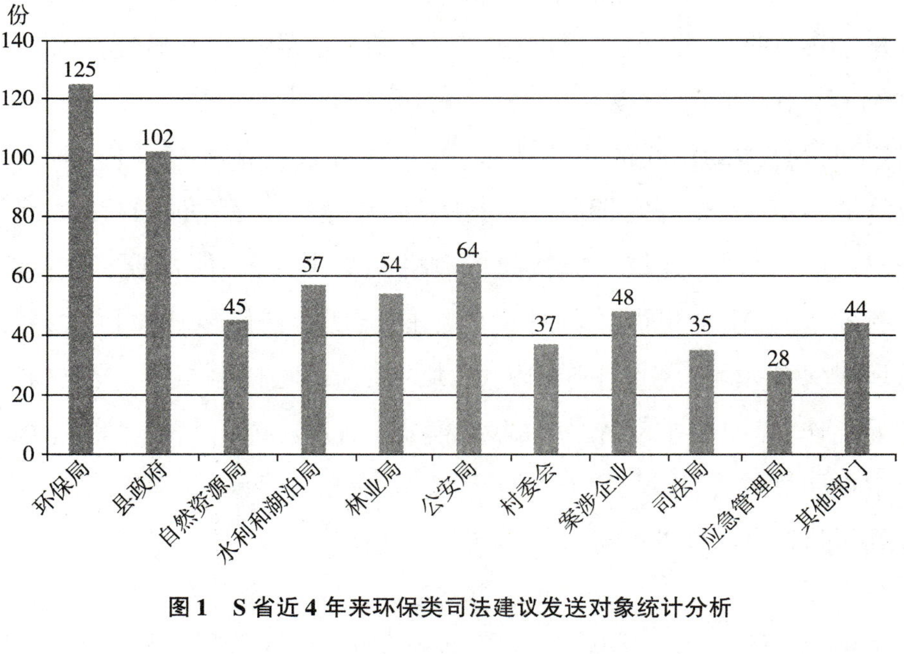

图1　S省近4年来环保类司法建议发送对象统计分析

(二)类型多样:刑事犯罪为主,涵盖问题多元

从案件类型来看,占比54%的司法建议涉及刑事案件,主要关于污染环境罪、非法捕捞水产品罪、非法采矿罪、盗伐林木犯罪、危害珍贵濒危野生动物罪等;占比32%的司法建议涉及行政案件,主要涉及行政处罚纠纷、环境保护行政管理公益诉讼等;占比10%的司法建议涉及民商事案件,主要涉及环境污染责任纠纷、土地租赁合同纠纷等;占比4%的司法建议涉及执行案件,主要涉及行政非诉执行、民事合同类案件的执行问题。由此可见,“行政执法部门,难以发挥证据认定和转化功能”[1],大部分司法建议主要涉及环境资源类型犯罪、行政处罚、政府依法履职等涉及保障地方发展、维护生态环境等内容。(见图2)

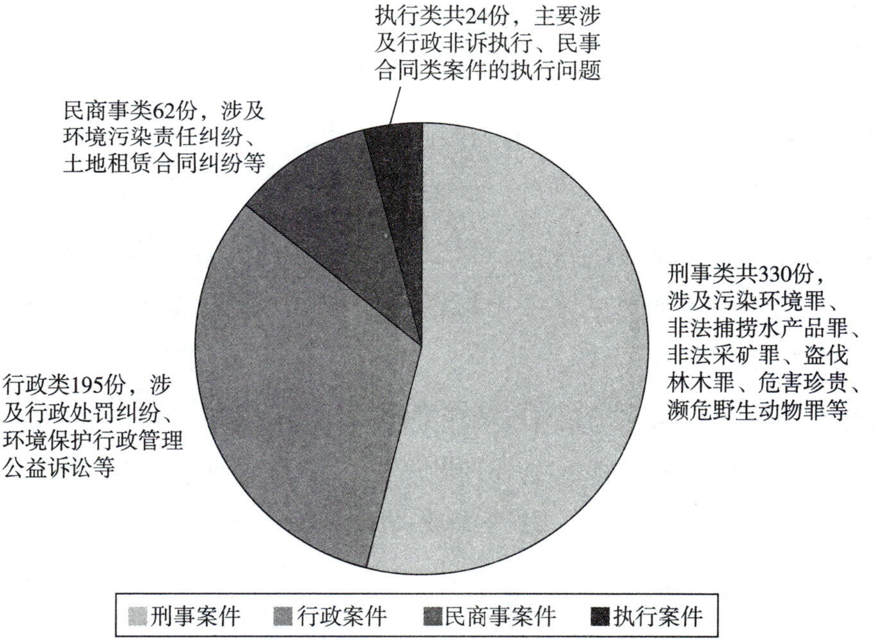

图2　S省近4年环保类司法建议涉及审判领域分析

(三)个案者众:漏洞弥补为主,政策推动较少

从司法建议样本数据分析来看,司法建议提出的针对性问题主要集中在“相关单位的规章制度、工作管理中存在严重漏洞或者重大风险”以及“相关行业或者单位工作中存在的普遍性问题,需要有关部门采取措施”这两方面,占所有司法建议的62%。针对不履行生效裁判或不协助法院调查执行的法定司法

[1] 高利红、苏达:《长江生态环境保护行政执法与刑事司法衔接原则》,载《学习与实践》2022年第10期。

建议只有2件。以个案司法建议为主,约占64.98%,针对普遍性问题提出的类案司法建议约占30.9%,综合性司法建议偏少,仅占4%。(见图3)

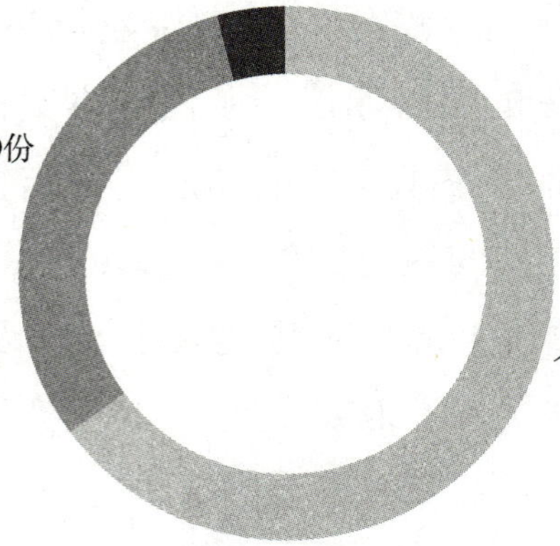

图3　S省近4年环保类司法建议类型分析

(四)效果欠佳:反馈采纳不够,建议刚性不足

据统计,全国法院司法建议反馈率为50%左右,3年总反馈率为54.4%。而S省法院近4年来,随着发出的司法建议增多,社会各界对司法建议重视程度增强,收到复函呈逐年增多趋势,采纳率也逐年提升。实践中,尽管司法建议回函率有所上升,但总体反馈率较低。一方面,说明司法建议未得到有关部门足够重视。在司法建议发出前后,缺少沟通和调研,提出的对策多是凭借书面材料反应的表面问题和法官的主观判断。提出的建议亦存在缺乏可行性、约束力和法律强制力的问题。另一方面,"我国单一制的国家结构意味着行政区域单位为我国基本组织形式"[1]。发放司法建议没有切中要害,没有引起被建议部门的共鸣和认同。相对于"刚性"的法律文书,"柔性"的司法建议,行政机关表现出"不屑一顾"或"嗤之以鼻"态度,根本不把法院的司法建议放在"眼里"。(见表1)

〔1〕 吕忠梅等:《长江流域立法研究》,法律出版社2021年版,第278页。

表1 近4年S省发出环保司法建议反馈采纳效果

序号	时间	发出份数(份)	收到复函(份)	回复率(%)	采纳数(份)	采纳率(%)
1	2020	87	13	14.9	11	12.6
2	2021	104	45	43.3	35	33.7
3	2022	289	179	61.9	125	43.3
4	2023.6	218	163	74.8	123	56.4

(五)监管缺失:未向社会公开,事后成效难觅

S省共128家法院,其中高级人民法院1个,中级人民法院16个(专门法院2个),基层人民法院111个。经调查发现大半法院均未建立相关管理考核机制,仅不到一半的法院陆陆续续建立了相关管理机制。现有的司法建议具有保密性,单独发给具体单位,并未向社会公众公开,没有充分发挥新闻媒体、社会舆论甚至有些消费者的监督作用。此外,司法建议的抄送单位也没有实际履行监督职责,抄送单位往往是被建议单位的监管单位,希望其协助落实,但是大多都没有引起足够重视。实践中,有的法院与相关单位建立关于司法建议的发送、反馈、落实的长效机制。有的地方政府将司法建议纳入社会治安综合治理工作考核范围,并由综治办督查未有效落实的司法建议,有效发挥外部社会监督作用。(见图4)

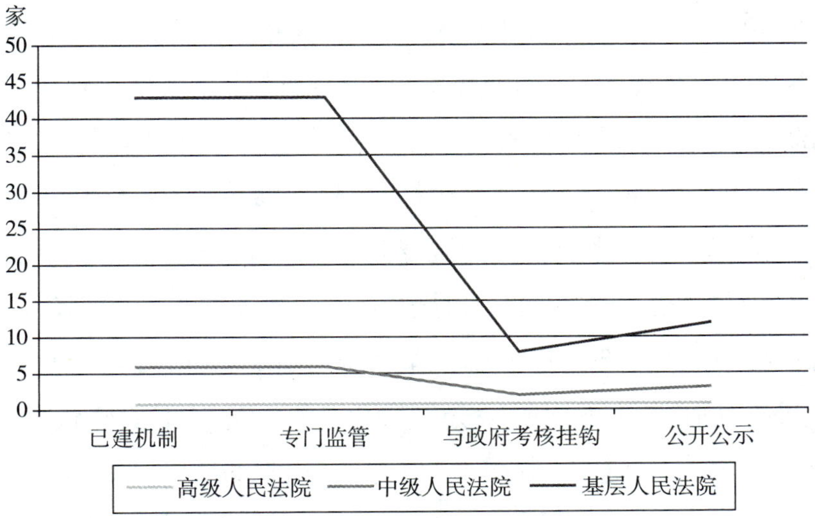

图4 S省三级法院对司法建议管理监督运行情况分析

综上,司法实践中,存在个案司法建议居多,类案和综合性司法建议偏少,

采纳率低,监管缺失等种种问题。体现出法官更善于从微观角度提出堵塞漏洞、改进方法的建议,尚不擅长从审判实践中发现和总结更多具有全局性、普遍性的类型化问题,从更高层面提出具有前瞻性、可操作性的综合性司法建议,同时缺乏与行政机关的良性互动,对司法建议未形成长效监管落实机制。

四、理性回归:能动司法加持下环保司法建议之正义进阶

中国传统的司法理念,向来注重“情理法”的融合,国家治理体系和治理能力现代化要求人民法院紧跟时代发展步伐,在共同缔造美好环境的进程中向社会贡献更优质的“司法产品”。环保司法建议“嵌入”生态治理,进一步探究司法建议在环保司法领域的能动作为,解决环保司法建议运行的必要性和正当性的问题,是对民众情理与公正需求期待的回应。

(一)司法建议“延伸性”功能匹配环保治理时代需求的天然优势

关于司法建议“延伸性”功能的溯源,其前身来源于苏联的“法院批评”这一制度。“法律的教育职能在‘法院批评’这一有趣制度中体现出来”[1]是推动国家治理能力和治理体系现代化的主动作为,是实质化解纠纷的强力实践。

1.规范指导的重要形式。司法权的本质是判断权,建议也是以判断为基础。建议就其文义而言是指个人或者团体对具体问题如何解决提出相应的办法或者意见。司法建议是法院针对某一问题提出的解决办法或者意见。与其他的建议本质的区别在于,法院的建议更具有法律性、专业性和针对性。

法律的生命不在于逻辑而在于经验。法院则是矛盾的集中地,处在矛盾化解的第一线。法官在每一个案件中通过分是非、辨虚实,将权利义务分配至恰当的位置,使应当获得权利的人获得权利,不应当获得权利的人不获得权利来实现司法权,维护司法的权威性,同时也在这个过程中不断积累经验。在生态环境案件的裁判中,“外部协作面临的最大问题是环境司法与行政执法协作不紧密,强化外部协作要从不同阶段分别着手”[2]。通过书面建议的形式,履行法院的社会服务责任,使“高高在上”的冰冷法律,转化为“接地气”的通俗表

---

〔1〕[德]K.茨威格特、H.克茨:《比较法总论》,潘汉典、米健、高鸿均译,法律出版社2003年版,第119页。

〔2〕王雅琪、张忠民:《现代环境治理体系中环境司法与行政执法协作机制的构建》,载《中国矿业大学学报(社会科学版)》2021年第3期。

达。使法律的指引、评价功能在司法行为之外得到理解，从而促进生态环保理念在社会层面达到相同的认知。在处理环保纠纷案件中这种必要解释是必须的，为司法建议通过监督公权、保护法益，进而达到社会治理的效果提供了可能。

2. 释法说理的良好载体。事实上，一个有序的社会，并不需要司法的深度介入。对于环境保护的重要性和基本环保意识，事实上早已植根于民众内心。一份环保司法建议并不具有一般法院裁判文书的强制力，因此也削减了生硬的理念输出。作为“软法”，司法建议的发出在一定程度上唤醒的是“环保精神”，这个过程既是一种法律解释的说理过程，也是促进环保思维在社会共识中的自发达成和存续的过程。

拉伦茨认为：“法律文字是借助日常用语写成的术语，除了特定技术性用语外都有选择的空间……只要法院判决不能全部用符号语言来表述，解释就始终必要。”[1]解释说理是法官根据制定法的原则进行的法律续造，司法建议作为司法权的行使方式，其核心要义也在于解释说理，尤其在面临急迫的环境治理问题时，环保司法建议也是通过发出、反馈的环节解释环保法治理念的内涵，从而提高民众的认知和唤醒其环保责任意识。

（二）司法建议“形成权”属性保障环保政策统筹兼顾的必然选择

中华文明历来崇尚以和为贵，新时代的“枫桥经验”是将纠纷化解工作深深扎根于人民群众的创造性实践中。环境保护和治理的效果必须符合中国社会发展的具体语境。在面临紧迫问题、共性问题时，司法建议作为灵活的表达方式能有效实现司法功能的宣示，影响环保政策的决策效果，展现社会治理效能。

1. 环保预防要求司法靠前指导。“过分刚性的法律会遭遇正当性的质疑，引起反弹和抵抗，需要采用柔性手段加强说理，尤其在人情社会条件下，再刚性的法律在适用的过程中也会作出妥协。”[2]追溯柔性司法的起源，展现出的是司法被动主义固有缺陷的必然结果，司法的克制主义不利于司法的权威性的构建，环保司法建议作为“软法”，正好可以填补这一不足。在环境保护最重要的

---

〔1〕［德］卡尔·拉伦茨：《法学方法论》，陈爱娥译，商务印书馆2003年版，第85页。

〔2〕季卫东：《秩序与混沌的临界》，法律出版社2008年版，第196页。

预防阶段,以司法建议为载体“诊疗”环保政策的合理性和合法性,降低涉环保行政争议的发生,或对环保纠纷进行化解,将环保隐患消弭于未发之前。

在生态环境治理领域,环境的治理和修复依赖于行政机关的主动、积极作为。然而,通常的裁判很难建立法院与行政机关之间良性的沟通渠道,因为具体的案件中法院与行政机关是对立的角色,这与环境的有效治理是背道而驰的,也导致了实际治理的效果不佳。司法建议却可以很好地弥补这一漏洞,尤其在生态环境治理方面,可以充分体现行政机关高效、直接的作用,为环境治理争取最佳修复时间。

2. 行政环保执法需要依法引导。推进生态环境治理中国式现代化的伟大实践中,人民法院响应时代号召,必须积极参与社会公共政策的制定,从而深度融入社会治理格局。行政机关在环保执法过程中,需要法院提供指导性的司法建议规范行政机关的行为,保障行政机关依法行政。环保执法过程中,对于执法行为是否严格规范、是否存在公正文明执法,行政机关的执法人员的法律素养和执法水平参差不齐等问题,人民法院以司法建议为“纽带”,积极推进环保司法“向前一步”,努力推进环保执法行为规范化和合理化,实现司法与行政的良性互动。

生态环境治理是一个系统工程,缺乏法治引领,环保执法的效果和效率难以保证,造成了损害后果,司法程序的介入又显得“姗姗来迟”,环保司法建议对于积极推动环境资源司法、执法协调机制的建立具有“桥梁”作用。

(三)司法建议“导向性”特质融入环保修复协同治理的迫切需要

“人民所奋斗的一切,都与其利益息息相关。”[1]“只有公众知悉规则的内容,才能更好遵守规则。”[2]环境保护和修复的特殊性使其治理本身具有复杂性、专业性和综合性等特征。人民法院通过司法建议将对环保修复领域的作为进行审视并开出“诊疗单”,引导环保执法领域靠前预防,联动治理,有利于从源头上促进环保纠纷的实质性解决,提高环保治理效果。

1. 环保解纷的创新参与方式。新时代“枫桥经验”是将群众路线与法治方式相结合,形成共建共治共享的社会治理格局。实现生态环境治理体系现代化

---

〔1〕《马克思恩格斯全集》(第1卷),人民出版社1995年版,第8页。

〔2〕[英]哈特:《法律的概念》,许家馨、李冠宜译,法律出版社2018年版,第6页。

要求人民法院主动作为，有效衔接执法与司法。以法治引领“三治”，提供“预防、监督、保障、化解”一体的生态法治服务，主动参与环保解纷，通过司法建议对环保领域的矛盾纠纷提供解决路径，以司法建议的形式参与环保解纷，也是当下在中国法治未成熟的条件下，司法权主动对其承担的社会责任的回应。

作为最基本稳定可靠的保障，法治是社会治理的核心竞争优势。[1] 主动拓展司法功能，实现矛盾纠纷的实质性化解，司法建议的正当性源于此。在生态环境治理领域，环境一旦遭到破坏，修复的难度极大，成本极高，对其治理需要抓早抓小，这为司法建议的适用提供了现实的土壤。尤其面对生态环境治理问题，法院在收到环境侵权案件的材料时，就可以主动介入，在立案之前主动联系有关行政机关，督促行政机关规范、依法行政，避免更为严重的环境问题出现，实现司法建议“治未病”的功能。实践中，有些法院已经在做司法建议前移的探索，理论当然也需要跟进。

2. 环保修复的主动监督执行。“能动司法”不同于司法能动主义。司法能动主义是指通过司法权力运用实现个体权利，在裁判中直接“造法”，突破了法律的原则和底线。“能动司法”在实践中比司法能动主义的范围要广，而在环保司法领域，法院通过司法建议向相关单位提出要求，对行政机关的政策决定提供“软性”加持，一定程度上减少行政机关决策的失误。对于进入司法程序的涉环保诉讼案件则应当遵循司法的谦抑性、克制性的原则，但不能因此回避司法功能所能发挥的作用，应当“鼓励公民个人和符合条件的环保组织作为监督者参与诉讼进程”[2]。而在生态环保领域，这种僵化的思维模式对于人民群众的司法期待来讲显然是不足的，司法建议必须在预防领域就加以介入，效果将极大优于治理阶段，而治理阶段的能动作为将有效减少修复困难，这是生态治理的自然规律。司法建议作为司法权的行使方式，也必然要在司法权的框架内有所突破，不能默守成规，否则无法提供有效的司法产品，满足生态环保之需。

当然，司法建议的正当性在于其适用有边界，这并非指司法建议的作出必

---

〔1〕 参见李齐、李松玉：《治理主体行动逻辑的“四维分析框架”——兼论乡村治理中乡镇政府行动逻辑演变及趋向》，载《政治学研究》2020 年第 4 期。

〔2〕 吕忠梅：《建立“绿色发展”的法律机制：长江大保护的“中医”方案》，载《中国人口 · 资源与环境》2019 年第 10 期。

须在判决之后,这种理解也是不准确的。尤其是在生态环境领域,司法建议必须提前介入,并穿透在前端、中端和末端。

五、标本兼治:“新枫经验”视野下司法建议“嵌入”环保治理之体系构建

由于环境资源案件的特殊性,环境资源案件审判涉及专业性更强,采取的往往是专业化审判模式。而司法建议的随机性不利于推动环保治理法治,因而加强专审团队的司法建议运用率,促进人民法院参与生态环境治理的主动性,避免落入“范围蠕变”[1],促进环保司法建议发挥“啄木鸟”功能,为生态环保治理提供“标本兼治”的方案。因此构建“六位一体”生态环境治理的“嵌入式”司法建议体系,是对环保司法建议体系化构建的大胆设想。

(一)环保司法建议嵌入环保执法前端预防

通过司法建议加强环保法律指导,是法院积极延伸审判职能的体现,也是推动生态环境保护从“事后惩治”向“事前预防”转变的有益尝试,是强化法治服务保障职能,以司法力量守护绿水青山,推动社会高质量发展的重要方式。

1.建立环境资源纠纷诉前建议机制

“生态修复损害救济,应统筹刑事、民事、行政共同修复生态。”[2]生态环境和资源保护主管部门和行政主管部门、综合行政执法部门等在日常监管中最先发现破坏环境的行为。对于发现明显涉嫌破坏生态环境和资源犯罪的,或者存在犯罪证据可能被转移、销毁或灭失风险的,必须立即采取措施固定证据。通过执法记录或及时报警的方式进行证据收集和固定。前期参与单位应当引用磋商机制,[3]公安机关环境资源监察机构及检察机关应提前介入侦查或协调,为了确保后期的生态环境修复到位,可提前要求当事人或嫌疑人提供生态修复保证金。建立相应的信息互通机制,法院也应以下达生态环境治理司法建议书的形式提前介入,提出有效的可行性意见,防止生态环境损失的进一步扩大。一方面,检察机关在接到公安机关或者环境监管机关关于环境污染问题的汇报

---

〔1〕 鲍克伟:《项目管理中范围蠕变控制的探讨》载《甘肃科技》2010年第21期。

〔2〕 杨雅妮:《生态环境修复责任:性质界定与司法适用——以环境刑事附带民事公益诉讼为分析对象》,载《南京工业大学学报(社会科学版)》2022年第1期。

〔3〕 参见潘佳:《生态环境损害赔偿磋商制度解构》,载《法律适用》2019年第6期。

时,提前通知法院,让法院提前介入。另一方面,法院与检察机关同步介入环境资源案件,提前就环保治理提出建议,参与治理。

2. 建立环保执法多点综合建议机制

人民法院要在生态环境多元化综合治理体系中发挥更加积极的能动作用,不仅要处理好行政机关与司法机关的联动,还要注意环境执法和司法保护的关系,应当促进二者相互监督,互相支持,协调联动。"价值是法律的基础,是通过人的理念、视角、观念传递出的经验。"〔1〕应当更充分发挥法治引领作用,将其融入环境治理、基层治理和社会治理。这就要求法院在完善环保执法领域的司法建议手段上有创新举措。由于环保执法并非一家之力,针对同一个环保问题,不同的部门发挥不同的作用,以各自的方式参与环保执法。人民法院在纠正环保执法方面发出司法建议时应当综合考虑,根据不同情境对涉及的相关执法部门多点发出综合性的指导意见,使环保执法的合法性和合理性多层次地体现规范和效用。

司法建议工作不仅应当是一种静态的文书,更应注重司法和社会的协调互动过程〔2〕,通过拓宽司法外主体参与,敦促被建议机关落实,从而保障司法建议工作系统全面,保障司法建议的准确性和有效性。

(二)环保司法建议嵌入能动司法中端治理

在环保治理的过程中,法院针对发现的问题向相关企业或执法单位发出司法建议,既能维护企业的合法权益,也能有力推动执法机关规范执法行为,是服务社会治理和生态文明建设的能动实践。

1. 建立环保治理建议落地有声机制

社会治理的关键之一是激活治理主体行动的自觉性。〔3〕 司法建议落地有声是指收到法院司法建议的行政机关、行业协会或企业收到司法建议书后,在规定的时间内,反馈司法建议中具体措施的落实情况。

设计反馈机制的目的:一方面,在于能够强制被建议机关落实法院的司法建议,被建议机关应在规定时间内说明司法建议被采纳的程度并就其原因进行

---

〔1〕 [德]克里斯蒂安·施塔克:《论法律的价值证立之必要性》,赵静译,载《苏州大学学报(法学版)》2022年第1期。

〔2〕 参见豆晓红:《社会治理现代化视域下司法建议的正当性与权力边界》,载《法律适用》2023年第7期。

〔3〕 参见张晨洪:《基层政府创新社会治理路径的探索》,载《山东农经》2018年第3期。

具体说明;如果在规定的时间没有反馈或者反馈不到位,将会受到相应的惩罚,可以将反馈的内容作为最后裁判的考量指标。另一方面,在于能够让法院得知出具的生态环境治理司法建议,是否为生态环境治理工作取得实质性效果,也可以将案件过程中修复与治理的工作情况作为最后裁判的考量指标。此外,反馈机制中最为重要的,便是对反馈时间的规定,对生态环境类司法建议设定反馈时间时,可以将其对反馈时间的规定附于司法建议书中。

实现类案司法建议功能,将制度优势转化为治理效能。[1] 具体分为两种:第一种反馈是反馈实施情况,送达司法建议书后 2 个月内反馈法院建议实施情况,如果 2 个月期满后,被建议机关没有反馈,法院可对其进行催促 1 次,如若还没反馈将约谈相关负责人,这种反馈要求 2 个月满必须给出反馈,不要求其 2 个月达到实施措施后的效果。第二种反馈是反馈效果情况,送达司法建议书后的 6 个月内反馈法院建议实施到达了何种效果,如果 6 个月期满后,被建议机关在 2 周内没有反馈,法院可对其进行催促 2 次,如若还没反馈则会将该情况提交给被建议机关上级部门或监察部门。

2. 建立环保司法建议示范评选机制

示范评选机制的设置,是生态环境司法建议实现标本兼治的关键所在,将个案的司法建议上升到该类环保治理的司法建议。关于该机制的实践,其实各地已经有迹可循,如四川省、福建省以及江苏省 2022 年度全省法院优秀司法建议评选。但这几个省份并不是就环境资源案件司法建议的单独评选,并且没有形成一定的规章制度,如评选原则、评选规则以及评选时间。在建立生态环境类司法建议示范评选机制方面,可以采取以下措施:

第一,设立评选机构。由生态环境和资源保护主管部门和行政主管部门、生态环境法学专家、重点排污企业代表和生态环保组织成立评选机构,负责制定评选标准、组织评选活动,并对参评建议进行评审和评定。

第二,确定评选标准。根据生态环境类司法建议的重要性、实用性、科学性和创新性等要素,确定评选标准,确保评选过程公正、客观、透明。

第三,广泛宣传和征集建议。毕竟,利益导向机制是强化软法效力的“原动

---

〔1〕 参见胡洪彬:《制度优势转化为治理效能:内在机理与实现路径》,载《探索》2020 年第 6 期。

力",[1]通过媒体、官方网站等渠道广泛宣传评选活动,吸引社会各界积极参与。同时,积极邀请生态环境保护专家学者、社会组织和公司企业提出具有实际价值和可行性的建议,如认定加害者排放物是否到达损害发生地,可用"同源性"来判断。

第四,评审和筛选。评选机构对收到的建议进行初步筛选,然后邀请专家进行评审,选出一批具有重要价值和切实可行的生态环境类司法建议。

第五,示范推广和实施。对评选出的示范建议,可以由相关部门或机构实施,并在实施过程中进行监督和评估。同时,将这些示范建议广泛宣传,以引导更多人关注和参与生态环境保护。

第六,奖励和激励。对于提出优秀生态环境类司法建议的个人或单位,可给予奖励和激励,鼓励更多人积极参与。

(三)环保司法建议嵌入综合治理末端修复

充分发挥人民法院的专业能力,以必要、靶向、实效的建议针对司法程序中发现的问题为生态环境综合治理提供切实可行的法治方案,使生态环境的修复及时、有效,对牢守生态环境质量底线提供坚实的司法保障。

1. 建立环保司法建议全面公开机制

设置生态环境类司法建议全面公开机制主要在四个方面:

其一,促进环境资源案件司法透明。司法建议逐渐成为司法机关在审理案件过程中形成的重要文件,公开司法建议可以使法院在审理环境资源案件时,司法活动更加透明化。注重实质正义是中国自古以来的一种文化气质[2],公众通过公开司法建议的网站或者公众号了解法院针对涉环境案件的治理态度,从而提高对法院司法公正性的认知和信任。

其二,保障公众知情权。司法建议是法院在参与环保治理时其态度的具体表现,公开生态环境类司法建议可以让公众了解到法院建议的实际执行情况。公众可以通过公开司法建议的网站或者公众号查询处理环境资源案件的法院提出的司法建议有哪些,了解到法院对不同环境资源案件建议处理的方式,促进公众对生态环境的保护。

---

〔1〕 参见江必新:《论软法效力——兼论法律效力之本源》,载《中外法学》2011 年第 6 期。
〔2〕 参见陈金钊:《"能动司法"及法治论者的焦虑》,载《清华法学》2011 年第 3 期。

其三,促进司法公正。司法建议的公开可以对法院的工作进行监督和评估,减少潜在的腐败和不正当行为。公众可以通过司法建议的网站或者公众号对法院提出的司法建议进行评价和讨论,质疑和提出建议,促使法院更加客观地提出可行的司法建议。

其四,便于法律研究和学术交流。生态环境类司法建议可以成为法学研究和学术交流的重要素材,公开可以便于学者、律师和法学研究者进行环保治理学术研究和生态环境案例分析。司法建议的公开还可以促进不同地区、不同法院之间对生态环境治理经验交流和借鉴。设置专门的司法建议书公开网站或者公众号,便于诞生更好的环保治理类司法建议书,让司法建议书更好地助力环保治理法治化。

2. 建立环保司法建议监督实施机制

在司法实践中,相较于检察建议书,司法建议书往往不被重视。[1] 检察机关发出的检察建议书对相对单位往往具有较强的“压迫感”,而相对单位对于法院发出的司法建议书,往往不重视,而将其“束之高阁”。正因为缺乏有效的监督实施机制,法院的司法建议才显得“边缘化”,而流于形式。

生态环境公共属性促使生态修复责任的执行监管成为难题。[2] 依法对涉生态环境和资源保护的案件司法建议书开展监督,是对司法建议落实情况的重要促进。监督实施机制可由检察机关履行,当检察机关在实施环境资源案件法律监督职责时,可以将不履行环保治理类司法建议书的行为纳入其监督的职责范围内,发现被建议对象在上述规定的时间内没有及时反馈司法建议中措施的履行情况的,应当及时敦促其执行。

人民法院还可积极探索人大监督的路径,通过建立联动工作机制,邀请人大加强对相关司法建议落实情况的监督。法院在发送相应的司法建议后,也要建立完善司法建议办理情况的跟踪回访制度,对被建议对象采纳司法建议整改落实情况进行监督检查。(见图5)

---

〔1〕 参见秦天宝:《司法能动主义下环境司法之发展方向》,载《清华法学》2022年第5期。

〔2〕 参见康京涛:《生态环境修复责任执行的监管权配置及运行保障——以修复生态环境为中心》,载《学术探索》2022年第6期。

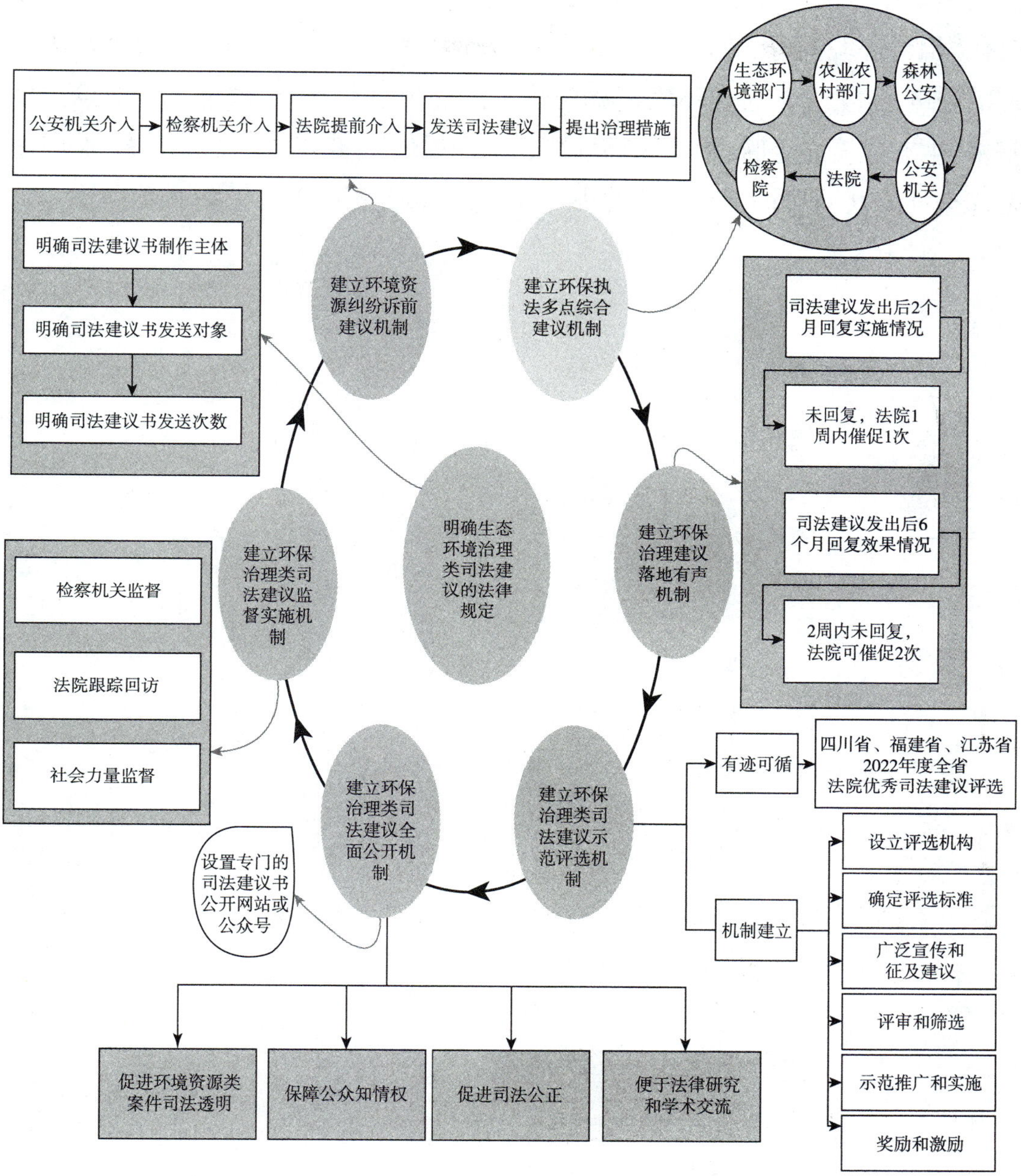

图 5　环保治理"嵌入式"司法建议保障机制体系构建

六、结语：未来之展望

山清水秀，鸟语花香，祖国大地万千不同，但相同的是对环境保护上的共同认知。人民群众的获得感、幸福感的提升得益于人与自然和谐共存的理念。环保治理司法建议作为人民法院司法职能的延伸,突破了事后救济的弊病,是新时代"枫桥经验"视野下能动司法的最优表达。将司法建议"嵌入"生态环境治理的全链条,贯穿新时代环境资源司法保护的全过程,积极回应人民群众生活富裕、生态优美之企盼,为生态环境综合治理提供切实可行的法治方案,必将激发起全社会共同呵护生态环境的内生动力,共绘美丽中国的更新画卷。

15. 环境损害司法鉴定的多维检视与规则构建

赵冉冉*

内容摘要：目前，在环境资源审判工作中存在过度依赖鉴定评估意见的现象，反映出法官普遍缺乏审查环境损害司法鉴定意见的能力的问题，这与相关审查规则的缺失密切相关。司法鉴定意见作为由具有专门知识的人作出的言词证据，应当接受实质性审查。在环境资源审判中，建议从完善启动机制、明确审查要素以及遵循证据规则、强化证据分析两方面加强对环境损害鉴定评估意见的实质性审查。同时，环境损害司法鉴定还存在制度运行成本过高、事前预防功能和行为导向功能效果不佳、公信力不足等问题。建议从加强环境行政执法与环境司法的衔接配合、畅通司法鉴定的外部监督渠道两方面提升环境损害司法鉴定的质量和公信力。

关键词：环境损害司法鉴定　鉴定评估意见　技术判断　实质性审查

一、问题的提出

环境资源审判工作是推动美丽中国建设和绿色发展、建设人与自然和谐共生的中国式现代化的重要举措。作为环境资源审判的关键环节，环境损害司法鉴定对认定案件事实起着至关重要的作用。环境损害司法鉴定是鉴定人运用监测、检测、现场勘察、实验模拟等与环境相关的技术或专门知识，对环境污染或生态破坏中有关环境专业的专门性问题形成意见，该意见以鉴定报告的形式展示，作为重要证据影响诉讼活动。[1] 在最高人民法院发布的环境资源指导性案例及典型案例中，大部分案件在认定事实时均以环境损害司法鉴定意见作

---

* 赵冉冉，湖北省襄阳市中级人民法院民事审判第二庭法官助理。

〔1〕 参见宋有涛等主编：《环境损害司法鉴定概论》，中国环境出版集团2022年版，第28页。

为依据。通过对相关判决的分析发现,环境损害司法鉴定或者评估、检测、监测意见在认定污染行为、确定因果关系、评估损害结果、确定赔偿金额等方面发挥着无可替代的作用。但是大部分司法鉴定意见被法院直接采纳,反映在裁判文书中,法院采信当事人质疑的司法鉴定意见大多是以鉴定机构及鉴定人具备鉴定资质、检材合法、“提出异议的一方未举出足以推翻鉴定意见的实质性证据”、“未尽相应的举证责任”等为理由,较少有深入分析阐释。以上现象反映出:当前环境资源审判实践中不同程度地存在以技术判断取代司法判断的情况,法官对作为证据的环境损害司法鉴定意见缺少实质性审查。

二、环境损害司法鉴定意见实质性审查的双重法治逻辑

(一)从证据审查角度看实质性审查的理论逻辑

我国1979年《刑事诉讼法》第31条明确将“鉴定结论”规定为6种法定证据种类之一,2012年新修正的《刑事诉讼法》将“鉴定结论”修改为现在的“鉴定意见”。作为证据的一类,司法鉴定意见是以书面报告作为载体的形式呈现的,类似于书证。但是,从作证内容来看,司法鉴定意见是鉴定人基于专业知识对涉案事实提出的专业性、技术性意见。从作证效果看,鉴定人基于自身的专业知识或技能从事实中推导出结论,从而帮助或者增强裁判者对案件中所涉专业性问题的理解或认识,故从证据种类分析司法鉴定意见更接近于鉴定人的证言,书面表达形式不影响其言词证据的性质。鉴定意见虽然建立在科学技术和方法的基础之上,但必须通过鉴定人的解释和表达才能外化为结论,这一外化过程离不开鉴定人的判断,从而不可避免地具有主观性。[1] 实践中,鉴定意见常常受鉴定人的资质、专业学识水平、实践经验以及鉴定机构资质、仪器设备等因素影响,因此对鉴定意见质证和审查是必要的。

(二)从环境损害司法鉴定特点看实质性审查的实践逻辑

环境损害司法鉴定具备五大特点。一是复杂性。在环境污染事件中,污染物和被污染的客体往往并不单一,污染的成因、方式、途径不断变化,污染结果和污染物之间的因果关系不易确定,对环境损害后果进行货币化评估需要多学

---

〔1〕 参见李学军、朱梦妮等:《意见证据制度研究》,中国人民大学出版社2018年版,第197页。

科知识支撑，复杂且难度大。[1] 二是环境损害司法鉴定的启动时间有限前置。根据《司法鉴定程序通则》的规定，司法鉴定通常是诉讼过程中的活动。在环境污染事件中，鉴于影响环境的因素扩散变化，一旦错过时机，重要检材可能会由于未能及时取证而灭失，导致无法鉴定或者无法保障环境损害司法鉴定的准确性。[2] 另外，在需要确定赔偿金额及环境修复方案的案件中，如果起诉方不能在诉前启动鉴定，则可能无法提出明确的诉请金额，影响诉讼进程，故环境损害司法鉴定在诉前就有存在的必要。[3] 三是环境损害司法鉴定需要以监测、检测数据为基础，采用现场勘查、实验模拟等技术手段，通过综合分析及研讨得出意见，成本高、耗时长。四是与一般的科学证据只能对案件的部分事实进行认定不同，环境损害司法鉴定可以对环境污染事实、损害后果、因果关系、修复成本等进行全面的评估鉴定，鉴定内容可以涵盖环境案件所需调查的全部事实。[4] 五是环境损害司法鉴定可以按照所保护法益进一步细分。环境侵权诉讼中的司法鉴定主要是为了保障私益，而环境公益诉讼中的司法鉴定则是为了保障社会公众的环境权益，而非特定民事主体的环境权益。反映在司法鉴定结果上，环境民事公益诉讼中的环境损害司法鉴定意见不会包含自然人个人因环境污染受损的情况，而是要对环境修复方案进行确定，或者就对方采取的环境修复方案是否合适给出意见。在环境无法修复或者修复成本明显大于收益的情况下，确定合适的环境污染损害赔偿数额。[5] 在环境侵权案件的审理中，对于污染物性质的确定、损失数额的量化、因果关系的认定、环境修复方案的编制以及修复费用、服务功能损失数额等专门性问题，通常都需要通过环境损害司法鉴定来认定。鉴定人基于自身的专业知识或技能从事实中推导出结论，从而帮助或者增强裁判者对案件中所涉专业性问题的理解或认识，但不能以技术判断直接取代司法判断。

---

[1] 参见韩德强主编：《环境资源纠纷案件裁判规则(一)：环境侵权》，法律出版社 2021 年版，第 288 页。

[2] 参见田亦尧、张文河：《环境损害司法鉴定意见可采性研究》，法律出版社 2022 年版，第 2 页。

[3] 参见宋有涛等主编：《环境损害司法鉴定概论》，中国环境出版集团 2022 年版，第 33 页。

[4] 参见田亦尧、张文河：《环境损害司法鉴定意见可采性研究》，法律出版社 2022 年版，第 3 页。

[5] 参见宋有涛等主编：《环境损害司法鉴定概论》，中国环境出版集团 2022 年版，第 33 ~ 34 页。

三、环境损害司法鉴定的多维检视

(一)证据法学视野下鉴定意见的司法运用效果

在证据法学理论中,证据的审查包含两层含义:一是审查证据能力,确认其是否可以进入诉讼的“大门”;二是审查证明效力,确认其是否可以作为定案的根据。[1] 我国三大诉讼法未规定鉴定意见的审查规则,最高人民法院通过《关于办理死刑案件审查判断证据若干问题的规定》第23条、《关于适用〈中华人民共和国刑事诉讼法〉的解释》第97条、第98条等司法解释条文初步确立了对鉴定意见进行审查的“合法性”“可靠性”“关联性”判断标准。“合法性”审查和“可靠性”审查分别从程序和实体的角度对证据能力进行审查,“关联性”审查则是从实体角度决定证据的证明效力。同为实质性审查,“可靠性”审查和“关联性”审查均关乎证据与待证事实之间的逻辑关系,但“可靠性”审查是基础,是从专业性和科学性的角度判断司法鉴定意见是否具有证据资格,“关联性”审查则是判断司法鉴定意见的证明强度,即司法鉴定意见能否证明待证事实。

1. 合法性审查

目前,在司法实务中,对于环境损害鉴定评估意见的合法性审查存在如下问题:一是鉴定评估的启动较为随意。单方委托的鉴定评估或者诉讼外鉴定评估通常被认为带有倾向性,在得出的意见于己不利的情况下,当事人通常会要求重新鉴定,因此多头鉴定、重复鉴定屡见不鲜。[2] 二是不重视对鉴定评估意见主体能力范围的审查。当前,现有的鉴定机构和专业技术不能满足当事人对某些特定鉴定事项的需求,且司法鉴定机构、行政机关的技术鉴定机构和社会力量设立的鉴定评估机构在市场中长期并存,导致对鉴定能力范围的审查存在一定困难。三是对鉴定评估程序缺乏有效监督。主要体现在对检材等鉴定材料的提取、收集、流转、检验等环节监督不足,对鉴定材料真实性、完整性的认定缺失,有的材料未经当事人质证就作为鉴定评估的依据之一,严重违反法定程序。四是对结论性意见的质证仅停留在形式审查水平。庭审时可用于证据展示、争点整理的时间有限,且受技术壁垒的限制,当事人对结论性意见无法进行

---

[1] 参见李学军、朱梦妮等:《意见证据制度研究》,中国人民大学出版社2018年版,第202~205页。

[2] 参见田亦尧、张文河:《环境损害司法鉴定意见可采性研究》,法律出版社2022年版,第127页。

专业性的鉴别,直接影响质证效果。

2. 可靠性审查

对于环境损害鉴定评估意见的可靠性审查针对的是得出结论性意见所依据的技术方法及鉴定标准。[1] 技术方法的选择不仅应遵循行政管理机关制定的或者相关领域内通行的技术性规范的要求,而且受生态环境各要素受损机理、受损程度、修复成本、技术方法可操作性等因素影响。鉴定标准因不同自然资源要素领域行政管理机关职能分散而各不相同。故可靠性审查需要的科技专业性需要法官借助"外脑"来辅助完成。而现行司法实务中鉴定人出庭率低、专家辅助人制度应用少且运行不畅是造成可靠性审查效果不佳的重要原因。

3. 关联性审查

对于环境损害鉴定评估意见的关联性审查兼具技术判断与司法判断的双重属性。比如,在对污染物质进行定性定量时,由于环境污染的迁移转化特征,污染结果可能会因为时间推移、天气变化和其他因素介入而不稳定。在污染行为与损害结果之间因果关系的认定上,损害结果是因不同污染物以及多种原因共同造成,简单认定因果关系容易导致判决的不公。[2] 在赔偿金额的认定上,需要根据不同类型环境诉讼的目的来确定赔偿的范围及项目,明确专业术语的内涵,否则容易造成赔偿项目的重复或者遗漏,甚至相同的赔偿项目在不同案件中的内涵不同。[3] 正因为关联性审查针对的是结论性意见,法官在进行关联性审查时如果不能结合在案其他证据,在鉴定评估意见的基础上适度发挥职权作用检验案件相关事实,进行价值判断及后果考量,就容易在事实认定上出现以鉴代审的情况。

---

〔1〕 参见韩德强主编:《环境资源纠纷案件裁判规则(一):环境侵权》,法律出版社2021年版,第287页。

〔2〕 参见吕某某等人诉山海关船舶重工有限责任公司海上污染损害责任纠纷案,最高人民法院指导性案例第127号(2019年)。上述案件中,经司法鉴定导致案涉环境损害的有铁物质、悬浮物、石油等多种污染物,而根据已查明的案件事实,涉案污染企业只排放了含有铁物质的污水,鉴定意见未明确涉案污染企业排放含有铁物质的污水对海洋污染环境损害结果的参与度,法官经过综合判断适度调整了责任比例。

〔3〕 参见中华环保联合会诉德州晶华集团振华有限公司大气污染责任环境民事公益诉讼案,最高人民法院指导性案例第131号(2019年);江苏省徐州市人民检察院诉苏州其安工艺品有限公司等环境民事公益诉讼案,最高人民法院指导性案例第135号(2019年)。上述两案中,生态环境损害赔偿等同于生态环境修复费用。同批发布的江苏省人民政府诉安徽海德化工科技有限公司生态环境损害赔偿案,最高人民法院指导性案例第129号(2019年),生态环境损害赔偿是由生态环境修复费用、生态环境服务功能损失、评估费三部分组成。

(二)环境社会学视野下司法鉴定的质量和公信力

环境社会学是一门研究自然环境与社会之间相互作用的学科。环境社会学中对环境绩效评估研究的主流观点认为,环境绩效可以从4个维度进行考察:一是环境治理过程中的投入与产出之比,即环境效率;二是以环境治理过程为导向的环境治理结果对预期环境治理目标的实现程度,即环境效能;三是政府环境治理行为下实际的环境状况,即环境效果;四是公众对政府环境治理成效的认可,即环境满意度。[1] 环境绩效考核方法对于环境损害司法鉴定质量的考察具有参考和借鉴意义。

1. 基于经济效率视角的检视

环境损害司法鉴定在司法实践中存在制度运行成本过高的问题。该制度运行成本包括当事人的维权成本以及司法体系运行的管理成本。就前者而言,环境民事案件中的重复鉴定、多头鉴定加重了当事人的经济负担,拖延了诉讼程序。尤其是委托事项多且复杂的环境损害司法鉴定,程序烦琐、费用高昂等问题尤甚,当鉴定费用可能等于甚至超过环境修复费用时,不利于社会公益的维护与公平正义的实现。就后者而言,在重大的环境污染事件中,由于环境行政执法中的检验、检测、评估与环境损害司法鉴定在操作程序和技术标准上未实现统一,在相关数据上未实现信息共享,法官在审查鉴定意见时为了解案件事实、确定法律责任、计算赔偿数额所耗费的调查成本以及执行判决所耗费的司法成本都限制了案件的办理质效。

2. 基于政治效能视角的检视

从制度运行效能来看,环境损害司法鉴定存在行政监管与司法裁判衔接不畅、事前预防功能和行为导向功能效果不佳的问题。主要表现为在同一环境事件的处理中,由于环境行政执法中的不规范行为,行政执法过程中认定的事实或者固定的证据不能完全被司法裁判所采纳。此外,环境高风险企业进行环境风险防控的积极性不高。由于环境风险防控的成本较高,有的环境高风险企业甚至通过破产来逃避损害赔偿责任,或者策略性地将可能引发严重环境侵权赔偿责任的业务交给资产较少的子公司或者发包给其他企业甚至个人。

---

[1] 陈阿江主编:《环境社会学》(总第1辑),社会科学文献出版社2022年版,第157页。

3. 基于社会公众满意度视角的检视

环境权是一项社会公众权益。从人民群众满意度反观环境损害司法鉴定的运行情况，裁判公信力不足应当引起重视。社会公众缺少参与环境损害司法鉴定的有效途径，对损害赔偿金额的确定或者环境修复方案的选择等与自身环境权益密切相关的专业技术问题不能形成有效监督，影响了人民群众对环境损害司法鉴定意见的信服程度以及对裁判结果的满意度。

四、构建环境损害司法鉴定相关规则

对环境损害司法鉴定制度的改进，从深化成果运用的角度考虑，在法院内部应当通过完善启动机制和明确审查要素以加强对相关鉴定意见的审查，同时通过遵循证据规则强化证据分析以弥补鉴定手段的不足。此外应当加强环境司法与行政执法的衔接配合，畅通司法鉴定的外部监督渠道，以全面提升环境损害司法鉴定的质量和公信力。

（一）完善启动机制、明确审查要素

1. 规范司法鉴定程序的启动

司法鉴定程序的启动是以法官查明案件事实需要为前提。为防止鉴定程序的滥用，应当明确程序启动的审查标准：第一，当事人申请鉴定的事项是否对查明案件基本事实有实质性影响，或者是否会影响案件审理程序的合法性。第二，鉴定事项所对应的专门性问题是否必须要通过特殊技术手段或者专门方法才能确定。第三，对于待鉴定的专门性问题，是否有较为权威的鉴定方法和相应有资质的鉴定机构，是否有明确充分的鉴定材料。第四，在启动鉴定之前是否已经充分听取了各方当事人的意见。

因对鉴定意见有异议而引发的上诉案件，对于二审是否应准许重新鉴定的问题，首先，应当审查上诉人在一审时有无对该鉴定意见提出异议，一审法院有无对该问题进行审查，如是否要求鉴定人提供说明，在说明仍不能解决争议时根据当事人的申请组织鉴定人出庭接受询问等。如果未进行类似审查，二审应当予以审查。其次，可以通过补正、补充鉴定或者补充质证、重新质证等方法解决鉴定意见瑕疵的，应当进行相应补救，不准许重新鉴定。如果上诉人对鉴定意见的异议理由成立，足以排除该鉴定意见的采信的，相关专门性问题应当通过重新鉴定予以查明。二审法院应当根据案件的具体情况决定是否发回一审法院重审。

2. 借助“外脑”辅助查明事实、强化认证效果

借助“外脑”辅助查明事实主要是通过强化法官对专家意见和专家辅助人制度的运用来实现的。实践中,在鉴定困难、鉴定成本过高或不宜进行鉴定的情况下,法官通常选择参考专家意见,结合污染环境、破坏生态的范围和程度、污染物种类、生态环境的稀缺性、生态环境恢复的难易程度、行为人因侵权行为所获利益等因素,酌情确定损失数额。法官对专家辅助人意见的采信应侧重考察以下方面:第一,专家辅助人是否具有相应的专业技能。一般而言,可以通过对专家过往的教育背景、从业经历、资质、职务、行业认可度及经验等方面进行考察,并结合个案具体情况确定其是否具备查明案件事实所需的专业知识、技能和经验。第二,完善专家辅助人在庭审中发表意见的方式。专家辅助人可以参与询问鉴定评估人员并接受法官的询问,双方均聘请专家辅助人的,还可以当庭对质。法官可以结合专家辅助人意见、鉴定评估人员的解释和反驳以及各方询问对质情况,得出专家辅助人意见采信与否的判断。[1]

3. 明确环境损害司法鉴定意见的“三性”审查要素

在合法性审查方面,第一,针对环境损害司法鉴定意见作出主体的审查,对于鉴定机构,主要审查该机构在受污染领域的鉴定资质及相关经验,对于鉴定人的审查还要结合其工作年限、从业经历、通过专业水平考试情况、个人职业道德表现、是否有应当回避的情形等方面综合判断。第二,针对司法鉴定操作程序的审查,主要是针对鉴定操作全过程的记录是否完善,检材的采集是否符合时效性要求,检材的来源、取得、保管、送检是否符合法律有关规定,与相关提取笔录、扣押清单等记载的内容是否相符,检材是否可靠,鉴定意见的形式要件是否完备,鉴定意见是否依法及时告知相关人员等进行审查。第三,针对司法鉴定意见庭审质证程序的审查,主要是针对鉴定所依据的材料是否经过质证,对于疑难复杂或者事实认定争议较大的案件,是否通过庭前证据开示或者举行听证会等方式对环境损害司法鉴定意见进行专门质证进行审查。对于单方自行

---

〔1〕 参见韩德强主编:《环境资源纠纷案件裁判规则(一):环境侵权》,法律出版社 2021 年版,第 26 ~ 27 页。

委托的环境损害司法鉴定,应当推定鉴定人及鉴定意见有立场预设,鉴定人出庭必须在质证环节中对自己出具的鉴定意见以及观点进行陈述并接受质询,且其在质证中的陈述应当视为当事人的陈述,由当事人承担相应的法律后果。此外,可以探索通过信息化技术实现远程出庭,以缩减鉴定人出庭的成本。对于无正当理由拒不出庭的鉴定人,当事人可以按照鉴定费用的倍数对鉴定机构和鉴定人进行惩罚性追偿,以强化鉴定人出庭的义务。[1]

在可靠性审查方面,第一,对于鉴定所采用的科学原理和技术方法的审核,可以考虑该技术方法是否经同行复核,在公开发行的出版物上是否有该专业领域一定数量的专家学者发文对此技术方法予以分析论证并认可,该技术方法是否可以被重复检验,有关该理论或技术方法的已知或潜在的错误率是否可以被接受,实务界是否已存在大量成功应用的案例等。第二,对于鉴定所依据的标准,主要考察出台标准的行政管理部门的职能是否与鉴定事项一致或接近,标准的位阶,出台的时间等。鉴定意见应按照顺序依次遵守和采用国家标准、行业标准和技术规范以及该专业领域多数专家认可的技术方法。

在关联性审查方面:主要审查鉴定意见的分析和推理过程是否符合自然科学的一般规律;鉴定结果的形成过程是否合理,各项数据与最终结果是否形成了逻辑关系;鉴定意见作为证据的一项,能否与其他证据共同形成合理完整的证据链。

(二)遵循证据规则、强化证据分析以弥补鉴定手段的不足

1. 准确把握举证责任倒置和因果关系推定的适用规则

环境污染侵权适用举证责任倒置原则,绝非免除被侵权人的举证责任。出于防止滥诉的考虑,环境污染侵权纠纷的被侵权人应当举证证明存在环境侵权行为、客观损害后果并且对环境侵权行为与客观损害后果之间可能存在因果关系进行初步举证,即可推定因果关系成立。侵权人欲减轻或者免除责任必须举证证明其所排放的污染物不具备可导致相关损害发生的致害性,污染物与损害发生区域之间存在物理阻隔,其实施排污行为之前相关损害即已发生等情形存在,侵权人的举证必须达到高度盖然性的证明标准才能起到减轻或者免除责任

---

[1] 参见田亦尧、张文河:《环境损害司法鉴定意见可采性研究》,法律出版社 2022 年版,第 309 页。

的效果。可能存在因果关系的认定以及污染物是否具备可导致相关损害发生的致害性的判断属于技术判断,而是否存在环境侵权行为、污染物与损害发生区域之间是否存在物理阻隔等的判断属于事实判断。法官结合具体案情,参考技术判断与自身对事实的判断,确定各方证据的证明标准并认定证据的证明力,同时考虑司法政策、个案中法的价值的排序以及当事人之间的利益平衡,最终作出法律上因果关系能否成立的认定。[1]

2. 在多因一果案件中依据原因力和影响程度判定责任比例

在无意思联络的数人环境侵权案件中,环境损害后果是由多个原因共同导致的,且各个原因在损害后果的发生或扩大中影响程度不同,应当根据原因力和影响程度来确定此类多因一果环境侵权案件中各侵权人承担责任的比例。除了鉴定意见或者专家意见外,法官还可以参考受损环境监测检测数据、受污染地域区位等其他因素。当一人或者数人的污染行为均有可能造成损害后果,且任何一个污染行为均不能直接导致最终损害后果发生时,原因力和影响程度难以通过鉴定评估等技术手段量化,可以由各环境侵权人平均承担损害赔偿责任。当两个以上的污染行为相互独立,但从原因力或者因果关系角度看,其中任何一个污染行为均足以造成全部损害后果,即使侵权人没有共同意思联络,仍然需要承担连带赔偿责任。

3. 法官适度发挥职权作用以弥补鉴定手段的不足

法官应当根据个案具体情况以及当事人在诉讼能力、经济能力方面的差异,在诉讼过程中对相对弱势的一方作必要的释明,引导当事人明确诉讼请求、固定争议焦点、正确行使诉权,最大限度地尊重和保障当事人的诉讼权利。对于无法鉴定或者不适宜鉴定的情形,法官可以结合其他在案证据,根据已查明的案件事实进行酌定或者类比推定。应纳入考量范围的因素包括环境污染或者生态破坏的范围和程度、生态环境要素的稀缺性、生态环境恢复的难度、防治污染设备的运行成本、当事人的主观恶性以及因不法行为获利的情况。还可以参考负有环境资源保护监管职能的行政机关的意见,结合裁判结果的价值导向、当地的经济发展水平等其他因素,并且可以通过征询专家意见来确保自由

〔1〕 参见江必新:《环境资源审判的理念、政策与机制》,人民法院出版社2019年版,第210~211页。

裁量范围内认定内容的正当性和认定方法的合理性。

(三)加强环境司法与行政执法的衔接配合

1. 搭建法律语境与技术语境的桥梁

建议由不同领域的环境行政执法机关共同就生态环境损害鉴定评估工作的专业术语进行系统梳理并实现统一,就生态环境损害类型、生态环境损害鉴定评估工作基本流程、确定生态环境损害基线、判断生态环境损害因果关系、确定生态环境损害修复与恢复方案等技术层面问题出台操作指引。[1] 环境司法中的鉴定评估与行政执法中的鉴定评估要在技术规范上逐步实现统一,司法解释与行政规范性文件要在赔偿范围及关键性术语的概念、范围、使用上达成一致,以便于在行政执法过程中开展环境损害调查获得的证据及提出的损害鉴定评估结论能够为司法裁判所用。

2. 行政管理与审判执行在涉环境鉴定评估上加强协同合作

一是在行政审批环节严格落实环境影响评价制度,通过评估以定量或定性的方式明确相关活动可能造成的生态环境损害性质及严重程度。对于重点行业、重点区域、重点企业,从生态环境保护法律法规及标准规范、排污许可证管理、企业环保合规及风险防范、行业污染治理对策等方面明确企业应履行的环境保护法律义务,明确主体责任,强化对环境风险的事前预防。二是人民法院与环境行政执法机关在证据提取、信息共享等方面加强合作。人民法院因审理案件需要,可以向负有监督管理职责的生态环境主管部门调取涉及污染者的环境影响评价文件及其批复、环境许可和监管、污染物排放情况、行政处罚及处罚依据等证据材料。[2] 充分发挥环境行政执法文书在诉讼中的证明效力。公文书证所记载的事项推定为真实。如经审查公文书证发现在制作主体、制作程序等方面存在问题的,法官应当结合其他证据依法审查其真实性、合法性、关联性,最终对其有无证明力和证明力大小作出判断。[3] 三是在判决生效后的污染治理阶段,环境行政执法机关和人民法院可以视具体情况创新责任承担方式,允许排污企业以环保技术改造投入抵扣生态损害赔偿金,推动企业绿色转

---

[1] 参见彭中遥:《生态环境损害赔偿诉讼制度研究》,中国社会科学出版社 2022 年版,第 230 页。

[2] 参见江必新:《环境资源审判的理念、政策与机制》,人民法院出版社 2019 年版,第 212 页。

[3] 参见韩德强主编:《环境资源纠纷案件裁判规则(一):环境侵权》,法律出版社 2021 年版,第 89 页。

型。同时配合赔偿权利人对受损生态环境的修复效果进行评估,健全环保信用评价、信息强制披露等制度,为环境纠纷的多元共治、溯源治理和协同治理做好铺垫。[1]

3. 完善责任追究机制和资金保障机制

在对鉴定评估机构及人员的诚信管理上,人民法院应当与司法行政部门加强合作,建立环境损害司法鉴定"黑名单"制度,对于有技术污点和违法记录的鉴定机构和鉴定人员,除了依法进行行政处罚外,还应当纳入"黑名单",限制甚至依法撤销其相应资质。[2] 对于鉴定费承担困难的问题,可考虑通过指导性案例明确鉴定费的承担规则。在鉴定费的预付上,按证明责任承担;在鉴定费的最终承担上,按过错责任分担。同时还可以积极争取政府支持,设立环境公益诉讼专项基金,不仅可用于解决社会组织无力负担环境损害司法鉴定费的问题,还可用于解决环境公益诉讼修复费用和赔偿款的给付问题。[3]

(四)畅通司法鉴定的外部监督渠道

在强化外部监督方面,可以邀请社会公众参与见证环境损害司法鉴定的特定阶段。比如在鉴定材料的认定阶段,可以邀请人大代表、政协委员、新闻媒体、环保志愿者等见证鉴定检材的提取、送检流程;在环境综合整治及修复方案的确定阶段,可以由人民法院联合相关环境保护行政主管部门组织召开听证会,公开受损环境修复方案,由相关行业特约监督员及人民监督员就修复方案进行提问并发表意见,以书面形式记明相关情况,以便将合理的群众意见吸纳入最终的环境综合整治方案。[4]

---

〔1〕 于文轩:《风险预防原则的生态环境法治意蕴及其展开》,载微信公众号"中国政法大学生态资源法研究中心"2023年6月28日,https://mp.weixin.qq.com/s/03CL4nWWtZHRAmyeUKDgcw。

〔2〕 参见江必新:《环境资源审判的理念、政策与机制》,人民法院出版社2019年版,第206~207页。

〔3〕 参见田亦尧、张文河:《环境损害司法鉴定意见可采性研究》,法律出版社2022年版,第314~316页。

〔4〕 参见宋有涛等主编:《环境损害司法鉴定概论》,中国环境出版集团2022年版,第65页。

16. 长江流域生态修复责任的司法适用研究

杨梦琴*

内容摘要：近年来，长江流域环境形势严峻复杂，生态修复工作任重道远。生态修复责任作为一种新兴的环境责任，其承担方式日渐在司法实践中得到运用，但是其在司法适用层面还存在责任主体单一、责任承担方式不合理、生态修复方案及目标不明确、修复监督主体缺位等问题。因此笔者采用文献研究法、实证分析法、规范分析法，针对上述问题提出具体的解决建议，包括明确“潜在责任人”的生态修复责任；明确行为责任为原则，财产责任、替代性责任为例外的责任承担方式；以政府生态修复规划为大前提确立科学完善的生态修复方案；推进生态修复责任诉中磋商制度的建立；构建政府、公众、第三方三位一体的多元监督体系；建立跨行政区域协同监管模式。

关键词：长江流域　生态修复　生态修复责任　司法适用

一、问题的提出

随着生态环境问题的日益严峻，我国建立了生态修复责任这一全新的环境责任类型，实现了我国环境生态治理、生态文明建设工作的新飞跃。在立法层面，《长江保护法》第 1 条确立了保护与修复长江流域生态环境的立法目标，第 93 条顺应《民法典》第 1234 条的规定，将生态修复通过立法的形式确立为环境侵权人的责任承担方式，最高人民法院《关于审理环境民事公益诉讼案件适用法律问题若干问题的解释》将生态修复责任作为一种责任承担方式进行了专门规定。在实践层面，最高人民法院《关于贯彻〈中华人民共和国长江保护法〉的实施意见》、“长江流域生态环境保护典型案例”强调要以司法服务保障长江流

---

* 杨梦琴，华中农业大学研究生，研究方向为环境与资源保护法学。

域生态环境的保护修复和高质量发展,生态修复责任也在司法判决中得以实际运用。在政策层面,党的十九大报告指出要推动长江经济带发展,贯彻落实新发展理念,强调修复长江生态环境的重要地位。党中央在"十四五"规划中将实施系统整体化修复、构建生物多样性保护新工程提高到战略高度。[1]

在理论界,尽管生态修复责任是学界热议的话题,但将生态修复责任与长江流域生态系统的特征相结合进行有针对性的分析,以及生态修复责任在长江流域生态损害案件中的司法适用问题的研究还较少。长江流域生态修复责任在司法实践过程中存在哪些问题?如何确保生态修复责任的贯彻落实?应当如何针对这些问题作出有效的制度安排?为了回应上述问题笔者将采用实证分析法、文献研究法、规范分析法展开研究。

首先,笔者对长江流域生态修复责任的概念及意义进行分析界定。其次,通过实证分析的方法就责任承担主体、事实认定依据、责任承担方式、修复监督主体4个方面对生态修复责任在长江流域生态环境损害案件当中的适用规则进行总结。再次,基于上述司法实践情况探究长江流域生态修复责任的司法适用困境。包括责任主体单一、责任承担方式不合理、生态修复方案及目标不明确、修复监督主体缺位。最后,针对上述问题,笔者提出了具体的解决建议。第一,扩大责任主体范围方面,应当确立"潜在责任人"的生态修复责任;第二,规范生态修复责任承担规则方面,要明确以行为责任为原则,财产责任、替代性责任为例外的责任承担方式;第三,明确生态修复方案及目标方面,要注重以政府生态修复规划为大前提,设定科学合理的生态修复目标;第四,在建立生态修复监督体系方面,要构建政府、公民、第三方三位一体的多元监督体系,同时应加强各主体之间对跨地区环境生态破坏责任主体修复行为的跨区域跨部门协同监管。希望通过上述针对长江流域生态修复责任司法适用实践问题的提出与完善路径的分析能够为我国生态修复责任司法实践的完善尽微薄之力,推进生态修复责任制度的进步与创新,为长江流域生态环境治理与生态文明建设提供制度与法律保障。

---

〔1〕《中华人民共和国国民经济和社会发展第十四个五年规划和2035年远景目标纲要》,载中国政府网,https://www.gov.cn/xinwen/2021-03/13/content_5592681.htm。

二、长江司法保护中生态修复责任的内涵

(一)长江流域生态修复责任的概念

生态修复作为一种生态环境保护技术手段,其概念内涵常被运用于生态学领域。在生态学中,生态修复强调的是生态系统自身的恢复功能。而在法学领域,生态修复更多强调的是在生态修复过程中的权利义务关系。[1] 生态修复责任作为一种责任承担方式,是通过责任主体对生态修复义务的承担,以实现对受损生态环境服务功能的恢复,是一种负担性行为。生态修复的主体是导致生态环境损害的个人、企业或其他组织。修复对象是受损的生态环境。[2]

长江流域主要是指以长江为核心的流域生态系统。《长江保护法》将长江流域的范围划分为干流、支流和湖泊形成的集水区域所涉及的包括青海省、四川省在内的19个省(自治区、直辖市)的相关县级行政区域。与传统的行政区域拥有固定不变的地理位置不同,流域根据其流向,辐射到周边地区,空间内各要素相互联系、相互作用,是一个涵摄自然、经济、人身安全等因素的立体空间。在长江流域空间内各要素的富集效应以及相互影响的作用下,单一生态环境要素的变化可能引发全流域的系统性风险。[3] 因此,流域生态系统更强调环境要素的统一性与整体性。[4] 此外,长江本身存在干流与支流,上游与下游,流域生态环境破坏的结果可能会跨越行政区域,并且各区域环境特征不同,其危害结果可能会表现出不同特征。

长江流域生态环境的整体性决定了流域生态环境保护事务的整体性。责任主体应重视流域内自然资源和环境要素的有机联系,而不仅停留在水资源的修复上。综上所述,笔者将长江流域生态修复责任定义为:违反国家规定造成长江流域生态环境损害的个人、企业或其他组织运用人工技术手段,对受到破坏的流域生态系统进行修复与重建,恢复其流域内自然资源和环境要素的功能,以及自然资源和环境要素构成的生态系统原有的结构和功能的法律后果。

---

〔1〕 参见康京涛:《生态修复责任的法律构造》,中国社会科学出版社2021年版,第27~28页。

〔2〕 参见吴鹏:《浅析生态修复的法律定义》,载《环境与可持续发展》2011年第3期。

〔3〕 参见秦天宝:《我国流域环境司法保护的转型与重构》,载《东方法学》2021年第2期。

〔4〕 参见李冰强:《流域生态修复与保护立法:现实困境与对策选择》,载《中州学刊》2020年第5期。

(二)长江流域生态修复责任的意义

长江流域作为一个流经地区多、辐射范围广的巨大生态系统,其中涵盖生物要素、非生物要素,包含物质、能源、能量之间的相互影响,其涉及空间内的各要素相互作用、相互联系。这一生态系统中任一要素受到人为的不利影响,必将反馈到其他环境生态要素,甚至随着流域流向,动态地蔓延到流域内的其他地区,导致跨区域环境生态破坏。生态修复责任制度强调的是对长江生态系统整体性和系统性地治理,不是单纯地对受损环境生态的机械填补、恢复原状。让责任主体承担生态修复责任的目的之一是将受损害的生态环境恢复到其原有的结构和功能。[1] 生态修复需要把握长江流域水质、水量和生物多样性等生态系统各要素之间的有机联系,促进长江流域生态系统整体平衡,维护流域生态系统的整体结构功能,属于多要素全面修复。[2] 该种责任承担方式更加强调生态环境的系统性和整体性,这也是长江流域生态治理的核心要义。

生态修复责任不同于民法中的“恢复原状”,“恢复原状”作为民事责任承担方式,其强调的是个人私权益,保护公民个人财产权益。[3] 生态修复责任以保护生态环境为核心,指向的利益是公众生态利益,不仅包含经济利益,还包含生态文明建设和公众环境权保护的内在追求,符合当今长江大保护政策的价值追求和实践需要。

三、长江司法保护中生态修复责任的适用现状

2018 年,深入推动长江经济带发展座谈会议强调要全面做好长江生态环境保护修复工作,把修复长江生态环境摆在压倒性位置。将生态修复责任作为一种环境责任承担方式在司法中加以运用是高效、有序推进长江生态环境治理工作的重要一环。为了更好地研究我国长江流域生态修复司法适用的困境,有必要对实践中生态修复责任的实际运用进行总结分析。对此,笔者以“生态修复”“长江流域”“生态环境”为关键词在中国裁判文书网上检索到 2016 年至

---

〔1〕 参见胡静:《土壤修复责任的公法属性——目的和工具面向的论证》,载《湖南师范大学社会科学学报》2020 年第 5 期。

〔2〕 参见才惠莲:《流域生态修复责任法律思考》,载《中国地质大学学报(社会科学版)》2019 年第 4 期。

〔3〕 参见李挚萍:《生态环境修复责任法律性质辨析》,载《中国地质大学学报(社会科学版)》2018 年第 2 期。

2023 年 8 月长江流域生态修复责任相关判决 360 份，其中包括刑事诉讼判决、民事诉讼判决以及刑事附带民事公益诉讼判决。

从总体上看，近年来生态修复责任作为长江流域生态环境损害的责任承担方式，在实践中逐渐受到重视并得以真正运用。从责任承担方式上看，生态修复责任可以作为民事责任承担方式，可以由环境刑事案件被告人通过生态修复得以从轻、减轻判决，也可以在被告人履行生态修复行为或支付生态修复费用确有困难时采取替代性责任来承担。从案件类型来看，包括生态损害类案件和环境污染类案件，具体包括非法采矿、非法采砂、非法捕捞水产品、非法排污导致的长江环境污染或生态破坏。下面笔者选择其中几件典型案例对其责任主体确认、责任承担方式、事实认定依据以及监督主体认定问题进行总结梳理。（见表 1）

表 1　长江流域生态修复案例梳理

案名	基本案情	法律后果	事实依据
江苏省南京市人民检察院诉王某某生态破坏民事公益诉讼案〔1〕	王某某违反矿产资源法律规定，在未取得采矿许可证的情况下，安排他人使用机械在长江沿岸某山林场非法露天采矿，不仅造成国家矿产资源损失，还造成开采区域生态环境破坏及生态要素损失。	赔偿矿山及植被生态损害修复费用共计 1893112 元。 支付损害评估等事务性费用 400000 元。	江苏省环境科学研究院先后出具《“南京市浦口区王某某等人非法采矿案”生态环境损害评估报告》《生态环境损害（动物类）补充说明》
湖南省生态保护志愿服务联合会与李某红、余某辉等生态环境保护民事公益诉讼案〔2〕	余某辉邀集余某军、李某红 5 次在禁捕区非法捕捞渔获物进行售卖。郭某红明知余某辉、余某军、李某红售卖的系非法捕捞的渔获物，仍 3 次向其购买渔获物。四被告的行为破坏了长江流域的水生生物资源，致使洞庭湖水域生态环境和生物多样性受损，威胁水域生态系统平衡。	一、李某红、余某辉、余某军共同赔偿修复损失费 51000 元，款项支付至益阳市财政局专用账户。 二、郭某红在 24464 元范围内（其收购的渔产品的损害）对本判决第一项承担共同赔偿责任。 三、四被告在益阳市级媒体上向社会公开赔礼道歉，并在沅江市万子湖杨河水域义务巡护渔 3 次。	沅江市畜牧水产事务中心《专家意见》

〔1〕 参见江苏省南京市中级人民法院民事判决书，(2020)苏 01 民初 798 号。
〔2〕 参见湖南省益阳市中级人民法院民事判决书，(2023)湘 09 民初 2 号。

续表

案名	基本案情	法律后果	事实依据
重庆人民检察院第五分院、吴某刚等生态破坏民事公益诉讼案〔1〕	吴某刚、刘某、蒋某聪、谢某岐在重庆市南岸区哑巴洞长江水域非法捕捞渔获物后,蒋某聪又邀约章某与其他几人前往重庆市巴南区李家沱杨某家中将案涉鲟鱼等渔获物杀害后共同食用。其中包括一尾长江鲟,造成长江生态系统严重损害。	一、被告吴某刚、刘某、蒋某聪、谢某岐、章某共同赔偿生态服务功能损失93750元。 二、被告吴某刚、刘某、蒋某聪、谢某岐、章某在非法捕捞水域放流成鱼、幼鱼(价值人民币4966元)对受损的生物资源和生态环境进行修复。如逾期未履行前述义务,则被告应赔偿生态环境修复费用4966元用于修复被损害的生态环境。	中国水产科学研究院长江水产研究所《专家评估意见》
杨某成、吴某春侵权责任纠纷案〔2〕	杨某成伙同吴某春在长江干线水域沿岸非法捕捞江鱼,造成国家级水产种质资源和江豚生存受威胁,水生生物种族繁衍能力下降,鱼类及其他水生生物死亡,生物多样性下降,水体受污染,水生生物栖息地被破坏等生态环境损害。	一、被告杨某成、吴某春共同赔偿渔业资源损失42875元,并协助相关部门后期增殖放流等生态修复工作; 二、案件评估费由被告杨某成、吴某春共同负担。	安庆梅初环保科技有限公司《专家评估意见书》
重庆市人民检察院第二分院与谭某祥侵权责任纠纷案〔3〕	谭某祥在未办理林地使用手续的情况下,在涉案地采用挖掘机作业的方式占用林地0.3895公顷用于修建房屋,占林位置和长江干流直线距离不足2公里。行为致使长江生态资源遭破坏,对长江水土涵养和人居环境造成影响。	被告谭某祥在重庆市级媒体上向社会公众赔礼道歉。 被告谭某祥赔偿生态环境自受到损害至恢复期间的服务功能损失8237.67元。 被告谭某祥在判决生效后6个月内,自行按照《恢复方案》就地进行生态修复。	重庆市万州区森林资源监测中心《鉴定意见书》; 林业部门《恢复方案》
陈某、湖南省武冈市人民检察院非法捕捞水产品刑事附带民事公益诉讼案〔4〕	被告人陈某用电鱼机在资水赧水河段一级支流武冈龙溪河地段电鱼,该行为导致长江支流生态破坏。	单处罚金人民币4000元。 责令被告人赔偿直接损失14.4元及天然渔业资源恢复补偿款633.6元,共计648元,用于修复渔业资源和生态环境。 被告人在县级以上媒体向公众公开赔礼道歉。	邵阳市畜牧水产事务中心《咨询意见书》

〔1〕参见重庆市第五中级人民法院民事判决书,(2022)渝05民初37号。
〔2〕参见安徽省安庆市中级人民法院民事判决书,(2020)皖08民初319号。
〔3〕参见重庆市第二中级人民法院民事判决书,(2019)渝02民初3614号。
〔4〕参见湖南省武冈市人民法院刑事附带民事公益诉讼判决书,(2022)湘0581刑初399号。

续表

案名	基本案情	法律后果	事实依据
马某东、四川省松潘县人民检察院非法采矿罪刑事附带民事诉讼案〔1〕	被告人马某东以非法牟利为目的,在未取得采矿许可证的情况下,雇用冉某某、钱某等8人,在涉案河道内非法开采砂石,并将非法开采所得砂石转运某搅拌站后面堆放、清洗、加工。本案涉及的土地和水域面积遭受了严重的生态环境损害。	判令被告人马某东对其非法采矿所破坏的生态环境予以修复。 由被告人马某东承担本案的测绘费、鉴定费共计14.8万元。 判令被告人马某东对破坏耕地的生态环境予以修复,如被告人马某东在限期内未予修复或经修复验收不合格,则需承担耕地生态环境修复费用5.57万元。	四川省川法环境损害司法鉴定所《鉴定意见书》
夏某、安化县人民检察院等非法捕捞水产品刑事附带民事诉讼案〔2〕	被告人夏某在柘溪水库烟溪镇天茶村水域安放三重刺网捕鱼,导致长江支流资江渔业生态资源与水域生态环境造成很大破坏。	被告人夏某于缓刑考验期间在安化县某河段义务巡河30天。	安化县畜牧水产事务中心《专家评估意见》
李某华、安化县人民检察院等非法捕捞水产品罪刑事附带民事诉讼案〔3〕	被告人李某华以营利为目的在柘溪水库柘溪镇杨沙社区水域使用禁用工具三重刺网非法捕捞水产品,破坏长江水域生态平衡,使渔业资源遭受严重破坏。	被告人李某华向捕捞水域投放适合放流的成鱼1402尾。	安化县畜牧水产事务中心《专家评估意见》
黄某辉、陈某等非法捕捞水产品刑事附带环境民事诉讼案〔4〕	被告人黄某辉、陈某先后邀请被告人李某忠、吴某峰等7人,在岳阳县东洞庭湖壕坝水域非法捕鱼,黄某辉负责在岸上安排人员运送捕获的渔获物并予以销售,陈某等4人负责驾船下湖捕鱼,吴某峰等3人负责使用三轮车运送捕获的渔获物。8被告人先后参与非法捕捞三四十次,捕获渔获物10000余斤,非法获利100000余元。	刑事附带民事公益诉讼起诉人建议判令8被告共同购置价值121000元的成鱼和90000元苗种,在洞庭湖水域进行放流,修复渔业资源与环境。被告逾期不履行生态修复义务时,应连带承担相应渔业资源和生态修复费用211000元。后李某忠等3被告及黄某辉等5被告的家属与刑事附带民事公益诉讼起诉人协商达成调解,被告李某忠等3人及其他被告家属在岳阳县东洞庭湖渔政监察执法局的监督执行下向东洞庭湖鹿角码头投放相应价值的鱼类。	中国水产科学研究院长江水产研究所《生态损失评估报告》

〔1〕 参见四川省松潘县人民法院刑事附带民事判决书,(2021)川3224刑初22号。
〔2〕 参见湖南省安化县人民法院刑事附带民事判决书,(2022)湘0923刑初477号。
〔3〕 参见湖南省安化县人民法院刑事附带民事判决书,(2022)湘0923刑初449号。
〔4〕 参见湖南省岳阳县人民法院刑事附带民事判决书,(2021)湘0621刑初244号。

续表

案名	基本案情	法律后果	事实依据
李某新、梁某武、王某华非法捕捞水产品罪刑事附带民事诉讼案〔1〕	被告人李某新邀约被告人梁某武、王某华一同前往长江岳阳段孙良洲水域进行电捕鱼作业,数量较大,严重影响电捕鱼作业范围内各类水生动物的种群繁衍,破坏了长江流域的渔业生态资源。	3被告在长江城陵矶水域按照咨询报告建议的标准放流幼鱼,此判项内容由被告交纳人民币44220元生态修复费用,并交付有关渔政部门购买幼鱼,投放于长江岳阳段水域。	《渔业资源生态环境损害评估咨询报告》(机构未知)
张某非法捕捞水产品刑事附带民事诉讼案〔2〕	张某在禁渔期、禁渔区使用电捕鱼等禁止使用的工具捕捞水产品,数量较大,严重影响电捕鱼作业范围内各类水生动物的种群繁衍,破坏了长江流域的渔业生态资源。	被告张某在长江城陵矶水域按照鉴定意见的标准放流幼鱼,此判项内容由被告人张某交纳人民币15919.2元生态修复费用,并交付有关渔政部门购买幼鱼,投放于长江城陵矶水域。	《渔业资源生态环境损害评估咨询报告》(机构未知)

(一)司法实践中生态修复责任主体

从搜集到的案例来看,承担责任的主体一般是造成生态环境破坏的最终侵权主体,如非法捕捞渔产品的捕捞者、非法开采矿产资源的开采者、非法开发利用自然资源的开发者。对于造成环境生态损害的间接责任人或者潜在主体法院往往未予追究。这既有损公平原则也不利于惩戒行为人违法行为、高效切实修复生态环境。如在马某东、四川省松潘县人民检察院非法采矿罪刑事附带民事诉讼案〔3〕中,法院认为马某东非法采砂过程中的砂石堆放、清洗、加工、开采行为导致所涉土地和长江岷江水域遭受严重的生态损害,最终判处由马某东对其所损害的生态环境承担生态修复责任。但是事实上,砂石的开采、运输、堆放、处置等全过程,都对生态环境造成了损害,所有致害因子共同的合力作用造成了生态环境破坏,这一过程是由马某东雇用的其他8人实施的,但是最终只追究马某东一人的生态修复责任,而放过了此过程中其他参与者。

(二)司法实践中生态修复责任的承担方式

根据目前的司法现状,生态修复责任的责任承担方式包括:第一,由被告承担生态修复费用。在这种责任承担方式下,被告无须采取行动对其破坏的生态

---

〔1〕 参见湖南省岳阳市君山区人民法院刑事附带民事判决书,(2021)湘0611刑初47号。
〔2〕 参见湖南省岳阳市君山区人民法院刑事附带民事判决书,(2021)湘0611刑初48号。
〔3〕 参见四川省松潘县人民法院刑事附带民事判决书,(2021)川3224刑初22号。

环境进行修复,仅需支付修复受到破坏的生态环境的费用。如在李某新、梁某武、王某华非法捕捞水产品罪刑事附带民事诉讼案[1]中,法院判决由被告交纳44220元的生态修复费用,并交付有关部门以购买鱼苗投放至长江水域。第二,由被告采取生态修复行为对破坏的生态环境予以修复。在这种责任承担模式下,被告需要以行为的方式对其破坏的生态环境进行修复。如在李某华、安化县人民检察院等非法捕捞水产品罪刑事附带民事诉讼案[2]中,法院判决被告人工放流1402尾成鱼对其造成的渔业资源和水域生态环境破坏进行修复。第三,由被告对其破坏的生态环境予以修复,期限内未予修复或经验收不合格的,承担相应的生态修复费用。这种责任承担模式下,法院一般将行为责任作为优先选项,当被告不采取修复行为或者修复不合标准,以承担财产责任作为补充。如在马某东、四川省松潘县人民检察院非法采矿罪刑事附带民事诉讼案[3]中,法院判决由被告对其破坏的耕地生态环境予以修复,如在期限内未予修复或经修复验收不合格,则承担耕地生态环境修复费用。第四,履行生态修复行为或承担生态修复费用确有困难的,承担替代性责任。如在夏某、安化县人民检察院等非法捕捞水产品刑事附带民事诉讼案[4]中,由于被告经济条件极其困难,最终采取以30天的巡河劳务代偿的替代性修复。

(三)司法实践中生态环境损害认定依据

生态环境案件事实认定方面需要借助资源、环境、生态方面的专业知识和专门技术手段。实践中,作为法院认定生态损害事实依据,该证据材料表现为以下特征:第一,名称的不统一。在搜集到的案例中,法院用以确定生态环境损害事实和被告承担生态修复责任费用的依据包括《鉴定意见书》《咨询意见书》《专家评估意见书》《生态损失评估报告》等。第二,鉴定机构多样。包括地方畜牧水产事务中心、地方研究所、地方环境损害司法鉴定所等。第三,生态损害、生态修复相关费用由鉴定主体根据常识、科学公式以及经验进行计算,责任主体在费用方面几乎不存在有与法院认定数额达成合意的余地。目前,我国《生态环境损害鉴定评估推荐机构名录(一)(二)(三)》记录的具备生态环境

---

[1] 参见湖南省岳阳市君山区人民法院刑事附带民事判决书,(2021)湘0611刑初47号。
[2] 参见湖南省安化县人民法院刑事附带民事判决书,(2022)湘0923刑初449号。
[3] 参见四川省松潘县人民法院刑事附带民事判决书,(2021)川3224刑初22号。
[4] 参见湖南省安化县人民法院刑事附带民事判决书,(2022)湘0923刑初477号。

损害鉴定资质的机构共有 42 家,实践中法院定案的根据往往并非来源于上述机构,当事人对鉴定意见提出异议的情况也经常发生。在检索到的 360 起案例中,有 34 起案例中的当事人对鉴定意见提出异议,如上述重庆人民检察院第五分院、吴某刚等生态破坏民事公益诉讼案[1]中被告对鉴定机构是否具有鉴定资质,鉴定意见的真实性、合法性、关联性提出异议。

(四)司法实践中生态修复监督机构

在实践中,生态修复的监督主体可以分为一元监督和多元监督。在一元监督模式下,一般由环保行政部门或人民法院作为单一主体进行监督;在多元监督模式下,由环保行政部门、人民法院、社会组织等多方主体共同参与对责任主体履行生态修复责任进行监督。[2] 但是法院生效判决中很少直接明确生态修复监督主体。在检索到的 360 起案例中,其中有 100 余起法院最终判决当事人以修复行为的方式承担生态修复责任,但是具体明确修复监督主体的判决不到 1/3。如在马某东、四川省松潘县人民检察院非法采矿罪刑事附带民事诉讼案[3]中,法院规定由松潘县水务局进行生态修复行为监督;在黄某辉、陈某等非法捕捞水产品刑事附带环境民事诉讼案[4]中,法院判决由岳阳县东洞庭湖渔政监察执法局对生态修复活动进行监督。此外,生态修复工作如何具体开展?如何确定生态修复工作落实完成?修复标准如何判定?这些也是司法实践中没有明确的问题。在重庆市人民检察院第二分院与谭某祥侵权责任纠纷案[5]中,法院判决责任人依照《恢复方案》就地进行生态修复,并由林业部门监督检查。但除此之外,在判决书中明确生态修复具体方案的判决极少。

四、长江司法保护中生态修复责任的适用困境

生态修复责任的提出与发展是推进我国环境司法进步的重要力量。生态修复责任作为一种环境责任承担形式在司法实践中逐渐得到广泛运用。但是

---

[1] 参见重庆市第五中级人民法院民事判决书,(2022)渝 05 民初 37 号。

[2] 张胡星:《生态环境修复责任的适用研究——基于中国裁判文书网 251 个案例的分析》,西华大学 2022 年硕士学位论文,第 27 页。

[3] 参见四川省松潘县人民法院刑事附带民事判决书,(2021)川 3224 刑初 22 号。

[4] 参见湖南省岳阳县人民法院刑事附带民事判决书,(2021)湘 0621 刑初 244 号。

[5] 参见重庆市第二中级人民法院民事判决书,(2019)渝 02 民初 3614 号。

该制度尚处于起步阶段，法律规范体系呈现出的一系列问题有待进一步完善，导致在司法适用过程中还存在生态修复责任主体单一、生态修复责任承担方式不合理、生态修复具体方案及目标不明确、生态修复监督主体缺位等问题。

（一）生态修复责任主体单一

我国《民法典》第 1234 条规定，国家规定的机关或法律规定的组织可以请求违反国家规定造成生态环境损害的主体承担生态修复责任。这是对“谁污染、谁治理”原则的贯彻与实践。长江流域生态系统的特征导致长江环境生态问题的复杂性。流域支流周边土壤、大气、植被一旦受到污染破坏，其致害因子可能随着长江流向蔓延到其他地区，导致跨区域污染的严重后果，加之环境问题致害主体的多元性，受损主体的不确定性，致害因子的累积性、复合性与潜伏性，除最终侵权人外，其他多方主体甚至是合法排污主体可能由于其排放的污染物相互作用出现化学反应而损害环境生态，又或者某种致害因子基于其潜伏性特征，经过长时间的潜伏与积累才表现出环境危害后果。[1] 故而实践中，确定最终责任主体相对比较简单，但是生态损害往往具有复杂的因果关系链。仅由最终侵权主体承担生态修复责任有失公平，也不利于惩戒其他生态环境破坏行为人，并且生态修复往往需要高额的成本，单一责任主体经济能力和修复效率优先，也不利于及时、高效地保护生态利益。

例如，美国建立了“潜在责任人制度”，扩大了责任人的范围。潜在责任人对生态环境产生的污染或破坏是造成生态环境损害的助推因素之一，应当与最终责任人对生态环境损害后果承担连带责任。但是我国法律对此没有明确规定，实践中也很少追究这类潜在责任人的生态修复责任。

（二）生态修复责任承担方式不合理

生态修复责任的承担方式包括行为责任、财产责任或替代性责任。原则上，生态修复责任一般以行为责任为主要责任承担方式，即由责任主体直接采取增殖放流、植树造林等修复行为对环境生态功能进行恢复。财产责任通常是作为行为责任的补充，当责任人逾期没有对生态环境进行修复或者经修复验收不合格时，支付一定的生态修复费用，抑或其行为导致生态环境损害程度较重，

---

〔1〕 参见吕忠梅、窦海阳：《修复生态环境责任的实证解析》，载《法学研究》2017 年第 3 期。

凭责任主体的能力难以修复的,则由责任主体支付生态修复费用,由相关部门引入专门的机构修复。[1] 当责任主体承担生态修复费用确有困难时,可以以劳务代偿,或者当生态环境受损严重无法修复、修复成本过高时采用其他替代性责任承担方式。但实践中,责任主体承担行为责任还是财产责任,不同法院裁判标准不同。有时即使生态修复形式较为简单,法院亦判决被告承担修复费用而不是承担修复行为。生态修复责任指向的法益是生态利益,其目的其一是保护生态环境,其二是惩戒与教育生态环境损害者。[2] 仅要求其承担生态修复费用不利于惩戒与教育目的的实现,大大降低了责任主体的违法成本。

(三)生态修复方案及目标不明确

目前,实践中生态修复欠缺完善的修复方案和修复目标,笔者搜集的样本案例中极少载明修复的具体方案,法院大多以"被告采取×××措施以对其造成损害的生态环境予以修复"的表述一笔带过。生态环境修复具有一定的专业性和技术性,没有修复方案与目标也就意味着修复工作难以开展。就"增殖放流"而言,放生物种的种类、鱼龄、时间、地域都很关键。放生的时间不对,鱼苗进入长江水域后大量死亡会进一步带来水体污染,若放生的种类不对,会改变长江水域原有的种群群落结构,甚至造成外来物种入侵的后果。因此在判决责任人承担生态修复责任的同时应当明确具体的修复方案,包括修复时间、修复地点、补种或放生的林木或渔物的种类等。同时与一般的侵权损害不同,生态环境损害无法以金钱来衡量,评估过程中需要对其功能价值、生态价值和经济价值进行综合评定。生态修复的理想目标是将损害完全消除,使受到破坏的生态环境及其所构成的生态系统恢复如初,但如何真正实现这一目标还需要进一步考虑。[3] 此外,实践中,生态系统的价值和功能在损害发生前并没有被评估,而当损害结果发生时又需要倒推具体损害情况并以此为依据确定生态修复责任的大小。对这些模糊的指标进行量化是当下的重点工作之一。

(四)生态修复监督主体缺位

从目前的司法实践来看,长江流域生态修复监督制度存在监督主体缺位、

---

[1] 参见李先波、胡惠婷:《长江流域生态环境修复的困境与应对》,载《南京工业大学学报(社会科学版)》2022年第1期。

[2] 参见牛雪琪、杨帆:《生态恢复性司法模式研究》,载《环境保护》2021年第10期。

[3] 参见吕忠梅:《〈长江保护法〉适用的基础性问题》,载《环境保护》2021年Z1期。

监督机关不定、监督职能不清的问题。[1] 如上述案例中,当法院判处责任人以修复行为的方式承担生态修复责任时,只有少数法院判决中明确了生态修复的监督部门,包括县水务局、村委会、县渔政检查执法局,此外,实践中还存在由法院主导监督工作的情形。大部分判决并未在判决书中明确生态修复的监督部门,这也将导致责任承担过程中的一系列问题。监督机制的混乱导致执行困难、生态修复目标难以实现。同时,对生态环境损害进行修复的工作并非一朝一夕就能完成,加之长江流域生态系统的整体性特点,检测范围可能不限于某一单一的环境要素、某一特定范围的区域,甚至需要进行跨行政区域的长期监督。[2] 尽管《长江保护法》第七章确定了"考核评价制度"和"人大报告机制",但也只是从宏观上对各地区、各级别的法院、政府生态修复目标的完成情况进行监督,具体到各个案例中的修复工作落实情况并无规定。

五、长江司法保护中生态修复责任的完善路径

为了响应党中央加强环境治理与生态修复以推动生态文明建设,保障国家民族绿色、可持续发展的号召,有效应对长江流域生态环境问题、巩固生态环境治理成果,必须推进生态修复责任制度的发展与完善。有效化解目前生态修复责任在司法适用方面面临的困境,需要明确"潜在责任人"的生态修复责任;推进生态修复责任磋商制度的建立、以政府生态修复规划为大前提确立科学完善的生态修复方案;明确以行为责任为原则,财产责任、替代性责任为例外的责任承担方式;构建政府、公众、第三方三位一体的多元监督体系;建立跨行政区域协同监管模式。

(一)明确"潜在责任人"的生态修复责任

甄别生态修复责任的承担主体是构建生态修复制度的核心,是保障生态修复责任制度落地的必然要求。生态修复具有周期性长、修复费用高、修复工作复杂的特点,只靠单一主体进行修复,一方面不能保障修复的效率,影响修复工作的切实完成;另一方面只追究污染者、最终侵权人的责任,可能导致其他侵害环境的行为人逃避法律的追究。因此,有必要扩大责任主体的范围,明确潜在

---

〔1〕 参见刘志坚:《环境监管行政责任实现不能及其成因分析》,载《政法论丛》2013年第5期。

〔2〕 参见宁清同、南靖杰:《生态修复责任之多元法律性质探析》,载《广西社会科学》2019年第12期。

责任人的生态修复责任。如前所述,环境污染具有潜伏性、累积性、损害主体多元性的特点。除了直接向环境中排放污染物的主体和直接从事开发利用活动造成生态破坏的主体外,在这一过程中污染物的运输者、设备的管理者、设备的提供者是导致生态破坏后果的帮助者,污染物的排放、运输、堆放等行为的合力作用导致环境损害结果。[1] 此外,非法捕捞的渔获物、非法开采的自然资源以及非法猎捕的野生动物的恶意购买者也是生态环境破坏的助推者。故应当将这些潜在责任人也纳入生态修复责任主体范围,同时根据各方行为对环境生态造成破坏的作用力大小,合理确定其责任的大小,使其在一定范围内同直接行为人承担连带的生态修复责任,以期更好地防范环境生态破坏行为于未然。

(二)明确以行为责任为原则,财产责任、替代性责任为例外的责任承担方式

应当确立以行为责任为原则,财产责任、替代性责任为例外的责任承担方式。首先,采取以行为责任为原则的方式有利于保障制度效率,节约修复资金成本、人力成本、行政成本。确保生态修复工作的有效、及时完成。其次,有利于生态修复责任价值目标的实现。生态修复责任的价值目标一方面是及时对受损生态环境进行修复,保护环境生态利益和社会公共利益;另一方面是对侵权人给予惩戒和教育。若优先适用财产责任,不仅会在修复方案交接的过程中花费更多的时间,使受损生态环境得不到及时治理,也不能对责任人起到教育作用,还降低了责任人的违法成本。虽然最高人民法院《关于审理环境民事公益诉讼案件适用法律若干问题的解释》第20条具有将财产责任作为行为责任的补充的意涵,但是其并没有明确指出两种行为责任的适用顺序,司法实践中法官也不可能字斟句酌地对该条文进行解读,并且司法解释的法律效力也有限,因此有必要通过立法的方式明确责任的适用顺序,确立以生态修复行为责任为原则,当修复工作复杂或责任人确实无法自行进行修复时,可以由其支付生态修复费用用以修复环境。当生态环境确实无法修复、修复成本过高或以责任人的经济确无法负担修复费用时可以采取替代性责任的方式承担相应责任。

(三)以政府生态修复规划为大前提制定科学完善的生态修复方案

习近平总书记强调把修复长江生态环境摆在压倒性位置,根据长江流域生

---

[1] 参见竺效:《生态损害的社会化填补法理研究》,中国政法大学出版社2007年版,第258~259页。

态环境特征制定动态、长期、有针对性的修复规划。[1] 将生态修复责任作为一项环境责任承担方式在司法中运用的目的之一是推进长江治理目标的实现。因此生态修复责任主体开展修复工作应当顺应政府长江治理工作总体规划，在制定生态修复方案时需要考虑到政府部门的长江环境修复安排，修复活动应当以治理规划为大前提，不能与规划相矛盾。

个案中生态修复方案与目标的制定还应当考虑下列因素：第一，技术可行性因素。生态修复目标的确立应当考虑现有环境生态治理技术发展水平，基于实际掌握的科学技术水平以确立切实可行的修复方案与目标。第二，环境要素因素。生态修复成效除了依赖于人工技术条件外，还受制于生态环境自身结构和功能状况。并且不同环境要素、不同流域的环境生态都有其各自的特征，这些都是制定修复方案与修复目标所要考虑的因素。第三，流域系统整体性因素。[2] 长江流域生态系统具有整体性和复杂性的特征，必须合理安排修复时间、地点和方式，以免对环境生态造成二次损害。生态修复不是对单一环境要素的修复，而是对整个流域生态系统的修复，要注重流域生态系统中各环境要素之间的联系，不仅要对受到损害的生态环境进行修复，还要对其辐射的其他流域周边的土壤、空气、植被进行整体性修复。

(四)推进生态修复责任诉中磋商制度建立

法院作出生态修复责任的依据是鉴定机构作出的生态环境损害鉴定评估意见。对于鉴定机构是否具有鉴定资格以及生态修复行为责任的大小、生态修复财产责任的金额高低经常会受到责任人的质疑。而面对责任主体的质疑，法院大多数情况下也会认同鉴定意见而作出有利于控方的裁判结论。并且由于生态损害案件的专业性，评估鉴定意见是法院判定当事人责任大小的关键依据。评估机构的客观性、专业性直接影响着裁判结果的正确和公正与否，生态损害评估也往往需要投入高额的费用，并且生态环境受损前的生态价值相关数据也不具有精确性和实时性。为了保证案件的公正性、责任人的合法权益的同时作出有利于环境公共利益的判决，有必要推进生态修复诉中磋商制度的建

---

〔1〕 习近平：《在深入推动长江经济带发展座谈会上的讲话》，载求是网，http://www.qstheory.cn/dukan/qs/2019-08/31/c_1124940551.htm。

〔2〕 参见杜辉、杨哲：《流域治理的空间转向——大江大河立法的新法理》，载《东南大学学报(哲学社会科学版)》2021年第4期。

立。由起诉人与责任人就生态修复费用及修复程度在一定程度内进行协商,在实现环境公益的前提下最大限度地满足责任人的合法诉求。可以在遵循法律规定的修复责任承担方式的规则基础上,就生态修复具体方式进行协商。首先,行为人可以修复行为代替支付修复费用。如在黄某辉、陈某等非法捕捞水产品刑事附带环境民事诉讼案中,法院判处责任人承担生态修复费用,但与公益诉讼起诉人协商后,由被告承担生态修复行为而无须支付费用。其次,在生态修复责任指向的修复客体同政府生态修复政策指向客体相同时,行为人可以在其责任范围内通过参与生态环境部门生态修复工作以履行修复责任。最后,对于因经济、行动不便等原因无法承担修复费用或开展修复行为的可以协商确定其他替代性责任方式承担修复责任。

(五)构建政府、公众、第三方三位一体的多元监督体系

为了保证生态修复工作的切实落实,必须建立生态修复监督制度,对生态修复方案的落实情况、生态修复目标的实现与否进行监督。

笔者认为应当建立政府、公众、第三方三位一体的多元监督体系,同时推进跨地区长江生态修复工作协同监督制度。首先,应当确立环保行政部门的生态修复监管工作的主导地位。有观点认为,对于生态修复的监督工作应当由法院、检察院主导。[1] 但是相较于司法机关,环保行政机关更具有专业性,且有助于减轻司法机关的工作负担。环保行政机关之间应当加强沟通合作,对跨行政区域的流域生态环境损害的修复工作进行协同监督。其次,应建立生态修复公众监督机制,鼓励公众参与生态修复监督工作,建立生态修复信息公开机制,拓宽公众参与监督管理的渠道,如市民热线、举报平台、线上申请等,确保公众可以通过各种途径和方式参与生态修复的全过程监督。最后,引入第三方监督制度。第三方监督是指政府将生态修复监督工作委托给具有相应专业知识的环境公益组织等第三方组织,由第三方组织对责任主体生态修复责任的履行情况进行监督。

流域生态修复工作具有长期性、复杂性、整体性的特点,因此一方面应当注重对生态修复工作的全过程监督,另一方面,由于长江流域的环境生态破坏可

[1] 参见徐以祥、王宏:《论生态修复性司法》,载《人民司法(应用)》2016年第13期。

能随着流向影响支流的其他地区,致害因子也会在土壤、大气、水资源等多种环境要素之间传播,因此受到生态环境污染行为影响的地区应当加强信息和技术交流,相互协商配合对导致跨区域生态环境破坏的行为人的修复行为进行监督。

六、结语

长江是中华民族永续发展的重要支撑,长江流域生态环境保护受到党和国家的高度重视。面对日益突出的生态环境问题,我国建立了全新的环境责任类型——生态修复责任,这对我国生态损害救济的实现、生态文明建设的推进具有重大意义。长江流域的过度捕捞、非法砍伐、非法开采矿砂资源、非法排放污染物的行为直接或间接损害了长江流域生态系统,因此,有必要推进生态修复责任在长江流域生态环境损害案件中的运用。

现阶段,我国生态修复责任制度尚处于起步阶段,加之长江流域生态系统整体性、复杂性、统一性的特点,生态修复责任在司法适用层面还存在一系列问题,包括修复责任主体单一、责任承担方式不合理、生态修复目标不明确、修复监督主体缺位。因此,为了保障生态修复责任的切实落实、推进长江流域生态修复工作的顺利开展、实现对长江流域生态环境的治理与改善,有必要对相应的制度和措施进行完善。具体来讲,应当扩大责任主体承担范围,明确"潜在责任人"在其所造成的损害范围内与直接侵权人承担连带责任;明确以行为责任为原则,财产责任、替代性责任为例外的责任承担方式;推进生态修复责任诉中磋商制度的建立,由法院主导起诉人与被告就生态修复责任承担具体方式进行协商,保障环境公共利益以及责任主体的合法权益;以政府生态修复规划为大前提确立科学完善的生态修复方案;构建政府、公众、第三方三位一体的多元监督体系,建立跨行政区域协同监管模式,以确保跨区域流域生态环境得到有效修复。

17. 保持谦抑:刑事司法参与流域治理的边界把控和路径优化

——以A省B市非法捕捞水产品刑事案件为样本

王　宏* 　章　丽**

内容摘要:为落实最严格制度、最严密法治要求,司法参与流域治理坚持"从严"导向,将大量非法捕捞水产品行为通过刑法"入罪"处理,这对筑牢生态环境法治屏障起到一定积极作用,但从2019~2022年公开发布的数据来看,非法捕捞行为仍屡禁不止,刑事司法参与流域治理的效果难达预期。通过对A省B市2018~2022年非法捕捞水产品罪案件考察发现,刑事司法在流域治理中"入罪"门槛过低,非监禁刑广泛适用,生态修复不规范。通过追根溯源发现,刑法成为制裁非法捕捞行为的主要司法方式,入罪依赖行政管理规范,"以刑替罚"悄然成势。从理论审视上,刑事司法参与流域治理,要毫不动摇地坚持习近平生态文明思想和习近平法治思想,平衡好刑法两大机能,保持谦抑,适度能动,理性构建积极预防型司法。在具体路径上,要坚持罪责刑相适应原则、类案参考原则及比例原则,建立首次违法不入罪制度,案件审理"从细从新",量刑坚持宽严相济。

关键词:流域治理　非法捕捞水产品罪　保持谦抑　首次违法不入罪

根据最高人民检察院官网2023年6月5日发布的《生态环境和资源保护检察白皮书(2018—2022)》,[1]5年来,全国检察机关受理审查起诉破坏环境资源保护犯罪案件209957件,非法捕捞水产品罪居首位,占比19%,且总体呈

---

* 王宏,湖北省十堰市中级人民法院党组书记、院长。

** 章丽,湖北省十堰市中级人民法院法官助理。

〔1〕 最高人民检察院:《生态环境和资源保护检察白皮书(2018—2022)》,载最高人民检察院网,https://www.spp.gov.cn/spp/xwfbh/wsfbh/202306/t20230605_616291.shtml。

上升趋势,上升幅度在受理审查起诉破坏环境资源保护犯罪案件中领先。“2021年、2022年,长江流域司法机关分别审结环境资源类案件120796件、119732件,从案件类型看,刑事案件数量在长江流域环境案件中占比最大,其中,非法捕捞水产品罪位居首位。”[1]可见,近年来,刑事司法对非法捕捞水产品行为的打击力度大、势头强劲,彰显了司法落实最严格制度、最严密法治要求参与流域治理的担当作为。然而,根据农业农村部2019年以来发布的“中国渔政亮剑”工作通报数据,渔业渔政部门及渔政执法机构2019~2022年查处的违法违规案件数分别为3.24万件、4.19万件、4.7万件和5.2万件,呈逐年上升趋势,移送涉嫌违法犯罪案件数分别为2909件、5582件、4253件、5096件,整体呈增长趋势[2],非法捕捞屡禁不止。由此可见,在刑事司法参与流域治理“从严”基调下,非法捕捞行为并未减少,反而呈增长趋势,积极预防性司法理念所期待的“抓前端、治未病”效能并未体现。笔者以A省B市法院2018~2022年审理的非法捕捞水产品罪案件为样本,通过检视问题、分析原因、提出优化路径,以期为司法实践提供操作指引。

一、刑事司法参与流域治理的实践样态

笔者以A省B市2018~2022年办结的145件[3]非法捕捞水产品罪案件作为样本进行分析,除呈现出非法捕捞水产品犯罪的一般规律,即被告人年龄偏大,文化程度偏低,以农民、务工、无固定职业人员为主要群体[4],经济收入

---

[1] 游劝荣:《长江流域环境司法保护的现实困境与发展进路》,载《中国应用法学》2023年第3期。

[2] 2019年数据:《农业农村部公布2019年涉渔违法违规十大典型案例》,载中华人民共和国农业农村部网2020年4月28日,http://www.yyj.moa.gov.cn/gzdt/202004/t20200430_6342856.htm;2020年数据:《农业农村部就介绍“中国渔政亮剑”渔政执法工作有关情况举行新闻发布会》,载中华人民共和国农业农村部网2021年3月20日,http://www.cjyzbgB.moa.gov.cn/gzdt/202103/t20210330_6364894.htm;2021年数据:《农业农村部办公厅关于印发“中国渔政亮剑2021”执法典型案例的通知》,载中华人民共和国农业农村部网2022年6月14日,http://www.moa.gov.cn/nybgb/2022/202205/202206/t20220614_6402438.htm;2022年数据:《农业农村部关于印发“中国渔政亮剑2022”执法典型案例的通知》,载中华人民共和国农业农村部网2023年2月27日,http://www.moa.gov.cn/govpublic/YYJ/202303/t20230302_6422011.htm。

[3] 以2018年1月1日至2022年12月31日为时间起止点,以“非法捕捞水产品罪”为案由,通过审判系统内网搜索全市两级法院非法捕捞水产品罪案件数为152件,通过去除一、二审重复案号6件、刑更字案号1件,剩余145件。

[4] 参见冯紫荆:《Z省非法捕捞犯罪特征与防控对策——以192份已判决刑事案例为样本》,载《浙江万里学院学报》2021年第6期。

不高,多为初犯、主观恶性和社会危害性较小,渔获物数量较少[1]外,在案件审理中,以下问题值得警惕:

(一)入罪门槛低:严厉有余,宽容不足

《刑法》第340条对非法捕捞水产品罪进行了明确规定[2],同时,该法第13条"但书"明确规定"情节显著轻微危害不大的,不认为是犯罪"。根据《依法惩治长江流域非法捕捞等违法犯罪的意见》(公通字〔2020〕17号)第2条第7款规定:"……非法捕捞水产品,根据渔获物的数量、价值和捕捞方法、工具等情节,认为对水生生物资源危害明显较轻的,可以认定为犯罪情节轻微,依法不起诉或者免予刑事处罚,但是曾因破坏水产资源受过处罚的除外……"上述规定反映,非法捕捞水产品行为入罪要合理有度,宽严相济,但司法实践中偏离立法初衷的案例屡见不鲜。笔者抽取A省B市两级法院审理的5件被告人认罪认罚典型案例进行说明。(见表1)

表1　A省B市两级法院5件被告人认罪认罚典型案例

案件名称	被告人基本情况	渔获物	捕鱼方式、捕鱼工具	量刑	备注
Z县法院审理的李某、李某强犯非法捕捞水产品罪一案	李某,1990年生,初中文化,务工;李某强,1991年生,初中文化,驾驶员。	3.12斤。	使用自行组装的电鱼设备捕鱼	均判处拘役3个月。	入罪前已被行政机关作出没收渔获物、电鱼设备及罚款人民币1000元的处罚。
W区法院审理的杨某华犯非法捕捞水产品罪一案	1957年生,小学文化,无职业。	鲤鱼1条(净重0.6千克)。案发后被告人购买了1000元的鲤鱼鱼苗5000尾,予以放生。	使用电捕鱼器捕鱼	判处拘役2个月,缓刑3个月。	本案提起刑事附带民事诉讼,责令赔偿修复生态资源相应费用2000元。
X县法院审理的郑某林犯非法捕捞水产品罪一案	1965年生,半文盲,农民。	黄鳝5.4斤。案发后已全部放生。	使用电捕鱼器捕鱼	判处拘役4个月,缓刑5个月。	

〔1〕参见潘玉亭、蔡春源:《打好非法捕捞水产品犯罪治理"组合拳"》,载《人民检察》2022年第21期。

〔2〕《刑法》第340条规定:"违反保护水产资源法规,在禁渔区、禁渔期或者使用禁用的工具、方法捕捞水产品,情节严重的,处三年以下有期徒刑、拘役、管制或者罚金。"

续表

案件名称	被告人基本情况	渔获物	捕鱼方式、捕鱼工具	量刑	备注
D区法院审理的梁某冬犯非法捕捞水产品罪一案	1968年生,初中文化,无固定职业。	3条野鱼,重约100克。	使用电鱼机电鱼	有期徒刑6个月,缓刑1年。	以食用为目的。
F县法院审理的陈某金犯非法捕捞水产品罪一案	1974年生,初中文化,务农。	未捕到鱼。	使用粘网捕捞	判处管制1年。	以食用为目的。

上述案例包含3个方面的共性特征:一是入罪条件一致,均以被告人违反保护水产资源法规,在禁渔区、禁渔期内使用禁用的捕鱼工具、方法入罪;二是渔获物数量及价值均较少,间接反映出侵权人对生态环境的破坏程度较低;三是处罚较为严厉,都被入刑入罪处理。其中,Z县法院审理的李某、李某强犯非法捕捞水产品罪一案,在行政机关已经进行了行政处罚的前提下,依然进行了入罪处理。W区法院审理的杨某华犯非法捕捞水产品罪一案,渔获物仅为1条鲤鱼,该区检察院甚至提起了刑事附带民事公益诉讼,不乏"做秀"之嫌。X县法院审理的郑某林犯非法捕捞水产品罪一案,所捕捞的黄鳝并不属于国家保护动物,且已全部放生,但依然判处刑罚。D区法院审理的梁某冬犯非法捕捞水产品罪一案,仅捕获3条野鱼共计100克,却被判处有期徒刑6个月,缓刑1年,与判处同等刑罚案件相比,量刑明显过重。F县法院审理的陈某金犯非法捕捞水产品罪一案,被告人虽然采取了非法捕捞行为,但没有产生渔获物,却依然被定罪量刑。可见,刑法作为一种严厉的司法手段,在非法捕捞水产品问题上,没有做到张弛有度,入罪门槛过低,将犯罪情节明显轻微的违法行为纳入刑法制裁,严厉有余,宽容不足。

(二)非监禁刑广泛适用:"重刑轻罚"泛化

根据《刑法》第340条规定,非法捕捞水产品罪的处罚方式为3年以下有期徒刑、拘役、管制或者罚金。从A省B市2018~2022年非法捕捞水产品罪案件非监禁刑适用率情况来看,除了明显的渔获物数量大、累犯、抗拒行政执法外,

大部分案件适用了缓刑或者单处管制及罚金,非监禁刑适用率高达77.93%。(见表2)

表2　2018~2022年A省B市非法捕捞水产品罪案件非监禁刑适用率

刑罚类型	数量(个)	缓刑数量(个)	缓刑适用率(%)
有期徒刑	49	40	81.63
拘役	62	39	62.90
管制	16		
罚金	18		

注:一个案件中有多个被告人,且被判处不同刑罚的,按从重标准归类。

随着我国社会发展转型中配套司法的更新完善,刑法法网不断织密织牢,犯罪现象内部结构呈现暴力犯罪率与重刑率"双降"和轻微犯罪率与轻刑率"双升"的态势[1],轻罪已然成为犯罪治理的主要对象。最高法定刑在3年以下有期徒刑的,属于典型的轻罪[2],非法捕捞水产品罪属于典型轻罪之一。通过降低入罪门槛,将大量非法捕捞水产品行为纳入刑法制裁,体现了对破坏生态环境行为零容忍的严厉态度,但在轻罪治理中,过多适用非监禁刑,使刑事司法沦为"重刑轻罚"境地,不足以形成刑法的威慑力,容易引发社会治理风险。

(三)生态修复不规范:增殖放流缺乏规范和监管

因秉承修复型司法理念,在审理非法捕捞水产品刑事案件时,被告人的犯罪情节、认罪悔罪态度及生态修复民事责任的承担都成为量刑的考虑因素,往往要求被告人先履行民事赔偿、生态修复义务,履行义务的程度成为量刑的一个重要考量。所以案发后,被告人为了减轻刑罚,主动购买鱼苗投放到犯罪地河段中的现象日益增多,但增殖放流有一定的技术标准和要求,被告人投放的鱼苗数量、质量以及与环境的兼容性等,缺乏有效监管。在A省B市2018~2022年审理的145件案件中,主动增殖放流并最终作为减轻量刑情节的案件有38件(其中21件为刑事附带民事公益诉讼案件、17件为一般刑事案件),且在未经评估的基础上主动投放鱼苗的数量一般远大于捕捞数量,如表1中W区法院审理的杨某华犯非法捕捞水产品罪一案,捕鱼1条却主动投放5000尾鱼

[1] 参见卢建平:《轻罪时代的犯罪治理方略》,载《政治与法律》2022年第1期。
[2] 参见陈兴良:《轻罪治理的理论思考》,载《中国刑事法杂志》2023年第3期。

苗,数量严重失衡。又如,最高人民法院发布的2021年度人民法院环境资源审判典型案例——被告人黎某建、黎某志、张某波非法捕捞水产品案[1]从侧面反映出被告人为了减轻刑罚在案发后盲目增殖放流。质言之,在“非监禁刑+刑事附带民事赔偿”模式逐渐成为非法捕捞水产品罪案件审理和责任承担模式的趋势和潮流下,生态修复的科学性和规范性存在被忽视和被弱化的风险。

在刑法“从严”参与流域治理背景下,非法捕捞水产品罪案件“隐忧”四起,入罪门槛过低、非监禁刑广泛适用、生态修复方式不规范等问题不禁引人深思:刑法参与流域治理的功效是有限的,一味从严并非万全之策。

二、刑事司法参与流域治理的掣肘原因

(一)法网严密:刑法成为制裁非法捕捞行为的主要司法方式

《刑法》第340条规定,非法捕捞水产品罪构成要件主要包括:违反“保护水产资源法规”,在“禁渔区、禁渔期”使用“禁用的工具、方法”捕捞水产品,且“情节严重”。该罪名主要以《渔业法》中水产资源保护相关条款为前置法。为贯彻最严格制度、最严密法治要求,国家层面相继出台一系列规范性文件,进一步细化保护水产资源法规。

在长江流域,关于禁渔区、禁渔期的设定,农业农村部《关于长江流域重点水域禁捕范围和时间的通告》(农业农村部通告〔2019〕4号)规定:“长江干流和重要支流除水生生物自然保护区和水产种质资源保护区以外的天然水域,最迟自2021年1月1日0时起实行暂定为期10年的常年禁捕,其间禁止天然渔业资源的生产性捕捞。”按照此规定,长江流域的天然水域现已全部纳入“禁渔区、禁渔期”范畴。关于捕捞工具,依据农业农村部《关于发布长江流域重点水域禁用渔具名录的通告》(农业农村部通告〔2021〕4号)中的列举,包括各类拉网、延绳、钓具、耙刺、笼壶等10大类36小类渔具,覆盖面较广。同时还规定,

---

〔1〕 2020年5月,黎某建邀约张某波、黎某志及黎某培(另案处理)电鱼食用。案发后,在取保候审期间,三被告人自行在重庆市潼南区某淡水鱼养殖场购买裸斑鲤、黄辣丁鱼苗若干投放进犯罪地河段。重庆市万州区人民法院一审认为,三被告人虽有主动修复水生生态、弥补水生生物资源损失之意,但增殖放流前未向渔业行政主管部门报告,裸斑鲤不适宜在案发河段放流,该增殖放流不仅不能修复水生生态环境,反而可能有害于河段生态平衡,故不采纳三被告人关于案发后投放鱼苗进行了生态修复,未对案涉河流造成严重后果的辩护意见。以非法捕捞水产品罪,依法判处被告人黎某建拘役4个月,被告人黎某志、张某波各拘役3个月,缓刑6个月,没收作案工具。

长江流域重点水域各省(直辖市)渔业行政主管部门,可补充制定适合本地实际管理需要的禁用渔具名录。在此基础上,市面上现有的渔具除常规垂钓工具外基本都被纳入禁用渔具范围。关于捕捞方式及"情节严重"的认定,最高人民法院、最高人民检察院、公安部、农业农村部于2020年12月联合发布的《依法惩治长江流域非法捕捞等违法犯罪的意见》(公通字〔2020〕17号)明令"电鱼、毒鱼、炸鱼等严重破坏渔业资源"的方式为禁用方法,并规定具有5种情形[1]之一的,依照《刑法》第340条规定以非法捕捞水产品罪定罪处罚。相较于500公斤以上或者10000元以上的渔获物数量及价值的入罪标准,违反禁渔区、禁渔期及禁捕工具、方式的入罪条件更容易达到[2],且一般先达到,渔获物的数量及价值在实践中较少成为入罪标准。2020年1月,农业农村部发布《长江十年禁渔计划》。2021年3月我国施行《长江保护法》,根据该法第94条规定,违法长江保护法,构成犯罪的,依法追究刑事责任。

按照上述规定,长江流域非法捕捞水产品行为绝大多数都可依照《刑法》第340条,进行入罪处理,刑法已然成为制裁非法捕捞水产品行为的主要司法方式。

(二)入罪标准模糊:依赖行政管理规范

根据《刑法》第340条的规定,违反"保护水产资源法规"是非法捕捞行为入罪的前提。"对环境犯罪的追诉通常以行政执法的介入为前提,行政执法往往是环境刑事司法的必经过程"[3],非法捕捞水产品犯罪的行政属性,是制约刑事司法参与治理功效的重要原因,非法捕捞水产品行为在被追究刑事责任前,必先由行政执法部门介入。如前所述,渔获物数量在"入罪"标准上基本失去功效,而"禁渔区、禁渔期、禁捕工具及方法"的修订、发布门槛较低,且因地域而异,受行政管理活动变化而调整,行政管理规范缺乏稳定性和科学性,入罪

---

〔1〕 5种情形包括:(1)非法捕捞水产品500公斤以上或者10000元以上的;(2)非法捕捞具有重要经济价值的水生动物苗种、怀卵亲体或者在水产种质资源保护区内捕捞水产品50公斤以上或者1000元以上的;(3)在禁捕区域使用电鱼、毒鱼、炸鱼等严重破坏渔业资源的禁用方法捕捞的;(4)在禁捕区域使用农业农村部规定的禁用工具捕捞的;(5)其他情节严重的情形。

〔2〕 笔者随即在某宝网以"渔具"为关键词进行搜索,各种禁用渔具热卖畅销印证了"只有你想不到,没有你买不到"的网络商品发达时代,各种违规违禁渔具易购易得。

〔3〕 周兆进:《环境行政执法与刑事司法衔接的法律省思》,载《法学论坛》2020年第1期。

标准变得模糊。以长江流域 J 区法院审理的毕某犯非法捕捞水产品罪一案[1]为例，在该案中，根据《长江保护法》第 53 条的规定，县级以上人民政府享有制定长江流域其他水域禁捕、限捕管理办法权限。本案中的行政管理规范，依据了 B 市人民政府发布的《关于全市重点水域实施禁捕的通告》，以及 J 区人民政府发布的《关于实施 G 河流域 Y 段全面禁捕的通告》。也就是说，J 区人民政府出具的行政通告最终实质性成为法律规范进而被评价为《刑法》第 340 条规定的“保护水资源法规”，县级政府公告的法律位阶无形中被抬高。将刑事入罪标准的控制权下放给县级行政部门，容易导致“造法”现象，这对于刑法在法的位阶及存在的价值是一种破坏性的挑战，在流域治理中，最严厉的刑罚成了随意性最大的惩处方式。

在国家对生态资源保护“从严”的基调下，似乎形成一种“宁可错杀一千，不可放过一个”的思维共识，部分案件以县（区）政府颁布的规范性文件作为依据进而定罪量刑，而规范性文件往往依据行政管理需要制定，具有灵活性、多变性特点，基层人民政府为满足治理需求往往制定更为严格的行政标准，入罪门槛也因此变得宽且低，刑事司法参与流域治理的广度和深度也得以扩张。

（三）行刑衔接不畅：从“以罚代刑”到“以刑替罚”

无论是“以罚代刑”还是“以刑替罚”，均属于行刑衔接不畅的外化形态。在刑事司法参与流域治理初期，受制于传统思维、地域保护等多种因素，行政执法主导地位处于绝对优势，行政权在对非法捕捞水产品行为的管理和处罚上具有天然优势，即非法捕捞行为能否从行政执法进入刑事司法，以渔政执法部门是否移送为前提，“拦截”与“放流”均在行政机关的权力审视之中，司法权处于被动状态，很多同时触犯行政法和刑法的非法捕捞行为，因行政处罚而终结。“以罚代刑”曾一度成为热议话题，旨在防止行政执法机关有案不移、降格处理。但随着社会不断发展，行政执法机关的管理职能覆盖面越来越广，也同样面临“事多人少”的压力，特别是在环境司法“从严”基调和氛围下，在严密的环境司法网络面前，案件“由行到刑”的移送标准被降低，一旦涉嫌违法便立即

---

[1] 毕某因在 J 区 G 河流域使用电瓶捕获马口鱼等水产品共 7 尾（总重 0.065 千克），经群众举报毕某被该区派出所民警当场抓获，后移送司法机关处理并提起刑事附带民事公益诉讼，依法判处毕某有期徒刑 6 个月，缓刑 1 年，并承担增殖放流 5～15 厘米的 3000 尾草鱼、鲢鱼苗的民事责任。

“打包”移送,罪与非罪皆由司法机关评判,“以刑替罚”悄然成势,“捕三斤鱼入罪”[1]已不罕见,“非监禁刑+刑事附带民事赔偿”模式大量存在,该模式实质性代替了行政处罚功能,司法权在无形中干预了行政权。

“早期的规范性文件强调克服‘以罚代刑’,但后期的规范性文件则同时强调克服‘以罚代刑’与避免‘以刑替罚’。‘由行到刑’是为了克服‘以罚代刑’,但‘从刑到行’则是为了避免‘以刑替罚’(将行政违法当作犯罪处理)。”[2]非法捕捞水产品行为的行政、刑事双重属性,会因不同的环境形势,呈现“以罚代刑”或“以刑替罚”衔接不畅的问题,在司法参与流域治理“从严”基调下,这种衔接不畅由“以罚代刑”转向了“以刑替罚”,司法权参与流域治理过度过界态势明显。

立法层面上,刑法已然成为制裁非法捕捞行为的主要司法方式,绝大多数非法捕捞行为最终归入刑法处置。因非法捕捞行为兼具行政与刑事属性,且行政介入在前,入罪标准因依赖基层行政管理规范而变得模糊。行刑衔接不畅,“以刑替罚”悄然成势,司法权在流域治理中存在过度扩张风险。

三、刑事司法参与流域治理的理论审视

(一)理论自信:坚持习近平生态文明思想和习近平法治思想

生态兴则文明兴。生态环境是人类生存最为基础的条件,人类的生产、生活必须敬畏自然、尊重自然、顺应自然、保护自然,最终实现人与自然和谐共生。习近平生态文明思想是习近平新时代中国特色社会主义思想的重要组成部分,是新时代推进美丽中国建设、实现人与自然和谐共生现代化的强大思想武器。[3] 党的十八大以来,我们加强党对生态文明建设的全面领导,把生态文明建设摆在全局工作的突出位置,作出一系列重大战略部署。在“五位一体”总体布局中,生态文明建设是其中一位。“绿水青山就是金山银山”的理念已经成为全党全社会的共识和行动[4]。保护生态环境必须依靠制度、依靠法治。

---

〔1〕 姜燕萍、何燕:《非法捕捞不足百元3公斤鱼》,载《云南法制报》2023年4月28日,第6版。

〔2〕 武晓雯:《行刑衔接机制的基本问题》,载《中外法学》2023年第3期。

〔3〕 中共生态环境部党组:《深入学习贯彻习近平生态文明思想 努力开创新时代美丽中国建设新局面》,载求是网,http://www.qstheory.cn/dukan/qs/2022-08/16/c_1128913683.htm。

〔4〕 参见《习近平谈治国理政》(第四卷),外文出版社2022年版,第360~361页。

习近平法治思想为推进全面依法治国提供了根本遵循和行动指南。[1] 以人民为中心是习近平法治思想的根本立场,社会主义法治建设必须为了人民、依靠人民、造福人民、保护人民,依法保障公民的人身权、财产权、基本政治权利等各项权利不受侵犯,不断增强人民群众的获得感、幸福感和安全感。

坚持习近平生态文明思想和习近平法治思想,立足新发展阶段,深入贯彻生态环境司法保护理念,统筹推进生态环境保护和高质量发展,不断构建、完善现代环境治理体系,是司法参与流域治理的方向和目标。

(二)回归初衷:平衡好法益保护与人权保障两大机能

根据《刑法》第2条规定,“惩罚犯罪,保护人民”是我国刑法与刑罚的目的[2],这与张明楷教授提出的法益保护与人权保障两大机能相一致。刑法的法益保护机能,一方面通过限制犯罪人的自由,令其不能实施侵害法益的行为;另一方面通过明令禁止的规定,引导、规范和制约一般人不实施侵害法益的行为,从而限制一般人的自由。而人权保障机能是通过罪刑法定等方式,防止司法机关滥用权力,从而保障包括犯罪人在内的公民的人身自由。刑法的两大机能之间存在一定的紧张关系,如果刑法过于严苛,处罚范围过宽,则更有利于保护法益,但人权保障会受到限制;反之,如果只强调人权保障,法益保护机能就会被弱化,因此,需要协调和均衡好保护自由和限制自由的关系[3]。

刑事司法参与流域治理的初衷是通过发挥刑法强有力的打击作用,限制破坏生态环境行为发生,从而有效保障环境权法益实现。但在实现生态环境法益保护的同时,须进一步作出判断,是否会对人权保障造成侵害。如果过多强调环境权法益保护,疏于对人权的保障,那么该刑法法条的立法目的就难以实现,甚至异化成其他问题。因此,要实现非法捕捞水产品罪设立的目的,必须平衡好环境权法益保护和公民人权保障,做到刑事司法参与流域治理“从严”有度。

(三)保持谦抑:明确刑事司法参与流域治理的配角定位

张明楷教授曾指出:“刑法的谦抑性,是指刑法应根据一定的规则控制处罚

[1] 周佑勇:《习近平法治思想是全面依法治国的根本遵循和行动指南》,载求是网,http://www.qstheory.cn/qshyjx/2021-01/11/c_1126968072.htm。

[2] 参见高勇:《论刑法目的与刑罚目的之同一性——以现代刑法典的成分构成为角度的逻辑分析》,载《政法学刊》2023年第3期。

[3] 参见张明楷:《刑法的机能与作用》,载微信公众号“刑事辩护研究”2022年2月4日,https://mp.weixin.qq.com/s/da4vp3q-xGU4_0577EKviA。

范围与处罚程度,即凡是适用其他法律足以抑止某种违法行为、足以保护合法权益时,就不要将其规定为犯罪;凡是适用较轻的制裁方法足以抑止某种犯罪行为、足以保护合法权益时,就不要规定较重的制裁方法。"[1]流域治理是一项系统工程,流域生态环境保护和高质量发展作为国家的"江河战略"[2],属于多元主体参与的社会治理问题。一方面,刑法与民法、行政法是我国整体法律体系的三大组成部分,只有在适用其他法律不足以抑制、不足以保护某种合法权益时,才能启动刑法制裁机制,不能将刑法作为保护某种法益的首选及主要方式。另一方面,我国传统的"违法制裁+刑事制裁"二元制裁体制在社会治理中发挥的功效是长期的、稳定的,且相当时期内不会改变,宽而广的庞大行政处罚权和窄而严的有限刑事处罚权这一结构也是相对稳定的,刑法作为较重的制裁方式参与流域治理是谨慎有边界的。

为了凸显"从严"保护生态环境,而过分推崇"犯罪化"社会治理模式,将大量的行政违法行为纳入刑法调整范畴,大肆张贴"犯罪人"标签,并不能真正起到抑制违法行为的作用。在从严打击非法捕捞水产品行为时,要注意刑法作为社会治理的方式之一,其技能主要是保障性的,属于保障法和补充法,"以配角的形式主动参与社会治理、敏锐应对社会变化、充分保障国民利益,才是刑法谦抑应有的面向"[3]。

(四)适度能动:发挥司法职能矫正合法不合理现象

张军院长在谈到能动司法时指出,要从理念变革着手,抓实抓好公正与效率、维护司法公正。[4] 坚持能动司法,就是要求人民法院在尊重规律、遵守法律和现行制度的基础上,善思善谋,积极履职,有担当负责任地发挥司法职能,达到政治效果、社会效果和法律效果相统一。从我国刑法近十年的修正案立法趋向来看,刑法正逐步扩大犯罪圈,积极构建具有风险预防性和社会管理色彩的轻罪体系,醉酒驾驶、高空抛物、恶意欠薪等入刑入罪可谓典例,这与我国社会发展转型中出现的新风险相呼应,也是能动司法的生动实践。

---

〔1〕 张明楷:《论刑法的谦抑性》,载《法商研究(中南政法学院学报)》1995 年第 4 期。

〔2〕 李万祥:《流域治理与保护进入新阶段》,载《经济日报》2023 年 2 月 12 日,第 7 版。

〔3〕 武晓雯:《刑法谦抑性的再探讨》,载《人民检察》2022 年第 15 期。

〔4〕 参见张军:《要把能动司法贯穿新时代新发展阶段审判工作始终》,载《人民法院报》2023 年 4 月 11 日,第 1 版。

我国环境司法在能动主义驱动下,审判职能得以延伸,裁判规则体系不断完善,刑事司法参与流域治理达到前所未有的高度和热度。刑事司法参与流域治理预设的初衷无疑是好的,但受各种因素制约和牵绊,在运行过程中出现了偏离,导致生态环境司法保护效果难达预期。非法捕捞水产品行为的行政、刑事双重属性,使"行刑"衔接问题难以把控,从行政到刑法的分界线在哪里?作为评价入罪标准的行政法规的范围和效力怎么界定?在流域存在时空、地域差异的情况下量刑标准如何统一?等等。如果机械依据程序办理,则难免因灵活性、多变性的行政前置介入而让刑法被动地陷入囹圄,最终得出合法但不合理的刑事裁判。因此,要继续坚持能动司法理念,以合法为基本要求,以积极为工作风格,以公正和效率为价值追求[1],跳出流域看生态,跳出环境看治理,合理把握谦抑与能动的关系,方能寻求最优解。

需要警惕的是,"繁荣"背后必有"隐忧",司法权的过度能动可能会引发干预行政权之嫌[2]。"在法治建设领域,任何一项法律制度的改革,都会牵涉与其相关的制度改革问题。倘若仅对制度的主体部分进行重构,而不考虑对相关或者配套制度改革的话,则必将带来一系列制度间的'排异'反应。"[3]如何正视并克制过度干预,坚持适度能动,理性构建预防性刑事司法亦是刑事司法参与流域治理需要不断思考的问题。

习近平生态文明思想和习近平法治思想为司法参与流域治理提供了方向指引。回归刑法两大机能,平衡好环境权法益保护和公民人权保障,在刑事司法参与流域治理中把握好谦抑与能动的关系,方能寻求最优解,做到有的放矢。

四、刑事司法参与流域治理的优化路径

(一)刑事司法参与流域治理的基本原则

1. 罪责刑相适应原则:罚当其罪,为恶者戒惧

我国《刑法》第5条规定:"刑罚的轻重,应当与犯罪分子所犯罪行和承担

---

〔1〕 参见张骐、孙宪忠、侯猛:《"新时代人民法院能动司法"笔谈》,载《中国应用法学》2023年第4期。

〔2〕 参见秦天宝:《司法能动主义下环境司法之发展方向》,载《清华法学》2022年第5期。

〔3〕 黄太云:《一般违法行为犯罪化倾向的系统反思》,载《法律科学(西北政法大学学报)》2022年第1期。

的刑事责任相适应”,罪责刑三者有机统一,揭示了正确定罪、合理量刑的正义模式,惩罚得当,作恶的人才会感到畏惧。罪责刑相适应原则,要求刑法基于社会大众的一般价值标准去衡量罪行的社会危害性,以普通人的视角对罪刑轻重作出评判,并体现在刑法条文之中,在适用刑罚时,做到重罪重判,轻罪轻刑。因非法捕捞水产品犯罪的行政、刑事双重属性及轻罪特征,在定罪量刑时需遵循罪责刑相适应原则,既要避免因主观简单“从重”认知,盲目入罪、轻罪重罚,又要避免因犯罪行为属于轻罪且行为人主动认罪认罚而肆意适用非监禁刑,不足以震慑犯罪分子。

2. 类案参考原则:以同流域同类型案件作为量刑参考

同类案件对法律适用、统一裁判尺度有着举足轻重的作用。依托办案平台、档案系统、中国裁判文书网、法信网等平台,并参照指导性案例及最高人民法院、部分高级人民法院、中级人民法院按年度发布的环境资源典型案例等,不难搜索到非法捕捞水产品罪的同类案件。因非法捕捞水产品罪的定罪量刑以犯罪行为地的行政管理规范为基础,受行政区划及地域影响较大,在选择类案作为参考对象时,应尽量确保所选择的类案与审理中的案件处于同一最小单元的行政区划。比如,县级法院应优先参照所在辖区中级人民法院发布的典型案例,避免跳过中级人民法院直接参照省法院、最高人民法院发布的典型案例。如果同一辖区没有可参照的同类案例,尽量优先适用同流域各方面条件相似、体量相当地区法院发布的典型案例或者裁判文书。

3. 比例原则:兼顾效果价值和目的价值

比例原则源于行政法,包括三方面内涵:一是适当性原则。强调公权力行为应有助于实现预期目的,手段与目的之间要合比例。二是必要性原则。公权力的行使应选择对公民权利限制、侵害程度最小的方式。三是均衡性原则。为行使公权力所采取的手段要利大于弊,即欲求的利益应当大于对公民权利的侵害。[1] 比例原则的核心思想是审慎适用公权力手段,防止因公权力使用不当侵犯私人权利,同时,又强调公权力行为的手段与目的相均衡,这与刑法具有的法益保护和人权保障机能存在共通和契合之处,在刑法领域引入比例原则,具

---

〔1〕 参见叶鑫海:《比例原则在刑法中的适用及进路》,载《长春师范大学学报》2023 年第 3 期。

有一定的理论和实践价值。在运用刑法制裁非法捕捞水产品行为时，适用比例原则，兼顾刑事司法所起到的打击犯罪效果价值与最终实现生态环境保护的目的价值，在二者衡平中实现该罪的立法价值。

（二）刑事司法参与流域治理的实践改良

1. 合理把握“入罪”门槛：建立首次违法不入罪制度

鉴于非法捕捞水产品行为的行政、刑法双重属性，且行政介入在前的特性，应将行政制裁放在优先且权重更多的位置。虽然自党的十八大以来，我党将生态文明建设提到前所未有的高度，但从我国经济发展水平、传统思想观念、生产生活习惯以及地区发展差异来看，高标准的生态环境建设是循序渐进的，正如大多数改革初期易呈现“上热中温下冷”状态一样，流域治理需要时间周期。因司法工作是一项政治性很强的业务性工作，司法权是中央事权，且得益于强制执行力保障，在流域治理方面，将党的意志法治化率先抵达高温，可以说，司法参与流域治理职能转变的速度快于行政管理模式调整、思维观念转变等方式的速度。如果在配套制度、条件尚未成熟之际，就企图通过司法手段一步到位解决社会根深蒂固的矛盾，不免太急于求成。

从样本数据来看，非法捕捞水产品罪的被告人大多数是首犯，文化程度偏低，务农、务工、无固定职业占绝大多数，居住地区经济水平偏低，渔获物数量及价值不高。对于这样的群体，更需要从教育引导着手，加大宣传力度，让行为人从思想上真正认识到自己的行为对环境的破坏性，从而抑制违法行为发生。对于发案率偏高的某些特定区域，应当加强行政机关的联动性，有针对性地加强管理，必要时从民生方面给予充分保障，对依赖捕捞生产生活的人员，做好转业帮扶，实质性解决问题。

笔者建议在现行法律、制度框架下，建立首次违法不入罪制度，并完善《刑法》第340条规定，对于首次非法捕捞水产品行为，渔获物数量、价值在一定范围内且不存在特殊情形的，不认为是犯罪，行政制裁即可。数量、金额以《依法惩治长江流域非法捕捞等违法犯罪的意见》（公通字〔2020〕17号）规定的500公斤以上或者10000元以上为标准。特殊情形包括（详见笔者附件）：（1）行为人为共同犯罪中的主犯或首要分子的；（2）非法捕捞造成人员伤亡的；（3）暴力抗拒、阻碍国家机关工作人员依法履行职务，尚未构成妨害公务罪的；等等。对首次违法捕捞行为人,给予行政处罚的时候,需签订告知书,明确告知再次违法时将被处以刑罚的严重后果。

首次违法不入罪制度,在尊重现行入罪以违反行政法规为前提的标准上,适当限缩非法捕捞水产品行为入罪口径,给一部分轻微犯罪制造一个缓冲带,防止行为人因"意外"被贴上"犯罪人"标签,成为有"刑事犯罪记录"的人。

2. 案件审理"从细从新":坚持司法的严谨性

在案件审理中,依法从严谨慎梳理细节,落实刑法的严肃性。即便行为人从立案侦查到审查起诉阶段均自愿认罪认罚,也不能简单地认为具有"禁渔区"、"禁区期"以及"禁捕工具及方法"的事实认定。即便适用速裁、简易程序,但关键的几个步骤应作为"规定动作"严格做到位。(1)查法规。非法捕捞水产品行为入罪的前提是违反保护水资源法规,到底具体违反的是哪个行政机关制定的哪一项行政管理规定,要严格查明。行政法规之间要有连贯性,要看国家、省、市、县每一层级的行政规范之间是否构成一个行政法规的整体体系,自上而下的授权是否明确、合法,从而确定案件适用哪一项具体行政管理规范,特别是犯罪行为地出台的所谓《通告》《意见》《说明》,能否作为法规适用进而评价《刑法》第340条入罪标准。此外,"禁渔区、禁渔期、禁捕工具及方法"的修订、发布受行政管理活动变化不断调整,案件审理中需查明最新规定。(2)查记录。根据首次违法不入罪制度,普通第一次非法捕捞行为不纳入刑法制裁,所以,需要查明行为人的所有非法捕捞记录。对于首犯,直接做无罪认定;对于符合入罪条件的,严肃对待;对于累犯,从重处理。(3)查数量。渔获物的数量及价值,反映的是对环境权益的损害程度,是定罪量刑的重要依据。如果行为人仅有捕捞行为,在尚未产生渔获物的情况下,不应认定为犯罪,行政处罚为宜,"如果仅凭破坏长江流域生态环境的行为就推定其为犯罪,显然有以刑罚替代行政处罚之嫌,使得刑法过于严苛"[1]。(4)查方法。虽然多层级行政规范通过列举的方式织密捕捞工具及方法的网络,但在具体案件中,对捕捞工具和方法是否属于禁用范围,具体违反了哪项法规的何种标准,都应当查明并在裁判文书中呈现,以彰显刑法的严谨、慎重,避免囫囵吞枣式认定。(5)查宣传。关

---

〔1〕 夏勇、范煜:《论〈长江保护法〉与〈刑法〉的对接》,载《中南民族大学学报(人文社会科学版)》2022年第2期。

于犯罪认定是否要求行为人对禁渔区、禁渔期有明知的问题,有观点认为,禁渔区、禁渔期经法律授权由相应级别人民政府渔业行政主管部门制定的禁止性规定予以明确,一经公布实施,便视为在该区域内进行捕捞的人已经知道或者应当知道并应当严格遵守[1],主观是否明知不影响犯罪认定。也有观点认为,行为人捕捞水产品时需具有客观的认识条件和认识能力,主观上必须达到"明知"禁渔区、禁渔期的标准,即便是推定行为人"应当知道",也应允许在有相反证据证明时推翻推定,否则不构成非法捕捞水产品罪[2]。司法实践中处理方式不一,在样本案例中仅有14%的裁判文书对行为人是否知道禁渔区、禁渔期的规定有表述。笔者认为,判断行为人主观是否明知,应以案件审理时查明犯罪行为地是否履行有效的宣传义务为标准,包括但不限于新闻客户端、报纸、微信公众号、张贴公告、设置警示牌、村民大会、村口大喇叭、上门走访,发放宣传单等,针对不同地区、不同人群,选择不同宣传方式和宣传频次,确保人人知晓即为有效宣传。如果行为人所在区域对禁渔区、禁渔期规定进行了有效宣传,则应当认定行为人明知或者应当知道,反之,不应认定为犯罪。

3. 量刑坚持宽严相济:避免进入"严而不厉"低效能循环

轻罪立法活性化,降低了犯罪门槛,加大了对具有刑事可罚性行为的打击力度,促进我国刑法结构由"厉而不严"向"严而不厉"转型[3]。非法捕捞水产品罪,通过下放立法权,扩大既有犯罪范围,将原本由行政权调整的一般违法行为犯罪化,凸显了刑法在社会治理中的从严导向作用。相较于传统的入罪门槛高、打击力度强的"厉而不严",轻罪治理具有明显的"严而不厉"特性,在这种特性下,大量的非法捕捞行为被入罪处理,凸显了国家对流域"严"的治理态度,这也是非法捕捞水产品犯罪数量居高不下的原因。但因量刑限定在3年以下有期徒刑,且大量适用缓刑、管制、罚金等非监禁刑,刑法"不厉"特点明显,对犯罪行为的打击力度有限,对社会治理的震慑效能不足。

因此,在案件审理中,应贯彻宽严相济的刑事政策,将行为人的责任轻重和刑事追究相匹配,实现罪责刑相适应。在建立首次违法不入罪制度下,入罪至

---

[1] 张少祥:《办理非法捕捞水产品刑事案件应当重点把握的几个问题》,2019年六盘水市检察机关理论研究论文集,2019年11月1日。

[2] 参见尹伟:《非法捕捞水产品罪主观明知的认定》,载《中国刑事警察》2023年第1期。

[3] 参见王渊:《刑法现代化应注意恪守谦抑性》,载《检察日报》2023年6月8日,第3版。

少是第二次违法,行为人的主观恶性较大,因此,在对非法捕捞水产品行为量刑时,应慎用、少用非监禁刑。对主观恶性不深、危害较小的犯罪人员,根据查明的事实果断适用非监禁刑或做无罪处理。对跨区域、大规模的非法捕捞犯罪以及暴力抗法等影响恶劣的捕捞行为,要依法严惩,判处实刑。在将增殖放流、损害赔偿民事责任的履行作为量刑情节考量时,应充分考虑增殖放流的科学性和必要性,防止"诉辩交易"。同时,要用好类案参考原则,确保同一区域同类案件裁判结果相当。

在现行法律、制度框架下,合理把握"入罪"门槛,建立首次违法不入罪制度,并完善《刑法》第340条规定。在此基础上,优化案件审理路径,"从细从新"把握非法捕捞水产品犯罪要件,量刑坚持宽严相济,慎用、少用非监禁刑。

五、结论

随着我国社会发展转型中不断出现新问题、新情况,刑事司法作为社会治理的重要一角,被赋予新的使命。如何合理把握刑罚的边界与力度,实现治罪与治理的双重效果,需要在新时代能动司法理念下,不断思考、调整、优化,持续修正偏差,让刑事司法在社会治理中释放出应有的效能。

附:

《中华人民共和国刑法》

(部分条款建议稿)

第三百四十条　违反保护水产资源法规,在禁渔区、禁渔期或者使用禁用的工具、方法捕捞水产品,情节严重的,处三年以下有期徒刑、拘役、管制或者罚金。

【新增】<u>首次违反保护水产资源法规,通过行政处罚予以惩戒,原则上不认为是犯罪。但下列情形除外:</u>

<u>(一)违反保护水产资源法规规定的非法捕捞数量、价值限额的;</u>

<u>(二)共同犯罪中的主犯或首要分子;</u>

（三）非法捕捞造成人员伤亡的；

（四）暴力抗拒、阻碍国家机关工作人员依法履行职务，尚未构成妨害公务罪的；

（五）其他造成严重损害或重大社会影响等恶劣情节的。

18. 论生态环境损害惩罚性赔偿的数额量定*

郑毓翰**

内容摘要：我国已建立以《民法典》为基本条款指引、最高人民法院《关于审理生态环境侵权纠纷案件适用惩罚性赔偿的解释》为具体操作规则的生态环境损害惩罚性赔偿制度体系。生态环境损害惩罚性赔偿数额的量定是确保该制度惩罚、威慑功能发挥的极具技术性的基础问题。在赔偿基数的确定上，应以生态环境服务功能损失为主，但在侵权人因违法行为所获利益远高于前者时，可以以侵权人所获利益为赔偿基数。在赔偿倍数的认定上，应当运用动态系统论，依据惩罚性要素和限制性要素构建动态体系化的评价框架，以减少惩罚性赔偿数额量定的随意性。

关键词：生态环境损害　惩罚性赔偿　赔偿基数　赔偿倍数　动态系统论

一、问题的提出

为落实党的十八届三中全会提出的“对造成生态环境损害的责任者严格实行赔偿制度”要求，贯彻党的十九大报告提出的“加大生态系统保护力度”的决策部署，《民法典》侵权责任编第1232条规定了生态环境损害的惩罚性赔偿制度，体现出了鲜明的中国特色。然而，《民法典》第1232条的规定较为原则，并未对生态环境损害惩罚性赔偿制度的适用条件、要素和构造等作出具体规定。最高人民法院《关于审理生态环境侵权纠纷案件适用惩罚性赔偿的解释》虽然明确了生态环境损害惩罚性赔偿采用“基数”乘以“倍数”的弹性数额模式，以

* 基金项目：国家社会科学基金重点项目“中国民法上的中国元素研究”（18AFX015）。

** 郑毓翰，西南政法大学博士研究生。

生态环境服务功能损失[1]为基数,并规定了二倍上限,但是仍然有以下两个问题值得思考:其一,在赔偿基数问题上,除最高人民法院《关于审理生态环境侵权纠纷案件适用惩罚性赔偿的解释》所规定的以生态环境服务功能损失为赔偿基数外,是否还存在其他的赔偿基数?其二,如何妥当确定惩罚性赔偿的倍数。一方面,最高人民法院《关于审理生态环境侵权纠纷案件适用惩罚性赔偿的解释》第 10 条罗列了环境私益侵权惩罚性赔偿倍数的相关考量要素,但第 12 条对生态环境损害惩罚性赔偿仅规定"人民法院可以参照前述规定予以处理",那么生态环境损害惩罚性赔偿的考量要素除第 10 条规定外,是否还包括某些关涉公共利益的特殊要素?各要素间的作用力大小又是如何?另一方面,法官在惩罚性赔偿数额的量定中享有较大的自由裁量权,倍数比例的差异极易导致对侵权人的过度威慑或者威慑不足,影响该制度的功能实现,那么又该如何引导法官作出公正裁决?从理论上来讲,惩罚性赔偿数额设置过低会阻碍该制度惩罚与威慑功能的实现,而数额设置过高则又会造成惩罚过重,加重侵权人的经济负担,导致严苛峻法的后果产生。适当的数额不仅能够弥补难以量化的生态环境损害,更能达到惩罚环境违法行为以及威慑潜在环境违法行为的效果。因此,有必要完善惩罚性赔偿基数确定与倍数认定的相关规则,为科学计算赔偿数额提供指引,借以确保生态环境损害惩罚性赔偿制度的妥当适用,维护司法裁量的公正性。

二、生态环境损害惩罚性赔偿的基数确定

(一)惩罚性赔偿基数的范围争议

在最高人民法院《关于审理生态环境侵权纠纷案件适用惩罚性赔偿的解释》出台之前,司法实践中存在以生态环境服务功能损失[2]、生态环境损害修复费用[3]、生态环境损害赔偿[4]等作为赔偿基数的多种做法。最高人民法院《关于审理生态环境侵权纠纷案件适用惩罚性赔偿的解释》虽然明确以生态环

[1] 包括生态环境受到损害至修复完成期间服务功能丧失导致的损失以及生态环境功能永久性损害造成的损失,本文简称为生态环境服务功能损失。

[2] 参见山东省青岛市中级人民法院民事判决书,(2021)鲁 02 民初 69 号。

[3] 参见江西省九江市武宁县人民法院刑事附带民事判决书,(2020)赣 0423 刑初 380 号。

[4] 参见湖南省津市市人民法院民事裁定书,(2021)湘 0781 民特 11 号。

境服务功能损失为赔偿基数,为法官的司法裁量提供指引,但该解释并未平息学界关于生态环境损害惩罚性赔偿基数范围的争议。除以生态环境服务功能损失为赔偿基数外,学界还存在以生态环境修复费用为赔偿基数和以侵权人因行为所获利益为赔偿基数两种观点。持前一观点的学者认为,鉴于计算较为困难,无法期待对生态环境服务功能损失有一个全面、精确的认定,以修复费用为赔偿基数的惩罚性赔偿不仅可以降低生态环境损害鉴定及修复费用评估的重要性,甚至还可以代替生态环境服务功能损失赔偿,借以解决服务功能损失价值鉴定的技术难题及其鉴定不经济性等问题。[1] 持后一观点的学者认为,生态环境损害惩罚性赔偿应当遵循以消除行为收益为目标的完全威慑理念。一方面,《民法典》第1232条规定的惩罚性赔偿针对的是严重污染环境和破坏生态的行为,鉴于其行为与尊重自然、顺应自然的生态道德相违背,应当对此行为施以更为严厉的惩罚并予以全面禁止。另一方面,公益诉讼是实现惩罚性赔偿威慑功能的最佳舞台。若在私益诉讼中以侵权人因行为所获利益为依据主张惩罚性赔偿,不仅构成过度威慑,而且会导致后起诉的受害者无法获得惩罚性赔偿,因此应当由公益诉讼实现对违法行为的完全威慑。[2]

(二)惩罚性赔偿基数的范围划定

惩罚性赔偿主要通过要求侵权人承担超过损害填补之额外负担的惩罚方式实现威慑作用,故惩罚性赔偿的威慑机制归根结底属于经济问题。在理论上,惩罚性赔偿包括成本内化和利益消除两种方式,前者指将社会承担的损失内部化为被告的成本,以被侵权人的损失作为赔偿基数;后者则指消除被告因违法行为所能获得的收益,常与刑事罚中的“完全威慑理论”相对应,以行为所获利益为赔偿基数。[3] 因此,以被侵权人的损失为赔偿基数和以侵权行为所获利益为赔偿基数均具有理论上的正当性。在此,需要回应的问题是:其一,成本内化方式下,生态环境修复费用是否较生态环境服务功能损失更适合作为赔偿基数;其二,利益消除法是否能适用于生态环境损害惩罚性赔偿,或者说在何种情形下具备适用的可能。

---

[1] 参见黄忠顺:《生态环境损害惩罚性赔偿请求权二元配置论》,载《当代法学》2022年第6期。

[2] 参见李艳芳、张舒:《生态环境损害惩罚性赔偿研究》,载《中国人民大学学报》2022年第2期。

[3] See Keith N. Hylton, *Punitive Damages and the Economic Theory of Penalties*, 87 Georgetown Law Journal 421(1998).

1. 以生态环境服务功能损失为赔偿基数

笔者认为,与生态环境修复费用相比,将生态环境服务功能损失作为赔偿基数更具有理论上的正当性以及实践中的可行性。

首先,生态环境修复费用并不能代表实际损失,无法构成生态环境损害惩罚性赔偿的赔偿基数。最高人民法院相关负责人就最高人民法院《关于审理生态环境侵权纠纷案件适用惩罚性赔偿的解释》答记者问中提到,惩罚性赔偿作为补偿性损害赔偿上的附加性责任,数额的确定应当以实际损失作为赔偿基数。[1] 然而,生态环境修复费用并不能代表生态环境损害的实际损失。其一,就我国目前法律规范来说,“恢复原状”与“赔偿损失”是两种独立的责任形式[2],《民法典》第1235条亦将“费用”和“损失”分开罗列,生态环境服务功能损失归属于损失部分,生态环境修复费用归属于费用范畴,故在规范层面上生态环境本身因侵害所失去的价值损失应为生态环境服务功能损失。[3] 其二,就生态环境修复费用的目的来说,其在于加快生态环境自然修复的进程,并不具有赔偿实际损失的功能。根据我国生态环境损害鉴定评估技术政策,生态环境遭受损害后,存在人工修复和自然修复两种基本恢复方案,自然修复是指生态系统依靠自我修复、自我净化的能力恢复到受损前的“基线”水准;人工修复则以侵权人承担修复责任或者支付修复费用的方式介入生态环境恢复过程,加快其向“基线”的回归的速度。“生态环境修复费用充其量只是生态修复成本的体现”[4],“支付恢复费用不是赔偿损失”[5],作为实际损失的生态环境服务功能损失需要另行计算。换言之,承担生态环境修复费用并非代表赔偿实际损失,但生态环境修复费用的承担与否在一定程度上影响着生态环境服务功能损失的大小,人工修复的介入能够缩短生态环境的自然恢复期间,在一定程度上减少以恢复期间为计算依据的生态环境服务功能损失的数额。其三,就生态环

[1] 参见最高人民法院:《最高法相关负责人就〈最高人民法院关于审理生态环境侵权纠纷案件适用惩罚性赔偿的解释〉答记者问》,载最高人民法院网2022年1月13日,https://www.court.gov.cn/zixun/xiangqing/341611.html。

[2] 参见程啸:《侵权责任法》,法律出版社2021年版,第764~765页。

[3] 参见朱凌珂:《美国自然资源损害赔偿范围制度及其借鉴》,载《学术界》2018年第3期。

[4] 陈红梅:《生态修复的法律界定及目标》,载《暨南学报(哲学社会科学版)》2019年第8期。

[5] 张梓太、李晨光:《生态环境损害赔偿中的恢复责任分析——从技术到法律》,载《南京大学学报(哲学·人文科学·社会科学)》2018年第4期。

境修复费用的适用来说,并非任何时候都有修复费用存在。根据《环境损害鉴定评估推荐方法(第Ⅱ版)》的规定,当存在人工恢复措施不可避免产生二次污染或者严重干扰、不符合成本效益原则及技术水平有限无法修复时,则需要采用自然恢复措施。在自然恢复的情况下,由于没有采用任何技术措施,此时判令赔偿生态环境修复费用是不合理的[1],但此时生态环境服务功能损失是存在的。

其次,生态环境服务功能损害并不具有惩罚性,以具有惩罚性而否认其可作为赔偿基数的理由并不充分。前述学者认为应当以生态环境修复费用作为赔偿基数的原因在于:现有技术难以评估的生态环境服务功能损失在性质上更侧重惩罚性,故可以以生态环境修复费用为基数的惩罚性赔偿代替生态环境服务功能损失赔偿。[2] 然而,生态环境修复费用在某种程度上也被认为具有惩罚性和计算的不确定性。根据原环境保护部发布的《环境损害鉴定评估推荐方法(第Ⅱ版)》和《突发环境事件应急处置阶段环境损害评估推荐方法》的规定,当生态环境损害无法完全恢复、恢复成本大于收益或者缺乏相应恢复指标时,生态环境修复费用的计算采用虚拟治理成本法,根据受污染区域的环境功能敏感程度分别乘以相应倍数来计算修复费用,故有学者将这种确定方法看作惩罚性赔偿的体现。[3] 以此来看,以生态环境服务功能损失具有惩罚性而采用生态环境修复费用为赔偿基数的理由显然不够充分。而且,生态环境部专门出台了相应的生态环境损害鉴定评估指南,明确规定将资源或服务等值分析、价值等值分析作为生态环境服务功能损失的量化方式,并将计算方法通过公式的形式固定,在很大程度上避免了计算和鉴定难题。从这个角度而言,生态环境服务功能损失因计算不精准而体现出的惩罚性被弱化,甚至被消灭。但在笔者看来,无论生态环境服务功能损失和生态环境修复费用采用何种量化方式,其目的都在于对生态环境损害予以全面赔偿,并不具有惩罚性。以水污染虚拟治理成本法为例,不同环境功能区的水质标准不同,导致同一污染物在不同环境功

---

〔1〕 参见王小钢:《〈民法典〉第1235条的生态环境恢复成本理论阐释——兼论修复费用、期间损失和永久性损失赔偿责任的适用》,载《甘肃政法大学学报》2021年第1期。

〔2〕 参见马勇:《建议重新审视、论证"期间损失"的法律和标准规定》,载微信公众号"中国绿发会"2020年11月3日,https://mp.weixin.qq.com/s/D45Rcvvdlq0_XJUMbdYVpQ。

〔3〕 参见李丹:《环境损害惩罚性赔偿请求权主体的限定》,载《广东社会科学》2020年第3期。

能区需要被治理的程度也存在差异，当水污染损害需要适用虚拟治理成本法时，以环境功能系数、危害系数和超标系数组成的调整系数能够实现不同环境功能区中生态环境损害的全部赔偿，并不具有惩罚性。

最后，以生态环境服务功能损失为赔偿基数有利于推进生态环境修复工作。我国在生态环境损害救济上强调“修复优先”，将恢复生态功能和修复环境要素作为损害救济的重心，而以生态环境服务功能损失为赔偿基数是激励侵权人践行“修复优先”的最好方式。一方面，冠之以“生态环境修复费用倍数”的生态环境损害惩罚性赔偿会在侵权人心里潜移默化地形成“交钱了事”的消极心态，将修复结果的好坏与自身责任解绑，影响生态环境服务功能的恢复。另一方面，生态环境服务功能损失之所以存在计算不精准的问题，很大部分原因在于其计算依赖于侵权人所采取的恢复方法以及修复的积极性。生态环境服务功能损失的大小与所选择的恢复方法紧密相连，若侵权人积极承担生态环境修复责任，则生态环境服务功能恢复程度越高，惩罚性赔偿基数就越小，最终赔偿数额亦会有所减少。

总体来说，在成本内化方式下应当以生态环境服务功能损失为赔偿基数，而且生态环境服务功能损失作为污染环境、破坏生态行为对社会公众本应享有的环境权益的损害，以其为赔偿基数更能体现民事公益诉讼维护社会公共利益的宗旨。

2. 以侵权人因行为所获利益为赔偿基数

以侵权人因行为所获利益为赔偿基数虽具有理论上的正当性，但若如前述学者所言，为遵循以消除行为收益为目标的完全威慑理念，而将侵权人因行为所获利益作为唯一赔偿基数，则在实践中并不具有可行性。

一方面，从适用前提来看。一是完全威慑的前提在于侵权人实施污染环境、破坏生态的行为是以获利为直接目的。[1] 然而，在现实的生态环境损害案件中，侵权人实施侵权行为并非皆为获利。例如，在“金顶摩崖”刻字事件中，侵权人实施破坏生态的刻字行为目的并不在于获利，甚至可以说该类行为不存

---

〔1〕 参见陈海嵩、丰月：《生态环境损害惩罚性赔偿金额的解释论分析》，载《环境保护》2021 年第 13 期。

在获利的可能,仅以获利为基数的惩罚性赔偿将难以适用于对该类行为的惩罚。[1] 二是在法律制度计算收益和损害存在估算错误的情况下,基于收益的赔偿责任具有严重的缺陷,无法达到完全威慑的目的。A. 米切尔·波林斯基(A. Mitchell Polinsky)和斯蒂文·沙维尔(Steven Shavell)两位学者认为,在法律制度无法准确计算损害和获利的情况下,当侵权人因侵权行为所获利益低于行为成本时,利益消除方式将会为侵权人继续实施侵权行为提供额外的诱因。[2] 因此,在存在估算错误的假定条件下,以"损害"为基础的处罚比以"获利"为基础的处罚更为合理。

另一方面,从适用效果来看。以侵权人因侵权行为所获利益为唯一赔偿基数的惩罚性赔偿可能导致生态环境因侵害所失去的价值损失难以全部内化。惩罚性赔偿并非在每一领域都具有适用的必要,美国学者罗伯特·库特(Robert Cooter)认为,当违法行为被追究责任的概率——"抓捕概率"为"1"时,责任能够被有效追究和执行,无须惩罚性赔偿的介入,而随着"抓捕概率"越来越小,责任逃避的概率越来越高,此时有必要以惩罚性赔偿的方式矫正误差。[3] 例如,侵权人造成生态环境服务功能损失 50 万元,在抓捕概率为 1/5 的情况下,侵权人预期承担的损失赔偿仅为 $50 \times 1/5 = 10$ 万元,显然无法实现对生态环境服务功能损害的全面救济,更不足以吓阻侵权人继续实施违法行为。采用成本内化方式的惩罚性赔偿不仅需要侵权人承担生态环境服务功能损失的 50 万元赔偿,还需要额外承担 200 万元的惩罚性赔偿,进而实现损失的全部内化,对违法行为形成有效威慑。然而在相同抓捕概率的情形下,若仅以侵权人获利作为赔偿基数,极有可能无法实现对违法行为所造成损失的全部填补。在全社会理性经济人的假设条件下,社会主体从事任何行为都会权衡利弊,在利益消除方式下,侵权人虽然无利可图,存在放弃从事相应行为之动机,但是生态环境因侵害而失去的价值损失并未得到全部内化。

---

〔1〕 该案中,侵权人被判处生态环境损害惩罚性赔偿。参见《贵州铜仁:梵净山"金顶刻字案"一审宣判》,载央视网,https://tv.cctv.com/2022/03/27/VIDEQpFY09dmavTA0kI2Gmq6220327.shtml。

〔2〕 See A. Mitchell Polinsky & Steven Shavell, *Should Liability Be Based on the Harm to the Victim or the Gain to the Injurer*, 10 Journal of Law, Economics, and Organization 427(1994).

〔3〕 See Robert D. Cooter, *Punitive Damages for Deterence: When and How Much*, 40 Alabama Law Review 1143(1989).

侵权人因行为所获利益不得作为生态环境损害惩罚性赔偿的唯一基数并不代表着其在实践中没有作为基数的可能。惩罚性赔偿的威慑理论基于这样一种假设:参与者权衡他们未来行动的预期成本和收益。具体而言,潜在责任被告将比较其从一项有侵权责任风险的诉讼中获得的利益与在风险发生时强加责任的折现预期价值。[1] 因此,成本内化方式并非在任何时候均能起到有力吓阻,市场参与者为谋取长远的利益发展,通常会采用成本收益分析的方式较为精确地预测行为所生之法律后果,在权衡风险的基础上才会作出相应的行为。若固守成本内化方式计算惩罚性赔偿,将会为市场参与者预测惩罚性赔偿数额提供可能,并促使市场参与者在行为能够攫取暴利时继续实施该行为。利益消除法的引入可以促进生态环境损害惩罚性赔偿威慑功能的实现。因此,以侵权人所获利益为赔偿基数在理论上具有正当性,但是在实践中应当区分相应情形选择适用成本内化或者利益消除的方式,方能实现对违法行为的惩罚和威慑。

(三)惩罚性赔偿基数的确定方式

成本内化与利益消除方式的适用情境的厘清是惩罚性赔偿基数确定的关键,财产规则(property rules)和责任规则(liability rules)理论不仅揭示了惩罚性赔偿适用的目的,同时为成本内化与利益消除方式的选择提供了方向上的指引。在财产规则语境下,权利被作为财产来看待,禁止其他人在未先行获得允诺的情况下夺取或者破坏该权利;在责任规则语境下,其他人可在不需要获得允诺的情况下径直使用他人权利,但是必须在事后支付由法院确定的损害费用。[2] 简单来说,财产规则要求双方当事人进行事前定价或者契约缔结,而责任规则的目的仅仅是在损失发生后重新分配损失分担。学者希尔顿(Hylton)总结了财产规则和责任规则的基本命题:当交易成本较低时,保护受害者的财产规则比由加害人支付受害者损害赔偿的责任规则更可取;在高交易成本环境

---

〔1〕 See Kenneth S. Abraham & John C. Jeffries Jr., *Punitive Damages and the Rule of Law: The Role of Defendant's Wealth*, 18 Journal of Legal Studies 415(1989).

〔2〕 See Guido Calabresi & A. Douglas Melamed, *Property Rules, Liability Rules, and Inalienability: One View of the Cathedral*, 85 Harvard Law Review 1089(1972).

中,因为自愿交易将会导致市场效率低下,故此时适用责任规则。[1] 例如,在一般过失中,因为损害的发生概率较低,侵权人很难搜寻所有的潜在受影响者并就可能放弃赔偿责任进行谈判,故此时没有必要苛责侵权人与潜在影响者一一完成事前交易。而在故意场合,因为损害的发生概率较高,侵权人能够较为明确地界定潜在影响者,搜寻成本大大降低,侵权人应当在获得同意之后才能使用资源。

在生态环境领域,侵权人实施故意污染环境、破坏生态等利用自然资源的行为前,理应与潜在受害人进行事前交易,如与政府部门签订排污协议并根据协议规定安装排污设施等,受到财产规则的约束。财产规则禁止侵权人在未获取同意的情况下采取伤害行为,但是社会并不是能够永远禁止该类行为的,在某些情况下,这些行为仍然会发生,故为避免侵权人为满足自身需求而通过非自愿的方式规避事前交易行为,需要施加惩罚性赔偿进行威慑[2],允许法院在侵权人故意造成损害的情形下,在损害赔偿金的基础上增加额外费用。一方面,确保财产规则能够得到有效施行,避免财产规则转化为责任规则。[3] 因为在责任规则下,侵权人仅被要求承担损害赔偿责任,若是侵权人获利远高于损害赔偿,其仍将放弃事前交易,径直实施侵权行为。另一方面,防止出现事后损害难以填补或者补偿性赔偿具有不确定的情形。与其面对侵权行为造成生态环境服务功能永久性损失、产生并不被生态环境损害赔偿责任所包含的环境非使用价值损害的风险,不如在事前设定高额赔偿责任以充分消除风险行为的诱因。

综上,为确保惩罚性赔偿能够有效维护财产规则,在相同抓捕概率的情况下,赔偿的数额应不低于侵权人的收益与生态环境本身因侵害所失去的价值损失中的较大者。[4] 具体而言,生态环境损害惩罚性赔偿的赔偿基数之确定存在以下几种情形:

---

〔1〕 因为在高交易成本的环境下,财产规则将会无效,此时的规则将会阻碍大量的合法活动。See Keith N. Hylton, *Property Rules and Liability Rules, Once Again*, 2 Review of Law and Economics 137 (2006).

〔2〕 See Henry E. Smith, *Property and Property Rules*, 79 New York University Law Review 1719 (2004).

〔3〕 See Richard A. Epstein, *The Clear View of the Cathedral: The Dominance of Property Rules*, 106 Yale Law Journal 2091 (1997).

〔4〕 See Keith N. Hylton, *Property Rules and Liability Rules, Once Again*, 2 Review of Law and Economics 137 (2006).

其一,当侵权人因行为所获利益低于生态环境服务功能损失时,成本内化方式不仅消除全部利益,还要对超出利益部分的损害承担赔偿责任,故此时的赔偿基数为生态环境服务功能损失。若存在生态环境服务功能损失难以计量且计量成本过高的情形时,可根据侵权人行为对象的市场价值判断实际损失,如有法院在审理中认为,原告实施非法捕猎野生动物的行为严重破坏生态,故法院以非法捕猎野生动物的基准价值 880 元作为惩罚性赔偿的赔偿基数。[1]

其二,侵权人因行为所获利益远高于生态环境服务功能损失,此时法官可选择利益消除方式,将赔偿基数设置为侵权人因侵权行为所获的利益。

三、生态环境损害惩罚性赔偿的倍数认定

(一)惩罚性赔偿倍数认定的实践考察

由于精确测算"抓捕概率"在实践中较为困难,同时为防止判决标准模糊下的惩罚性赔偿裁决失控带来沉重的社会成本[2],各国纷纷要求惩罚性赔偿保持在一定的合理范围内。如英国要求确定惩罚性赔偿时必须考虑其与损害赔偿的关联[3],美国部分地区在立法上亦明确惩罚性赔偿数额的计算采用区间倍率式。[4] 我国最高人民法院《关于审理生态环境侵权纠纷案件适用惩罚性赔偿的解释》第 10 条罗列了部分参考要素并将倍数上限设置在赔偿基数的 2 倍范围内,这为法官的司法裁量提供了参考。但是,从我国司法实践中的裁判说理来看,各级法官并未对相关要素和倍数之间的因果联系作出充分的说理,各要素的作用不尽相同。

具体而言,我国司法实践中关于生态环境损害惩罚性赔偿倍数认定的理由

---

〔1〕 一方面,野生动物价值可通过相关规定获取数据;另一方面,捕猎数量极少的情况下勘测服务功能损失成本过高。参见四川省剑阁县人民法院民事判决书,(2021)川 0823 民初 2349 号。司法实践中亦存在用林木价值判断实际损失的方式,如陕西省旬邑县人民法院民事判决书,(2021)陕 0429 刑初 22 号;四川省德昌县人民法院刑事附带民事判决书,(2021)川 3424 刑初 173 号;吉林省抚松县人民法院刑事附带民事公益诉讼判决书,(2021)吉 0621 刑初 147 号。

〔2〕 在早期美国的司法实践中出现大量的高额惩罚性赔偿案例引发学界和实务界的争议。See Philip Ackerman, *Some Don't Like It Hot: Louisiana Eliminates Punitive Damages for Environmental Torts*, 72 Tulane Law Review 327(1997).

〔3〕 参见金福海:《惩罚性赔偿制度研究》,法律出版社 2008 年版,第 123 页。

〔4〕 如美国科罗拉多州规定惩罚性赔偿不得超过补偿性赔偿的金额,即维持一比一的比例关系;康涅狄格州规定惩罚性赔偿不得超过填补性赔偿的 2 倍。参见王利明:《美国惩罚性赔偿制度研究》,载《比较法研究》2003 年第 5 期。

主要有以下三种表述:其一,法院认为被告行为损害生态环境,侵害社会公共利益,判决被告承担N倍惩罚性赔偿。[1] 其二,法院认为被告的违法行为符合《民法典》第1232条所规定的"故意""违反法律规定""造成严重后果",故判决被告承担N倍惩罚性赔偿。[2] 其三,综合被告恶意程度、损害后果、获利数额、承担责任的经济能力等要素,判决被告承担N倍惩罚性赔偿。[3] 其中,第三种说理方式较前两种而言更具有说服力,也能表明法官在裁量时的认定理由。但是,在缺乏明确、可操作的衡量标准的情形下,基于认识水平有限以及感知不同,各级法官对倍数的认定存在差异,这将会阻碍制度功能的发挥,影响司法公正。而且,最高人民法院《关于审理生态环境侵权纠纷案件适用惩罚性赔偿的解释》第10条采用"等因素"之开放式表述,显然法官可基于案件的实际情况在条文规范外自由决定考虑要素,但以何种理论思路选择"等因素"并不明确,极有可能产生"类案不同判""相同要素相反适用"的现象。例如,在生态环境损害惩罚性赔偿责任的减轻问题上,司法实践中出现了截然不同的裁判方式。有的法院认为被告认错态度良好,便判决以环境公益劳动的方式代替部分惩罚性赔偿;[4] 而有的法院则以被告家庭困难不属于减轻事由拒绝减轻责任。[5] 基于最高人民法院《关于审理生态环境侵权纠纷案件适用惩罚性赔偿的解释》并未明确规定责任减轻的事由,"法官造法"已成为司法裁判中不可避免的问题。为了正确引导法官司法裁判,确保法官自由裁量权公平正当地行使,提高司法裁判结果的精确性,有必要对惩罚性赔偿的倍数认定加以规范化和精细化。这不仅决定着惩罚性赔偿制度是否得到妥当适用,而且关系着惩罚性赔偿的功能价值是否得到如实发挥。

---

〔1〕 参见四川省德昌县人民法院刑事附带民事判决书,(2021)川3424刑初55号。

〔2〕 参见四川省剑阁县人民法院民事判决书,(2021)川0823民初2349号。

〔3〕 参见宁波海事法院民事判决书,(2022)浙72民初2230号;江西省浮梁县人民法院民事判决书,(2020)赣0222民初796号。

〔4〕 相较于加重金钱赔偿所带来的直接经济利益损失,环境公益劳动虽然能够解决惩罚性赔偿金可能存在的执行难的问题,但也在某种程度上减轻了对被告的经济制裁,削弱了惩罚功能的实现。参见山东省青岛市中级人民法院民事判决书,(2021)鲁02民初69号。

〔5〕 参见四川省剑阁县人民法院民事判决书,(2021)川0823民初2349号。

(二)惩罚性赔偿倍数认定的优化策略

1. 倍数认定的相关研究及其反思

结合惩罚性赔偿在各个领域的适用,学界关于惩罚性赔偿倍数认定的研究主要有以下几种观点:其一,要素罗列法。该方法通过罗列需要重点参考的要素,借以引导法官裁量。[1] 然而,该方法存在较大的弊端。除要素罗列可能并不全面外,该方法并未对要素权重以及参考顺位加以明确,这容易导致法官在具体裁量中偏离惩罚性赔偿"惩罚"之主旨,出现认定上的恣意。正如有学者认为,《民法典》第1232条规定的"故意""违反法律规定""严重后果"仅可作为生态环境损害惩罚性赔偿责任的成立要件,不应当作为惩罚性赔偿数额的确定要素。[2] 然而,结合惩罚性赔偿的惩罚、威慑功能以及适用目的来看,侵权人的主观恶性、行为违法性以及后果严重性不仅是生态环境损害惩罚性赔偿的构成要件,而且是判断污染环境和破坏生态行为在道德层面的可谴责性,进而确定惩罚性赔偿数额的重要认定要素。因此,在未明确要素权重以及参考顺位的基础上,法官极有可能如上述观点一般,将衡量道德可谴责性的三要件抛诸于倍数认定要素外,导致惩罚性赔偿的功能价值难以切实发挥。

其二,公式计算法。赞同该方法的学者结合所收集的案例以及相关文献,将比例原则运用到惩罚性赔偿的裁量之中,以列表的形式将各种情形的倍数认定加以明确,并提出详细的计算公式。[3] 公式计算法虽然注意到了现实生活的复杂性,但是,一方面,随着案例数量的增加,相关的分析基础会受到影响,特别是基础性案例的抽取或者案件的裁判立场存在问题,那么后续案例的司法裁量将难以贯彻公平正义;另一方面,公式计算法会僵化法官的自由裁量权,缺乏灵活性,边缘性案例无法借助基础性案例的裁判数据得到妥善处理,而且,从目前生态环境损害惩罚性赔偿的司法适用来看,现有案例数量不足以推导公式。

其三,分层设计法。考虑到企业的承受能力,以补偿性损失数额为界,补偿性损失数额为1000万元以下的则以0.1~1倍计算,超过1000万元的则需要

---

[1] 参见王笑寒:《生态环境侵权惩罚性赔偿制度的法律适用问题》,载《山东社会科学》2021年第3期;郑少华、王慧:《环境侵权惩罚性赔偿的司法适用》,载《上海大学学报(社会科学版)》2022年第3期。

[2] 参见李艳芳、张舒:《生态环境损害惩罚性赔偿研究》,载《中国人民大学学报》2022年第2期。

[3] 参见倪朱亮:《比例原则在知识产权惩罚性赔偿金量定中的运用》,载《知识产权》2021年第7期。

考虑是否适用惩罚性赔偿。[1] 分层设计法的问题在于:一方面,如何分类以及权重如何分配存在争议;另一方面,该方法具有极强的时限性,其固化的分层结构难以适应社会发展。

其四,等级累加法。该方法将惩罚性赔偿数额的考量要素分为主观过错的等级性要素、侵害行为的重复性要素、保护客体的优先性要素、侵害对象的特殊性要素以及事后补救的及时性要素五类,并对每一项要素附加同等数值,以“要素满足的个数×数值”来判断具体的倍数。[2] 然而,以要素是否满足作为赋权重的条件存在机械化适用,一方面,以“全有全无”作为判断方式导致倍数被框定在5种类型内,可选择范围小;另一方面,将生态环境损害惩罚性赔偿的最低倍数限制在0.4倍的做法,不仅与立法者的原意不符,而且有违公平正义。

综上,除要素罗列法外,公式计算法、分层设计法以及等级累加法均未摆脱形式逻辑的判断过程,每个案件中的具体倍数都交由法官演绎推理,排除了司法的具体裁量和价值判断。但是,现实的司法裁判并非简单的数学运算和逻辑推理,特别是面对无法清晰明确计算的惩罚性赔偿,其数额的认定更是离不开法官的价值判断。

2. 动态系统论在倍数认定中的应用价值

正因为无法完全了解和预知未来生态环境损害侵权的全部形态,司法解释的制定者并未采用具象化的倍数认定标准。而且鉴于不同案件中问题的复杂性和事实的多变性,私法上不可能总是设计出固定的规则。因此,与其在某种程度上探索生态环境损害惩罚性赔偿倍数的具象化判断标准,不如从理论层面梳理惩罚性赔偿制度的裁判理路,为法官提供方法论层面的指引。奥地利学者维尔伯格(Walter Wilburg)提出的动态系统论可以在方法论层面为倍数认定规则提供有力借鉴。动态系统论的基本构想便是将调整特定领域法律关系的法律规范所包含的各项要素直接外化明示,通过诸要素与其数量和强度相对应的协动作用来说明正当化法律规范或者法律效果。动态系统论并不在于预先确定法律评价的具体内容,而是为法律评价提供一个动态的思维框架,在限制法

---

〔1〕 参见季林云、韩梅:《环境损害惩罚性赔偿制度探析》,载《环境保护》2017年第20期。

〔2〕 参见唐克、王灿发:《环境惩罚性赔偿制度的妥当责任边界——以美国埃克森案展开》,载《求是学刊》2021年第5期。

官自由裁量权的同时兼顾生活事实的多样性。虽然动态系统论多被认为是对秉持“全有全无”原则的构成要件论的替代适用，但在其他需要考虑多元价值的领域亦有适用价值，其适用范围已经逐步扩张到责任形式和责任范围的确定。[1] 例如，《民法典》第1000条规定，民事责任的形式应当与行为的具体方式和造成的影响范围相当，该处的“相当”即具有动态系统论的适用空间。又如，最高人民法院《关于确定民事侵权精神损害赔偿责任若干问题的解释》第5条罗列诸多数额判断要素的目的在于引导法官摆脱僵化的统一标准，运用动态系统论的思想考量赔偿数额。鉴于此，笔者认为，对《民法典》第1232条所采用的“相应的惩罚性赔偿”中“相应”一词的解释，亦可以采用动态系统论的思维方式进行法律适用。

采用动态系统论塑造生态环境损害惩罚性赔偿的倍数认定规则有着独特的价值优势：其一，有利于实现司法裁量的公平正义。一方面，强化法官论证义务。传统惩罚性赔偿的倍数认定通常采用“要件确认—倍数认定”的次第式模式[2]，法官在具体案件中优先考虑案情是否满足“故意”“违反法律规定”“严重后果”的构成要件，在满足要件后径直判处相应倍数，缺乏对倍数认定的具体说理。如果不要求法官履行裁判说理的义务，法官的独立裁判权极有可能异化为法官的恣意，司法公正难以实现。动态系统论下的司法要求法官将其观点和推理明确表述在裁判理由中，比如要素是否成立，对这些要素如何考量，要素之间的协动作用如何体现等，论证说理越充分，则倍数认定就越合理。[3] 鉴于最高人民法院《关于审理生态环境侵权纠纷案件适用惩罚性赔偿的解释》对故意、严重后果都采用列举因素的抽象式规定，一方面，借助动态系统论的思维方式，法官可在倍数认定的说理中完成对构成要件的确认，并且更能够清晰说明相应要素的满足程度或者严重程度。另一方面，借助动态系统论的思维方式，法院更易于对利益比较作价值评价。惩罚性赔偿的适用需要充分考虑公共利

---

[1] 参见[奥]海尔穆特·库奇奥：《损害赔偿法的重新构建：欧洲经验与欧洲趋势》，朱岩译，载《法学家》2009年第3期。

[2] 例如在重庆市人民检察院第五分院、吴某刚生态破坏民事公益诉讼案中，法官在说理中首先阐明案件事实是否满足《民法典》第1232条所规定的惩罚性赔偿的适用要件，而后再直接作出具体的倍数认定。参见重庆市第五中级人民法院民事判决书，(2022)渝05民初39号。

[3] 参见王利明：《民法典人格权编中动态系统论的采纳与运用》，载《法学家》2020年第4期。

益与侵权人利益之间的平衡。动态系统论正是产生于利益平衡的需要,其本身就吸纳了比例原则的要求[1],这一宏观的整体性思维要求法官充分考虑不同利益主体之间的利益平衡,促使公共利益维护和侵权人权益保障等各个判断要素之间形成协同互动关系,避免法官仅单纯考虑生态环境损害惩罚性赔偿之惩罚目的的实现,而违背威慑适度理念。

其二,有利于维护法的安定性。生态环境损害惩罚性赔偿具有高度的主观特性,建立统一的精确计算标准具有难度,这决定了通过具象化方式构建倍数认定的刚性规则来控制司法裁量,实现法的安定性并不现实。现行的倍数认定规则难以有效约束裁量权,无法使社会成员对生态环境损害惩罚性赔偿的倍数认定标准形成稳定预期,不符合法的安定性要求。动态系统论在将法律规范背后的要素加以明确的基础上,通过确定价值要素位阶,厘清要素间顺序的方式,为法官的司法裁量提供有效的思考路径。采用动态系统论这一理论框架所构建的倍数认定规则不仅能够避免具象化的刚性规则难以贴合多样且动态化的社会实践,而且能够在承认法官自由裁量权的基础上以设置考量要素的形式实现对裁量权的限制,维护法秩序的安定。

(三)动态系统论视角下倍数认定的应然路径

根据维尔伯格的动态系统论的思想,无论是侵权责任的成立还是损害赔偿范围的划定,确定和罗列相关要素及其具体内容是非常关键的,同时也要尽可能明确各项要素的权重,允许法官根据规则背后的价值导向寻求公正的裁量。[2] 因此,采用动态系统论构建生态环境损害惩罚性赔偿的倍数认定规则主要包括以下步骤:首先,明确生态环境损害惩罚性赔偿倍数认定所需参考的评价要素;其次,确定各项要素所蕴含的相关内容以及适用标准;最后,协调各要素间的相互作用,明确数个评价要素协动下的思维框架,引导法官在具体裁量时有所侧重,确保最终得出妥当的评价结论。

1. 明确评价要素的种类

生态环境损害惩罚性赔偿设立的目的旨在发挥惩罚与威慑功能推进生态文明建设和生态环境保护,致力于用最严格的制度、最严密的法治保护生态环

---

[1] 参见贾邦俊、谢飞:《动态系统视角下重大误解的裁判路径》,载《天津法学》2021年第3期。

[2] [奥]海尔穆特·库奇奥:《动态系统论导论》,张玉东译,载《甘肃政法学院学报》2013年第4期。

境。一方面,对实施污染环境、破坏生态行为的侵权人予以惩戒;另一方面,吓阻欲将实施类似行为的其他侵权人。惩罚功能的实现需要通过对侵权人恶意行为加以报应的方式,使其在承担损失填补责任之外遭受经济不利的额外责难。然而,额外责难并非没有限度。一方面,需要遵循过罚相当原则。《民法典》第1232条采用"相应的惩罚性赔偿"这一表述即体现了过罚相当原则,该原则要求惩罚性赔偿数额的量定应当考虑侵权人所受惩罚的适当性,违法行为的恶性越大、损害越严重则惩罚性赔偿的数额应当越高,反之则越小。另一方面,需要防止过度威慑的现象产生。边沁的功利主义认为,惩罚作为一种手段,所欲达到的目的为威慑违法侵权人进而维护社会秩序,在功利主义指导下的惩罚性责任制度实质上是促进社会利益、维持社会秩序的预防工具。[1] 因此,法官在确定生态环境损害惩罚性赔偿的数额时,需要协调好经济、社会发展与环境保护三者之间的平衡,既要确保惩罚与威慑效果的实现,也要兼顾侵权人的生存与发展。过高的违法成本虽然能让侵权人付出代价,实现对违法行为的强大威慑,但同时影响企业的生产经营和个人的生存发展。只有合理限定惩罚性赔偿数额,才能有效遏制污染环境、破坏生态的行为。

综上所述,对生态环境损害惩罚性赔偿的倍数认定应当考虑对违法行为人加以报应的惩罚性要素。同时,作为一项加重责任,基于侵权人利益保障的需要,惩罚性赔偿的数额应当得到一定的限制,需要考虑确保威慑适度的限制性要素。惩罚性要素和限制性要素共同决定生态环境损害惩罚性赔偿的倍数。

2. 确定评价要素的具体内容

为了引导法官正确把握抽象化要素的强度与内容,可从事实层面提炼若干能够细化评价要素具体内容的标准作为亚要素,借以为惩罚性赔偿的倍数认定提供多维度的衡量标尺。

《美国侵权法重述》第908条规定惩罚性赔偿的目的在于惩罚行为人之恶劣行为,并威吓该行为人与他人于未来再为类似行为。[2] 因此,污染环境、破坏生态行为的可耻程度无疑是生态环境损害惩罚性赔偿倍数认定的最为直观

〔1〕 参见刘超:《〈民法典〉环境侵权惩罚性赔偿制度之功能剖辨》,载《政法论丛》2022年第1期。

〔2〕 参见秦天宝、袁野阳光:《论惩罚性赔偿在环境民事公益诉讼中的限制适用》,载《南京工业大学学报(社会科学版)》2022年第1期。

的依据。行为的可耻程度可从行为的主观和客观两方面加以判定,主观方面则主要指侵权人的恶意程度,侵权人的恶劣心态是引导可耻行为产生的前提;客观方面则主要指侵权行为本身的危险性以及对公共利益所造成的侵害程度。区分二者的原因在于:一方面,行为与后果之间并非总是存在紧密关联。"造成实际损害"固然是惩罚性赔偿适用的前提条件,但是行为与后果之间存在因果法则,只有能够被证明的损害才能算入行为所造成的损害范畴。然而,生态环境损害具有累积性、潜伏性、缓发性和公害性的特点,损害结果的体现并不具有及时性。[1] 因此,被证明的损害虽然能够达到惩罚性赔偿所要求的"严重后果",但实际上,行为所能够造成的损害可能远高于此。另一方面,某种行为是否值得预防显然不能完全着眼于行为事后所造成的损害。从惩罚性赔偿所具有的威慑功能出发,其设立不仅在于惩罚恶意侵权人,更在于有效预防类似行为的再度发生。按照社会一般认知的普遍因果法则,若是侵权人的行为足够造成严重损害,那么无论该项行为是否造成损害,都应当将其纳入预防的范围。[2] 结合《民法典》第1232条以及最高人民法院《关于审理生态环境侵权纠纷案件适用惩罚性赔偿的解释》的相关规定,笔者认为,惩罚性要素所包含的亚要素主要包括:

其一,侵害行为的危险性。行为的危险性是与生态环境这一公共利益的受损害程度存在高度关联的行为事实。主要包括侵权行为的行为方式、行为次数、持续时间、污染物种类及总量、地域范围等。按照社会一般认知的普遍因果法则来看,侵权行为的行为方式越隐蔽、行为次数越多、持续时间越长、辐射的地域范围越广、污染物的危险系数越高且污染排放的总量超过标准越多,则在客观上能够造成的实际损害就越大,行为的危险性就越高。行为的危险性越高,则代表对该行为的预防更具有急迫性,理应认定较高倍数施以更为严厉的惩罚。

其二,公共利益的受侵害程度。公共利益的受侵害程度主要由受侵害公共利益的保护程度以及实际遭受的损害后果两部分组成。受侵害公共利益的保

---

[1] 参见最高人民法院民法典贯彻实施工作领导小组主编:《中华人民共和国民法典侵权责任编理解与适用》,人民法院出版社2020年版。

[2] 参见王崇敏、王然:《知识产权惩罚性赔偿中"情节严重"的认定——基于动态体系论的研究》,载《法学论坛》2022年第2期。

护程度主要从自然环境的人文价值性出发，判断所侵害的是否为自然保护区、独特自然景观、珍贵历史遗址、珍稀野生动物等；实际遭受的损害后果则主要指是否存在生态环境无法修复的可能、生态环境服务功能恢复期限的长短以及是否造成环境非使用价值的损害。侵害保护程度较高的公共利益并且造成环境非使用价值减损的，理应承担较高的惩罚性赔偿。

其三，侵权人的恶意程度。侵权人的恶意程度可通过侵权人的职业经历、专业背景或者经营范围，侵权人因同一行为所受的惩罚情况以及侵权人在诉讼中所采取的行为方式三方面加以判断。其中，侵权人的职业经历、专业背景或者经营范围，侵权人因同一行为所受的惩罚情况是判断侵权人是否具有故意，以及是直接故意还是间接故意的关键，直接故意比间接故意的恶意程度更深。侵权人在诉讼中所采取的行为方式主要指侵权人掩盖侵权行为，伪造、隐匿或者毁灭侵权证据等。被行政处罚后仍继续实施污染和破坏行为，并且在诉讼中毁灭侵权证据的具有相关专业知识背景的侵权人显然具有更深的主观恶意，应当判定较高的赔偿倍数。

结合我国以及域外司法实践，限制性要素的亚要素主要包括：其一，侵权人所采取的修复措施及其效果。侵权人实施违法行为后积极弥补损害、悔改态度良好并积极赔偿、采用更有利于生态环境服务功能恢复手段等情形的，可以适当调减相应倍数。

其二，侵权人已承担的行政罚款和刑事罚金。从侵权人角度而言，其违法行为可能同时具有刑事违法性、行政违法性和民事违法性。因此，侵权人可能会因同一侵权行为而承担生态环境损害惩罚性赔偿责任、行政罚款责任等数种法律责任。而不同法律责任之间如何协调是生态环境损害惩罚性赔偿数额妥当与否的关键要素之一。学界对此主要存在折抵否定说〔1〕、折抵肯定说〔2〕与

---

〔1〕 持否定说的学者认为，作为私法性质的惩罚性赔偿与公法性质的罚款、罚金之间应当合并适用而不能进行相应折抵。参见邱帅萍：《论罚金与惩罚性赔偿的折抵》，载《湖南科技大学学报（社会科学版）》2021 年第 1 期。

〔2〕 持肯定说学者认为，惩罚性赔偿与同样具有惩罚性质的行政罚款和刑事罚金相结合，未免有重复追究的嫌疑，责任的叠加可能导致对侵权人的过度惩罚。参见杨会新：《公益诉讼惩罚性赔偿问题研究》，载《比较法研究》2021 年第 4 期。

部分折抵说[1]三种观点。在三者关系的协调处理上,笔者认同肯定说学者的观点,生态环境损害惩罚性赔偿与行政罚款、刑事罚金的折抵应当是《民法典》第1232条所规定的"相应的惩罚性赔偿"的应有之义。生态环境损害惩罚性赔偿在与行政罚款的折抵问题上,由于行政执法资源有限和罚款数额设置过低,行政罚款在适用中常常呈现出惩罚与威慑不足的现象,因而需要借助私法中的赔偿制度解决其不可避免的执法问题。但是在具体的适用路径上,行政机关系生态环境公共利益的第一顺位保护者,[2]"只有穷尽行政执法手段仍不能解决问题时,方可启动政府索赔"[3]。换言之,以行政执法解决生态环境问题是环境保护法律体系明确规定的主导方式,只有在前者无法有力威慑违法行为时,生态环境损害惩罚性赔偿才具有适用的空间。在与刑事罚金的折抵问题上,惩罚性赔偿实质上是一种惩罚准犯罪行为的私法制度[4],"由于主要是为了弥补刑法的功能缺陷,惩罚性赔偿制度应更多地考虑到刑罚的基本做法"[5]。在遵循罪刑均衡原则下,惩罚性赔偿应当与刑事罚金相折抵,借以确保责罚之间的均衡。因此,作为一项惩罚与威慑的补足机制,生态环境损害惩罚性赔偿只有在行政罚款等公法责任威慑不足时才具有适用空间,是裨补阙漏,而非越俎代庖,并且其数额应当与行政罚款、刑事罚金相折抵。一方面,确保足够的惩罚与威慑力度;另一方面,防止威慑过度,不合理地加重侵权人的经济负担。

其三,侵权人的财产状况。侵权人财产状况是否需要作为考虑要素在学界存有争议,反对者认为,违法行为的可谴责性并不会因为侵权人的财产多少而受到影响。若考虑侵权人的财产,一方面,显然将惩罚性赔偿视作基于侵权人身份的惩罚,而非其所作所为;另一方面,在威胁法治公正的同时,将会打击大型企业的生产发展,最终导致经济下行。[6] 而支持者认为,惩罚性赔偿的惩罚

---

[1] 持部分折抵说的学者认为,惩罚性赔偿与行政罚款代表的是"司法权"和"行政权",二者因运作模式不同进而不具有折抵的正当性,而惩罚性赔偿与刑事罚金基于同质性应当折抵。参见邢鸿飞、曾丽渲:《论公私法分离的"二元"环境侵权惩罚性赔偿》,载《学海》2022年第4期。

[2] 参见王明远:《论我国环境公益诉讼的发展方向:基于行政权与司法权关系理论的分析》,载《中国法学》2016年第1期。

[3] 张宝:《生态环境损害政府索赔制度的性质与定位》,载《现代法学》2020年第2期。

[4] 参见朱广新:《惩罚性赔偿制度的演进与适用》,载《中国社会科学》2014年第3期。

[5] 朱广新:《惩罚性赔偿制度的演进与适用》,载《中国社会科学》2014年第3期。

[6] See Kenneth S. Abraham & John C. Jeffries Jr., *Punitive Damages and the Rule of Law: The Role of Defendant's Wealth*, 18 Journal of Legal Studies 415 (1989).

和威慑目的的实现,就需要对重量级被告重拳出击。对于财资雄厚的大企业来说,即便是高额的惩罚性赔偿亦不会引起其足够的重视;但对于财资薄弱的小型企业或者个体来说,超过填补性赔偿的任何额度均可产生威慑作用。[1] 笔者认为,就过罚相当的原则而言,侵权人的财产状况与其行为应受惩罚并无关联,"这种根据财力作出处罚的方法,也很难体现其遏制作用"[2]。但值得一提的是,可执行性无疑是惩罚性赔偿制度适用过程中必须考虑的要素。因此,若小企业或者个人无力支付惩罚性赔偿,可采用分期付款和以环境公益劳动代替部分赔偿金这两种方式。原因在于,一方面,根据侵权人财产状况调减倍数依靠法官的自由裁量,不仅倍数比例难以协调,而且极有可能成为法官寻租的工具;[3] 另一方面,以分期付款和环境公益劳动代替部分赔偿金的方式在司法实践中已经有所探索,不仅有利于发挥惩罚性赔偿制度的惩罚和教育功能,督促被告参与环境保护并预防类似损害的发生,而且在避免被告承担过重负担的同时确保惩罚性赔偿的可执行性。

3. 协调各要素间的相互作用

动态系统论的动态在于:一方面,其强调各项要素之间的互动作用;另一方面,其对法律后果的评价因案而异。为使法官清楚知晓哪些要素应当被优先考量,以及如何进行要素之间的互动作用,需要明确要素权重的衡量标准。在具体的协动路径上,法官应当遵循"一主二辅"的次第式考虑模式。

"一主"即主要思路为惩罚性要素优先,限制性要素次之。惩罚性赔偿倍数的认定应归结于惩罚性要素与限制性要素的协动评价。优先考虑惩罚性要素的原因有二:其一,从利益保护和平衡的法原理角度出发,惩罚性赔偿的妥当适用应当是公共利益保护与侵权人利益保护二者权衡的结果。在公共利益与个体利益发生冲突时,优先保护关涉不特定多数主体生存与发展的公共利益是社会普遍遵从的价值选择。生态环境领域适用惩罚性赔偿的目的就在于惩治恶意的不法行为,借以实现公共利益的保护。其二,基于惩罚性赔偿所具有的惩罚和威慑功能,其适用应当着重考虑侵权人所受惩罚的适当性,将惩罚目的

---

[1] See Steven R. Salbu, *Developing Rational Punitive Damages Policies: Beyond the Constitution*, 49 Florida Law Review 247(1997).

[2] 王利明:《美国惩罚性赔偿制度研究》,载《比较法研究》2003 年第 5 期。

[3] 参见曹飞、潘艳平:《环境违法犯罪的法经济学分析》,载《环境科学与技术》2007 年第 4 期。

是否满足作为评价惩罚性赔偿适用效果的主要尺度。因此,优先考量惩罚性要素不仅是惩罚性赔偿功能价值的体现,而且是贯彻利益平衡原则的应有之义。但是,尊重公共利益的优先保护并不意味着放弃侵权人的利益保护,理应对侵权人正当、合理的利益给予适当尊重与保护。为防止经济、社会发展与环境保护三者利益的失衡,应当在遵循过罚相当原则的基础上确保威慑适度。在具体裁判中,法官应先确定实现惩罚目的所需的相应倍数,而后与限制性要素所代表的倍数相协动。

"二辅"即惩罚性要素和限制性要素内部的权重衡量标准。在惩罚性要素的内部协动中,应遵循"侵权行为的危险性为主,公共利益的受侵害程度为辅,兼顾侵权人恶意程度"的评价模式。惩罚性赔偿制度着重的是对行为本身的制裁,"决定惩罚性赔偿金数额的核心因素是被告不法行为的严重程度"[1],故其首要关心的就是侵权人的行为是否为恶意的反社会行为,行为是否具有道德和社会的可谴责性,至于公共利益受到何种侵害以及侵害如何补救并非惩罚性赔偿制度所需重点考虑的。因此,在对惩罚性要素进行评价的过程中,应当着重考量侵权行为的危险程度。在具体裁判中,首先,对各项亚要素进行内部性评价。在内部性评价中,亦应当注重动态系统论的运用,以行为的危险性为例,即便侵权行为的次数较少、时间较短,但若其排放总量较高、辐射范围很广,仍可认定行为具有较高的危险性,进而认定较高的倍数。其次,注重行为危险性与其他亚要素之间的协动作用。例如,多次、持续、辐射广、规模大的侵权行为具有较高的危险性,而侵权人又具有在诉讼中伪造证据等极为恶劣的主观心态,并且造成生态环境服务功能永久丧失等严重后果的,则该行为具有极高的危险性,理应判处更高的倍数。最后,根据行为的危险程度确定相应的倍数。法官可对行为的危险程度加以分类,并对不同的分类赋以不同数值,抑或为每一项亚要素加以赋值,在行为危险程度的基础上根据其他亚要素灵活酌调倍数。

在限制性要素的内部协动中,因侵权人已承担的行政罚款和刑事罚金能够以具象化形式呈现[2],故应遵循"侵权人所采取的修复措施及其效果为主,侵权人财产状况为辅"的评价模式。侵权人在实施侵权行为造成损害后,若是积

---

〔1〕 金福海:《惩罚性赔偿制度研究》,法律出版社2008年版,第130页。

〔2〕 下调倍数的计算方式为:已承担的罚款和罚金总额/(赔偿基数×惩罚性要素所对应的倍数)。

极采取措施阻止损害扩大或者积极承担修复工作,代表侵权人已经能够认识到自己的错误,理应减轻惩罚借以鼓励侵权人积极修复环境、保护环境。侵权人财产状况为辅的原因在于,需要结合侵权人所采取的修复措施及其效果看待侵权人财产状况的规则适用。若是侵权人并未积极采取修复措施、阻止损害扩大,则不应以侵权人财产状况不佳为由减轻责任,因为这不仅对侵权人来说过于宽容,而且对其他积极采取修复措施的侵权人来说并不公平。在具体裁量中,当出现侵权人财产状况不佳的情况时,可以根据侵权人所采取的阻止损害扩大的行为、积极修复生态环境的措施及其效果等选择减轻责任的方式,例如,采取措施但并未产生实际效用的可采取分期支付的方式;积极采取措施同时产生实际效用的可采用以公益劳动代替部分赔偿金的方式。换言之,在侵权人积极采取措施阻止损害扩大、修复生态环境并且侵权人财产状况不佳的情形中,法官结合具体措施调减相应的倍数的同时可灵活采用分期付款、以公益劳动代替部分赔偿金等形式减轻侵权人的责任。

四、结语

为惩治污染和破坏生态环境的恶意行为,以法治方式健全生态文明制度体系,推进环境治理体系和治理能力现代化,我国《民法典》将惩罚性赔偿制度的适用范围扩张到了环境侵权领域。生态环境损害惩罚性赔偿制度因具有独特的惩罚和威慑功能,能够对实施违法行为的侵权人施以报应,并吓阻侵权人再次实施违法行为以及消除他人实施类似行为的动机。

然而,惩罚性赔偿的数额量定被加入了大量的价值判断要素,导致其结果具有不可预测性。美国法上大量的惩罚性裁决失控案件告诫我们,合理的赔偿数额是确保生态环境损害惩罚性赔偿制度功能价值发挥的关键。在生态环境损害惩罚性赔偿的司法适用中,赔偿基数在一般情况下应当以生态环境服务功能损失为主,特殊情况下以侵权人所获利益为计算基础。赔偿倍数则需注重动态系统论的适用,分设惩罚性要素和限制性要素以确保惩罚和威慑功能的实现,法官在具体裁量中可通过对各要素加以赋值的形式动态考虑相应倍数,确保法官享有自由裁量权的同时兼顾法的可预测性。唯有如此,才能在生态环境保护与公平正义的目标上求得平衡。

19. 长江流域横向生态补偿法律机制研究

林小丽*

内容摘要：我国长江流域横向生态补偿发展态势良好，这得益于党中央和各级政府对环境保护工作的重视。长江流域横向生态补偿，是不具有直接行政隶属关系的区域之间，由生态环境受益方对生态环境保护方给予相应补偿和回报的一种支付模式。涉及我国长江流域横向生态补偿的法规政策众多，但还存在立法缺乏整体性和系统规划性、补偿主体模糊而单一、补偿标准不完善、补偿方式的可持续性不足及补偿协同机制不完善等困境。破解这些困境的关键在于深入贯彻习近平生态文明思想和法治思想；提升长江流域生态补偿立法的整体性和系统性；完善长江流域横向补偿的参与主体；明确长江流域横向补偿的补偿标准，培育"自我造血"激励式补偿方式；健全长江流域横向生态补偿协调机制。

关键词：长江流域　横向生态补偿　长江大保护　法律制度

党的十八大以来，以习近平同志为核心的党中央高度重视长江保护工作，习近平总书记先后多次赴长江沿线考察。[1]《长江保护法》第 76 条规定，国家鼓励长江沿岸各级政府间开展横向生态保护补偿；财政部、生态环境部、水利部和国家林业和草原局共同制定的《支持长江全流域建立横向生态保护补偿机制的实施方案》对涉及长江流域的 19 个省（自治区、直辖市）建立横向生态保护补偿机制从整体上进行了规定；中共中央办公厅、国务院办公厅印发的《关于深化生态保护补偿制度改革的意见》中也对长江及黄河沿线自主建立横向生态保

---

* 林小丽，湖北省沙市区人民法院朝阳路人民法庭四级法官助理。

〔1〕《时习之丨四次座谈会 习近平一以贯之强调"生态优先"》，载人民网，http://cpc.people.com.cn/n1/2023/1015/c164113-40095461.html。

护的补偿机制进行了规定。对于长江流域生态保护的高度重视,也是贯彻习近平生态文明思想和习近平法治思想的伟大实践。其中,流域横向生态补偿作为一种促进上下游生态环境保护和改善流域环境质量的长效机制,[1]能有效形成水域全流域综合治理合力,是一种科学、有效的生态环境保护范式。[2]

在我国流域生态治理的早期阶段,主要以流域纵向生态补偿为主,主要表现为中央政府直接财政转移支付对重点生态功能区进行生态补偿。在这种模式下,上级政府承担了较大的财政压力,而流域上下游的政府不直接参与财政转移支付,纵向生态补偿机制常常因监督考核机制不完善而出现补偿资金利用效率低下的问题。随着对流域生态治理研究的不断深入,开始逐渐关注到不具有隶属关系的区域之间,由生态环境受益者向生态环境保护者给予补偿的生态补偿模式,即横向流域生态补偿机制。

关于长江流域横向生态补偿,有学者认为,其还存在补偿资金来源和方式单一、补偿标准不完善、主动开展补偿的内生动力不足等问题(杨文杰、巨文慧、殷炳超、孙宏亮、马乐宽,2021);有学者认为,长江流域生态保护补偿的制度缺陷还包括流域补偿立法相对于补偿实践严重滞后、分散立法模式欠缺治理整合的能力以及区域立法缺位造成整体性治理效能不足等,建议对立法进行完善(陈玉梅、李德学,2020);有学者认为,可以从专门立法方面对长江流域生态补偿进行完善,包括制定专门的补偿条例、注重生态补偿的系统性、完善生态补偿的方式、建立补偿长效机制和评估制度、创建协商对话平台加强公众参与(张式军,2023);有学者侧重于长江流域环境司法的研究,其认为长江流域司法在理念上、体制机制上以及审判实务上仍然面临着亟待解决的问题(游劝荣,2023)。

综上所述,学者们对长江流域横向生态补偿的研究成果日益增多,也注意到了其在立法、司法等方面的不足之处,故而系统性地研究流域横向生态补偿并进行法律制度构建是十分必要的。

---

[1] 参见王金南、刘桂环、文一惠:《以横向生态保护补偿促进改善流域水环境质量——〈关于加快建立流域上下游横向生态保护补偿机制的指导意见〉解读》,载《环境保护》2017 年第 7 期。

[2] 参见闵晓英、张玫玲:《关于长江保护法几个理论问题的探讨》,载《江苏警官学院学报》2022 年第 6 期。

一、我国长江流域横向生态补偿的立法现状

目前,我国并未对生态补偿和流域生态补偿进行专门立法。从中央层面看,《水土保持法》第 31 条、《环境保护法》第 31 条、《水污染防治法》第 8 条、《长江保护法》第 76 条对横向生态补偿均有所涉及。2016 年财政部、原环境保护部、发展改革委、水利部《关于加快建立流域上下游横向生态保护补偿机制的指导意见》(财建〔2016〕928 号)中提出,建立流域横向生态保护补偿机制,推进生态文明建设。中共中央、国务院《关于加快推进生态文明建设的意见》(中发〔2015〕12 号)规定建立地区间横向生态保护补偿机制,引导多元化方式实施补偿;《生态文明体制改革总体方案》规定制定横向生态补偿机制办法,以地方补偿为主,中央财政给予支持;《中华人民共和国国民经济和社会发展第十四个五年规划和 2035 年远景目标纲要》规定加大转移支付力度,鼓励受益地区和保护地区、流域上下游开展多元化的横向生态补偿。财政部、生态环境部、水利部、国家林业和草原局关于印发《支持长江全流域建立横向生态保护补偿机制的实施方案的通知》(财资环〔2021〕25 号)规定总体要求,实施范围,主要政策措施,组织保障。(见表 1)

表 1　中央层面涉及横向生态补偿的法律政策情况

位阶	时间	法律政策名称	涉及横向生态补偿的表述
法律规定	2010 年	《水土保持法》	第 31 条
	2014 年	《环境保护法》	第 31 条
	2017 年	《水污染防治法》	第 8 条
	2020 年	《长江保护法》	第 76 条
政策规定	2005 年	中共中央《关于制定国民经济和社会发展第十一个五年规划的建议》	谁开发谁保护,谁受益谁补偿
	2015 年	中共中央、国务院《关于加快推进生态文明建设的意见》(中发〔2015〕12 号)	建立地区间横向生态保护补偿机制,引导多元化方式实施补偿
	2015 年	《生态文明体制改革总体方案》	制定横向生态补偿机制办法,以地方补偿为主,中央财政给予支持

续表

位阶	时间	法律政策名称	涉及横向生态补偿的表述
政策规定	2016 年	《国务院关于印发"十三五"生态环境保护规划的通知》(国发〔2016〕65 号)	中央财政支持引导建立上下游间横向补偿机制
	2016 年	《关于加快建立流域上下游横向生态保护补偿机制的指导意见》(财建〔2016〕928 号)	总体要求、主要内容、保障措施、组织实施
	2016 年	《中华人民共和国国民经济和社会发展第十三个五年规划纲要》	加大重点生态功能区的转移支付力度,建立健全区域流域横向生态补偿机制
	2018 年	《关于建立健全长江经济带生态补偿与保护长效机制的指导意见》	建立上下游邻近省级政府间水质保护责任机制,鼓励省级行政区域内建立流域横向生态保护责任机制
	2021 年	《中华人民共和国国民经济和社会发展第十四个五年规划和 2035 年远景目标纲要》	加大转移支付力度,鼓励受益地区和保护地区、流域上下游多元化横向生态补偿
	2021 年	《支持长江全流域建立横向生态保护补偿机制的实施方案的通知》(财资环〔2021〕25 号)	总体要求,实施范围,主要政策措施,组织保障
	2021 年	《关于深化生态保护补偿制度改革的意见》	巩固跨省流域横向生态保护补偿机制试点成果,推动建立长江、黄河全流域横向生态保护补偿机制

另外,长江流域各省市间也签订了十分可观的横向生态保护补偿协议(见表2),如云南省、贵州省、四川省人民政府制定的《赤水河流域横向生态保护补偿协议》(首期);安徽省、江苏省人民政府制定的《关于建立长江流域横向生态保护补偿机制的合作建议》;重庆市、湖南省人民政府共同制定的《酉水流域横向生态保护补偿协议》;湖北省、湖南省人民政府共同制定的《长江干流鄂湘段流域横向生态保护补偿协议》(首期);等等。

表 2　2011～2023 年长江流域省际横向生态保护补偿协议情况

时间	协议签订主体	协议名称
2018～2020 年	云南省、贵州省、四川省人民政府	《赤水河流域横向生态保护补偿协议》(首期)
2019～2020 年	安徽省、江苏省人民政府	《关于建立长江流域横向生态保护补偿机制的合作建议》
2019～2021 年	重庆市、湖南省人民政府	《酉水流域横向生态保护补偿协议》

续表

时间	协议签订主体	协议名称
2019~2021 年	湖南省、江西省人民政府	《渌水流域横向生态保护补偿协议》
2023~2025 年	湖北省、湖南省人民政府	《长江干流鄂湘段流域横向生态保护补偿协议》(首期)
2023~2025 年	云南省、贵州省、四川省人民政府	《赤水河流域横向生态保护补偿协议》(二期)

二、长江流域横向生态补偿法律制度的问题检视

(一)长江流域横向生态补偿的立法缺乏整体性和系统规划性

长江流域在过去很长一段时间内的立法特点表现为部门化和立法化。吕忠梅教授认为,虽然我国从形式上采取资源、环境分别立法,但实际上却是部门进行立法,存在一定程度的部门利益法律化倾向。[1] 这导致了长江流域处于“九龙治水”的尴尬局面,而《长江保护法》的出台打破了这一复杂局面。我国属于“一元多层”的立法体制,下位法应与上位法相适应,并对上位法的原则性条款进行细化。[2]《长江保护法》仅在第76条对横向生态保护补偿进行了原则性规定,即国家鼓励流域内开展横向生态保护补偿,但未对其进行具体规定。有关长江流域横向生态补偿的细则,则需要各地政府根据本地域实际情况制定。《长江保护法》除了总则、法律责任和附则外,剩余的6个章节为制度设计相关内容。经笔者查阅,关于长江流域“生态保护补偿制度”的地方性法规大约有20部,其中对“生态保护补偿制度”有细化规定的有3部,未细化规定的有8部,未作规定的有9部。由此可以看出,有关长江流域生态保护补偿制度的地方性法规,未对制度内容细化的比例已经远超过已经细化的比例。未细化主要表现为:一是下位法并未在“设标”层面对某一事项进行细化规定,而只是其上位法对该事项作了“入法”或者“定向”层面上的规定;二是下位法并未在“设标”层面对某一事项进行细化规定,而只是其上位法对该事项作了“设标”层面

---

〔1〕 参见吕忠梅、陈虹:《关于长江立法的思考》,载《环境保护》2016年第18期。

〔2〕 参见肖惟志、邓丽萍:《长江流域保护地方性法规与〈长江保护法〉衔接存在的问题及对策分析》,载《湖南科技学院学报》2022年第4期。

的规定，且上位法规定得较为模糊笼统，这会严重影响地方立法的质量，不利于长江流域横向生态保护补偿法律法规的贯彻实施。

（二）长江流域横向生态补偿的主体模糊而单一

流域横向生态补偿机制的主体可以划分为补偿主体和受偿主体，长江流域横向生态补偿机制的补偿主体单一、受偿主体模糊。我国公民对自然资源没有产权意识，其认为水流等自然资源应当具有公共性和无偿性。如果对长江流域的水资源进行补偿，就必须先明确流域自然资源的所有权人，但是现阶段我国并未建立起完备的自然资源产权制度体系，有关自然资源的权利人是模糊不清的，而且缺乏与之对应的义务主体。故而，在破坏生态环境行为发生后，受损方在利益被侵害时没有索赔对象，破坏方也没有承担责任的直接对象。在长江流域横向生态补偿的实践之中，地区政府作为流域内参与补偿活动的唯一主体，对流域内补偿资金进行统筹规划和使用，而生态环境中的其他利益相关主体则很少真正参与到生态补偿机制之中。环境公共利益不仅涉及双方地区政府，也涉及企业、公众等多方主体，如果企业、公众等其他多方主体无法参与到生态补偿协议的签订之中，就很容易出现权利义务不对等的情形。[1] 政府、企业和公众对于流域生态环境有不同的需求，故而三者的利益诉求是不同的，也许还会出现相互矛盾和冲突的情形。[2] 诚然，《长江保护法》第 76 条规定"鼓励相关主体之间采取自愿协商等方式开展生态保护补偿"，但是在实践中，更多的还是政府参与协商。

此外，长江流域横向生态保护的受偿主体也不等同于其客体，长江流域横向生态补偿的客体指长江流域良好的生态环境价值。笔者通过梳理有关长江流域横向生态补偿主体的相关制度，发现只有极少数政策文件明确了生态补偿的受偿主体，例如，鄂州市人民政府办公室《关于建立健全生态保护补偿机制的实施意见》中就对生态保护补偿的责任主体进行了明确，其明确各区政府、开发区管委会是补偿的主体，而生态环境保护者、被破坏的受害者、减少破坏者都是受偿主体。综观我国生态保护实践，只有森林生态保护中有对林区保护者的生

〔1〕 参见郑艺群、王璐：《论流域生态补偿法律关系主体的完善——从政府管理到多元化治理》，载《哈尔滨师范大学社会科学学报》2019 年第 2 期。

〔2〕 参见成红、孙良琪：《论流域生态补偿法律关系主体》，载《河海大学学报（哲学社会科学版）》2014 年第 1 期。

态补偿,其他生态实践中并未对补偿主体有所规定或体现。例如,新安江流域横向生态补偿属于国家试点工程,但是当上游的黄山市拿到了 20 亿元补偿款项的时候,黄山市本地居民并未获得该补偿款。[1]

(三)长江流域横向生态补偿标准不完善

长江流域横向生态补偿由于在法律上缺乏统一的适用标准,故而在实践中的标准不一、差异较大,对长江流域的整体生态保护发展不利。现阶段长江流域横向生态补偿标准的确立欠缺科学性与合理性,在测算污染方面,因为流域内水环境受气候影响较大,所以不能仅以某段时间的测量标准进行衡量,而应综合考虑污染因子,以各阶段的测量值进行平均;另外,关于如何计算补偿标准,某些区域通过设定达标的标准值以作为补偿依据,无论水资源环境是否改善或者恶化,统一进行固定数额支付;流域内各区域间的发展水平是有所差异的,故而在支付标准上,某些区域将补偿标准与区域发展水平程度挂钩,相邻省份经济差异越大,补偿标准越高,反之亦然。[2] 虽然差异化的补偿标准某种程度上具有一定的科学性和合理性,但这样导致上游的受保护地区更愿意和经济水平更高的受益地区签订横向生态保护补偿协议,以此得到更多的生态补偿金。

当前长江流域横向生态补偿主要采取资金补偿的方式,从《长江保护法》第 63 条[3]、第 75 条第 2 款[4]、第 76 条第 4 款[5]可以看出,当前还是通过设立专项财政经费进行资金补偿,其中就有财政拨款和地方专项环保资金等。虽然鼓励社会资本投入生态环境修复,但是社会资本参与度还是较低。以鄂州市梁子湖区政府和鄂城区政府共同签订的《关于长港河流域上下游横向生态补偿

---

[1] 参见陈方舟、王瑞芳:《新安江流域生态补偿机制长效化研究》,载《人民长江》2021 年第 2 期。

[2] 参见杜群、陈真亮:《论流域生态补偿"共同但有差别的责任"——基于水质目标的法律分析》,载《中国地质大学学报(社会科学版)》2014 年第 1 期。

[3] 《长江保护法》第 63 条规定:"长江流域中下游地区县级以上地方人民政府应当因地制宜在项目、资金、人才、管理等方面,对长江流域江河源头和上游地区实施生态环境修复和其他保护措施给予支持,提升长江流域生态脆弱区实施生态环境修复和其他保护措施的能力。国家按照政策支持、企业和社会参与、市场化运作的原则,鼓励社会资本投入长江流域生态环境修复。"

[4] 《长江保护法》第 75 条第 2 款规定:"国务院和长江流域省级人民政府按照中央与地方财政事权和支出责任划分原则,专项安排长江流域生态环境保护资金,用于长江流域生态环境保护和修复。国务院自然资源主管部门会同国务院财政、生态环境等有关部门制定合理利用社会资金促进长江流域生态环境修复的政策措施。"

[5] 《长江保护法》第 76 条第 4 款规定:"国家鼓励社会资金建立市场化运作的长江流域生态保护补偿基金;鼓励相关主体之间采取自愿协商等方式开展生态保护补偿。"

的协议》为例，该协议约定2021～2023年梁子湖区出资500万元、鄂城区出资500万元共同设立横向生态补偿资金。再根据前1年公布的两地区交接断面处地表水的高锰酸盐、氨氮、总磷3项指标环境自动监测结果，来测算水质补偿指数P；根据鄂州市水资源公报公布出来的上游上一年度的用水总量、工业和生活用水量、万元GDP用水量和万元工业增加值用水量，测算出水量水效补偿指数Q。P和Q按8∶2的权重来计算出生态补偿指数。当生态补偿指数小于1时，则下游的鄂城区补偿上游的梁子湖区500万元资金；当生态补偿指数大于1或者上游地区出现重大水污染事故时，上游的梁子湖区补偿下游的鄂城区500万元资金。我们可以看出，补偿资金往往局限于流域内上下游政府的财政支出。其他补偿方式如政策补偿、异地开发、产业互补帮扶等形式很少，地方政府的财政除了要支撑本地经济、文化、卫生、教育等事业建设外，还需肩负相应生态补偿资金的压力，当生态补偿金的数额过于庞大时，很有可能导致地方政府因承担巨大财政压力而出现其行政能力下降的局面，这就与地方政府经济建设、造福于民的发展本意相违背。缺乏"造血式"流域横向生态补偿方式使地方政府投入生态补偿的可持续性不足。

（四）长江流域横向生态补偿的协同机制不完善

正如上文所述，长江流域环境是众多公共产品的一种，它只能由中央政府和流域地方政府进行调控，无法单纯地由市场进行自我管理和调节，但是行政区划分割必然给生态补偿带来障碍。《长江保护法》第6条规定，"长江流域相关地方根据需要在地方性法规和政府规章制定、规划编制、监督执法等方面建立协作机制，协同推进长江流域生态环境保护和修复"，当前由于缺乏沟通机制，省际补偿协议往往难以确定。从制度协商层面来说，尤其在生态认同上，长江流域上下游政府还无法形成统一共识，无法从长江流域整体性出发进行统一思考，没有直接将公众参与置于补偿协议签订过程中，这会导致协议签订缺乏民主性、科学性，无法真正体现各方诉求，只是协议签订双方的"两相情愿"。条块分割的环境保护体制还会导致环境保护"治标不治本"，缺乏协同保障很难从整体性出发进行流域生态环境保护。[1] 从我国现实实际出发，长江流域

〔1〕 参见杨治坤：《府际合作纠纷的法理阐释与解决路径》，载《学术研究》2019年第11期。

内各地方政府之间有关横向生态保护的合作在根本法层面上一直处于无法可依的不利局面,我国的《环境保护法》从纵向层面对生态环境治理的主体作了有关规定,但是对于各地方政府如何在横向层面进行合作并没有作出行之有效的法律规定,所以长江流域横向生态补偿的法律机制一直以来缺乏一部规范流域内地方政府合作的专门法。长江流域和其他流域一样,采取了较为严格的生态保护机制,这不可避免会使长江流域内部分地方经济发展利益受损,而生态补偿的费用不一定能够完全覆盖这部分损失,更多的环境治理成本还是需要自己区域地方政府承担,所以在长江流域沿线城市经济发展意愿强烈的背景下,长江流域横向协同机制的不完善导致长江流域上下游政府达成补偿协议往往需要耗费大量时间和精力解决不同主体的沟通问题。[1]

三、构建长江流域横向生态法律补偿机制的具体路径

(一)深入贯彻习近平生态文明思想和习近平法治思想

习近平总书记先后多次考察长江流域,对长江保护做出了一系列部署。习近平总书记曾多次提出,构建绿色生态发展格局首先就是要形成良好的生态环境保护意识,聚焦长江流域生态格局,共同缔造美好家园。[2] 在新的历史发展阶段中,尤其是面临人类社会发展和生态环境保护严峻考验时,构建长江流域横向生态补偿的法律制度亟须思想引领,即习近平生态文明思想和习近平法治思想。习近平生态文明思想和习近平法治思想是习近平新时代中国特色社会主义思想的重要组成部分,对长江流域生态补偿立法具有重要的指导和引领作用。“良好生态环境是最公平的公共产品,是最普惠的民生福祉。”习近平生态文明思想是生态保护的“助推器”,是生态发展的“良药”,体现了中国人民对幸福生活的美好向往,为我国长江流域的公民创造了更加绿色、健康、宜居的生态环境。

我国《长江保护法》的颁布实施给长江流域的立法机关提供了立法指引,引导长江流域的立法机关积极贯彻落实习近平生态文明思想和习近平法治思

[1] 参见王勇:《论流域水环境保护的府际治理协调机制》,载《社会科学》2009 年第 3 期。
[2] 《时习之丨四次座谈会 习近平一以贯之强调“生态优先”》,载人民网,http://cpc.people.com.cn/n1/2023/1015/c164113-40095461.html。

想，明确绿色发展原则。以我国长江流域的洞庭湖为例，洞庭湖作为长江的重要支流，2021年5月湖南省第十三届人民代表大会常务委员会通过了《湖南省洞庭湖保护条例》，该条例第3条明确规定了5个基本原则，其中就涵盖了绿色发展原则，并在第五章即第40条到第45条对绿色发展原则作了详细规定。长江流域各行政区域的立法机关可以借鉴《湖南省洞庭湖保护条例》，将绿色发展原则的经验做法体现在本区域立法上，绿色发展原则是构建长江流域横向生态补偿法律制度的重要内容。同时，还要建立健全与绿色发展原则相配套的法律法规体系。长江流域横向生态补偿的地方立法应结合补偿和受偿城市的现状，探索双方城市绿色生态和经济发展的特色路径，打造流域内横向生态保护和绿色发展的新优势。[1]

（二）提升长江流域生态补偿立法的整体性和系统性

立法技术作为一种手段，以它为出发点，我们可以得出现存所有的法律规范都应该具有完善、立体且自洽的逻辑结构，这与我国"一元多层"立法体制相适应，该逻辑结构为"假定＋处理＋制裁"。我国长江流域流经地域众多，各行政区域经济发展、历史传统、文化习俗各不相同，由此导致各地对同一种类型投入的立法成本不同。因此，我国"一元多层"的立法体制在具体实践中要形成有着完善、立体且自洽逻辑结构的法律规范，这是解决我国上下位法冲突与矛盾的有效途径，是促进上位法和下位法衔接的直接手段，是中央和地方立法的强力保障。提升长江流域生态补偿立法的整体性和系统性，具体体现为：第一，为了更好地加强长江流域横向生态补偿地方性法规与《长江保护法》的衔接，理解该立体结构的法律规范，笔者认为可以用立法技术指引的形式，让长江流域的立法机关自觉运用"入法—定向—设标—明责"的立法技术，通过这种立体、完善、自洽的逻辑结构，形成适合长江流域本区域实际情况的法律规范。一方面，这将有助于地方立法顺利落到实处，减少外部阻力，提高地方立法的科学性和实践性，真正发挥地方立法对长江流域横向生态补偿的立法指导作用；另一方面，可以有效解决下位法即地方性法律和上位法《长江保护法》的衔接问题，减少上下位法的冲突和矛盾，维护法律权威。第二，笔者认为地方立法机关

---

〔1〕 参见吴贤静、陈仁满：《"两山理念"的理论价值及其私法制度保障——以〈民法典〉绿色规则为分析框架》，载《法治论坛》2021年第3期。

在日常立法活动中,应当强化"入法—定向—设标—明责"为上下位法立体化法律规范立法技术的意识,地方立法机关围绕长江流域横向补偿考虑将其纳入法律保护时,应该从完善、立体、自洽的逻辑结构出发,所有法律规定都一一对标《长江保护法》,对《长江保护法》法律规定进行呼应和实现。比如以上位法《长江保护法》为例,该法律大多在"入法"和"定向"层面进行了规定,并没有延伸到"设标"和"定责"这两个层面,所以长江流域立法机关有关长江流域横向生态补偿的法律制定应在"设标"和"定责"层面进行规定,充分贯彻落实上位法《长江保护法》的有关精神和要求,有效发挥长江流域地方立法的可操作性,以期实现上位法和下位法的衔接,保护我国法律体系的完整性、系统性和规范性。[1]

(三)完善长江流域横向补偿多元参与机制

完善长江流域横向补偿多元参与机制就是要敢于向市场主体和社会主体"赋权",通过一系列制度设计,给予这些主体制度层面的"地位认可",提高市场主体和社会主体对生态补偿"共建共治共享"体系的认同感,发挥其专业性、灵活性和社会性等方面的作用,弥补政府在长江流域横向生态补偿中的不足。[2] 具体而言,一是要通过立法明确公众参与的范围标准。建议将有组织的环保团队、无组织的水源区居民以及利益相关的公民、组织松散的水源区企业团体等都纳入横向补偿工作的公众范围,[3]拓宽公众参与流域生态补偿的渠道。二是要充分发挥民间环保组织在长江流域生态补偿公众参与中的作用。作为利益博弈中环境利益的最佳代言人,民间环保组织既是政府、居民、社会和其他利益相关者之间的最佳"沟通桥梁"和最便利的"联系方式",又是促进多方利益协调,构建相关制度,限制国家权力滥用的有效手段。因此应当通过立法手段,用法律保障民间环保组织的法律地位并使其与之实际属性相适应,完善民间环保组织的机构建设,保障民间环保组织的资金来源,明确民间环保组织在长江流域横向生态补偿中的主体资格,以确保民间环保组织获得原告资格

---

〔1〕 参见肖惟志、邓丽萍:《长江流域保护地方性法规与〈长江保护法〉衔接存在的问题及对策分析》,载《湖南科技学院学报》2022年第4期。

〔2〕 参见党秀云、郭钰:《跨区域生态环境合作治理:现实困境与创新路径》,载《人文杂志》2020年第3期。

〔3〕 参见伊媛媛:《论我国流域生态补偿中的公众参与机制》,载《江汉大学学报(社会科学版)》2014年第5期。

参与到环境公益诉讼中。三是长江流域横向生态补偿制度从本质上是政府间利益协调机制，各地方政府依据各方补偿协议约定而承担补偿责任，是一种合同责任。在流域横向生态补偿制度中只有对中央和各地方政府的责任范围进行明确，才能减少各级政府互相推诿的问题，从而提高流域横向生态补偿的实践效率。[1] 总之，长江流域横向生态补偿制度应当在国家中央政府对长江流域水资源功能总体规划中得以体现并贯彻，扩大流域地方政府责任，逐步减轻中央财政补偿责任。

（四）明确长江流域横向补偿标准，培育“自我造血”激励式补偿方式

针对我国流域生态保护补偿实践，曾经有学者总结出了 3 个补偿标准原则，分别是达标原则、实质改善原则和因地制宜原则。达标原则是以国家规定的断面水质标准为依据，考核流域内水质指标是否达到该标准，该补偿原则具有较强的可操作性；实质改善原则是进一步来看流域内水资源环境是否得到了实际改善，即水质指标是否由差向好得到改善，该补偿原则也具有较强的可操作性；因地制宜原则不仅要看水质指标，还要结合本地实际情况，选择一些除了水质指标外的其他指标，并综合分析是否达到补偿标准，该补偿原则科学合理，且具有可操作性。笔者认为可以结合这三种补偿原则，以这三种补偿原则为主，并借用民事损害赔偿“填平原则”理论，用生态效益获利方所得收益去填补生态损失方因横向生态保护的损失，并综合考量。结合达标规划和限批制度，推动非资金激励制度的建立。《水污染防治法》中关于限期达标规划制度的规定，[2] 只针对市、县级政府提出了限期达标要求，而没有考虑流域整体治理的客观需要。[3] 因此，笔者建议增加全流域水环境质量限期达标规划制度，在出现水环境质量下降或恶化的情况时，启动全流域限期治理行动，长江流域横向生态保护更要做到当某一水域环境恶化时，整个长江流域形成整体合力限期治理。此外，建立流域总量控制和区域限批制度是构建长江流域横向生态补偿机制的又一重要手段。借鉴《水污染防治法》中关于“重点水污染物排放实施总

[1] 参见国家发展改革委国土开发与地区经济研究所课题组、贾若祥、高国力：《地区间建立横向生态补偿制度研究》，载《宏观经济研究》2015 年第 3 期。

[2] 《水污染防治法》第 17 条第 1 款规定：“有关市、县级人民政府应当按照水污染防治规划确定的水环境质量改善目标的要求，制定限期达标规划，采取措施按期达标。”

[3] 参见李奇伟：《我国流域横向生态补偿制度的建设实施与完善建议》，载《环境保护》2020 年第 17 期。

量控制制度”的规定,推广至流域层面,对未达到流域生态环境质量目标的流域,暂停审批重点水污染物排放总量的新建项目环境影响评价文件。[1] 长江流域上下游政府在实践中要摒弃一切靠资金补偿的惯性思维,摆脱思想枷锁,突破地方桎梏,提高自身站位,用多元化视角和发展性眼光看待长江流域横向生态补偿的法律机制,结合本地实际,寻找更多科学、合理、高效率的补偿方式,如人才培养、产业转移、对口帮扶、共建园区等方式,在双方协议中积极履行义务;发挥市场在资源配置中的决定作用,建立长江流域横向生态补偿的市场经济机制,通过一系列诸如政府采购行为、生态修复工程等形式措施,实现长江流域本地生态产品的经济价值,实现“绿水青山就是金山银山”,真正实现生态的经济价值和经济的生态价值;鼓励社会资本投入,生态资金可以采用发行基金、债券、股票、彩票等金融手段筹措。

(五)健全长江流域横向生态补偿的协同机制

目前,我国的流域横向生态补偿合作协同机制主要依托于联席会议等松散型利益协调组织,其在职权配置以及协议履行方面并不具有独立的行为能力的缺陷导致后续出现处理纠纷乏力的困境。[2] 法律并没有对联席会议的性质和形式作出规定,因此更没办法为其实践提供法律指引,所以要完善联席会议制度,一方面,应当由立法确立联席会议的法律性质,确立流域内负责人和社会各界与会成员范围,并以法律强制力保障联席会议作出决定的权威性。另一方面,成立统一领导的专项工作小组,工作程序按跳板原则,中央决策直接传达至地方,突破条块分割的治理障碍。[3] 如是,通过立法明确联席会议的法律性质、成员范围和决定权威,一方面有利于联席会议发挥其在生态补偿工作中的作用,另一方面直接提升了流域横向生态补偿的工作效率。笔者认为,联席会议制度只能在一定程度上解决流域协同问题,而要真正处理好流域协同,离不开国家公权力的介入,因此可以从以下三个方面来做:第一个方面,法律法规需要明确规定构建长江全流域沟通协调机构及其职责,流域沟通协调机构应在中

[1] 参见顾向一、高媛:《水行政执法与刑事司法衔接机制优化研究》,载《人民长江》2023 年第 3 期。

[2] 参见王清军、胡开杰:《我国流域环境管理的法治路径:挑战与应对》,载《南京工业大学学报(社会科学版)》2020 年第 5 期。

[3] 参见周定财:《流域治理中府际协同机制的审视与弥缺——基于 Kirk Emerson 整合性协同治理模型》,载《中共福建省委党校(福建行政学院)学报》2020 年第 6 期。

央政府即国务院的指导下由中央主管部门包括财政部、自然资源部、生态环境部、水利部、民政部、林业和草原局、河流对应的流域管理机构以及长江流域沿江各省政府及其相应的主管单位或主管部门组成;第二个方面,建立专门的长江流域横向生态补偿工作管理平台和信息共享平台,该平台将长江流域内各地监测检验数据全部纳入并实时更新,在多方协商和科学指导下,在长江流域合适位置增设监测检验站点,站点的监测数据应当真实且权威,作为断面考核的唯一依据,使站点的监测数据成为得到各方认可的补偿依据;第三个方面,加大长江流域横向生态补偿的政府监督力度,这是《宪法》赋予的权利〔1〕,以政府监督的形式监督协调机构履行职责,保证长江流域横向生态补偿秩序有条不紊,确保补偿标准公平合理,保障在成本范围内实现补偿实效最大化。

四、结语

长江流域不仅是我国重要的生态环境宝库,更是我国经济发展的重要支柱。长江流域横向生态补偿机制是习近平生态文明思想和习近平法治思想的根本体现,是平衡上下游地区间经济的重要手段,是推动长江流域生态保护工作实现绿色发展的有效抓手。我国长江流域横向生态补偿存在立法缺乏整体性和系统规划性、主体模糊而单一、补偿标准不完善、补偿方式可持续性不足、协同机制不完善的问题。破解这些问题的关键在于深入贯彻习近平生态文明思想和习近平法治思想;提升长江流域生态补偿立法的整体性和系统性;完善长江流域横向补偿多元参与机制,确定主体责任;明确长江流域横向补偿标准,培育“自我造血”激励式补偿方式;健全长江流域横向生态补偿的协调机制。

---

〔1〕《宪法》第9条第2款规定:“国家保障自然资源的合理利用,保护珍贵的动物和植物。禁止任何组织或者个人用任何手段侵占或者破坏自然资源。”

20. 法政策视域下长江三峡库区消落带治理的制度供给

谢忠洲*

内容摘要：消落带治理是长江经济带建设中需要回应的重要问题，特别是在长江上游的三峡库区等大型水利工程形成消落带的特殊地区，由于消落带面积大、治理成本高、地质条件复杂等多种因素，该项工作的实施就尤为需要法律和政策协同予以持续性关注。因此，从制度体系整体性构造出发对现有相关法律法规、政策文件进行梳理，可以全面把握当前条件下我国消落带治理的具体尝试，并有针对性地提出可操作性方案。同时，行政机关还可以将该工作与长江国家文化公园建设等新近工作任务有机结合起来，并借助命令—控制型、经济激励型、公众参与型3种类型规制工具的综合运用协同推进相关工作的有效开展。

关键词：法政策学　消落带治理　制度协调

一、问题的提出

消落带治理是大型水利工程建设中必须回应的现实难题，在长江经济带建设中这一问题尤为突出，自三峡库区建成并投入使用以来，消落带的治理一直都是其实践工作中关注的重点之一。为回应行政管理的现实需要，相关法律法规、政策文件也对其管理提出了细致的要求，但是，随着治理目标和公共行政环境的不断变化，消落带管理的实际需要也在不断变化，特别是与其他行政事务的综合协调业已成为实践中亟待解决的现实问题，因此目前亟须从实际情况出发对消落带治理的现实情况进行梳理，以期在新情景下回应当前公共管理的现实需要，落实“共抓长江大保护”的现实诉求。而长江三峡消落带的形成过程、

---

* 谢忠洲，中南财经政法大学法学院讲师，研究方向为环境法学、行政法学等。

基本情况和重庆、湖北等地库区消落带保护与治理现状都表明对其治理应当注重问题导向、法治思维和系统思维，以期为长江流域系统性治理提供支持。因此，对现行制度进行分析梳理，发掘现有制度的空白点、滞后点和冲突点，将习近平总书记提出“共抓大保护、不搞大开发”的战略导向[1]转化成正式制度安排，并有针对性地对相关制度进行优化完善实属必要。同时，为提升制度目标的协同性，需要综合考量当前长江国家文化公园建设等工作与已有实践的现实契合性，以期在现有制度安排基础上，对相关制度安排进行系统性、针对性优化调整，以期为后续长江三峡库区治理相关制度实践奠定基础。

二、消落带治理制度供给的现状剖析

消落带治理工作业已开展较长时间，因其治理工作实施时的特殊需求，国家和地方层面都颇为重视专门且颇具针对性的制度建设。而在具体行政实践中，立法机关可以将操作、“几乎不具备重要性的问题的规则”制定的权限委托给行政机关行使[2]。因此，对于消落带治理工作这种细致、琐碎的工作就可以由行政机关实施具体的管理工作，而法政策的制度供给可以为相关制度实践提供支持，特别是将当前多项行政任务的开展有机结合起来，这样可以降低制度的整体运行成本，并有效推进实践工作的开展。

（一）三峡库区消落带的基本情况和治理中存在的问题

根据现行调度方案可以得知，三峡水库坝前水位常年在 145 米至 175 米之间变化，在形成 221.5 亿立方米防洪库容的同时，水库周边形成大面积的消落带。据统计，三峡库区消落带面积共 285 平方公里、岸线长 5426 公里，其中重庆库区消落带面积 247.5 平方公里，占消落带总面积的 87%；岸线长 4579 公里，占岸线总长度的 84.4%。[3] 因此，对消落带进行科学、有序地管理一直是三峡库区管理工作的重点内容之一，其有效管理也是贯彻习近平总书记关于长江经济带“共抓大保护、不搞大开发”要求的重要体现。总体而言，目前三峡库区消落带治理面临着如下问题：一是容易引发伴生灾害。每年高水位浸泡库岸

---

[1] 王丹蕾：《“共抓大保护，不搞大开发”怎么看、怎么办？》，载央广网，https://news.cnr.cn/native/gd/20190902/t20190902_524760148.shtml。

[2] 参见[日]大桥洋一：《行政法学的结构性变革》，吕艳滨译，中国人民大学出版社 2008 年版。

[3] 任丽娟：《坚决担当好保护三峡水库消落区的政治责任》，载《重庆日报》2023 年 2 月 13 日，第 10 版。

7~8个月之久,这会造成库岸岩体不断劣化,对岸坡岩土体弱化破坏逐步显现,岸坡稳定性降低,导致岸坡失稳发生地质灾害的可能性加大,三峡工程库区地质灾害多发、频发、易发。二是自然修复和生态保护举措难度高。首先,城区消落带多采用工程方式进行硬化,不利于两江四岸生态系统和景观整体性的打造;其次,在非城市区域,消落带水陆生境交替频繁,难以选择合适的植物用于消落带治理;最后,消落带的土壤大多贫瘠,加之为保护水质考虑不能施肥等因素的困扰,消落带的栽种存在较大困难。上述困境实际上不利于发挥岸线空间滞缓径流、截留和吸附径流中的各类污染物质、调控区域内水分循环等作用,同时难以为鱼类、爬行类、两栖类及鸟类提供多样的生境。[1] 三是存在农业面源污染、漂浮物清理等治理难题。消落带违规进行农业等生产经营活动较多,而农业生产中农药、化肥的不合理使用增加了面源污染治理的难度;同时,清漂等有关工作投入的人力、物力和财力等存在不足,这致使筹集三峡水库及其消落带治理的经费比较困难,缺少船只、车辆等必要的工作条件支持。

(二)国家对消落带治理的制度供给分析

"只有实行最严格的制度、最严密的法治,才能为生态文明建设提供可靠保障"[2],而生态文明治理需要"着力推进重点流域和区域的水污染防治",由此可见,对重点流域和区域的系统性治理历来都是流域治理的重点内容。因此,国家历来颇为重视长江三峡库区消落带的管理,而现有制度供给中涉及消落带管理的内容主要包括3个方面:一是《长江保护法》第56条以专门条文的形式对此内容进行了回应,其主要功能是为消落带管理提供了明确的法律依据,并为后续政策层面制度供给提供支持。二是早在三峡工程完工后,国务院就注意到了消落带管理的特殊需要,并于2011年出台了专门政策对此问题予以回应。有关政策文件也颇为重视消落带管理的具体要求,专门对消落带管理提出了有针对性的操作方案,在相关文件中对库容的动态调整、消落带的日常管理提出了一些要求。三是在一些国家层面的规划、计划中涉及生态缓冲带的相关要求,这与三峡库区消落带管理存在紧密联系,可以从不同侧面对消落带管理产

---

〔1〕 参见陈维肖、段学军、邹辉:《大河流域岸线生态保护与治理国际经验借鉴——以莱茵河为例》,载《长江流域资源与环境》2019年第11期。

〔2〕《习近平谈治国理政》(第一卷),外文出版社2018年版,第268页。

生积极影响。例如,《长江保护修复攻坚战行动计划》就明确规定需要“划定河湖生态缓冲带”,并遏制各类沿河环湖的无序开发活动。这些一般性规定也可以为三峡库区消落带管理提供支持。再如,2022 年,水利部印发了《关于加强河湖水域岸线空间管控的指导意见》,提出了“因地制宜安排河湖管理保护控制带”,河湖管理范围内的岸线整治修复、生态廊道建设、滩地生态治理等水域开发利用管控要求,“依法规范河湖管理范围内耕地利用”等保障防洪安全的政策要求,这些政策性要求都需要与《防洪法》及其配套性法规进行衔接,以期将政策要求转化为法律实施规范。这些法律和政策的持续发展就表明了法律和政策在社会治理过程中的重要作用,也为地方开展消落带治理提供国家层面的制度支撑。

(三)地方对消落带治理的制度供给分析

重庆市、湖北省等有关地区历来都颇为重视消落带的管理,并注重通过地方层面的法规、规章或者规范性文件等制度来保障具体工作的开展,因此,在相关地方性法规、规范性文件中都不乏对消落带治理作出的相关规定,以期在《立法法》赋予的权限内推动消落带的有效管理。例如,《重庆市水污染防治条例》《重庆市三峡水库消落区管理办法》等相关地方性法规、政府规章都在一定程度上涉及了消落带治理的相关要求。又如,湖北省专门制定了《湖北省人民政府办公厅关于加强三峡水库消落区管理的通知》(鄂政办函〔2019〕1 号),立足于当前生态文明建设的需要针对三峡水库消落带管理制定该文件,在进行分区管控的基础上,从清漂工作、土地耕种管理和防洪库容管理 3 个方面[1]提出了相对细致的管理要求,这些要求可以为消落带管理提供必要支持。而比较两地的文件不难看出,重庆市人民政府出台的《重庆市三峡水库消落区管理办法》紧跟国家当时的管理需要,体现出较强的回应性和时效性;而湖北省制度更多总结了新近消落带管理的有关经验,在可操作性方面更加突出。由此可见,二者都可以为长江三峡库区消落带的管理提供有力保障,致使在具体实施方案和操作方面存在一些细微的差别,在后续制度建构中需要结合两地制度实践的情况强化制度实践的有关内容。

---

〔1〕 参见《〈三峡水库消落区管理通知〉政策解读》,载湖北省人民政府门户网,https://www.hubei.gov.cn/xxgk/zcjd/201908/t20190829_1715405.shtml。

三、消落带治理中制度实施的问题反思

虽然消落带治理过程中,无论是实践层面还是理论层面都积累了一定的经验,对提升实际管理效果也会产生积极影响,但是,按照哈贝马斯的观点,法律规范应当同时具有逻辑结构和经验结构[1],这就意味着对制度的考察应当从逻辑架构和实践需要两个方面进行综合考察,而在消落带治理相关制度安排的考察中也是如此。

(一)制度体系缺乏有效衔接

鉴于在我国的行政实践中长期都秉持着软硬兼施的混合结构,"两办"联合文件等政策作为本土性制度资源的"软法"都在社会治理的诸多领域发挥着重要功能[2]。因此,在消落带治理中也需要重视规范性文件功能的有效发挥,只有这样才能保证软法性规范的有效实施,并可以为具体消落带治理活动提供有效的制度支撑。例如,《长江保护法》第 56 条、《水污染防治法》第 29 条等相关法律规范中都存在一些涉及消落带治理和相关的缓冲带建设的规定。但是,从现有的制度设计情况来看,诸如《重庆市水污染防治条例》等相关地方制度中都缺少对消落带管理的直接规定,在该条例中只有第 21 条、第 41 条第 4 款等涉及绿化缓冲带、特殊区域农业生产经营禁止性规定等相关内容。又如,虽然《"十四五"文化发展规划》正式提出了建设长江国家文化公园的设想,但是,从法律层面来看,与《黄河保护法》第 96 条的明确规定不同,《长江保护法》第 15 条的规定比较模糊,很难为长江国家文化公园的建设提供直接的法律依据,也难以从制度层面将诸如消落带治理等长江流域生态保护工作中的地方特色尝试与国家文化公园建设的整体工作有机联系起来。由此可见,目前国家和地方层面的有关制度安排缺少系统性顶层设计,制度设计的整体性、协同性水平有待进一步提高。

(二)政策目标缺乏有效整合

一项行政工作的开展往往可以实现多项行政功能,也就是说,制度实践中

---

〔1〕 参见[德]哈贝马斯:《在事实与规范之间》,童世骏译,生活·读书·新知三联书店 2003 年版,第 62 ~ 67 页。

〔2〕 参见罗豪才、宋功德:《认真对待软法——公域软法的一般理论及其中国实践》,载《中国法学》2006 年第 2 期。

往往存在意外的制度后果，鉴于具体公共行政活动中一项行政任务会取得政策安排的意外效果，决策者就应当在政策制定过程中兼顾多项政策目标的现实功能，以期在最佳成本收益下推动政策的有效实施。例如，三峡库区消落带治理和生态缓冲带建设、长江国家文化公园建设都具有一定的关联性，通过政策文件可以将这些目标有机整合起来，并借助一项或者多项政策工具同时予以实现。但是，从目前时间情况来看，将多项政策目标进行整合，并借助同类行政工具予以实现的尝试尚不多见，而将三峡库区消落带治理这项长期实施的工作与长江国家文化公园建设等新工作结合起来的尝试更不多见，因此，笔者认为可以从现实需求出发，尝试通过政策文件的方式填补此类工作中存在的空白。

（三）标准体系缺乏专门配套

标准体系在推动具体工作实施中具有非常重要的功能，而地方标准的立项、实施和复审等活动都渗透着地方治理的现实需要，是实践中体系性制度安排的重要组成部分之一。而消落带治理涉及技术问题，需要依赖于产学研结合，并通过成熟的技术手段解决。而这就恰恰需要地方结合实际需要配套相关地方标准、技术规程或者支持有关研究机构、企业或者行业协会参与制定行业标准等。而按照《标准化法》的规定，地方可以制定地方标准，并通过鼓励有关企事业单位等参与行业标准的方式来完善标准体系。但是，从目前整体实践情况来看，国家和重庆、湖北等有关地方在消落带治理相关治理的标准和技术存在一定制度供给空白，同时，在相关标准研究和制定上也缺乏激励手段以引导生物、工程等方面的专家积极开展相应研究，推动消落带治理研究和实践能力的有效提升，而标准体系建设的空白和滞后使相关技术的研究和运用不足，以至于难以有效回应长江中上游治理的特定需求。

四、消落带治理制度供给的系统优化

综合前述分析可以得知，目前，我国涉及消落带治理的相关制度依据主要包括法律和政策两种不同类型，二者相互影响共同构成了现有消落带治理的制度体系，而这些制度共同在实践中发挥着作用，推动着长江三峡库区消落带治理具体工作的有效开展，但是，也需要认识到相关制度整体性、协调性存在一些亟待改进之处。因此，为保证治理效果，应当关注法律和政策的协调和互动，以期增强制度的整体可操作性(见图1)。

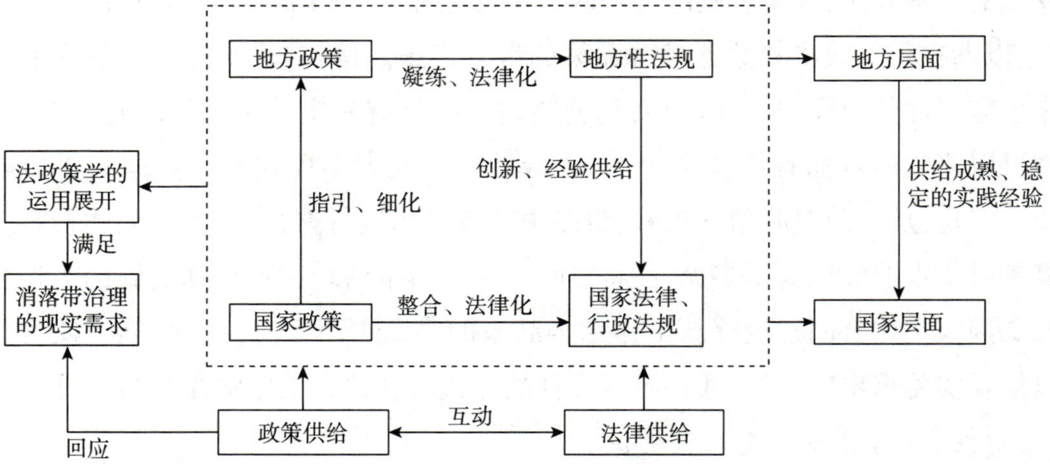

图1 消落带治理制度安排的整体互动结构

(一)重视制度体系整体性的优化

“目的是全部法律的创造者”[1],因此,制度的整体梳理需要坚持问题导向、问题思维,以消落带治理中亟须解决的问题为中心设计、优化相关制度,并关注诸多制度的整体性协调,以有效推动相关制度整体效能的提升。也就是说,在制度安排上必须考虑到三峡库区保护工作中各项制度安排的整体需要,综合考虑不同制度之间的协调,以期以最低的成本实现最佳的公共行政目标。

1. 优化完善制度体系,弥补制度空白点。基于我国降解方式逐层立法的模式,现已形成的“全国性法律法规—流域性法律法规—地方性法规”的法律效力等级,在落实《长江保护法》《水法》《水污染防治法》和“水十条”等现有法律、政策的前提下,需要从制度安排的整体构造出发设计相关制度,具体来说需要考察如下三点内容:一是需要关注地方性法规细化,以期增强规则的可操作性。在遵循《立法法》第73条的基础上,科学理解好地方性事务中涉及环境事务的内容,特别是因其综合性、复杂性和多样性等原因,使其本质上属于“非典型”的地方事务[2],因此,就尤为需要地方性法规凸显其地方特色。例如,重庆市需要结合实际情况关注《重庆市水文条例》《重庆市水污染防治条例》等相关

---

〔1〕[美]E. 博登海默:《法理学:法律哲学与法律方法》,邓正来译,中国政法大学出版社2004年版。

〔2〕参见周迪:《论中央与地方环境立法事项分配》,中国社会科学出版社2019年版,第67页。

制度中对消落带治理的具体制度安排，以综合利用现有的制度，发挥其应有的规范推进功能。二是在法律初创时期需要重视立法中心下基本规范的法治化探索。对于一些实践性、时效性强、亟待解决的问题可以在恪守合法性原则，遵循业已建立的基本制度安排的前提下，通过政策先行先试的方式增加具体制度的供给，弥补现行制度构造中的短板，保证法律法规和政策的互动协同，提升制度实施的整体性。[1] 因此，我们还需要重视在库区开展调研，及时将消落带治理的可行经验做法和可操作实用技术的制度化、程序化，通过出台新的关涉消落带治理的规范性文件对消落带治理中的相关问题进行系统性安排。三是重视规划等类似制度安排在具体工作实施中的现实作用。具体来说，就需要在立法层面强化流域水资源规划制度的监督机制，健全规划制定的程序性规范，明确科学考察和调查评价人员的构成规则、方式及模式，[2] 为具体规划制定提供操纵性指南，并结合重庆市、湖北省消落带治理的特定需要制定具有可操作性的方案；同时，还需要针对消落带不当利用而导致的主要问题，专门编制三峡水库消落带保护与利用控制规划。总之，在具体制度设计中应当衡平使用命令—控制型、经济激励型、公众参与型等不同类型规制工具的适用范围和具体功能，以保障消落带治理工作的实际效能。

2. 及时调整出台时间较久的政策文件。当前政策性文件存在发布时间较久、区域协同性不足等问题，现有政策文件中有不少文件都是20世纪90年代三峡工程建设时制定的，与《长江保护法》等法律法规的最新规定回应不足，客观上不利于在治理过程中形成制度合力。因此，随着时代的发展变化、行政经验的日益丰富，有许多规范性文件应当及时进行调整。针对消落带相关制度建设应当梳理针对性动态调整相关规范的具体思路，针对退耕还林还草还湿，禁用化肥、农药，科学调控水库水位，加强库区水土保持和地质灾害防治四项工作为核心指向，细化相关制度的整体可操作性[3]，具体而言应当把握三项重点：

---

[1] 参见谢忠洲、陈德敏：《淡水资源战略储备库的概念意蕴和制度建构——以三峡库区淡水资源战略储备库为实践样本》，载《中国软科学》2022年第1期。

[2] 参见徐海俊、秦鹏：《流域立法视角下生态流量保障的制度供给——以长江流域为例》，载《中国人口·资源与环境》2021年第2期。

[3] 《长江保护法》第56条规定："国务院有关部门会同长江流域有关省级人民政府加强对三峡库区、丹江口库区等重点库区消落区的生态环境保护和修复，因地制宜实施退耕还林还草还湿，禁止施用化肥、农药，科学调控水库水位，加强库区水土保持和地质灾害防治工作，保障消落区良好生态功能。"

一是紧跟上位法、中央政策变化细化、落实关于消落带治理的具体制度措施。在当前阶段,通过试行的方式开展消落带治理的制度创设工作,重视现有实践经验的总结。二是定期开展立法后评估和政策实施评估。在开展评估后,将成熟的行政经验积极转化为地方立法或者以政策文本的方式为中央政策制定提供支持,并出台明确规定有效期的政策文件来保障政策的常态化调整,以增强制度在新环境中的针对性。[1] 三是依据评估结果,采取联动修改的模式。在地方立法修订过程中对《重庆市水污染防治条例》《重庆市水利工程管理条例》《重庆市水资源管理条例》等可能涉及消落带的地方性法规进行包裹修订,对《重庆市水文条例》《重庆市水污染防治条例》等现行制度中涉及消落带、缓冲带的规范进行一并修改,建议全面修订《重庆市三峡水库消落区管理办法》,进一步强化库区消落区治理的组织、人员、经费和技术保障等措施。

(二)关注政策规范协同性的实现

虽然出台政策来解决社会治理问题具有很强的灵活性和可操作性,但是,这同时也会致使政策安排在实践中呈现出碎片化的趋势,并增加公共行政中多项制度安排彼此之间的冲突。因此,为推动长江三峡库区消落带管理工作与长江国家文化公园建设有机结合起来,需要对该领域的政策性文件进行系统性清理,特别是需要从实际出发做好政策的全过程管理工作。

1. 强化相关领域工作目标的整理,提升行政工作的投入产出比。公共行政工作之间具有极强的关联性,因此,在行政实践中必须衡平多项行政工作,以最小的制度成本推动工作的系统性安排。而在长江三峡库区的管理中也是如此,长江三峡库区消落带管理工作业已取得了一些成果,这些工作经验也有待于在实践中进一步落实,而随着生态文明建设实践的日益深入,长江三峡库区的管理也需要回应长江国家文化公园等新任务的要求,因此,从实际需要出发,对相关政策性规范文件进行系统梳理,并按照程序做好政策文件的清理、修改和制

[1] 需要说明的是,随着我国公共管理水平的提升,对规范性文件制定的要求也越来越规范、严谨,而在管理办法类规范性文件中设定明确的有效期是新近公共管理精细化的重要体现。例如,《安徽省陆生野生动物人工繁育许可证管理办法》(2022)第14条就明确设定了有效期为5年。同时,相关行政决策的程序性制度也在逐步完善,例如,《江苏省行政规范性文件管理规定》更是明确规定了文件有效期不超过5年;而冠以“暂行”“试行”的文件有效期不超过2年;同时,还要求对文件实施期满后进行评估,这都是体现在法治思维下我国规范性文件管理的规范化要求。

定工作都是颇有意义的。例如,《重庆市三峡水库消落区管理办法》等只对消落带管理提出要求,而从长江三峡库区绿色发展的整体需求出发,可以由国家或者有关地区共同制定更宏观的政策文件或者规划性文件,通过制度安排初步讨论长江三峡库区绿色发展的诸多国家要求在地方实践中的落实,以期增强制度文件的整体可操作性。还如,随着极端气候的增多,近年来长江流域极端气候的发生亦不鲜见,这些问题都亟待制度层面的有效回应。无论是2020年重庆洪涝灾害[1]还是2022年重庆旱灾[2]等极端天气都表明在目前的现实需求下重视消落带建设可以与生态缓冲带建设、三峡库区蓄水水位动态调整乃至长江国家文化公园建设等相关工作有机结合起来,以便从系统论、风险治理的角度推动相关制度的有效实施。

2. 地方政策出台时应该充分强化区域间的沟通协调。水库消落带的治理是地方政府的重要工作之一,而在大型水库的建设中消落带管理的实现又依赖于多地在制度设计、实践中的充分协作,以期充分调动政府、市场和公众等多方力量推动消落带建设工作的有效实施。因此,在长江三峡库区消落带治理中需要重庆市、湖北省强化区域协作,特别是可以尝试通过协同立法的方式推动两地在消落带治理领域取得一定共识,并将具体制度初步建立起来,具体来说,两地应当将三峡库区建设作为深化两地政治、经济和文化交流的重要支撑,整体性地方治理工作的开展。具体来说,可以建立或者改进以下工作机制:一是重视区域协调长效机制的建立。在区域协同实践中不同程度地存在政策驱动型协作的倾向,区域协同开展中追求“短、平、快”目标,导致难以实现常态化区域环境治理目标[3],因此,有必要通过联席会议协调、流域信息共享、联合执法和协同司法等方式推动区域协作工作的提升。二是注重数字政府建设的有效嵌入。在长江三峡库区消落带建设中需要高度重视数字孪生、大数据等新型数字技术的运用。重庆市、湖北省两地可以在保证数据安全的前提下积极推动技术

---

[1] 胡莹莹:《洪涝灾害已造成重庆20余万人受灾》,载央广网,https://news.cnr.cn/native/city/20200629/t20200629_525147709.shtml。

[2] 《国家减灾委、应急管理部启动国家救灾应急响应 指导四川和重庆做好抗旱救灾工作》,载中华人民共和国应急管理部官网,https://www.mem.gov.cn/xw/yjglbgzdt/202208/t20220822_420840.shtml。

[3] 参见胡中华、周振新:《区域环境治理:从运动式协作到常态化协同》,载《中国人口·资源与环境》2021年第3期。

数据的共享,协力推动实体水网与数字水网的有机融合,以数字赋能的形式提升后续制度的有效性和针对性。三是重视区域协同立法、行政协议等措施在消落带治理工作中的有效利用。外国实践表明在协同立法活动正式实施前,可以形成框架性的一致意见,并由易到难逐步推进具体规则的细化落实。例如,早在 1914 年由澳大利亚联邦政府、新南威尔士州、南澳大利亚州和维多利亚州达成了《墨累河水域协议》(River Murray Waters Agreement,RMWA)[1],并最终通过各州立法得以实现。因此,长江三峡库区消落带的治理需要重视重庆市与湖北省在流域治理中的互动协作。

(三)强化标准体系系统化的完善

标准体系是指导具体工作实施的重要依据,可以有力促进标准化工作的开展,提升产品服务的质量,并促进科学技术的进步,由此可见,其对推动具体工作的规范化、程序化都具有非常重要的现实意义。而从目前情况来看,为强化长江三峡库区消落带治理的实际效果,并为后续长江经济带生态文明建设工作奠定基础,地方标准、行业标准都可以开展相应尝试,以期推动消落带治理工作的规范化开展。

1. 推动地方标准的探索建立。地方标准的推行包含着立项、实施和复审等多个环节,其中就特别需要一线技术经验的有力支撑。因此,重庆市、湖北省等有关地方应当建立三峡重庆库区消落带治理技术经验定期交流机制,充分运用高等院校、科研院所、一线企业和库区民众等力量,借鉴诸如德国在莱茵河治理中依据"近自然河道治理工程"学说进行的河道形态和河床断面等"近自然"修复经验[2],再结合本地实践成果,强化对技术标准规范制定的前期研究和实践探索。例如,重庆市可以借鉴国内外消落带治理有效经验,专门出台长江三峡库区消落带治理的相关技术指南、标准和规程,以期为消落带治理提供技术标准指引。同时,在此类标准中需要关注其推动长江国家文化公园建设的有效衔接,以期强化相关标准体系的溢出作用,最终增强制度的系统协调性,并保证具体制度安排在推动长江三峡库区消落带建设中的具体效能。

---

〔1〕 参见张敏纯:《澳大利亚墨累—达令流域治理的经验与启示》,载《国外社会科学》2022 年第 3 期。

〔2〕 参见陈维肖、段学军、邹辉:《大河流域岸线生态保护与治理国际经验借鉴——以莱茵河为例》,载《长江流域资源与环境》2019 年第 11 期。

2. 支持行业标准的建立完善。作为国家标准、地方标准的有益补充,具体、可操作的行业标准也在消落带治理等具体实践中发挥着重要作用,虽然其不具有强制执行力,但是,因为此类标准都聚焦于相关工作共性的标准化实施,不但可以推动三峡库区消落带的建设,还可以为后续其他地区消落带的治理提供参考方案。因此,重庆市、湖北省两地应当积极鼓励有关企业参与、推动相关行业标准的建立,结合供给侧和需求侧的考量科学确定工作规定,引导相关行业工作的规范化开展,这必将对长江三峡库区消落带治理、长江国家文化公园建设等工作的开展产生积极影响,并可以发挥较好的榜样作用,为其他地区乃至国家标准的建立提供支持。

五、结语

消落带治理是长江经济带建设中一项颇为琐碎、细致的工作,其具体的行政实践也凸显了生态文明建设的实际需求,特别是从实际出发对生态环境治理工作的现实关注。因此,从现实需求出发对消落带治理目标和结果进行关注并将消落带治理与具体实践结合起来将对实际工作的开展大有裨益,因此,笔者拟从实际需要出发,采用系统性思考的路径将消落带治理与长江国家文化公园建设等新阶段相关工作有机结合起来,并为后续工作的开展提供支撑。

21. 长江流域跨区域生态环境协同治理研究

周榆泰* 贯　念** 冉　嫚***

内容摘要：跨区域的流域生态环境治理过程中一直充满阻碍，这也是各地发展模式、阶段、程度不同以及对环境保护的迫切程度不同所导致，而且区域内各地的生态环境治理能力也均不一致。笔者旨在根据公共共有物、生态一体化、整体政府等理论，以东京湾、纽约湾和莱茵河等国外跨区域生态环境治理的经验为基础，就我国长江流域生态环境治理的困境，提出基于统一空间规划下，建立健全多元主体协作，立法、司法、执法的协同联动，信息公开制度完善的长江流域协同治理机制。

关键词：长江流域　生态一体化　协同治理

《环境保护法》第20条提出要建立跨行政区域的联合防治协调机制。近年来，长江流域围绕着跨区域生态环境治理也出台了不少政策以及相关的法律法规，流域内政府和相关部门也一直在探索建立联防协调机制。2017年，原环境保护部、国家发展和改革委员会、水利部联合印发了《长江经济带生态环境保护规划》（环规财〔2017〕88号），〔1〕该规划指出为破解流域管理的破碎化问题，需健全生态环境协同保护机制。2020年12月26日，全国人大常委会颁布了《长江保护法》，其中第4条规定，"国家建立长江流域协调机制"〔2〕。《长江保护

---

* 周榆泰，湖北省天门市人民法院五级法官助理。

** 贯念，湖北省天门市人民法院五级法官助理。

*** 冉嫚，湖北省天门市人民法院一级科员。

〔1〕 环境保护部办公厅：《关于印发〈长江经济带生态环境保护规划〉的通知》，载中华人民共和国生态环境部网2017年7月17日，https://www.mee.gov.cn/gkml/hbb/bwj/201707/t20170718_418053.htm。

〔2〕 《中华人民共和国长江保护法》，载全国人民代表大会网，http://www.npc.gov.cn/npc/c30834/202012/1626d0bc5284485588222995e712c434.shtml。

法》系我国第一部流域层级的法律，为建立长江流域跨区域生态环境协同治理提供了重要的法律依据，但是联防协调机制下的协调立法制度和治理机制仍不可避免地出现区域冲突、跨区域环境纷争等问题。这是因为虽然协同治理模式在逐步构建，但目前治理上仍然以行政区划为主要方式，区域壁垒仍然存在，在协同治理过程中涉及本地区的经济贸易发展时极易缺乏共容利益意识，大部分区域为了本地区眼前和局部的狭隘利益而选择损害流域公共环境利益。目前，长江流域急需构建一个强有力的、跨行政区域的协同治理机制，用以专门解决跨区域生态环境问题，解决流域内各地区出现的跨省市环境纠纷。

一、长江流域跨区域生态环境协同治理的理论依据

（一）"公共共有物"的治理依据

长江流域内的各类自然资源作为"公共共有物"的存在，在对其治理时应当从公众利益出发，虽然公民并不享有从长江流域自然资源中获取收益的普遍利益，但公民享有其环境利益，国家在监管和保障自然资源的使用时应当从最大限度地保障长江流域内自然资源的公共利益出发，必须以审慎的行为行动，避免出现"公地悲剧"的情况。

埃莉诺·奥斯特罗姆在此基础上，提出了"公共池塘资源"[1]和自主治理理论、多中心理论。长江流域内的自然资源在被无限逼近资源单位[2]的极限时，不仅会产生拥挤效应，还可能会摧毁长江自身继续生产资源单位的能力，进而导致一个长江流域自然系统的崩溃。而埃莉诺·奥斯特罗姆则强调了公组织和私组织的有机结合，将一个政治系统划分为较小的自主组织，主张多样性的制度安排，通过政府、市场和当地社区自发组成的多中心主体，对自然资源资产进行管理，最大程度上考虑环境公共利益。

（二）生态一体化理论

生态一体化是长江流域跨区域生态环境治理中重要的理论支撑，即长江流域通过制度创新打破行政边界从而形成治理的合力，在应对环境问题时，统筹

---

〔1〕 [美]埃莉诺·奥斯特罗姆：《公共事物的治理之道：集体行动制度的演进》，余逊达、陈旭东译，上海译文出版社 2012 年版，第 36 页。

〔2〕 资源单位是指个人从资源系统中占用或使用的量。

全局,引导相关多元主体的参与,协调各方利益,采取协商手段共同构建流域内的治理体系。生态一体化理论也是基于生态环境的特性,例如长江水具有流动性特征,长江流域内某段河流的污染会给流域内其他地区造成相应的利益减损,不利于流域整体的开发利用和保护。

(三)整体政府理论

整体政府理论打破了传统行政范式特征,偏向于为了完成共同的目标,而形成的跨部门协同工作机制。长江流域生态环境协同治理实质上是一种在长江流域根据资源特性开展的管理制度的改革,对长江流域的治理机构、治理功能、参与主体进行有机整合,形成一种新的治理体系。

二、域外经验和借鉴

(一)东京湾的生态环境协同管理机制

东京湾并未建立具有高度规划和管理权能的强力机构来统一开发湾区,其管理权能始终分属于各个地方政府,但是具有协调能力的机构非常丰富,其中离不开地方政府的不懈努力,以及中央政府的必要支持。东京湾的生态环境协调治理机制主要是3个层面的跨界协调机制,第一层面是中央层面的正式机构,负责落实相关政策,如在对东京湾区的发展上,日本主要通过发挥具有中央集权性质的机构作用,尽量保证经济的均衡增长,对东京湾进行自上而下的管理。第二层面是首都圈层面的非正式制度,包括一些专业化的区域协议会。第三层面是东京湾层面的协商机构,其负责东京湾内的治理活动,该协商协调机构一般指1997年成立的东京湾港湾联协推进协议会,是对1979年"九都县市首脑会议"的补充,2002年该协议会重新改为"首都圈港湾联席推进协议会"。对于东京湾区涉及的所有地方政府,该协议会均要求参加,议会的作用在于调解城市之间的矛盾。2002年,茨城县和神奈川县作为"港湾管理者"加入正式成员,首都圈作为港湾联合推进协议会进行了改组。协议会委员的组成成员有关东地区各港口的港口管理者(横滨市、茨城县、千叶县、东京都、横须贺市、神奈川县、川崎市)以及关东地方整备局,协议会委员的主要活动是通过成员之间的紧密合作,从东京湾的广域性和综合性的观点出发,开发、利用和保护首都圈港湾。

各职能部门也设立了一些协议会，如日本产业技术综合研究所（National Institute of Advanced Industrial Science and Technology，AIST）在 2020 年为应对气候变化设立了东京湾区零排放创新举措协议会。在社会层面，有一个东京都港湾振兴协会，由各海运公司和港区开发公司、沿港工厂共同参与，该综合性港湾振兴团体，负责协调海运公司、港区开发公司、沿港工厂企业的诉求。还有像东京湾再生官民联合论坛这样的是官民共同考虑东京湾再生的组织，作为推进会议下设“干事会”“陆地对策分科会”“海域对策分科会”“监视分科会”。当地居民自治团体在 1975 年建立了“东京湾岸自治体环境保护会议”，成员由面向东京湾沿岸的 1 都 2 县 16 市 1 町 6 特别区的 26 个自治体构成，以对居民的环境保护有所启发和推进联合性、统一性的环境行政为目的，致力于东京湾的环境保护。

东京湾区的协调方案是自我摸索形成的一种协商机制，而非由政府决议强制执行的，沿岸各城市的开发需要服从于已经通过智库同意的规划。这些机构和专家长期从事对本地区的研究，虽然最终作出决策的是政府，但决策者在很大程度上需要听取专家的建议意见，例如以经济企划厅为主管机关设立的研究型智库——日本开发构想研究所（UED），在东京湾的国土规划和整备开发中需要日本开发构想研究所的建议，此建议可以起到承上启下的作用。在治理水污染方面根据《东京湾再生行动计划》成立了东京湾海洋再生推进协议机构，其成员范围非常广泛。

（二）纽约湾的生态环境协同管理机制

纽约湾在面对快速的城市化进程中，在高度自治的地方政府管辖下，通过探索区域性规划，建立了大都市区跨界规划协调制度来满足区域内公共利益的诉求。早在 1921 年纽约湾区域的纽约新泽西港务局，便是一个得到州授权的跨州合作机构，经州议会批准，两州州长各自任命 6 名董事，该 12 名董事共同组成该局的董事会。该港务局除了负责纽约新泽西地区的海港事务外，还可以通过总体规划来协调新泽西港区的发展，其中也涉及生态环境管理，这一治理模式开创了纽约湾区统一协调管理的新模式。在生态环境保护领域，纽约区域规划协会（Regional Plan Association，RPA），这一私人化的非营利机构在制定区域环境保护规划的过程中发挥主导作用，但其作为纽约湾区政府、企业、社会的三方合作机制,既具有独立性,又是非营利的。纽约区域规划协会具有统一、集中管理和整合纽约湾区域内的各种资源和诉求的权能,使其能够解决多个行政区域交错的利益协调问题,继而保证湾区内的各项规划和建设能够实现,避免漫长和低效的讨论。20 世纪末期,纽约区域规划协会重新对纽约湾区的发展进行了规划,向外扩张湾区中心,着力于建立卫星城,积极探索污染问题的处理方式,减轻环境污染压力。

(三)莱茵河的生态环境协同管理机制

1946 年 4 月,在莱茵河航运中央委员会第一次会议上,荷兰政府提出关于莱茵河治理的问题,于会上成立了"三文鱼委员会",之后又成立了"莱茵河清洁工作协会"。1950 年,为了应对越发严峻的环境污染情况,莱茵河沿岸国家成立了保护莱茵河国际委员会(International Commission for the Protection of the Rhine against Pollution,ICPR),该委员会共有 9 个成员国,分别具有独立人格,尤其是具有国内法赋予法人的行为能力和缔约能力,该委员会可以以自己的名义开展活动,该委员会的主席由各国轮流担任,秘书长由荷兰专职,因为荷兰是处于最下游的国家,受莱茵河污染影响最严重,对于治理污染最有责任心和紧迫感。ICPR 并不是一个完整意义上的官方组织,更像是一个多层次、多方位、多元化的合作机构,ICPR 主要有 2 个方面的合作,一是政府之间的合作,另一个是非政府组织之间的合作,其中包括权力机构、秘书处和项目组和专项工作组和专家组。该委员会的工作方式是构建一个沿岸各国在莱茵河保护中的合作框架,该委员会制定的许多协定都属于国际法的范畴,各国在签署协定后就存在共同遵守的义务。在此合作框架下,委员会还采取年度报告的方式,对各国在处理环境污染、生态环境的恢复或修复的进展做一个完整评估,并督促采取措施,实现保护莱茵河的目标。委员会的首先目标便是保护莱茵河生态系统的可持续发展。

除了上述的 ICPR 外,莱茵河流域的国际合作机构还包括莱茵河流域水文委员会,该委员会负责推动信息和数据的交换,为流域内的科学机构和水文服务机构提供支持;摩泽尔和萨尔河保护国际委员会,其主要职责是对摩泽尔河和萨尔河的污染情况进行调查,根据调查情况为沿岸国家提供建议,并促进协议的实施;莱茵河流域自来水厂国际协会主要是负责对水质进行检测、就检测结果对饮用水水源进行分析以及后续水质的改善工作;康斯坦斯湖保护国际委员会,主要负责康斯坦斯湖的水质监测工作,制定流域污染防治措施,并为沿岸国家提供建议;还有莱茵河航运中央委员会的主要职责则是促进沿航运合作,负责维护航道航行,并对航行技术指南进行标准化规定。

上述机构的合作工作的开展与莱茵河沿岸的国际支持是相辅相成的,而且自 1976 年,欧洲共同体加入《保护莱茵河免受化学污染的公约》更是进一步加强了欧洲对莱茵河的保护,各机构和国家之间相互合作协调,先后联动实施了多个项目。

三、长江流域生态环境治理的困境

(一)缺乏多元主体参与

生态系统呈现整体性特征,但生态治理却是分散的,尤其是在流域治理时,这种生态系统和治理的割裂缺陷会更明显。在目前长江流域生态环境的治理体系中,仍然延续的是自上而下的单向行政权管理体制,横向上由各区域政府对长江流域内的资源进行开发和保护工作,纵向上由长江流域涉及的水利部门、水利委员会负责治理和监管工作。行政权主导的弊端在于当长江流域污染源扩大或多地块同时发生污染时,政府无法同时或全方位地管制整个流域的生态环境问题。这种“行政命令—控制”的政府治理的模式,弱化了其他主体的地位,影响多元主体协同治理平台的构建,压制了多元主体之间的交流共建,弱化了外部监督。政府主导,使其他主体的环境权利被压制,市场缺位,企业无法发挥主动性,公众仍然缺乏参与流域治理的意识,不利于形成对管理的有效制约。

(二)流域内各地区发展不平衡的负外部性

自上而下的治理模式除了会带来央地冲突之外,还存在地方冲突即同一个国家不同地区之间也会产生冲突和博弈,因为各省(自治区、直辖市)需要实现自我的经济利益,而这种“权利的博弈”,对长江流域环境资源的争夺不过是用来实现经济利益的手段。在目前技术的快速发展下,传统地理空间和地域的关系也发生了很大的变化,空间距离不再是地域发展需要考虑的主要因素。借助互联网,博弈主体中原本处于弱势的个人和集体的作用在上升,资源在长江流域地缘政治中也极其重要,随着环境问题受关注度的上升,原本对流域内水等实体资源的争夺转向对碳排放权等新型资源的争夺,也对流域空间的重构、区域利益平衡、流域协同治理产生了影响。[1]

虽然近年来,基于区域一体化发展,部分区域开始寻求区域生态环境联合治理,如长三角地区。但地方政府各自为政的现象很难得到改变,零和博弈的问题仍然是跨区域治理的困境。

长江流域横跨西南、华中和华东三大区,形成了多个城市群,长江上中下游的经济发展也各不一样,长江上游地区相对落后,对资源利用的程度也较低,四川等盆地可能还存在缺水问题,长江中游地区集中在农业,对农业水源需求较大,需充分调动水资源改善枯水期的用水情况。而长江下游地区一直以来是我国的经济高速发展地区,对长江流域生态资源开发利用需求较高,工业较多,破碎化程度也较明显。[2] 若各地区不对自己消耗的自然资源负责则会影响整个流域的公共资源。

长江流域地区间的发展不平衡,会引发各地对于经济发展权利和环境权利的冲突,目前正处于谋求发展的上游地区会出现经济发展优先于生态环境的选择。若不再限制上游的发展,这种"上游污染,中下游治理"的局面会使流域内生态环境的协同治理出现裂痕。

(三)司法、执法的协同内驱力不足

长江流域生态环境治理法规体系尚未健全,虽然目前国家层级上有《环境保护法》,流域层级上有《长江保护法》,地方层级上有《贵州省水资源保护条例》《重庆市水资源管理条例》,但《长江保护法》毕竟是国家层面出台的综合法律,对于流域内各地区的协同治理应当以流域为单位制定具体的协作依据,《长江保护法》的定位不明,且协同治理的程序和依据暂未明确规定,此外,还存在如环境生态修复、环境生态补偿等专项性的流域规范政策的缺位。

长江流域协调机制也尚未建立,协同的行政机关未明确,环境司法和行政执法的合作还未深入,司法协同、执法协同的内驱动力不足。虽然福建省创新

---

〔1〕 参见王礼茂、牟初夫、陆大道:《地缘政治演变驱动力变化与地缘政治学研究新趋势》,载《地理研究》2016 年第 1 期。

〔2〕 参见马建华:《长江流域水资源面临的形势与可持续利用对策》,载《人民长江》2010 年第 12 期。

地将司法与河长制结合,法官在司法审判的同时也承担法律咨询,联动执法的工作,将审判人员派驻到河长办公室,但合作有限。此外,还存在流域生态环境违法案件移送的困难,行政区域划分的司法体制对于跨区域的纠纷案件缺乏有效的联动。

(四)信息公开制度的不健全

长江流域立法和管理体制中缺少信息公开原则的具体保障,公众无法对流域内管理的政策法规以及生态环境信息进行随时查询,不利于公众参与决策过程,监督各地政府履行环保职责的相关情况。各地区政府之间也缺少沟通,若长江某段出现污染源,其他地区的管理机构可能无法及时得知相关信息,也无法及时作出应对,不利于长江流域环境的整体保护。

四、建议

(一)基于统一空间规划下的长江流域下协同治理机制

长江流域跨区域的协同治理应当是基于国土空间规划,规范流域内国土空间规划的管控能力,打破传统流域管理,不仅关注水系空间的局限,而且以空间要素为整体提升流域治理的系统性、综合性。长江流域下协同治理机制的客观基础是长江流域资源空间系统的合理结构性,在结构构建中,允许更多的人文因素参与进来,体现流域内资源间的普遍联系,在整个空间系统内考虑各因素的利益分布结构,环境对人类的合理付出阈值等。这其实包含了地理哲学和空间哲学的交叉应用,长江流域内协同治理首先需要考虑作为第一本性的自然禀赋,其次基于流域内地区发展的差异,还应当考虑作为第二本性的人类选择的聚集和区位概念。这种“人类选择”的聚集和区位对应的是自然资源载体的差异,其相应地点的自然资源在收益上产生差别,收益不一样,治理也不一样。长江流域中地理位置上的差异也在制约着自然资源管理,区域性引发出来的一个重要理论即区位论,探讨的是如何使地域布局达到最优化的问题,这些区域的概念在流域协同治理中表现为因地制宜。

长江流域协同治理建设中还应当回应公众对空间资源配置的合理诉求,在立法、司法和执法中应当将空间规划与风险管理相结合,如随着气候的变化,洪灾预见变得更加普遍,空间规划作为一种非结构性措施应当与洪水风险管理相结合并在立法、司法和执法予以体现。关注整个生态系统,预防可能的风险,一个流域是由不同生态系统组成的,源头治理应当转变为更注重生态系统完整性的治理,综合性的流域保护。

(二)促进多元主体协作,建立健全协调机制

流域系统包含自然系统、社会系统、经济系统,[1]考虑多元的共生界面。政府逐渐转换为激励者。政府不再是主导作用,而是在协同治理系统中起到协调作用,并通过相关的激励性政策促进其他主体自发地参与到长江流域的生态环境保护中来,企业可以自发地做到最低污染,使环境利益也是企业决策中重要考虑对象。政府和企业的协作可以通过自愿性环境协议实现,将自愿性环境协议作为政府的政策手段,以合作协议的方式确立环境保护。

无论是东京湾、纽约湾、莱茵河的合作治理机制,均可以看出多元主体的参与,私组织的参与,建立统一协调机制的重要性。长江流域生态环境的合作治理应当是在地方政府和地方组织合作的基础上,既发挥政府在制度保障上的重要性,又发挥非政府组织在监督方面的作用。除此之外,还要注重发挥沟通与协调机制,依托长江流域现有的机构,整合形成一个专门的流域管理机构,赋予流域机制实体权利和长江流域内的领导地位,充分发挥长江流域的经济作用,节约协同治理体系的运行成本与参与者之间的交易成本,通过设定合理的协调机制,还可以激励各方积极参与到环境治理中。通过一定的权力让渡和权力再构形成半官方型跨域治理机构,平衡长江流域内各地区各主体之间的心理博弈。首先,长江流域地区需要密切合作,建立起一套共同开发和治理流域生态环境的相关准则;其次,为了打破地域和部门之间的管理割裂、管理职能交叉等状况,在整个长江流域内上建立一个跨区域的协调机制,着力在资源分配和环境保护等方面开展区际协作,减少省际环境纠纷事件发生,实现区域内环境资源的开发和共享;最后,探索建立流域环境保护协作组织,形成一种整体性的合力。

(三)完善跨区域环境影响评价制度,加强立法、司法、执法的协同联动

构建体系化的长江流域生态环境协同治理,需要明确的法律依据,精准的

---

[1] 参见黎元生、胡熠:《流域系统协同共生发展机制构建——以长江流域为例》,载《中国特色社会主义研究》2019年第5期。

权责主体,规范的协同流程,完整的约束机制。

流域协同治理体系应当做到精细化和专业化合二为一,在长江流域建设中先将整体生态环境问题进行剖析,再对其进行详细分析和研究,关注环境权利,也关注经济发展,先从一个领域出发再逐个击破,针对单个污染单独立法,同时注重各个领域的联动,污染治理手段之间的相互联系,环境保护与经济发展之间的协调。具体到环境污染治理而言,正所谓合理的评估是确定污染的重要途径,环境影响评价是生态环境保护中不可或缺的一环,需要尽快建立流域内的环境影响评价机制。流域环境影响评价制度需要长江流域内各省市对有关项目进行跨区域环境影响评价,并将项目提交给长江流域生态环境管理机构进行评价和备案。这些政策都是需要法律制度来加以保障,流域内环境标准和监测标准也需要通过协同立法来统一,健全长江流域环境监测网络,流域内生态环境数据信息的发布和预警也需要以法律的形式落实下来。健全生态服务补偿理论,基于"谁污染、谁付费"原则,但还需要考虑长江流域上下游之间的经济发展差异,补偿应当是双向的,应形成绿色发展协同机制,避免同质化竞争。

考虑到流域的特殊性,司法上应当打破传统的区域司法体制。第一种模式是最高人民法院在《关于全面加强长江流域生态文明建设与绿色发展司法保障的意见》中指出的,基于跨行政区划管辖的优势,海事法院可以管辖长江流域内的环境案件。第二种模式是党的十八届四中全会提出的"探索设立跨行政区划的人民法院和人民检察院,办理跨地区案件",探索设立专门的流域法院和检察机关,流域内司法和辖区内政府形成协商联动,实现流域层面的司法协同机制,但在设立流域法院时需要明确划定受案范围和标准,区分流域法院管辖和地方法院管辖的边界。

司法为跨流域协同治理提供依据,但司法的流域性改革并非在流域治理框架下地方司法的单一改革,而是整合司法,体现流域司法的协同之理论。执法为司法的实现提供支撑,考虑到长江流域生态环境的特殊性,应当建立统一的执法机制,各区域形成联动,形成专门的执法体系。

(四)完善信息公开制度

正所谓环境污染监测是治理的前提。早在20世纪70年代,日本就在东京都政府设置了大气污染监测控制中心,一旦大气污染发生源监视装置监测到烟尘灰雾超标现象,工作人员就会向涉事的工厂发出警告。群众的主观反馈乃至社交网络关键字的大数据分析均可以成为环境监测的助力,这些监测数据通过各种渠道在各政府部门、市民、渔民、社会组织、学者等中充分共享。由横滨港湾空港技术调查事务所管理的东京湾环境情报中心在收集各单位环境数据的同时,也不断加强共享体制的建设,并与国土技术政策研究所主办的东京湾研讨会联合,及时向日本国内外公开数据。东京湾环境信息情报网站是一个以广泛和大家共享东京湾环境信息为目的而设置的信息网站,目前,东京都内一般环境大气和汽车排放的测量结果都会在东京都环境局的主页上进行实时公布。除了可以利用东京湾环境信息情报网站获取东京湾环境信息,还可以利用东京都港湾局运营的东京湾港湾信息系统,在线进行港湾设施等的使用许可申请和使用实绩查询。在长江流域生态环境的协同治理中应当充分发挥信息化的手段,建成互联互通信息系统,以便多元主体可以迅速查明污染源,相关治理机构采取及时有效的应急联动措施,将影响降到最低。长江流域内协同治理体系下的信息公开制度应当是由具有透明性、实时性等特点的流域信息平台,对流域治理经验、流域治理技术、流域执法信息无障碍共享,增强流域内的良性联动,提升整体性治理效能。

五、结语

协同治理,是指为实现长江流域内整体利益,长江流域内的多元主体协作,建立一个共建、共治、共享的流域内跨区域生态环境协同治理的整体格局,包括主体多元性、结构协作性、协同过程有序性、目标一致性。[1] 跨区域协调治理机制的建立、高效运转,需要一系列配套措施的配合,建立政府之间以及政府、市场与公众之间的信息共享公开制度,采取激励性政策的辅助,引进多元化的资金,健全市场调节机制,完善司法衔接制度。

---

〔1〕 参见彭本利、李爱年:《流域生态环境协同治理的困境与对策》,载《中州学刊》2019年第9期。

22. 长江司法保护职能理论研究

——以长江流域生态检察综合履职司法保护为例

宋孝洪*

内容摘要:2021年《长江保护法》实施以来,检察机关立足法律监督主责主业,综合运用刑事、民事、行政、公益诉讼检察职能,坚持依法打击与生态修复并行的理念,积极探索长江流域生态检察综合履职司法保护机制,为长江流域生态环境保护发挥重要作用,但目前仍存在机构设置不合理、履职重点不明确、协同配合不到位等问题。笔者以检察机关"四大检察"职能为视角,结合检察机关司法实践,探讨长江流域生态检察综合履职司法保护优化路径,为实施更高水平的长江保护提供理论支撑。

关键词:长江流域生态保护　检察综合履职　司法实践　优化路径　诉源治理

一、生态检察综合履职司法保护机制的概念

(一)生态检察的概念与内容

生态检察并非正式的法律概念和司法专门术语,理论界对此未形成统一称谓,笔者尝试从司法实践角度将生态检察概括为检察机关依法介入生态保护,通过发挥检察监督职能,保障环境法律法规得以执行和遵守的法律活动。[1]具体而言,生态检察包括检察机关办理生态环境和资源保护两个领域的案件,目前涵盖检察机关刑事检察、民事检察、行政检察以及公益诉讼检察"四大检察"职能,包括检察机关对破坏生态环境和资源保护的犯罪行为进行审查逮捕

---

* 宋孝洪,重庆市綦江区人民检察院检察五部副主任。

〔1〕 参见方印、李会朋:《生态检察权简论》,载《行政与法》2016年第10期。

和审查起诉;对人民法院在生态环境和资源保护领域的民事审判活动、民事执行活动是否违法进行监督;对人民法院在生态环境和资源保护领域的行政审判活动、行政执行活动是否违法进行监督;以及根据2017年修改的《行政诉讼法》《民事诉讼法》的有关规定,对破坏生态环境和资源保护的违法行为,如果该行为同时损害社会公共利益的,依法对其提起公益诉讼。检察机关作为国家公权力的代表和重要的司法机关在生态保护中发挥着重要作用,正确行使生态检察权有利于保障长江经济带的绿色高质量发展。

(二)综合履职司法保护机制的内涵

综合履职司法保护机制主要是将检察机关涉及生态环境领域的"四大检察"职能统筹运用,不再由刑事检察部门、民事检察部门、行政检察部门以及公益诉讼检察部门分别办理案件。综合履职司法保护机制,一方面强调由专门的检察部门或者机构办理生态环境领域案件,另一方面要求由同一名检察官或者同一个检察官办案组办理同时涉及"四大检察"职能的案件。例如,某企业非法排放污染物,涉嫌污染环境罪,适用检察综合履职司法保护机制,由检察机关专门的生态环境部门检察官进行污染企业涉嫌污染环境罪的审查逮捕、审查起诉,如果该企业的污染行为还造成生态环境损害,也由该部门的同一名检察官对污染行为提起刑事附带民事公益诉讼或者单独提起民事公益诉讼;同时,如果该污染行为还涉及行政执法或者行政诉讼,也由该检察官进行办理,对行政执法行为是否合法以及行政审判行为是否合法进行审查。这样的刑事、民事、行政、公益诉讼检察"四合一"融合办案模式,形成了生态保护由单向保护到双向、综合、全面司法保护的大格局,成为生态检察综合履职司法保护机制的核心内容。

二、长江流域生态检察综合履职司法保护机制的实践

(一)长江流域生态检察综合履职司法保护机制设计背景

长江流域横跨中国东部、中部和西部三大经济区,共计19个省(自治区、直辖市),是世界第三大流域,流域总面积180万平方公里。党的十八大以来,党中央高度重视长江大保护工作,把长江经济带发展摆在事关中华民族永续发展的战略高度。2021年3月1日,中国第一部流域法律《长江保护法》正式实施,

规定国家建立长江流域协调机制，统一指导、统筹协调、整体推进长江保护工作，明确各级政府及其有关部门的职责分工。但由于长江流域涉及的行政区域众多，对长江流域各类生态环境违法行为具有管辖权的行政权力也分属环保、规划与自然资源、水利、林业、农业等多个行政部门，地方保护壁垒、河流跨界污染现象仍然突出，长江流域生态环境保护仍呈现"分散化""碎片化"特点。而检察机关的法律监督职能涵盖各类行政执法、司法审判行为，监督面广，监督手段多，长江流域检察机关在《长江保护法》实施背景下，根据履职特点建立综合履职保护机制具有制度优势。但检察机关内部"四大检察"职能分属不同部门，履职行为同样存在分散性的缺点，故在长江流域检察机关内部实行综合保护机制具有很大的现实必要性。

（二）重庆市检察机关探索建立长江流域生态检察综合履职司法保护机制实践

重庆市是长江上游流域的重要生态屏障区，长江横贯重庆全境，长度达691公里。2018年8月，重庆市人民检察院第二分院根据渝东北三峡库区地理特点，因地制宜探索建立长江生态检察官制度，先后制定"刑事+公益"联合审查机制，出台线索管理、案件审批、重大疑难案件办理、检察建议落实等工作制度，统筹生态检察工作的沟通协调、业务指导和队伍建设，整合检察职能，以检察一体化的优势对长江流域生态环境进行系统性、立体性的司法保护。2021年8月，重庆市人民检察院在其第二分院探索建立的长江生态检察官制度实践经验的基础上，决定在全市全面推行长江生态检察官制度，进一步整合检察机关刑事、民事、行政、公益诉讼"四大检察"职能，实行"四大检察"一体化集中办案模式，重庆市三级检察机关44个长江生态检察官办公室同时挂牌履职，实行"以刑事检察为先导，以公益诉讼为主导，以民事、行政检察为补充"的办案模式，配备长江生态检察官，集中统一履行破坏环境资源保护犯罪刑事检察、环境资源保护公益诉讼检察（限刑事附带民事公益诉讼）和环境资源民事行政检察监督职能。[1] 2023年5月，重庆市人民检察院印发《重庆市检察机关深化改革推进长江生态检察官制度实施意见》，不断优化长江生态检察官组织体系、制度体

〔1〕 参见满宁、马弘、陈波：《重庆：全市推行长江生态检察官制度》，载《检察日报》2021年7月30日，第1版。

系、工作体系,构建起以公益诉讼为主导,联动刑事检察、民事行政检察一体发力的生态检察工作新格局。

(三)长江流域生态检察综合履职司法保护机制办案现状

重庆市检察机关坚持生态保护系统思维,整合四大检察职能,全面运行长江生态检察官制度。目前长江生态检察官办公室案件办理模式主要有三种:一是专组专办,即由专门的办案组办理环境资源类案件,不办理其他类别案件;二是专部统办,即设置专门的部门办理环境资源案件,统筹履行生态检察职能;三是专组兼办,即抽调人员组成长江生态检察官办公室,以专案组模式负责环境资源案件办理,并兼顾办理其他刑事案件。同时,重庆市人民检察院在全市组建环境资源刑事检察和公益诉讼两个专业团队,放大"刑事 + 公益"叠加效应,对重大疑难复杂环境资源案件,发挥专业团队力量集中指导,对跨区划案件抽调优势力量集中办理。重庆市检察机关制定下发《长江生态检察官办案规程(试行)》,为规范化办案提供指引,统一编撰长江生态检察官常见规定、常见问题一本通等实操手册,指导司法实践。通过一系列的改革和措施,重庆市长江生态检察官制度取得一定成效,办案周期明显缩短,效率显著提高,在坚持依法打击的基础上,生态修复效果越发明显,特别是在打击非法捕捞水产品相关违法犯罪行为上,综合运用增殖放流、护河巡河等方式有效保护了长江流域渔业资源。

三、长江流域生态检察综合履职司法保护机制的优势分析

(一)有利于解决重刑事打击轻生态修复的问题

在 2017 年 7 月检察公益诉讼制度正式出台之前,检察机关在办理生态环境和资源保护刑事案件中,大部分只关注行为人的违法行为是否构成犯罪以及量刑轻重的问题,很少思考被破坏的生态是否需要修复以及修复效果。2017 年在国家层面也出台了《生态环境损害赔偿制度改革方案》以及多个实施细则,规定可以由政府指定的权利人代表国家要求违法行为人对生态环境损害进行赔偿。但是由于生态环境损害赔偿程序较为复杂,缺乏刑事案件协同,指定权利人启动程序积极性不高,大部分案件移送给公安机关进行追究刑事责任后未启动生态修复。2012 年修改《民事诉讼法》时规定生态环境保护社会组织等

可以对破坏环境的违法行为单独提起公益诉讼，但是也受限于人员力量不足、执法信息存在壁垒、协作配合力度不够等问题积极性不高。而检察公益诉讼制度建立后，长江流域检察机关可以通过综合履职保护机制，由长江生态检察官对破坏环境的违法行为提起刑事公诉的同时，也提起刑事附带民事公益诉讼，将违法行为人修复生态环境的情节作为认罪认罚从宽、量刑建议的重要考量，发挥刑事案件与公益诉讼的协同配合作用，既充分体现了检察机关在刑事案件中的主导地位，也大大提高了违法行为人修复生态的积极性以及生态修复效果，有效扭转重刑事打击轻生态修复的局面。

（二）有利于统一执法司法标准和实现专业化司法

长江流域生态检察综合履职保护机制的核心是强调综合履职，关键在于体现专业化司法。在未出台生态检察综合履职保护机制以前，检察机关生态检察案件实行随机分案。在办案规模大、检察官人数多的基层检察院，基本上每个刑事检察官都会办理生态检察案件，相关刑事责任追究、起诉标准、量刑幅度等会出现较大差距，有涉及较为严重的污染环境犯罪仍作轻微犯罪不起诉，有轻微的非法捕捞行为仍判处实体刑罚，执法司法标准不统一。而由专门的长江生态检察部门或者专业的长江生态检察官办理涉及长江生态类的司法案件，形成统一的办案规范或者工作机制，出台生态检察类刑事案件常见罪名量刑标准，有利于统一一个地区或者全省、全市的司法标准，改变执法司法尺度不一的现象，提升生态环境领域检察公信力。组建选拔专业化的长江生态检察官，充分发挥人才、专业优势，通过持续的人才培养、专业化的业务培训，形成长江生态检察专业团队，发挥检察一体化优势，三级检察机关统一调度使用辖区长江生态检察官，有利于集中力量办理重大、疑难复杂的生态环境案件，为长江流域生态环境保护提供检察力量、贡献检察智慧。

（三）有利于实现长江流域生态环境保护工作的诉源治理

检察机关“四大检察”职能涵盖生态环境保护执法司法工作的全过程，综合履职保护机制能够将“四大检察”职能统筹综合运用，对违法犯罪行为的立案查处、行政执法、刑事责任追究、审判执行、生态修复等多个环节实行全链条监督。建立专业性长江生态检察官团队，能够让办案人员从单个司法办案程序中发现其他领域办案线索，从多个角度、不同办案方向填补生态环境保护工作的执法漏洞,特别是公益诉讼检察的主导作用,让生态修复已不再是治理难题。长江流域生态检察综合履职保护机制有利于加强长江流域检察机关与环保、水利、农业、自然资源等涉及生态环境保护工作行政执法机关的协同配合,延伸法律监督触角,强化生态环境问题的源头治理,检察机关可以对发现的生态环境管理制度漏洞问题制发社会治理检察建议,督促执法部门完善机制。近年来,从中央到地方全面推行的“河(湖、林)长+检察长”制度,其本质上也属于检察机关以司法办案的方式参与到生态环境的社会治理工作中,与行政执法部门共同探寻生态环境保护的有效路径。对于一些跨区域的环境污染问题,检察机关可以通过线索移送、跨区域协作联合治理,如重庆市专门成立两江地区人民检察院,专门管辖长江流域跨区域生态环境公益诉讼案件,既能有效解决地方政府过度干预问题,也能联动不同区划行政执法机关积极依法履职。综合履职机制将原本较为分散的检察职能进行集中行使,用更加现代化的司法方式治理生态环境保护工作难题,系以法治思维助力提高生态环境治理水平的有益探索。

四、长江流域生态检察综合履职司法保护机制的困境与问题

(一)“四大检察”职能协同力度不够

1.刑事检察先导作用发挥不够充分。生态检察综合履职司法保护机制实行“以刑事检察为先导”的模式,刑事案件前期已将案件证据基本固定,案件事实基本查清,检察机关可以从刑事案件办理中延伸出其他民事、行政、公益诉讼案件线索,提升综合履职效率。然而目前存在生态环境领域刑事检察先导作用发挥不够充分的状况,如提前介入侦查不够及时,侦查机关往往只关注刑事案件中行为人的行为是否构成犯罪,收集证据也集中在构成犯罪标准问题上,很容易忽略生态环境损害程度以及损害数额等量化指标。生态环境案件侦查完毕后,检察机关再去收集监测数据、污染物浓度等证据,已不能准确反映生态损害的最初状态,对后续提起刑事附带民事公益诉讼造成障碍。又如行政机关在查处生态环境违法行为时,对一些已经构成刑事犯罪的案件仅作行政处罚处理,未移送公安机关进行刑事打击,存在以行政处罚代替刑事责任的情况,公安机关也对符合刑事立案的生态环境违法行为不进行刑事立案,检察机关缺乏对上述情况的立案监督,源头监督存在盲区。

2. 公益诉讼主导作用未充分彰显。构建以公益诉讼为主导的办案模式系长江流域生态检察综合履职司法保护机制的核心内容,以公益诉讼作为主导可以突出生态环境案件"治理修复为根本"的办案目标。当前的生态检察综合履职司法保护机制运行过程中,检察机关仍过多依赖生态环境领域刑事案件办理,未充分从刑事案件中挖掘民事公益诉讼和行政公益诉讼线索,特别是行政公益诉讼线索。一个生态环境违法犯罪行为的发生,往往也和行政机关平时监管不力、查处不及时以及存在监管制度漏洞有关,这种情况可以发挥行政公益诉讼职能对行政机关进行监督。如行为人非法倾倒危险废物,该行为被公安机关查处移送检察机关审查起诉后,倾倒的危险废物一直未进行清理处置,如果行为人没有清理和赔偿能力,环境保护主管行政机关具有代为清理的职责,此时检察机关可以通过行政公益诉讼方式督促生态环境部门代为清理,而实践中往往忽略此种监督方式,造成环境持续处于受侵害状态。另外,在案件办理过程中,未将行为人是否进行生态修复或者生态损害赔偿作为刑事案件处理的重要考量,导致一些案件在未修复生态的情况下检察机关仍作出情节轻微相对不起诉的决定,未突出修复优先的公益诉讼理念,公益诉讼主导作用逐步被弱化。

3. 民事行政检察补充作用出现"缺位"。"四大检察"职能协同力度发挥不够,其中最明显的就是民事行政检察出现"缺位"情况,很多地方的检察机关基本上没有办理过生态环境领域民事行政检察案件,或者说民事行政检察案件量极少。虽然在生态检察综合履职司法保护中民事行政检察只是一个补充作用,但是这种补充作用还是有一定重要性的。如对生态环境领域民事、行政审判活动的监督,尤其对生效裁判的监督,这对生态环境保护就相当于最后一道司法防线。在生态环境民事行政检察案件办理中,对执行活动的监督也是综合履职的重点。司法实践中存在环境污染了,责任法院判决了,但是生态未得到修复的现象,这一方面和违法行为人没有赔偿能力有关,但也有相当一部分系执行人员未依法严格执行生效裁判导致的,如查封财产不及时、不全面,采取限制消费措施,将违法行为人纳入失信被执行人不及时等,而检察机关也未重视对生态环境司法执行活动的监督。在生态环境领域行政检察案件中,因行政机关执法程序不当,导致行政相对人提起行政诉讼后,行政机关败诉的现象不少见,而检察机关通过行政检察建议纠正行政机关错误执法行为的情况也偏少。

（二）办案人员专业性不强

1.生态环境领域专业人才匮乏。目前从事长江流域生态检察工作的人员大多具有法律专业知识，但是具备生态环境领域专业知识的人员较为匮乏，如重庆市某区检察院法律专业干警有68人，而生态环境专业的干警仅有1人。而生态环境领域的司法工作与其他普通的案件相比，更具有专业性、复杂性，需要结合生态环境行政法规以及环境影响评价等专业知识综合判断，专业人才的匮乏导致部分案件处理不够准确，一定程度上影响生态环境法律法规统一正确适用。

2.“四大检察”综合履职人才不足。检察机关“四大检察”职能中，一般将其分属为刑事、民事行政、公益诉讼检察职能三个部门。而生态检察综合履职司法保护机制成立的专门团队或者办案组的检察官，大多只有刑事检察或者只有公益诉讼检察工作经验，同时拥有“四大检察”工作经验的人员极少，这也对实现综合履职的初衷造成一定阻碍，影响着综合履职效率和案件办理质效。

3.专业知识更新不足。生态环境领域案件一个明显的特点就是法律知识更新很快，大多为行政犯罪，如2023年国家林草局公布新的“三有”名录，已经将野猪等调出“三有”名录，现在狩猎野猪行为的犯罪认定已经发生变化，受制于办案思维的限制，检察办案人员很多时候不能及时更新法律知识，对狩猎野猪的行为仍按照陈旧的思维进行刑事责任追究或者提起生态损害赔偿公益诉讼。

4.鉴定难问题较为突出。生态环境领域案件在司法鉴定方面存在鉴定费用高、鉴定机构少、鉴定难度大以及办案人员审查鉴定意见的能力不足等问题，特别是检察机关内部缺乏专业的鉴定机构和鉴定人才，导致很多案件应当进行生态修复或者被提起生态损害赔偿诉讼，因鉴定原因未进行修复或提起诉讼，严重影响生态环境案件办理效果。

（三）法律监督触角延伸不广

1.法律知识普及不够。生态环境领域案件存在一定的机械办案思维，办案人员只依照僵硬的法律条文办理案件，未结合特定背景下案件所产生的社会效果。如在西部偏远的农村地区，大部分村民对电捕鱼以及砍伐红豆杉、楠木等国家重点保护植物的认识不足，从推定主观明知角度大多也能认定犯罪，但如果不结合行为人的主观认知程度、当地的宣传教育状况以及重点植物的生长环境等因素综合考虑，可能达不到生态环境领域案件要求的法律效果、社会效果、生态效果有机统一。

2. 检察监督缺乏刚性。针对办案过程中发现的生态环境领域执法监管漏洞等普遍性问题，检察机关可以向执法监管部门制发社会治理检察建议，但社会治理检察建议刚性不足，检察办案人员发现问题后提出建议针对性不强等，导致被建议单位整改效果不佳，相关制度机制建立不完整，类似案件仍时常发生。同时，由于生态环境领域的问题整改成本较高，检察办案人员碍于工作情面和地方经济考虑，经常以口头督促代替法律监督，对一些深层次的生态环境问题未进行根本性解决。

3. 内外联动力度不够。检察机关办理生态环境领域案件需要行政执法机关的配合和支持，特别是环境污染、非法占用农用地、非法采矿等专业性较强的案件，但由于执法数据、执法信息互通共享方面存在阻碍，加之生态环境领域违法犯罪案件的查处周期较长，检察机关和行政执法机关的配合协作不够深入，未形成打击合力。跨区域和跨流域问题也影响着生态检察综合履职效能，长江流域河流支流众多，各地区执法标准存在差异，上游污染下游问题时有发生，各区域的检察机关联动性不足，对跨区域污染治理收效甚微。〔1〕

（四）法律适用等司法实务问题有待进一步解决

长江流域部分地区人民法院专门设立环境资源审判庭集中管辖相邻几个地区的生态环境案件，检察机关也曾探索由专门管辖法院对应的同级检察机关集中管辖生态环境类检察案件，但由于存在审查逮捕在案发地、审查起诉在集中管辖地；审查逮捕、审查起诉职能分离；案发地检察机关考虑逮捕案件犯罪嫌疑人后，集中管辖地检察机关作出不起诉处理，出现应当逮捕而未逮捕的情况等问题。〔2〕之后，检察机关内部不再对生态环境案件实行集中管辖，变为直接由案发地检察机关向集中管辖法院提起诉讼，但此时各地区检察机关起诉标准不统一，量刑标准差异大，提起公益诉讼的条件也各有不同，导致集中管辖法院

〔1〕参见穆书芹、赵春蕾：《长江流域生态保护检察公益诉讼实践探析》，载《中国检察官》2019年第15期。

〔2〕参见徐胜萍、曾佳：《论环境资源案件跨区域集中管辖制度的完善》，载《华东师范大学学报（哲学社会科学版）》2017年第1期。

出现同类案件有不同判决的情况。最明显的就是用电、毒、炸方法非法捕捞水产品破坏鱼类生态的案件,至今长江流域各地司法机关仍未形成统一的起诉、量刑标准,对于刑事责任与民事责任承担主体不一致的案件,能否提起刑事附带民事公益诉讼,各地司法机关也未达成统一意见。

五、长江流域生态检察综合履职司法保护机制优化路径选择

(一)进一步统筹综合运用“四大检察”职能

1.刑事检察先导作用进一步靠前发挥。检察机关在刑事案件办理过程中处于主导作用,而生态环境领域刑事案件的办案可以将检察机关主导作用扩充至先导作用,延伸至案件的侦查阶段,特别是要做深做实刑事案件提前介入侦查。一方面,要指导公安机关将生态环境刑事案件的证据收集完整,及时固定污染现场、污染物及污染指数等客观证据。另一方面,要注重引导公安机关收集生态环境损害程度及量化指标的证据,对生态环境损害数额及修复方式进行鉴定和评估,为后续开展生态损害赔偿和提起生态环境民事公益诉讼做好充分准备。[1] 同时,要建立健全行政执法与刑事司法衔接制度,在现有的“两法”衔接平台基础上,检察机关要加强对生态环境领域行政执法案件信息的核查,监督行政机关依法移送犯罪线索,防止以行政处罚代替刑事责任追究,提升对公安机关生态环境领域刑事案件立案监督和撤案监督的力度,用刑事检察职能先行拓展生态检察综合履职司法保护路径。

2.让公益诉讼成为生态检察办案“必选题”。检察机关在办理生态领域的刑事、民事行政检察案件过程中,必须全面审查是否有公益诉讼案件线索,特别是需要在案件审查报告中单独说明,只有突出公益诉讼主导作用,才能让公益修复、生态修复作用进一步彰显。公益诉讼与刑事责任相互协同配合,既能够让刑事案件事实得到全面查清,也能以刑事责任的追究促进生态损害行为人修复生态环境的主动性,还能让行政监管机关提高对同类生态环境违法行为的监管力度。在全面推行认罪认罚从宽制度的背景下,检察机关应在生态环境领域广泛应用认罪认罚从宽制度,将犯罪嫌疑人是否履行生态修复责任作为刑事案

[1] 参见姜红舸、孟祥凤:《检察机关开展长江生态环境资源保护公益诉讼实务研究》,载《中国检察官》2019年第16期。

件量刑的重要参考，并且可以探索替代性修复责任，如公益劳务代偿、碳汇购买、增殖放流等多种形式的公益修复方式，对未完全履行生态修复责任的，依法提起刑事附带民事公益诉讼或者单独提起民事公益诉讼，将生态环境公共利益最终是否得到切实有效维护作为生态环境案件办理成效的检验标准。

3. 加强对生态环境领域民事行政案件审查力度。提升对生态环境领域民事行政案件司法审判活动的监督水平，重点对行政非诉执行、生态环境领域案件具体执行活动进行监督，及时审查法院在生态环境领域诉前禁制令、财产查封、扣押程序是否合法；采取司法强制措施是否及时；特别是检察机关提起的民事公益诉讼和行政公益诉讼案件，法院是否按照《人民陪审员法》依法组成7人制合议庭审理，判决后是否依法及时移送执行。在行政检察案件中，重点审查行政相对人提起行政诉讼后生态环境主管部门败诉案件，查找行政机关在执法活动中存在的违法问题，属于公益诉讼案件线索的依法制发诉前检察建议，属于普遍性问题的制发社会治理检察建议推动行政机关整改。

（二）着力提升生态环境检察综合履职专业能力

1. 以生态环境领域专业人才助力检察综合履职。检察机关要加大对生态环境领域专业人才的培养和吸纳，一方面，要着重招录或者选调同时具有法律专业知识和生态环境领域专业知识的人员，既要补充生态检察综合履职队伍的专业性，又要加强现有办案人员在生态环境领域方面专业知识的培训，提升办案人员双重履职能力。另一方面，检察机关需要继续完善特邀检察官助理制度，聘请具有生态环境领域专业知识和执法工作经验的人员担任检察官助理，借助外力化解办案过程中遇到的专业性难题，与生态环境行政机关互派人员挂职锻炼，扩充检察公益诉讼志愿者队伍。

2. 专项培养“四大检察”综合履职办案人员。长江流域生态检察综合保护机制是在《长江保护法》实施背景下所产生的特殊制度，应当专门培养具有“四大检察”职能工作经验的检察人员，逐步建立由同一检察官或者同一办案组统筹办理涉及“四大检察”职能的生态环境案件。检察机关内部可以对相关人员进行轮岗训练，比如刑事检察岗位与公益诉讼、民事行政检察岗位进行定期轮岗，从轮岗人员中选出能够统筹运用“四大检察”职能办理生态环境领域案件的优秀人员，组建成为长江生态检察官办案团队，以专业队伍建设服务保障长江经济带发展。

3. 加大业务培训及知识更新力度。生态环境领域法律法规规定变化快,办案人员需要及时学习最新的法律法规条款,掌握最新的司法办案标准。检察系统内部需要及时组织生态环境领域法律法规变化的业务培训,适时与公安机关、人民法院联合同堂培训,就生态环境领域的司法实务问题形成统一法律适用标准。

4. 优化生态环境司法鉴定制度。一方面,检察办案人员需要提高审查鉴定意见以及专家评估意见的能力,特别是要注意分析鉴定方法、依据标准是否准确以及检测样本是否受到污染等问题。另一方面,机关内部要加快建立快速检测、污染物分析、生态损害赔偿等司法鉴定机构,减少因鉴定费用过高而放弃启动生态损害赔偿公益诉讼的情况,深化落实与社会鉴定机构实行先鉴定后收费机制,减轻办案费用成本。

(三)以新时代检察视野延伸生态环境领域法律监督触角

1. 以"生态效果"引领生态环境领域案件办理。在办案中要具体结合案件的实际情况分析社会危害性,认真分析行为人主观认知与当地百姓的普遍认知程度,区分情况酌情进行处理。在司法实践中,可以加大以案普法力度,与法院共同以巡回审判形式深入案发地巡回审理发生在农村地区的生态环境违法犯罪案件,以生态保护宣传、生态责任承担、生态修复效果推动老百姓提高生态保护意识,提升农村地区对电捕鱼、破坏国家野生动植物等生态环境违法犯罪行为的社会危害性认识,填补生态环境保护工作在农村地区的薄弱环节。

2. 以"能动检察"促进生态环境领域案件诉源治理。检察机关在办理生态环境领域案件中,要充分发挥主观能动性,依法能动履职,对办案过程中发现的执法监管漏洞、制度缺失等普遍性问题,依法向执法监管部门制发社会治理检察建议,符合制发公益诉讼诉前检察建议的,依法制发诉前检察建议督促整改到位。要强化精准监督,提升检察建议的针对性、可行性,对诉前检察建议未整改到位的依法提起行政公益诉讼,实行全链条监督,督促法院执行公益诉讼判决,及时保护受损公益。对行政机关不配合调查取证、不落实生态环境领域检察建议的情况,向上级检察机关和同级人大、党委报告,依法移送违纪违法线索,提升检察建议刚性作用。

3. 以"内外协同"推动形成长江流域生态环境保护合力。建立健全检察机关与生态环境领域行政执法机关在执法数据、联合调查取证、信息互通互享等方面的协作制度,注重从行政执法案件中挖掘民事公益受损线索。特别是追究行为人刑事责任、行政责任证据不充分的案件,如果适用民事诉讼中关于生态环境侵权举证责任倒置的规定,能够追究其民事责任的,检察机关应当加强与行政机关沟通,通过支持赔偿权利人启动磋商程序或者支持起诉等,追究违法行为人生态损害赔偿责任形成保护合力。[1] 建立跨辖区检察机关与行政机关联合执法机制,对跨流域污染的案件组成联合办案组,形成流域污染治理保护合力。

(四)提升综合履职效能以适应生态环境案件集中管辖

生态环境案件实行集中管辖的目的是提升司法审判的专业性,突出司法对生态环境保护的重视,而长江流域生态检察综合司法保护机制同样是为了提升检察机关在生态环境保护方面的专业能力,发挥检察职能促进生态治理。对于集中管辖带来的法律适用标准不统一问题,可以尝试由集中管辖地区的人民法院和检察机关共同制定办案参考标准,对非法捕捞水产品等常见罪名出台起诉标准、量刑标准以及生态修复标准,对刑事责任追究主体与民事责任承担主体不一致以及生态环境领域单位犯罪能否提起刑事附带民事公益诉讼的问题,从节约司法审判资源、提高诉讼效率、有利于全面查清案件事实的角度,可以尝试放宽适用条件。在刑事责任追究程序中一并解决民事生态损害赔偿责任问题,针对特别复杂的案件,为了不影响刑事案件审理进程,也可以单独提起民事公益诉讼。

六、结语

建立长江流域生态检察综合履职司法保护机制,是检察机关立足法律监督主责主业,深入贯彻党中央关于长江大保护工作重要指示的具体体现。将"四大检察"职能统筹运用、综合履职,有利于在《长江保护法》实施背景下,联动各级生态环境部门、执法司法机关形成监管合力。目前该制度还属于建立的初期

---

〔1〕 参见周光富:《长江上游流域检察协同治理的检视与完善》,载《中国检察官》2022 年第 7 期。

阶段,运行过程中会遇到各种不同的司法难题,需要长江流域各级行政机关、公安机关、检察机关和审判机关协作配合,共同努力解决问题。同时也需要检察机关内部形成统一的运行规范,总结出一套在长江流域检察机关可复制、可推广的宝贵经验,为长江全流域生态环境保护工作提供参考遵循。也希望更多的专家学者以及一线检察办案人员在总结实践经验的基础上,提出更加具有操作性的完善措施,以推动长江流域检察机关切实履行对长江母亲河的司法保护责任。

23. 长江基层环境行政公益诉讼的制度困境与出路：以武汉市青山区人民法院环境行政公益诉讼案例为视角

朱方宇* 李 睿**

内容摘要：长江环境行政公益诉讼面临诉讼目标偏重、履职标准混乱、检察建议模糊的困境。基层长江环境行政公益诉讼因主观、客观双重因素更受桎梏，司法机关倾向于以较严格的环境行政公益诉讼标准要求基层环境行政机关，并倾向于追求否定性诉讼评价，这不利于长江基层环境行政权良性发展。以湖北省武汉市青山区人民法院受理的相关案例为分析样本，反映出长江基层环境行政公益诉讼流域一体化司法保护体系尚未形成。未来长江基层环境行政公益诉讼在判定行政机关履职情形时应以实质行为为标准，明确检察建议内容，同时避免“确认违法”与“履行职责”诉讼请求或判决内容并用。此外，需在程序上探索流域整体衔接，以实现长江环境行政执法与司法的一体化分工协作。

关键词：长江保护法　环境行政公益诉讼　流域司法　长江生态环境

《长江保护法》为我国首部专门性流域法律，同时也是将流域空间立体化进行立法保护的首次尝试，其以流域整体系统观出发[1]，打破了“九龙治水”的流域碎片化保护局面。《长江保护法》为长江保护的统领性法律，以基本原则、事权配置、制度体系为内容，并需要长江环境行政执法与司法分工协作以实现长江人与自然和谐共生的长久目标。此外，最高人民法院发布有关会议纪要、

---

* 朱方宇，武汉市青山区人民法院审管办主任，一级法官。

** 李睿，武汉市青山区人民法院审管办五级法官助理。

〔1〕 参见秦天宝：《我国流域环境司法保护的转型与重构》，载《东方法学》2021年第2期。

司法服务和保障意见、典型案例,最高人民检察院也陆续发布长江专门典型案例,如“服务保障长江经济带发展典型案例”“长江流域非法捕捞水产品犯罪典型案例”以细化长江环境司法的实体标准、程序规则。环境行政权与司法权的衔接成为未来贯彻落实《长江保护法》的应然议题。除了通过环境民事公益诉讼、生态环境损害赔偿诉讼对破坏长江生态者进行规制之外,长江庞大的流域空间特征决定了环境行政权的有效发挥方为长江保护的重要抓手。2015 年起,我国逐渐确立了行政公益诉讼制度,形成了“监督行政 + 维护公益”的二元目的[1],最高人民法院、最高人民检察院发布的典型案例中不乏环境行政公益诉讼案例。虽然长江环境行政公益诉讼制度随着案例的丰富而趋于完善,但在基层诉讼中仍然面临着内涵不清、程序虚置等难题,进而导致“选择性诉讼”现象普遍,诉讼请求、判定标准都缺乏统一指引,不利于行政权与司法权的良性互动,更有学者指出环境行政公益诉讼中可能存在司法机关“代为执法”的越权风险。[2] 对此,应当厘清环境行政公益诉讼“维护国家和社会公共利益”之追求,以帮助优化行政权全面依法行使为原则,完善实体构造与程序机制。笔者以近年来湖北省武汉市青山区人民法院受理的环境行政公益诉讼为样本,分析基层环境行政公益诉讼的有益探索以及一般困境,并给出有关调适建议,以期助力“共抓长江大保护”的实践发展。

一、长江基层环境行政公益诉讼的一般困境

我国环境行政公益诉讼自 2015 年起开始探索,由最高人民检察院印发的《人民检察院提起公益诉讼试点工作实施办法》(已失效,以下简称《试点办法》)和我国《行政诉讼法》等规范确立了制度构造,人民检察院在发现生态环境和资源保护领域负有监督管理职责的行政机关违法行使职权或者不作为,致使国家利益或者社会公共利益受到侵害的,可以发出检察建议,在不依法履职的情形下提起诉讼。《长江保护法》颁布后,长江环境行政公益诉讼迅速发展成为“监督执法”的主要方式,通过诉讼将检察院与行政机关列为两造,以督促

---

〔1〕 参见杨雷:《环境行政公益诉讼制度目的的反思与调适》,载《西部法学评论》2023 年第 1 期。

〔2〕 参见刘超:《环境行政公益诉讼的绩效检视与规则剖释——以 2018 年 140 份环境行政公益诉讼判决书为研究样本》,载《甘肃政法学院学报》2019 年第 6 期。

行政机关履行源自国家环境保护义务的监督与管理职责。[1] 然而长江具有流域的跨区性、整体性等特征,上中下游、河道的不同岸间的生态环境因子具有传导效应。因此,长江的基层环境行政公益诉讼不仅面临着环境行政公益诉讼规范供给不足的困境,同时还需要应对检察公益诉讼效能不足、"公共利益"认定标准模糊、检查介入时效性不足等特殊问题。[2]

(一)制度目标的偏重

根据《试点办法》《行政诉讼法》,目前环境行政公益诉讼的制度目标为学界达成了监督行政和维护公共利益的共识。[3] 与环境民事公益诉讼以"损害填补"为根本目标不同的是,环境行政公益诉讼更注重司法权对行政权的督促,诉讼的目的是促进行政职能的有效发挥,这一目标在试点期间便已得到体现,如《试点办法》第 40 条规定,公益诉讼提起之前,就必须提出检察建议,"督促其纠正违法行为或者依法履行职责"。在试点期间,试点地区检察院提起的 638 件行政公益诉讼中,其中有 401 件通过诉前检察建议程序就达到了监督效果。之所以强调环境行政公益诉讼的诉前程序,是基于比起通过诉讼强调行政机关的责任过错,督促其履职才是行政公益诉讼的核心目标。

环境行政公益诉讼的另一目标是维护公共利益,《行政诉讼法》第 25 条通过列举式明确了公益诉讼在生态环境和资源保护、食品药品安全、国有财产保护、国有土地使用权出让领域的适用,皆涉及"国家和社会利益"。然而"公共利益"或是"国家和社会利益"属于抽象化的概念,其内涵有着笼统性、概括性,为"高度形式化的概念工具"[4]。这一目的的抽象、主观特征使检察机关在提起诉讼时具有高度选择权,进而产生"选择性诉讼"的特征。而在案件审理过程中,"表现为对一段完整行政法律关系中若干行政行为的选择和拼接"[5]。由此,在裁判结果认定时,则表现为对所涉行政行为的概括性评价,同时要求其履职以维护公共利益也极具模糊性。

---

〔1〕 参见陈海嵩:《国家环境保护义务的溯源与展开》,载《法学研究》2014 年第 3 期。

〔2〕 参见张国强、张雷、谢文飞:《偏远山区生态环境行政公益诉讼诉前检察建议的困境与应对——以武陵山区 2022 年办案实践为样本》,载《中国检察官》2023 年第 9 期。

〔3〕 也有学者指出,这种二元目的造成了被诉主体范围限缩、依法履职底线不明、公益救济衔接不足的问题。参见杨雷:《环境行政公益诉讼制度目的的反思与调适》,载《西部法学评论》2023 年第 1 期。

〔4〕 杨雷:《环境行政公益诉讼制度目的的反思与调适》,载《西部法学评论》2023 年第 1 期。

〔5〕 杨雷:《环境行政公益诉讼制度目的的反思与调适》,载《西部法学评论》2023 年第 1 期。

基层行政机关是环境行政公益诉讼的主要针对对象,有学者一针见血地指出这是检察环境行政公益诉讼的“诉讼舒适圈”,其原因可能源于地方保护主义、政治考核压力,或者是起诉的便宜程度。[1] 长江流域目前的环境行政公益诉讼中,基层行政机关被诉情形也占据了绝大部分。如在《最高人民检察院发布12件检察机关服务保障长江经济带发展典型案例(第四批)》中,半数以上的环境行政公益诉讼被诉机关为基层行政机关。

环境行政公益诉讼的两个制度目标在设计之初应为平行关系,检察机关通过检察权的行使督促环境行政是为了更好地发挥行政机关环境公共事务的监督管理职责,而为了维护公共利益,司法机关也必须通过司法程序监督行政机关,而不能介入行政裁量范畴,更不能代行环境行政权。然而,在实践中环境行政公益诉讼逐渐出现了制度目标的偏重,即更强调对公共利益的维护,弱化了其督政功能的发挥。比如检察机关制作模糊、标准不明的诉前检察建议,以概括性的“履行法定职责”“维护公共利益”为建议内容。或者即使基层环境行政部门进行整改履职,检察机关仍然提起环境行政公益诉讼。也有的检察机关偏重将“确认违法”为诉讼请求,无视环境行政机关在诉前程序中的履职调整行为。[2] 督促行政的实质性调整是检察机关提起环境行政公益诉讼的根本之义,重心在于诉讼程序过程以及之后行政机关的职能实现,而非在于对过去行为的形式评价。

(二)履职标准的混用

基于行政权与司法权的分工,在环境保护领域,环境行政机关具有高度专业性,基于司法尊重原则,司法机关不能介入行政权的自由裁量范畴,即使环境保护在当前具有特殊地位,但“不存在当然的理由将环境公益保护置于其他类型的公益保护之上”[3],因此在环境行政公益诉讼中,检察机关一般不对行政作为提起诉讼,主要针对环境行政不作为,一般属于“给付诉讼之课予义务之

---

〔1〕 参见梁春艳、杨琳:《我国环境行政公益诉讼制度“国家化”的反思——以483份环境行政公益诉讼案件为例》,载《江西理工大学学报》2023年第2期。

〔2〕 参见刘超:《环境行政公益诉讼的绩效检视与规则剖释——以2018年140份环境行政公益诉讼判决书为研究样本》,载《甘肃政法学院学报》2019年第6期。

〔3〕 杨雷:《环境行政公益诉讼制度目的的反思与调适》,载《西部法学评论》2023年第1期。

诉”,[1]判决结果包括确认违法和责令履职职责两大类。而判断环境行政机关是否履职,存在行为标准和结果标准两种标准。行为标准即在判定时从环境行政机关是否作出履职行为出发。《人民检察院公益诉讼办案规则》(以下简称《办案规则》)第82条规定了7种未依法履职的判定情形,明确了行为标准指的是实质行为,如第二种情形指的是行政机关制定了履职整改措施,但并未实质执行。结果标准则从生态环境受损、侵害结果来判断环境行政机关的履职状态。

行为标准与结果标准各从不同角度论证其合理性,行为标准将环境行政履职视为“连续性、动态性的生态环境监管行为”[2],奉行行为标准能够界限分明地尊重环境行政权与司法权的分工,同时也能够避免对环境行政机关附加过于严苛的履职目标。但是其缺陷为即使经历环境行政公益诉讼,生态环境损害状态与结果仍然可能存续。结果标准则能够严格从生态环境的有效保护出发,督促环境行政机关组合运用行政执法手段与处罚措施来治理生态环境问题。但是其缺陷则是在某些情况下,可能给环境行政机关带来过多的责任,甚至可能将第三人之过错转嫁于环境行政机关。

长江所涉环境行政公益诉讼的实践渐渐形成了“行为+结果”复合主义,即不仅要看行政机关是否作出实质行为,还要看生态环境损害的最终结果。比如,在四川省遂宁市安居区人民检察院督促治理琼江水体污染行政公益诉讼案中,不仅住建局需要作出督促行为,而且还以“水质达标”为判定结果。[3] 履职标准有时因违法行为内容而有所区别,比如,在上海市崇明区人民检察院督促保护北长江口水域生态资源行政公益诉讼案中,水务局在检察建议后所作出的即为加强巡查执法、加大对非法采运船只的打击、增设监控设备,实际上以实质行为为标准,因为非法采砂具有个体、偶发特征,无法像上述水污染行政公益诉讼案中一样,对被建设单位提出明确量化结果的指标要求。[4] 在湖北省沙洋县人民检察院督促保护叶家大港水环境行政公益诉讼案中,针对企业、村民生活污水,纪山镇人民政府称已经采取多项监管措施,检察院在回访时基于“水质达标规划尚未制定,整治方案亦未实施,水质仍为劣V类,社会公共利益仍在持

---

〔1〕 参见杨雷:《环境行政公益诉讼制度目的的反思与调适》,载《西部法学评论》2023年第1期。
〔2〕 周杰普、姜彩云:《环境行政公益诉讼中“不依法履行职责”之认定》,载《学习与探索》2023年第3期。
〔3〕 参见《最高人民检察院发布12件检察机关服务保障长江经济带发展典型案例(第四批)》。
〔4〕 参见《最高人民检察院发布12件检察机关服务保障长江经济带发展典型案例(第四批)》。

续受损”而认定镇政府仍未全面履职。[1]

“判定标准”属于学界提炼总结,在规范上并未有明确的界分与承认,故而实际上述标准只属于隐性、软性、相对的参考。基于长江流域的广泛地区差异、执法与司法水平参差以及前述“公共利益”模糊性等因素,履职判定标准在司法实践中呈现混用甚至混乱状态,在基层案件中更为明显。甚至在某些基层案件中,“对行政机关履行环境保护监管职责与否不作调查”[2],直接以生态环境受损认定行政机关不履职。

(三)检察建议的内容模糊

环境行政公益诉讼的诉前程序的核心为检察建议,是发动诉讼的必要前置程序,具有法定性。然而,因检察调查不具备强制力,而以询问调查等为主要方式,且长江流域生态环境问题具有高度复杂性,在多数情况下,即使是环境行政部门也需要系列手段方可确定生态环境侵害状态。综合影响下,长江基层环境行政公益诉讼中本应作为衔接核心的诉前检察建议在实体内容上倾向于抽象、模糊、笼统,进而造成了在形式要件上的不统一。

检察建议不仅是检察机关发挥检察监督权的方式,更是行政机关优化职权行使的指南。检察机关的长处为法律专业性,而非环境治理专业性,故而在实践中基层检察建议呈现发出前提模糊以及结果指向模糊的特点。首先是发出前提的模糊,发出前提是检察建议发出的依据,需要论证环境行政机关未履职、履职不全等职能行使瑕疵的理由。国家(社会)公共利益受损具有主观性,而环境行政机关履职判定的行为标准、结果标准之说也是为了帮助行政机关、司法机关在抽象化的生态环境维护目的下寻找行为准则。但目前检察建议基本以公共利益受损的结果倾向为出发点,而后寻找环境行政部门的“监督管理职责”论据,当存在有关规范依据时,即发出检察建议。这一过程可能忽略两种情形:(1)当环境侵害结果与土地使用、建筑拆迁、工程修复等政府裁量决策有关时,环境行政部门的职权无法覆盖在多重决策因素之上;[3](2)环境行政部门穷尽行政手段后,违法行为人仍然拒不改正其污染破坏行为。特别是在长江流

[1] 参见《最高人民检察院发布12件检察机关服务保障长江经济带发展典型案例(第四批)》。

[2] 张国强、张雷、谢文飞:《偏远山区生态环境行政公益诉讼诉前检察建议的困境与应对——以武陵山区2022年办案实践为样本》,载《中国检察官》2023年第9期。

[3] 参见杨雷:《环境行政公益诉讼制度目的的反思与调适》,载《西部法学评论》2023年第1期。

域存在大量跨区域性环境生态问题,造成因素往往涉及跨行政区管辖,单一行政区内的基层环境行政部门即使完全履职,也可能因上下游之间的连续性而无法规避损害结果。检察建议发出前提的模糊不仅使基层环境行政部门可能被课予过多的不利评价与责任,而且无法真正做到"以诉督政"。

其次是结果指向的模糊。在长江基层环境行政公益诉讼的诉前检察建议中,结果指向模糊主要呈现为:(1)在监督管理职责确定为单一基层行政部门时,具体履职行为不明确,一般仅以提出"履职请求"为内容。实际上,这与环境行政公益诉讼中司法机关在判定环境行政部门履职的行为标准与结果标准混用有内在关联。(2)在涉及多部门职责时,可能仅向单一部门提出检察建议,从而忽略了多部门职责分配的实际情形。或是直接向基层政府发出检察建议,却并未帮助厘清监督管理职责如何分配。长江生态环境治理不仅面临"府际博弈"[1],还面临着行政区划内复杂的治理事权分配,多数情形下行政监督管理不全的原因便是部门之间的职责推诿。检察机关的居中检察监督权应当推动环境行政机关的执法衔接,如在上海市崇明区人民检察院督促保护北长江口水域生态资源行政公益诉讼案中,其违法行为发生地位于沪苏交界处的长江入海口,"既涉及跨省监管问题又涉及跨河流和海洋监管部门的确定问题"[2],检察机关在6个以上的行政机关中确定主要监管部门是崇明区水务局,随后对其发出具体检察建议。

二、长江基层环境行政公益诉讼的个案反思

长江环境行政执法的难题包括行政区划内部衔接以及跨区外部衔接,同理司法也存在上述难题,[3]二者需要在各自衔接的基础上进行分工协作与配合。以下以笔者所在的湖北省武汉市青山区人民法院所受理的环境行政公益诉讼案例为透视样本,指出基层司法机关与环境行政机关如何通过环境行政公益诉讼制度促进职能优化与衔接,同时也分析基层环境行政公益诉讼在实践中的现实难题。

---

〔1〕 高利红、苏达:《长江生态环境保护行政执法与刑事司法衔接原则》,载《学习与实践》2022年第10期。

〔2〕《最高人民检察院发布12件检察机关服务保障长江经济带发展典型案例(第四批)》。

〔3〕 参见高利红、苏达:《长江生态环境保护行政执法与刑事司法衔接原则》,载《学习与实践》2022年第10期。

(一)湖北省武汉市青山区人民法院环境行政公益诉讼案例的实践样态

湖北省武汉市青山区人民法院于1955年建院,目前在职人员120名左右,整体队伍呈现知识化、年轻化特点,由于系属基层人民法院以及受理环境资源案件数量少的因素,目前尚未建有专门的环境资源审判庭,有关案件由综合审判庭负责审理。同时,制定了系列司法服务保障生态文明建设、生态宜业宜居的规范政策。在环境行政公益诉讼制度发展以来,已审结5例环境行政公益诉讼。

1. 司法端实践样态

从两权衔接的角度来看,环境行政公益诉讼实际上可以分为环境行政端与环境司法端,司法端由检察机关、法院组成,涉及事先预防、独立监管、检察介入、法院审理多个阶段。[1] 以下从司法机关角度分析有关案例的具体细节。

(1)案由方面。在青山区人民法院所审理的案例中,其裁判文书涉及的案由有"怠于履行土地资源管理监督法定职责"(1件)、"不履行查处违法用地法定职责"(3件)、"不履行法定职责"(1件)。而依据最高人民法院《关于行政案件案由的暂行规定》,行政案件的一级案由为行政行为,分为作为和不作为,而青山区人民法院上述所受理审判的环境行政公益诉讼案件全为不作为案件。这与前述长江流域普遍的环境行政公益诉讼案件的不作为案件绝对主导特征一致。

(2)主体方面。迄今为止5个案例中,起诉主体皆为青山区人民检察院,被诉行政机关则有国土(自然)资源和规划局、生态环境局青山区分局,这与法院所受理的主要是土地资源相关监督管理职责案件有关。

(3)诉前程序方面。检察建议具有诉前法定性质,青山区人民检察院皆严格遵循了检察建议程序,属于整改后仍然无法实现公益维护救济目的方才提起环境行政公益诉讼。而对于收到检察建议的行政机关的整改行为所奉行的判定标准,在2017年某案中,武汉市国土资源和规划局的检察建议回复是"重新立案查处、向区政府汇报加大执法力度、彻底清理等措施",而检察院仍提起诉

---

[1] 学者杨雷将环境行政公益诉讼中的司法参与阶段分为:事先预防阶段(如环评准入阶段)、独立监管阶段(收到检察建议前的阶段)、检察介入阶段(收到检察建议,并按检方要求整改阶段)。在整体司法过程视角下,笔者在此将法院审理过程纳入。参见杨雷:《环境行政公益诉讼制度目的的反思与调适》,载《西部法学评论》2023年第1期。

讼的理由为未重新作出行政处罚,且违法行为人的非法占用土地行为仍然持续。在2018年另一起违法行为同为非法占用土地的案件中,检察院的认定理由也一致。而在2020年某案中,武汉市自然资源和规划局的整改措施为下达《责令停止违法行为通知书》,但后续勘察中铺设道闸、摄像设备以及门岗门卫等条件设施证明违法行为人非法占用行为实质存续。在2021年某案中,生态环境局的整改履职行为包括现场约谈负责人、下达监察记录、责令停止生产并清理物料、拆除设备,并且明确了违法行为人清理拆除期限。但在后期勘验时发现环境污染防治措施未采取、堆存废物行为仍存续,故而认定"国家利益和社会公共利益仍处于持续受损的状态"。

(4)诉讼请求和裁判结果方面。笔者整理了5例案例如表1所示:

表1 青山区人民法院环境行政公益诉讼案例诉讼请求与裁判结果

案件年份	诉讼请求	裁判结果
2017	确认对非法占用土地行为怠于履行法定职责违法、判令正确履行监管职责	确认违法、责令90日内依法作出处理
2018	确认对非法占用土地行为怠于履行法定职责违法、判令正确履行监管职责	确认违法、责令90日内依法作出处理
2018	确认对非法占用土地行为怠于履行法定职责违法、判令正确履行监管职责	确认违法、责令90日内依法作出处理
2020	判令对非法占用土地行为全面履行监管职责	责令90日内依法作出处理
2021	判令对未采取环境污染防治措施的行为履行监管职责、判令对倾倒固体废物填埋农用地的行为履行监管职责	责令90日内依法作出处理

在5例案例中,法院最终都支持了检察机关的诉讼请求,并未对其进行变更。尽管都属于环境公益诉讼,但检察机关的诉讼请求从"确认违法+正确履职"逐渐调整为要求"正确履职"单一适用,反映了青山区人民检察院、法院对环境行政公益诉讼"督政"制度功能的逐步明确。

2. 行政端实践样态

行政端的行为与应对态度实际上决定着环境行政公益诉讼的走向,在青山区人民法院审理的上述案例中,既有关于行政作为的具体实质判定之内容,也有如申请强制执行的要件等程序性问题,共同反映了在长江流域地区基层环境

行政公益诉讼的实践表征。此处将检察建议发出前后行政机关的有关履职情形整理,如表2所示:

表2　青山区人民法院环境行政公益诉讼案例行政履职情形

案件年份	检察建议发出前行政履职情形	检察建议发出后行政整改情形
2017	作出行政处罚,包括限期拆除非法占用的建筑物、构筑物以及219746.1元罚款。在行政相对方不履行行政处罚决定时,向法院申请强制执行被裁定不准予执行(未履行法定催告程序)	撤销原行政处罚决定,重新立案但并未重新作出行政处罚
2018	作出行政处罚,包括没收非法占用的建筑物、构筑物,限期拆除建筑物、构筑物,358329.8元罚款。在行政相对方不履行行政处罚决定时,向法院申请强制执行被裁定不准予执行(未履行法定催告程序)	撤销原行政处罚决定,重新立案但并未重新作出行政处罚,且违法占地的现状仍未消除
2018	作出行政处罚,包括限期拆除非法占用的建筑物、构筑物以及629642.4元罚款。在行政相对方不履行行政处罚决定时,向法院申请强制执行被裁定不准予执行(未履行法定催告程序)	撤销原行政处罚决定,重新立案但并未重新作出行政处罚
2020	无	责令停止违法行为,要求尽快整改
2021	区生态环境局、安全生产监督管理局等行政机关曾成立联合调查组要求整改,并取缔清理。但违法行为人之后再度使用矿渣平整土地	立案、调查、责令停止违法行为、行政罚款2万元(案涉堆场现场露天堆放的固体废物仍未清除,亦未设置严密围挡、采取覆盖等防治扬尘污染措施,场地内地面硬化明显,地面痕迹显示有大型车辆出入,现场并未停止加工并处于持续运营状态)

(1)实体方面。青山区人民法院迄今为止受理的环境行政公益诉讼多数是由于被告单位对固体废物堆积、填埋等污染行为的行政监管职责履行不到位而产生。在2017~2018年的3个案例中,实际上环境行政机关已经作出了实质性履职行为,但违法状态仍然存续,因此检察机关介入发出检察建议。尽管后续整改过程中也进行了重新立案、要求相对人整改,但上述措施并不属于实质性作为,最终进入诉讼的原因都是并未重新进行行政处罚,实际上对违法行为人并未形成行政法上的权利与义务之实质影响。在2020~2021年的两个案例中,环境行政机关在检察建议制发之前并未作出监管行为,同时在检察建议后的整改行为虽然包含了立案调查、行政罚款等措施,但并未实质消除违法行为。

(2)程序方面。实际上,在 2017 ~ 2018 年 3 个关于非法占用土地的案例中,行政机关虽进行实质履职,但最终被检察建议监督的直接原因为申请强制执行的法定催告程序时并未履行,导致强制执行无法准予,进而造成违法行为状态仍然存续。

(二)武汉市青山区人民法院环境行政公益诉讼案例的样本透视

在青山区人民法院的案例实践中,既呈现出基层环境行政公益诉讼的典型特征,也体现出长江流域的生态环境案件还包含着广泛的土地相关类案件,甚至多数基层行政机关、司法机关并不会涉及涉水相关案件。在具体裁判中,青山区司法机关呈现着对环境行政公益诉讼制度目标的有益探索与实践调适。但也存在既有不足,对上述案例进行透视,能够在总结长江基层环境行政公益诉讼的一般性困境以及青山区案例的基本特征下,进一步厘清未来长江保护背景下环境行政公益诉讼的优化方向。

1. 履职判定标准呈现“行为标准为主,结果标准为辅”

环境行政公益诉讼中对各个阶段行政机关行为是否属于依法全面履职是该制度的问题集中域。如前所述,行为标准、结果标准目前仅属于学理提炼,在规范渊源中并未有明确的标准以供参考。而《长江保护法》的规范体系实际上特别强调了长江在我国法律、政策体系中的特殊性,因此在基层环境行政公益诉讼中,结果主义倾向逐渐明显。[1] 由表 2 以及裁判结果可以看出,青山区司法机关实际上以行为标准为主,结果标准为辅。在 2017 年、2018 年的 3 个案例中,在裁判时认可了国土(自然)资源规划局所作出的系列行政手段,之所以仍发出检察建议是因规划局申请强制执行未果后,非法占用状态仍然存续。而检察机关最终选择提起诉讼的原因也是因其虽然作出重新立案调查,但并未进行实质性的行政处罚措施。在 2020 年某案中,虽然裁判文书中提及“但土地未达到复垦标准”,但根本原因仍在于行政机关收到检察建议后未采取实质行政处罚措施。

2. 公益诉讼请求呈现“以帮助行政权全面行使转向”

在 2017 ~ 2018 年的 3 个案例中,检察院都采取了“确认违法 + 要求履职”

---

〔1〕 参见周杰普、姜彩云:《环境行政公益诉讼中“不依法履行职责”之认定》,载《学习与探索》2023 年第 3 期。

的二元并列诉讼请求,较之要求判令行政机关履职而言,确认违法的诉讼请求带有明显的否定性评价以及对威慑效应的追求。这与环境行政公益诉讼初期"摸着石头过河"时重在形成对环境行政权的整体威慑督促有关,故而存在被诉行政机关已经整改履职,但仍"请求确认行政行为纠正之前的行为违法"的情形。[1] 但随着环境行政公益诉讼制度的优化调整,青山区司法机关转向以帮助行政权优化行使为原则,在后续两例案例中都选择了单独请求行政机关履职,避免并用二元诉讼请求打击环境行政部门履行监管职责、进行生态环境损害救济的积极性。

3. 公益诉讼对象仍未打破行政区划限制

长江流域生态环境的跨区性特征是各类环境司法救济制度无法回避的特征。但跨行政区划案件的起诉与管辖,需要出台前提规范支持,尤其是跨区环境行政公益诉讼极易受地方保护主义限制。最高人民法院、最高人民检察院在长江专门典型案例中,也公布了多例跨区检察监督、跨区行政公益诉讼的案例,旨在通过案例的指导性效力帮助基层司法机关打破行政区划限制,客观地以保护长江流域水、岸、地以及气候环境为导向。受制于跨区协作规范供给不足、专门性审判庭未建立以及地理管辖位置,青山区环境行政公益诉讼探索中仍以行政区单元内基层诉讼为主,尚未涉及跨区诉讼。

三、长江基层环境行政公益诉讼的优化路径

环境行政公益诉讼作为环境救济诉讼的一种,原属于平等两造之一的检察机关胜诉率极高,如有研究统计在2018年的140件案件中,检察院作为公益诉讼起诉人全胜。学者指出这一毫无悬念的诉讼结果实质上使司法机关"替代执法"。[2] 在长江流域,环境行政公益诉讼制度应当朝着流域一体化保护演进。但目前基层制度的运行因执法、司法力量的不足,专业性落后以及实体标准的不明确,无法给予环境行政机关明确的履职指引。而诉前程序中作为枢纽或"第二次机会"的检察建议也常呈现模糊性指向,长期以来不利于环境行政权

〔1〕 参见刘超:《环境行政公益诉讼的绩效检视与规则剖释——以2018年140份环境行政公益诉讼判决书为研究样本》,载《甘肃政法学院学报》2019年第6期。

〔2〕 参见刘超:《环境行政公益诉讼的绩效检视与规则剖释——以2018年140份环境行政公益诉讼判决书为研究样本》,载《甘肃政法学院学报》2019年第6期。

的良性运作，同时也可能有悖于司法权的中立与被动特征。除了《长江保护法》所强调的长江生态环境保护，国家和社会公共利益维护的目标之外，基层环境行政公益诉讼应当从行政权与司法权良性衔接的角度进行制度优化。

（一）履职标准：以实质行为标准为依据

对环境行政机关整改前行为、整改行为的履职判定在全长江基层环境行政公益诉讼案件中有着结果标准强化的倾向，虽其能够以较为严格的标准形成对环境行政机关落实整改行为的强力督促，但因行政机关只具有行政范围内的处罚与执行手段，如违法行为第三人不配合、不履行行政责任，行政机关可采取的强制措施有限，一定程度上会影响行政机关整改结果达标与否。另外，基层环境行政机关往往只负有对某一对象、某类事务的专门监管权，在涉及环境保护与土地利用、规划等事务交叉时则并不具有上述权限。

采取单纯的行为标准为依据也可能给环境行政机关的实质不作为埋下隐患，其完全可以通过简单地下发处罚决定书、整改责令书抗辩。如 2021 年某案例即通过组成调查组取缔，但并未运用行政处罚手段，故而第三人此后再度非法占用、堆积废物。因此，环境行政公益诉讼的履职标准应当以实质行为标准为依据，这一点在《人民检察院公益诉讼办案规则》中也已得到体现，即必须是对行政相对人之权利、义务有实质影响的行政手段。问题在于，如行政机关已经做出实质履职行为，但违法情形因第三人或其他原因仍存续应如何应对？笔者认为，应以环境行政机关的实质行为穷尽为原则，即只要行政机关针对违法行为已综合、持续运用了行政处罚、执行手段，在合理情形下再无其进一步行使行政监管权以救济的可能，那么即使最终生态环境违法状态仍然存续，也不能判定行政机关不作为。

（二）检察建议：以具体行为指向为主体

较之于正式提起诉讼，检察建议具有“软约束”的效力[1]，在 2015 年《试点办法》中，检察建议后的整改期限为 1 个月，后因生态环境治理需要周期修复，行政整改履职期间调整为 2 个月。也正因其非刚性效力，检察建议的制法标准与建议内容都较为模糊，基层司法机关更可能因未调查、调查不足而缺乏充分

[1] 参见周杰普、姜彩云：《环境行政公益诉讼中“不依法履行职责”之认定》，载《学习与探索》2023 年第 3 期。

的论述与明确的指引〔1〕,是以可能出现反复多次发出检察建议,但仍然无法停止生态环境受侵害状态的例子。〔2〕作为能及时降低生态环境损害,同时也属于行政权司法权良性互动环节的检察建议,应当在建议主体内容中为被建议对象明确指出较为具体的履职方向。基层环境行政公益诉讼基本以针对不作为提起为主,在不作为的情形下细化建议,司法权违背尊重原则的可能性较低。

首先,检察建议应当详细论证其制发标准,包括所依据的法律规范以及对行政机关此前履职情形的判定。如在前述青山区人民法院2018年某案例中,检察院先列明查明的事实,即未经批准非法占用土地行为,以及在检察建议制发前行政机关作出的行政处罚决定、申请强制执行却被不予准许的裁定。随后,检察机关列明依据《国土资源行政处罚办法》《行政强制法》,具体以行政机关虽申请了强制执行,但在法院裁定不准予执行后未采取有效措施履职为其行为判定依据。可以看出,青山区人民检察院在本案中偏向于采取实质行为标准。

其次,检察建议应当详细载明整改行为,但不应深入行政权自主裁量范围。由于在基层提起的环境行政公益诉讼案件一般不属于重大影响案件,其检察建议一般也仅以"严格依照法律法规正确履行职责"为建议主体内容。该情形下,环境行政机关只能依据检察建议所针对行为的制发标准、判定论证倒推履职方向,或者进一步寻求有关法律法规的规则指引。而当检察建议制发标准不统一、指向模糊时,环境行政机关实际上无法从检察建议中获取有效的履职行为指引。青山区人民检察院2022年发出的一则检察建议中,针对占用基本农田进行非农建设的行为,检察建议具体要求:(1)依法对违法行为人违法占用耕地的行为进行处理。检察院在建议文书中论证了自然资源和规划局需要依据《土地管理法》第2条、第30条第1款、第37条第2款、第44条以及《基本农田保护条例》第17条和《土地复垦条例》第4条履行具体监督管理职责。(2)加强对管辖范围内非法占用土地行为的巡查监管,及时发现、制止和严肃查处占用耕地特别是基本农田的行为,实现耕地数量与质量的动态跟踪,管理保护好

〔1〕 参见张国强、张雷、谢文飞:《偏远山区生态环境行政公益诉讼诉前检察建议的困境与应对——以武陵山区2022年办案实践为样本》,载《中国检察官》2023年第9期。

〔2〕 参见张鲁萍:《检察机关提起环境行政公益诉讼功能定位与制度建构》,载《学术界》2018年第1期。

土地资源。如此一来,自然资源和规划局既可以依据建议内容(1)履行有关法律法规要求的监督职责,并可以通过(2)进一步细化履职。

(三)诉讼请求:避免确认违法与履行职责的并用

我国环境行政公益诉讼在探索中不断完善,随着《长江保护法》的贯彻实施,长江流域基层环境行政公益诉讼逐渐形成了在司法端更加重视结果的确认标准。同时,不仅要通过诉前程序督促环境行政机关履职,还要通过环境行政公益诉讼的公开性形成对环境行政机关全面依法履职的威慑效力。因此,“确认违法+履行职责”的行政公益诉讼请求在长江的基层案件之中较为常见。

然而,依据《行政诉讼法》、最高人民法院《关于适用〈中华人民共和国行政诉讼法〉的解释》和最高人民法院、最高人民检察院《关于检察公益诉讼案件适用法律若干问题的解释》,确认违法与履行职责并用并无法律依据。[1] 要求确认违法、履行职责皆只能单独与责令采取补救措施并用,如《行政诉讼法》第76条规定:“人民法院判决确认违法的……可以同时判决责令被告采取补救措施……”学者唐绍均指出,此情形根源于对上述相关法条的体系解释的缺失,而对基层司法机关影响更大的是“既有生效判决的误导”。[2] 确认违法判决更偏向于是一种诉讼结果上的否定性评价,在行政机关已经穷尽其手段后仍予以请求确认违法,将会大大打击环境行政机关的监督管理积极性,同时也不利于其高效履行职责、有效进行整改。基于对典型案例、既成案例的参照,青山区司法机关在2017~2018年的前三起环境行政公益诉讼中都采用了“确认违法+履行职责”的请求并用,其主要原因在于当时环境行政公益诉讼的制度细节尚未完全明确,司法裁判只能在结合既有判决的情形下进行摸索。在此后的案例中,检察机关选择单独以要求履行职责为诉讼请求,以督促行政机关依法履职,救济环境公共利益为根本目的,进而取代了对确认违法请求的依赖适用。

(四)程序优化:理顺程序细节与探索流域衔接

长江流域的一体化保护近年来已经成为各行政区划行政机关、司法机关协作的主要议题,如上海市生态环境局、江苏省生态环境厅、浙江省生态环境厅、

---

〔1〕 参见唐绍均:《环境行政公益诉讼判决中确认违法与履行职责的并用及其矫正》,载《行政法学研究》2023年第5期。

〔2〕 参见唐绍均:《环境行政公益诉讼判决中确认违法与履行职责的并用及其矫正》,载《行政法学研究》2023年第5期。

安徽省生态环境厅等共同印发了《长江三角洲区域生态环境领域轻微违法行为依法不予行政处罚清单》,在长江三角洲范围内统一行政执法尺度与标准。而环境行政公益诉讼除其本身需要进一步理顺程序机制外,也可以"以诉促改",进一步帮助行政机关细化其生态环境执法过程中的各项程序规则与实体标准,同时,需要进一步探索跨区环境行政公益诉讼的程序制度衔接。

第一,应当以行政区内部协同为出发点,逐步扩大环境行政公益诉讼的制度适用范围。长江流域的生态环境需要密切关注"邻避效应",避免同一流域不同行政区行政机关相互推诿。对此,可以通过先行签订相邻行政区或者同一流域单元内的行政执法和司法合作协议,为不同行政区行政执法提供依据,同时也可以为司法调查、检察建议的发出与送达、整改督促以及提起诉讼提供便利。比如重庆市、湖北省高级人民法院共同签订了《关于加强长江沿线涉海事诉讼服务司法协作协议》,提升案件处理精细化程度与移送等程序衔接效率。[1]

第二,进一步发布长江专门环境行政公益诉讼典型案例汇编,尤其注重基层案例的选取。基层司法机关由于人数、专业、地域等限制,常常面临着"案件多、力量弱"的困局,而在面对具体案件时,时常需要指导性案例、典型案例的经验优势,以明确具体的程序细节、司法裁量标准。这不仅对司法机关具有指导意义,而且对行政机关优化职权行使更具重要性。如前文青山区人民法院2017~2018年的3个案例,行政机关实际上被发出检察建议的原因都在于其在申请法院强制执行之前,并未履行法定催告程序,进而导致其被判定为未依法全面履职。通过案例指导,可以对基层环境行政公益诉讼推进时的此类细节予以明确。

四、结语

长江环境行政公益诉讼虽呈现为一种诉讼形态,但其根本目的仍在于长江生态环境保护,同时进行行政督政,推动行政权与司法权良性发展才是其制度目标。而基层环境行政部门因执法队伍参差、执法力量有限、专业程度不足等

---

〔1〕 胡芳:《重庆市高级人民法院、湖北省高级人民法院签署〈关于加强长江沿线涉海事诉讼服务司法协作协议〉》,载微信公众号"湖北高院"2022年12月25日,https://mp.weixin.qq.com/s/JesesUDbUDoC96q-p--KuA。

因素而无法完全发挥监督管理职责，故而长江基层环境行政公益诉讼的优化方向并非大量增加诉讼体量、以对环境行政部门形成“确认违法”等否定性评价为根本追求，而应当将诉前程序与诉讼过程的有机结合，作为补充性手段优化两权衔接，由此先行形成行政区划内部的基层行政执法与司法的良性互动。再者，通过局部探索打破行政区划的行政、司法衔接壁垒，尤其应注重跨区环境行政公益诉讼的提起，通过指导性案例、典型案例形成跨行政区域诉讼的实体标准、程序机制，以实现长江生态环境的一体化保护，落实《长江保护法》的立法目的。

24. 论生态环境损害赔偿诉讼与环境民事公益诉讼的整合

刘梦钰*

内容摘要：现行立法缺乏关于生态环境损害赔偿诉讼性质的明确规定，立法的缺失造成主要机制体系的不完善，生态环境损害赔偿诉讼的顺位缺少完善的制度安排，除此之外，司法资源严重浪费的原因是生态环境损害赔偿诉讼和环境民事公益诉讼（以下简称"两诉"）形成某种"分离"和"割裂"的局面。

笔者通过分析"两诉"的法律概念，梳理了"两诉"制度平行产生的问题，分析理论界目前的几类主要观点，从两者理论基础的差异性和内在统一性入手分析，最终得出生态环境损害赔偿诉讼是环境民事公益诉讼的子类型这一观点。因此两者的整合是必然趋势。

关键词：制度整合　生态环境损害赔偿诉讼　环境民事公益诉讼

一、问题的提出

2016 年 11 月江苏省环保联合会以原告的身份提起环境民事公益诉讼，向南京市中级人民法院（以下简称南京中院）诉请德司达南京染料有限公司对其偷排废酸造成的环境污染行为担责，承担案件诉讼费用以及因污染环境造成相应的修复生态环境所需要的费用（以下简称"德司达偷排废酸案"）。[1] 2017 年 1 月，针对同一损害事实，江苏省人民政府基于《生态环境损害赔偿制度改革方案》[2]所赋予的赔偿权利人身份，要求德司达公司支付 2400 多万元的赔偿费，提起生态环境损害赔偿诉讼。而后，江苏省人民政府被南京中院列为江苏省环保联合会提起诉讼的共同原告，南京中院合并审理两案。江苏省环保局新

---

* 刘梦钰，湖北省十堰市郧阳区人民法院白桑关人民法庭法官助理。

〔1〕 参见江苏省南京市中级人民法院（2016）苏 01 民初 1203 号民事判决书。

〔2〕 参见中共中央办公厅、国务院办公厅印发《生态环境损害赔偿制度改革方案》（中发办〔2017〕68 号）。

闻发言人针对“德司达偷排废酸案”在接受采访时表示,该案作为环境民事公益诉讼案件,是省政府与江苏省环保联合会作为共同起诉主体提起的第一起案件,而作为生态环境损害赔偿诉讼案件,也是第一起江苏省人民政府作为赔偿权利人提起的诉讼[1]。

既然被称为江苏省第一起生态环境损害赔偿诉讼案件,该案的适格原告为什么是江苏省环保联合会?既然被称为第一起环境民事公益诉讼案件,而该案的适格原告为什么又是江苏省人民政府?“两诉”之间到底是并驾齐驱还是“剪不断理还乱”的关系?“两诉”在理论上又有什么样的差异性和同一性?考虑到目前“两诉”“双轨”并行的司法现状,后期我国应当选择对“两诉”进行是衔接还是整合的制度构建,以期待环境诉讼制度发挥最大效力。

为便于展开下文,特此说明笔者所探讨“两诉”的整合问题仅涉及由符合法定条件的环保组织或检察机关所提起的环境民事公益诉讼。

二、“两诉”制度并行的现状与困境

(一)“两诉”制度的产生与发展

最高人民法院《关于审理生态环境损害赔偿案件的若干规定(试行)》(法释〔2020〕17号)第16条、第17条、第18条的界定,并没有清楚说明“两诉”的关系。第16条提出在审理生态损害赔偿诉讼案件时,如果符合起诉条件,并且是因为同一损害行为而提起的环境民事公益诉讼,应当由受理前诉讼的法院受理,并由其审理。第17条针对以下情况作了规定:当法院受理因同一损害行为提起的“两诉”时,民事公益诉讼的审理暂时中止。针对没有被涵括进生态损害赔偿之诉的部分,待原诉讼审理完毕后,再于民事公益诉讼中给以裁判。第18条则规定当“两诉”之一审理终结后,存在证据能够证明有遗漏的损害事实,前诉讼在审理时没有发现,仍可就同一损害行为提起另一类诉讼。其中,第18条的意思是,后诉能否被法院受理的关键在于,前诉判决是否能涵盖该生态损害。同时这也意味着,上述“两诉”存在判决既判力上的牵连关系[2]。

---

〔1〕《江苏省政府首次以赔偿权利人身份提起生态环境损害赔偿诉讼》,载央广网,https://newcnr.cn/native/city20170426/t20170426-5227209.shtml。

〔2〕参见林莉红、邓嘉咏:《论生态环境损害赔偿诉讼与环境民事公益诉讼之关系定位》,载《南京工业大学学报(社会科学版)》2020年第1期。

因此,第18条对“两诉”的规定体现了既判力的积极作用,表明二者具有同质性。即便如此,最高人民法院相关负责人在最高人民法院《关于审理生态环境损害赔偿案件的若干规定(试行)》出台后,仍有不同的看法。该负责人认为,生态环境损害赔偿诉讼是一类新的诉讼类型[1],区别于其他诉讼类型。但是就此类诉讼的本质属性来说,最高人民法院未从正面明确回答。“两诉”是否必须要界限分明?如何处理二者的关系,实现环境诉讼制度与环境保护的目的的和谐?笔者将以追索生态环境损害赔偿诉讼的本质问题为基础,对“两诉”制度予以规范整合,为环境诉讼体系的发展探索新的方向。

(二)“两诉”制度并行的实践困境

1.“两诉”的起诉顺位产生冲突

根据《生态环境损害赔偿制度改革方案》和最高人民法院《关于审理生态环境损害赔偿案件的若干规定(试行)》,生态损害发生后,行政机关有义务主动启动磋商程序,行政机关应当首先与污染加害者协商赔偿有关事项。行政机关在磋商失败的情况下,其中包括双方磋商未能得到一个有效意见或者是无法开展磋商两种状态,可以原告身份提起赔偿之诉。然而,依据相关规定,符合法定起诉条件的环保组织可以越过赔偿权利人,直接以社会公共利益代表者的身份提起诉讼。于是出现以下尴尬局面,磋商双方仍在进行“拉锯战”,就赔偿的相关费用和事项进行谈判磋商,此时环保组织比行政机关快一步,抢先向人民法院提起民事公益诉讼,结果赔偿权利人只能以原诉讼共同原告的身份参与诉讼,或由原法院审理。

在“德司达偷排废酸案”中,正是由于在江苏省政府提起生态环境损害赔偿诉讼之前,江苏省环保联合会以适格原告的身份,率先提起了环境民事公益诉讼,赔偿权利人即江苏省政府只能申请以共同原告身份,参加联合环保会提起的环境民事公益诉讼,案由并没有因为行政机关的参与而发生任何变化,仍为环境民事公益诉讼。同样的情况也发生在重庆生态索赔案[2]中,重庆市人民政府基于该生态损害事实,提起生态环境损害赔偿诉讼,同时,重庆两江志愿

---

〔1〕 参见江必新:《依法开展生态环境损害赔偿审判工作以最严密法治保护生态环境》,载《人民法院报》2019年6月27日,第5版。

〔2〕 重庆市第一中级人民法院(2017)渝01民初773号民事判决书。

服务发展中心提起的是环境民事公益诉讼。但法院在综合考虑了二者是因同一损害事实提起诉讼之后,决定依法将两案进行合并审理,案由不变。

湖南省的规定[1]不同,当生态环境损害赔偿磋商未果时,即无法进行磋商或者磋商未达到双方都能接受的程度,此时,赔偿权利人既可选择依法提起生态环境损害赔偿诉讼,也可选择与检察机关、法律规定的组织商讨,请他们提起生态环境和资源损害公益诉讼,此时案件的起诉顺位具有可选择性。

2. 对同一生态环境损害案件出现不同的诉讼管辖

在"德司达偷排废酸案"中,首先接触案情的是扬州市江都区公安局,立案侦查终结后,按照程序由江都区人民检察院审查起诉。然而,根据管辖原则,扬州市中级人民法院无权审理该刑事案件,高邮市中级人民法院才有管辖权,因此案件由扬州市江都区人民检察院移送给有管辖权的检察院。随后,高邮市中级人民法院针对此案件依法作出一审判决,根据前判决,扬州市中级人民法院作出二审裁定。在"两诉"管辖方面,江苏省环保联合会以被告注册地在南京为由,向该地中级人民法院提起相关诉讼;江苏省人民政府随后也向该地中级人民法院(南京市中级人民法院)提起生态环境损害赔偿诉讼。此案前后长达两年零三个月,管辖法院有四个,包括扬州市江都区人民法院、扬州市中级人民法院、高邮市中级人民法院、南京市中级人民法院。此外,涉及的主要部门除江苏省人民政府及其授权代理部门外,案件的查处和侦查机关还涉及不同市区的公安机关、生态环境部门和检察机关[2]。

上述情况的出现一方面大量浪费了司法资源,另一方面案件审理时间过长,导致诉讼成本高。同时,诉讼案件的性质和证据认定标准也不同,导致不同法院在同一损害案件中的审判事实认定上也出现不一致的情况。在该案例中,中级人民法院一审管辖生态损害赔偿诉讼(民事公益诉讼),基层人民法院一审管辖行政、刑事案件。而根据《民法典》侵权责任编的规定,有管辖权的法院包括污染行为所在地法院,损害结果发生地法院,被告的所在地以及原告所在地法院。这就容易造成各级和各区市人民法院在处理同一损害行为导致的案

[1] 参见《湖南省生态环境损害赔偿磋商管理办法(试行)》第17条。

[2] 参见汪劲:《论生态环境损害赔偿诉讼与关联诉讼衔接规则的建立——以德司达公司案和生态环境损害赔偿相关判例为鉴》,载《环境保护》2018年第5期。

件时,出现诉讼管辖权分散的情况。

3. 多重违法性造成重复处罚的情况

在试行《生态环境损害赔偿制度改革方案》省份,发生上述案件的共同特点在于赔偿义务人实施的破坏生态环境,造成生态环境损害的违法行为,既违反环境保护的法律规定,也构成污染环境的刑事犯罪。又因为环境具有公共性质,环境利益为不特定多数人(公众)所有,违法行为造成的环境污染可能会侵害公众的环境公益。因此,赔偿义务人既可能面临由行政机关作为赔偿权利人提出的生态环境损害赔偿诉讼,也可能因污染环境、破坏生态造成损害行为面临环境公益诉讼,构成刑事犯罪的还将面临刑事诉讼。在"德司达偷排废酸案"中,赔偿义务人即污染企业,虽然免受行政处罚,但在刑事和民事判决中分别被判处 2000 万元罚金和 2428 万元的环境修复费用,赔偿义务人认为该赔偿数额偏高。如果生态环境部门当时直接按照水污染事故的赔偿标准范围(20% ~30%)给予处罚的话,赔偿义务人将面临承担更高额的制裁费用的情况。在重庆生态索赔案之前,赔偿义务人一方面受到行政处罚和刑事处罚,另一方面又要支付生态环境修复费用[1]。

依照《生态环境损害赔偿制度改革方案》中所规定的要求,赔偿义务人依法承担损害赔偿责任,行政责任或刑事责任与损害赔偿责任相互独立,不受影响。虽然民事赔偿金的性质、行政罚款的性质与刑事处罚的罚金这"两金一款"在性质上有明显的不同,在计算数额、形式上,三者因为是不同的公权力机关,彼此相互不受影响,但在实际执行中往往会出现交叉的情况。例如,《行政处罚法》第 35 条规定,赔偿义务人在接受行政处罚的情况下,主动自愿承担生态环境损害赔偿责任的,人民法院应当根据犯罪情节的轻重,酌情考虑减少罚金的数额,或者是依照规定将罚款折抵相应罚金。虽然生态损害赔偿数额应当按照相应的评估技术规范准则进行计算,但是由于赔偿磋商性质的特殊之处,赔偿义务人仍可以就损害赔偿金额与赔偿权利人进行协商。

4. "两诉"适用范围存在重合

在《生态环境损害赔偿制度改革方案》对生态环境损害赔偿诉讼的适用范

---

〔1〕 参见汪劲:《论生态环境损害赔偿诉讼与关联诉讼衔接规则的建立——以德司达公司案和生态环境损害赔偿相关判例为鉴》,载《环境保护》2018 年第 5 期。

围进行界定之前,各地根据之前的《生态环境损害赔偿制度改革试点方案》[1]进行积极的探索和实践。但是各地对于赔偿诉讼涉及的环境损害的适用范围并不是完全一致,例如,对于生态环境损害事件发生的区域和行为类型,各地的规定都略有差别。有的省份采取列举说明的方式,有的省份采用补充说明的方式,也有的省份与《生态环境损害赔偿制度改革试点方案》的规定一致。正是由于适用范围的细微差别,导致在司法实践中各地的案件裁判结果差异,因此,后面的《生态环境损害赔偿制度改革方案》对生态环境损害赔偿诉讼的适用范围进行了界定。

由《生态环境损害赔偿制度改革方案》可知,其针对以下情形适用:(1)环境事件是突发性的,并且事件性质的严重程度为“较大及以上”;(2)发生的污染生态环境,破坏环境事件的区域位于“重点生态功能区和禁止开发区”范围内;(3)其他没有一一列举出来但是足够造成“严重影响生态环境后果”的环境事件。

而环境民事公益诉讼的适用范围,伴随着法律体系的不断完善而多次发展变化。[2] 根据相关的司法解释,未造成实质性损害,仅具有高度可能性会导致环境遭到破坏,生态造成损失的行为可适用于环境民事公益诉讼,已经发生实害行为,损害到环境公共利益的同样适用于环境民事公益诉讼。

上述可以清晰地看出,两者的适用范围有重合之处,具体在下文“‘两诉’的内在统一性”进行解释。

---

〔1〕 中共中央办公厅、国务院办公厅印发《生态环境损害赔偿制度改革试点方案》(中发办〔2015〕57号,已废止)。

〔2〕 (1)《民事诉讼法》(2012年)第55条规定“对污染环境、侵害众多消费者合法权益等损害社会公共利益的行为,法律规定的机关和有关组织可以向人民法院提起诉讼”;(2)《环境保护法》(2014年)第58条规定“对污染环境、破坏生态,损害社会公共利益的行为,符合条件的社会组织可以向人民法院提起诉讼”;(3)最高人民法院《关于审理环境民事公益诉讼案件适用法律若干问题的解释》(2015年)第1条规定“对已经损害社会公共利益或者具有损害社会公共利益重大风险的污染环境、破坏生态的行为提起诉讼”;(4)《民事诉讼法》(2017年)第55条规定“对污染环境、侵害众多消费者合法权益等损害社会公共利益的行为,法律规定的机关和有关组织可以向人民法院提起诉讼”;(5)最高人民法院、最高人民检察院《关于检察公益诉讼案件适用法律若干问题的解释》(2018年)第20条规定“人民检察院对破坏生态环境和资源保护、食品药品安全领域侵害众多消费者合法权益等损害社会公共利益的犯罪行为提起刑事公诉时,可以向人民法院一并提起附带民事公益诉讼,由人民法院同一审判组织审理”;(6)《民事诉讼法》(2023年)第58条规定“人民检察院在履行职责中发现破坏生态环境和资源保护、食品药品安全领域侵害众多消费者合法权益等损害社会公共利益的行为,在没有前款规定的机关和组织或者前款规定的机关和组织不提起诉讼的情况下,可以向人民法院提起诉讼”。

三、"两诉"制度整合的理论逻辑

从目前的司法实践中可以看出,符合法定起诉条件的环保组织和有关行政机关,都可以对同一生态环境损害行为造成的损害后果提起诉讼。然而,由于目前司法机关尚未就"两诉"之间的关系形成一致意见,"两诉"的理论根基本身在学界也存在争议,导致"两诉"在司法实践中陷入较为混乱的两难境地,造成司法资源浪费的现象和重复起诉的后果。笔者通过分析"两诉"制度理论的差异之处与内在统一性,遵循特殊规定与一般规定的关系,得出了生态环境损害诉讼的本质上是环境民事公益诉讼的子类型。因此,为了使司法资源得到最大限度的利用,避免重复起诉的乱象发生,同时将多诉讼主体之合力发挥到极致,有必要整合"两诉"。

(一)"两诉"制度的理论基础

"两诉"的明显差异存在于理论基础、原告主体、起诉条件、诉讼程序与诉讼标的这四个方面:

第一,"两诉"的学理基础不同。目前"环境权说"和"法定诉讼担当说"是我国环境民事公益诉讼的两大理论观点[1]。有学者认为当行政手段无法实现对生态环境利益的有效保护时,政府不得不通过司法权力以实现生态环境保护和监管的目的。与其说是以自然资源国家所有者的身份自居,从而请求损害行为产生者进行生态环境修复,不如说政府本身是站在履行环保职责的角度来行使生态环境损害求偿权[2]。

第二,"两诉"的原告主体不同。在我国现行法律体系中,符合法定条件的环保组织或检察机关具有提起环境民事公益诉讼的主体资格。但是在《生态环境损害赔偿制度改革方案》中赔偿权利人被定义为:省级、市地级政府及其指定相关部门(生态环境损害赔偿诉讼的原告主体)。

第三,"两诉"的起诉条件有别。依照最高人民法院《关于审理生态环境损害赔偿案件的若干规定(试行)》,赔偿权利人应当在生态环境损害发生后主动

---

〔1〕 程多威、王灿发:《生态环境损害赔偿制度的体系定位与完善路径》,载《国家行政学院学报》2016 年第 5 期。

〔2〕 史玉成:《生态环境损害赔偿制度的学理反思与法律建构》,载《中州学刊》2019 年第 10 期。

发起磋商，与赔偿义务人磋商未达成一致，抑或赔偿权利人与赔偿义务人无法开展磋商的，赔偿权利人才能作为原告提起损害赔偿诉讼。换言之，赔偿磋商在此属于必不可少的起诉前置程序。但是，依照《民事诉讼法》和《环境保护法》，环保组织只要符合法定起诉条件，有原告主体资格，则可以直接提起环境民事公益诉讼。

第四，“两诉”在诉讼的程序和标的方面存在差异。《生态环境损害赔偿制度改革方案》中提出，在遭受生态环境侵害后，赔偿权利人应先组织生态损害修复的前期准备工作，并主动与赔偿义务人提起磋商。如果与赔偿义务人未形成一致意见，权利人此时将依法提起赔偿诉讼。显而易见的是，《生态环境损害赔偿制度改革方案》针对生态环境损害赔偿诉讼，将磋商程序前置。与此不同的是，强制性的磋商程序并没有出现在环境民事公益诉讼程序中。关于生态环境损害磋商程序的性质，自此程序设置伊始就争论不休。有学者认为其属于民事性质〔1〕，也有学者认为其属于行政性质〔2〕。但是该磋商程序的确是“两诉”程序中差异最明显的一个主要方面。就“两诉”的诉讼标的而言，有学者认为生态环境损害赔偿诉讼中被侵犯的法益是财产所有权，其诉讼客体是被侵害的财产所有权，救济的是侵权损害赔偿法律关系。环境民事公益诉讼的诉讼标的是环境公共利益损害责任赔偿法律关系。由于生态环境损害赔偿诉讼的理论基础建立在自然资源所有权理论之上，根据该体系框架提起的有关诉讼，本质上是一种侵权赔偿法律关系，目的在于保护自然资源所有权；而环境民事公益诉讼建立在环境公益理论之上，究其根源是一种损害责任赔偿法律关系。基于上述情况，造成二者在诉讼标的上的差异。

（二）“两诉”制度的内在统一性

最高人民法院《关于审理环境民事公益诉讼案件适用法律若干问题的解释》（法释〔2020〕20号）（以下简称《解释》）第1条〔3〕的规定平行对比《生态环

---

〔1〕 程雨燕：《生态环境损害赔偿磋商制度构想》，载中国环境资源法学研究会、武汉大学：《新形势下环境法的发展与完善——2016年全国环境资源法学研讨会（年会）论文集》，第276～279页。

〔2〕 黄锡生、韩英夫：《生态损害赔偿磋商制度的解释论分析》，载《政法论丛》2017年第1期。

〔3〕 《解释》第1条规定：“法律规定的机关和有关组织依据民事诉讼法第五十五条、环境保护法第五十八条等法律的规定，对已经损害社会公共利益或者具有损害社会公共利益重大风险的污染环境、破坏生态的行为提起诉讼，符合民事诉讼法第一百一十九条第二项、第三项、第四项规定的，人民法院应予受理。”

境损害赔偿制度改革方案》第3项[1]的规定,则能归纳提炼出“两诉”的内在统一性主要有以下三点:

第一,引起“两诉”产生的先行为,即引起环境利益关系变动的损害行为方面具有相同的性质,造成环境污染或生态破坏的环境违法行为都能导致“两诉”的产生。

第二,“两诉”的适用的对象或者范围上具有很多交集。按照《解释》的释明,环境民事公益诉讼的救济客体主要是已经产生实质不利影响,污染环境、破坏生态环境公共利益的行为,或者是还没有产生实质性的侵害,但是环境遭到污染、生态被破坏的违法行为具有侵犯社会公共利益高度可能性的情形。而《生态环境损害赔偿制度改革方案》中明确指出,损害赔偿诉讼主要针对因环境遭到污染、生态被破坏的侵害行为而造成环境、生物两大要素的实质性消极变化,也包含上述两大要素形成的生态系统在恢复功能方面的退化。事实上,环境公共利益受损的具体表征体现为以下两个方面,一是环境要素的实质性消极变化伴随着生物要素的实质性消极变化,二是生态系统的综合整体功能发生削弱变化。而环境公共利益的填补性、修复性理念也蕴含在生态环境损害的填补和修复之中[2]。但是在此应当注意到,环境公益诉讼适用的情形既有环境公益实害结果已经发生的情形,也有损害环境公共利益高度可能性的情形。与此有差别的是,生态环境损害赔偿诉讼面向的范围仅针对环境公益实害结果已经发生的情形。由此可以看出,在适用范围上,环境公益诉讼明显广于生态环境损害赔偿诉讼,但是“两诉”的适用范围上具有相同的部分。

第三,“两诉”在诉讼目标上有高度的同一性。博登海默在其著作中指明,目的是全部法律的创造者[3],法律规范的创设体现其目的。而“两诉”在诉讼目标上有高度的同一性,即都在于对生态环境损害的修复和救济,同时也维护

---

〔1〕《生态环境损害赔偿制度改革方案》第3项规定:“本方案所称生态环境损害,是指因污染环境、破坏生态造成大气、地表水、地下水、土壤、森林等环境要素和植物、动物、微生物等生物要素的不利改变,以及上述要素构成的生态系统功能退化”。“(一)有下列情形之一的,按本方案要求依法追究生态环境损害赔偿责任:1. 发生较大及以上突发环境事件的;2. 在国家和省级主体功能区规划中划定的重点生态功能区、禁止开发区发生环境污染、生态破坏事件的;3. 发生其他严重影响生态环境后果的。各地区应根据实际情况,综合考虑造成的环境污染、生态破坏程度以及社会影响等因素,明确具体情形。”

〔2〕杜群:《环境法融合论——环境·资源·生态法律保护一体化》,科学出版社2003年版,第42页。

〔3〕[美]E. 博登海默:《法理学:法律哲学与法律方法》,邓正来译,中国政法大学出版社2004年版,第68页。

环境公共利益。针对特定的环境侵害行为,环保组织提起的环境民事公益诉讼,其本质上是为了修复或救济受损的生态环境,采用民事救济的路径,进而实现环境公益维护的最终目标。而行政机关通过行使诉权,请求法院责令赔偿义务人承担修复与救济生态环境损害的责任,保护生态环境、维护环境公共利益是其最终目的。据此,有学者基于"两诉"在适用对象及范围的高度重合性以及诉讼目标上有高度的同一性角度出发,得出一种观点:环境民事公益诉讼在一定程度和范围上包含了生态环境损害赔偿诉讼[1]。

(三)"两诉"制度整合的必要性和可行性

当下,针对生态环境损害赔偿诉讼的本质属性,我国学界尚未达成一致观点。

1. 目前学术界观点

基于自然资源国家所有权建立的学说。基于自然资源国家所有权建立的学说主要有国家利益代表学说的国益诉讼说、民事私主体利益代表学说的私益诉讼说以及混合利益代表学说的混合诉讼说。

基于国家环境保护义务建立的学说。"特殊的环境民事诉讼说"是这类观点的典型代表。

基于诉讼目的建立的学说。特殊环境民事公益代表学说和公共利益代表学说是其典型代表。

2. 本质属性:环境民事公益诉讼的子类型

针对以上观点,笔者有不同的看法。

首先,笔者认为生态环境损害赔偿诉讼不应当属于国益诉讼。针对其基于自然资源国家所有权建立的观点,有以下理由予以辩驳。填补生态环境损害、维护环境公共利益是生态环境损害赔偿诉讼最核心的追求目标。而生态环境损害赔偿诉讼保护的法益是为不特定的大多数人及社会公共所享有的利益,不完全等同于国家利益。其次,针对民事私主体利益代表学说,社会中的自然人的个人环境权益是环境私益诉讼的客体,包括因环境侵权造成的人身伤害、财产损失等具体事项。而《生态环境损害赔偿制度改革方案》指引这些具体事项

---

〔1〕 参见梅宏、胡勇:《论行政机关提起生态环境损害赔偿诉讼的正当性与可行性》,载《重庆大学学报(社会科学版)》2017 年第 5 期。

应当按《民法典》侵权责任编之规定进行救济,即个人环境利益被排除在生态环境损害赔偿诉讼的适用范围之外。与之相反,大多数人所共同拥有的公共利益(环境生态利益)[1]则是生态环境损害赔偿之诉所维护的法律权益。由此可见,生态环境损害赔偿诉讼也并不与私益诉讼相同。最后,根据相关规定[2],生态环境损害赔偿诉讼提起的理论基础是国家自然资源所有权[3]。在环境民事公益诉讼制度中,适格的环保组织与检察机关具有提起诉讼的资格。代表国家行使自然资源所有权需要有国家授予其相关身份。但环保组织和检察机关无法获得代为起诉的资格,从这里可以得知生态环境损害赔偿诉讼并不是传统意义上的公益诉讼。

自然资源作为生态环境中的组成部分之一,无法反向涵盖生态环境。在原告主体资格问题上,自然资源国家所有权理论无法与最高人民法院《关于审理生态环境损害赔偿案件的若干规定(试行)》契合。从国家整体看,自然资源的所有权当属整个国家。但是由于我国的特殊国情,《宪法》第 9 条作了相关规定[4]。如果自然资源国家所有权理论是生态环境损害赔偿诉讼的原告诉讼请求权的来源,那么行政机关出于维护集体所有的自然资源而提起的诉讼权利来源则无法解释。国家自然资源所有权理论复杂多样,呈现公法与私法杂糅在一起的态势。此时穷尽法理学解释方法,“集体所有”也无法被涵盖进来。

其次,笔者认为基于国家环境保护义务建立的学说也有不周密之处。该学说从国家根本大法的层面分析了环境保护是国家机关应当承担的职责,更进一步地分析和论证了公共利益是生态环境损害赔偿保护的关键和焦点。但不足之处在于戛然而止,对生态环境损害赔偿诉讼属于环境民事公益诉讼没有进一步的解释。

最后,针对基于诉讼目的而建立的公共利益代表学说,持有该种观点的学者认为自然资源国家所有权是生态环境损害赔偿诉讼的权源,该点笔者已论证

---

〔1〕 参见柯坚:《破解生态环境损害赔偿法律难题——以生态法益为进路的理论与实践分析》,载《清华法治论衡》2012 年第 2 期。

〔2〕 参见最高人民法院《关于充分发挥审判职能作用为推进生态文明建设与绿色发展提供司法服务和保障的意见》。

〔3〕 参见陈海嵩:《生态环境损害赔偿制度的反思与重构——宪法解释的视角》,载《东方法学》2018 年第 6 期。

〔4〕 我国《宪法》规定自然资源所有权分别属于国家与集体。

清楚，持反对意见。笔者认为特殊环境民事公益代表学说这一观点更为准确。笔者的观点和看法是，生态环境损害赔偿诉讼是环境民事公益诉讼的子类型，“两诉”在理论基础方面和制度设计上具有相似的性质或部分。具体理由在下文详细论述。

另外，从生态环境损害赔偿诉讼的原告和被告诉讼地位、其保护的利益、诉讼审理后判得的赔偿金归属加以分析，则能进一步证实环境民事公益诉讼包含生态环境损害赔偿诉讼，后者是前者的子类型这一观点。

(1)原告和被告诉讼地位相同，但是被告资格有限制条件

从原告角度来看，具有原告资格的行政机关作为一个普通的民事主体角色，行政机关提起生态环境损害赔偿诉讼，是为了维护社会公共利益开展的私人行为。《宪法》第 89 条规定的“国务院行使的职权”将“生态文明建设”纳入宪法修正案中，明确了生态环境保护并不属于严格的法律保留事项，根据《立法法》，有关行政机关可行使行政立法权[1]。行政机关是提起生态环境损害赔偿诉讼的适格原告之一，提起诉讼便是履行宪法义务的体现。在诉讼过程中，即便在没有行使公权力的情况下，行政机关地位与被告平等。

从被告的角度分析，根据最高人民法院《关于审理生态环境损害赔偿案件的若干规定(试行)》的规定，诉讼的被告不是行政主体，只能为私法上的民事主体。《党政领导干部生态环境损害责任追究办法(试行)》(2015 年)规定，如果行政机关的不作为、违法作为、不当作为引发生态环境损害，行政机关因监管职责的失职将承担相应的法律责任，并主要借助环境行政公益诉讼来追究[2]，而不必要通过新增生态环境损害赔偿诉讼来弥补因监管职责的失职造成的损害。此外，最高人民法院《关于审理生态环境损害赔偿案件的若干规定(试行)》中关于赔偿义务人的赔偿责任主要是赔偿金与修复行为，假如允许行政机关作为生态环境损害赔偿诉讼的赔偿义务人，那么，行政机关将面临以下场景：赔偿费用从国库支出最后又回到国库，并没有太大实际意义。因此，生态环境损害赔偿诉讼的被告不宜是行政机关。

---

〔1〕 张翔：《环境宪法的新发展及其规范阐释》，载《法学家》2018 年第 3 期。

〔2〕 林莉红：《论检察机关提起民事公益诉讼的制度空间》，载《行政法学研究》2018 年第 6 期。

(2)从诉讼保护的法益来看,生态环境利益属于公共利益

要想更好地理解生态环境利益,必须准确地把握个人、公共、国家利益三者的概念。个人利益即私主体享有的利益,强调“私有”;公共利益能够满足社会公众生产生活的需求,具有普遍性、必要性以及公共性。国家利益包括国际、国家内利益两方面。个人、公共、国家利益三者虽然不同,但三者之间存在千丝万缕的联系。

生态环境损害赔偿诉讼目的的本质,在于实现“谁损害、谁担责”的生态正义理念,也就是通过惩罚损害环境者,采用经济学原理从而达到保护生态环境的目的,也使得生态环境利益为社会公众所共享。不同于国家利益和个人利益,生态环境利益由社会公众共同享有。生态环境损害赔偿诉讼维护公共利益,所以应将其纳入公共利益的范围。

(3)胜诉利益归属社会共享

根据《生态环境损害赔偿制度改革方案》的规定,赔偿义务人的赔偿方式有两种:一是赔偿义务人或第三方修复生态环境,支付费用。二是金钱赔偿,赔偿义务人的赔偿资金在上缴同级国库的同时,按照《政府非税收入管理办法》管理并纳入预算;赔偿资金的使用目的限于保护生态环境。行政机关提起诉讼的目的是修复生态环境,体现了行政机关履行法律监督职能,生态环境损害赔偿金应用于该事件的生态环境修复,不可修复或无修复必要的,可优先用于损害结果发生地的其他污染治理和生态环境修复,但由于缺乏专门立法,目前还不能十分肯定其为《民事诉讼法》第58条规定的环境民事公益诉讼。这也是《生态环境损害赔偿制度改革方案》产生要求明确“两诉”之间整合的问题缘由。正如其他学者所说,既要看民事诉讼的性质仍然是民事公益诉讼,还要看与民事公益诉讼的区别之处,对民事诉讼的性质应当进行全面、客观的解释[1]。从该角度分析,同时参考海洋生态环境损害赔偿诉讼的性质规定,生态环境损害赔偿诉讼作为一种新型的环境民事公益诉讼,是其子类型之一[2]。

---

〔1〕 参见李浩:《生态损害赔偿诉讼的本质及相关问题研究——以环境民事公益诉讼为视角的分析》,载《行政法学研究》2019年第4期。

〔2〕 参见彭中遥:《论生态环境损害赔偿诉讼与环境公益诉讼之衔接》,载《重庆大学学报(社会科学版)》2021年第3期。

四、"两诉" 制度整合的实践路径

从上述的讨论中可以看出,"两诉"整合的可能性源于生态环境损害赔偿诉讼是环境民事公益诉讼的子类型。因此,为维护生态环境,实现损害赔偿诉讼的意义,只要完善"两诉"的制度体系即可。

遗憾的是,在司法实践中,环境民事公益诉讼极少应用《解释》规定的一些责任方式,生态环境损害赔偿诉讼也是如此。除此之外,由于沿用民事损害赔偿中"填补损害"的惯性逻辑思维,当前的生态环境损害赔偿出现以下系列特征:完全不考虑惩罚性赔偿,只追求完全赔偿,将生态修复与货币赔偿结合。容易产生高额赔偿金,制度本身失去合理性,不能良好地抑制损害生态环境行为的发生,致使司法实践出现困境。

通过整合"两诉"制度,将生态环境损害赔偿诉讼纳入环境民事公益诉讼制度,从广义上形成一套环境公益诉讼规范。从而使环境诉讼体系内在逻辑一致,不产生悖论。

(一)以诉讼目的作为分流标准

《生态环境损害赔偿制度改革方案》中规定有关行政机关是生态环境损害赔偿诉讼的适格原告,上文得出结论,生态环境损害赔偿诉讼本质上属于环境民事公益诉讼,也就是说,能够提起环境民事公益诉讼的适格原告就能提起生态环境损害赔偿诉讼。因此,行政机关、符合条件的社会组织和检察机关都是生态环境损害赔偿诉讼的适格原告。在此,笔者认为应当先厘清思路,不管是哪类环境领域的涉及生态环境与自然资源的案件,先将其统一放置在"生态环境与自然资源案件"的大框架内,然后根据案件的诉讼目的来划分案件类型,依据诉讼目的的不同,适格主体提起诉讼的权源基础也不同,此时不需要讨论诉讼主体的起诉顺位问题。当整合"两诉"后,若仍然出现多个适格原告同时存在的情形,此时才应当回到讨论不同诉讼主体的起诉顺位问题上来。按照不同诉讼主体在诉讼中的身份及其作用,探讨哪类诉讼主体具有起诉的优先性。

1. 以保障自然资源所有者的财产权益为主要目的

对于省、市两级政府及其授权部门作为适格原告提起的环境诉讼,如果是出于维护自然资源所有权、保障自然资源所有权的财产权益,而提起的自然资源损害赔偿诉讼,则应归为民事私益诉讼的范围内。国家作为自然资源的所有权人,有维护和保障自然资源不受侵犯的义务。此时,行政机关作为国家的"化身",代表国家行使所有权,因此,行政机关具有提起损害赔偿诉讼的资格。

2. 以追求生态环境系统功能价值为目的

对于适格原告提起的为了维护生态环境利益,请求生态环境系统功能的修复的环境诉讼,根据前文的探讨可知,本质上是环境民事公益诉讼的子类型,能被环境民事公益诉讼包含。针对这类环境诉讼,《生态环境损害赔偿制度改革方案》提到相关的行政机关、社会组织、检察机关这三类主体都拥有实体请求权,具有提起损害赔偿诉讼的资格。因此将"两诉"整合之后只用称为"环境民事公益诉讼"也可。

(二)不同原告适用不同起诉顺位

在上述划分下,第二类包括狭义的环境民事公益诉讼和生态环境损害赔偿诉讼,笔者认为其为整合后广义上的环境民事公益诉讼案件。顺位问题的出发点又绕回这三者的身份关系上,按照不同诉讼主体在诉讼中的身份及其作用,由此出发探讨哪一主体具有起诉的优先性。

从目前我国现有的法律体系看,在环境保护领域,环境民事公益诉讼的法定起诉主体有两类:第一类是在2012年《民事诉讼法》中规定"法律规定的机关和有关组织",2014年《环境保护法》与《解释》又对生态环境保护领域的"有关组织"进一步作出限定,对"有关组织"进行缩小解释;第二类是在2017年对《民事诉讼法》和《行政诉讼法》进行修改,新增了"人民检察院"这一诉讼主体。二者进行对比不难发现,迄今为止,仅存在《解释》对"原告"以及《生态环境损害赔偿制度改革方案》对"赔偿权利人"进行规定,尚没有规范层面上的法律法规对生态环境损害赔偿诉讼的原告身份资格予以确定。

笔者认为,不仅是环境民事公益诉讼参与人取得原告地位取决于法定诉讼担当理论,生态环境损害赔偿诉讼也要遵循法定诉讼担当理论。如果能够从法律规范层面明确生态环境损害赔偿诉讼中的原告起诉资格,那么《民事诉讼法》第58条(民事公益诉讼起诉资格条款)中的"法律规定的机关"可把其囊括进来,这样一来更有助于从另一角度印证生态环境损害赔偿诉讼是环境民事公益诉讼的特殊类型,体现了环境保护领域法律制度的自洽。

目前,通过对生态环境损害的内涵在学理上很难对其案件类型直接加以细致划分,从最高人民法院《关于审理生态环境损害赔偿案件的若干规定(试行)》以及《生态环境损害赔偿制度改革方案》来看,按照不同诉讼主体在诉讼中的身份及其起到的作用可以作为三类诉讼主体起诉顺位的标准。

1. 行政机关置于第一顺位

依据《生态环境损害赔偿制度改革方案》,行政机关行使环境监督权,维护生态环境利益,对生态环境损害进行损害赔偿诉讼。环境保护职责成为行政机关提起诉讼的合法性的来源。从诉讼权的合法性来看,提起生态环境公益诉讼的第一起诉顺位的主体应当是行政机关。在穷尽一切行政手段无法解决后,先发起磋商,磋商未果的情况下,再提起生态环境损害赔偿诉讼,如此顺序进行。

也就是说,对侵犯生态环境利益的行为,行政机关有权以起诉第一顺位对生态环境损害提起诉讼,当行政机关提起的损害赔偿诉讼不能弥补被损害的生态环境时,其他适格原告再提起环境民事公益诉讼作为补充。

行政权与司法权相比,在生态环境破坏的填补和救济工作中更主动和专业,占有更加重要的地位。同理可证,与生态环境损害赔偿诉讼相比,行政监管包括行政处罚、行政强制、行政磋商等方法更具优势〔1〕。未来在生态环境损害赔偿中,应当优先发挥行政监管手段的作用。若行政机关通过行政监督手段,就能弥补生态环境破坏带来的损失,利用行政监管手段即可维护环境公共利益,就没有必要抬高到司法领域。尝试完各种行政命令、行政处罚以及行政强制等行政手段,生态环境损害赔偿问题仍然得不到有效解决,此时环境污染加害者,即赔偿义务人无端拒绝与赔偿权利人就损害修复事项开展磋商程序,还有就是双方虽然进行磋商却没有形成统一协议时,行政机关才可以以赔偿权利人身份提起赔偿诉讼。

2. 社会组织置于第二顺位

由《民事诉讼法》可知,符合法定条件的社会组织和检察机关可以提起环境民事公益诉讼,是诉讼的适格原告。社会组织基于法律赋予的公共利益代表者的身份,维护环境公共利益,应当及时督促行政机关,在环境损害发生后依法

〔1〕 参见彭中遥:《生态环境损害赔偿诉讼的性质认定与制度完善》,载《内蒙古社会科学(汉文版)》2019年第1期。

履行其法定职责。若上述行政机关玩忽职守,不履行生态环境损害求偿责任,社会环保组织可以直接要求有关行政机关依法履行环境行政职责,也可以通过检察机关间接督促有关行政机关依法履行职责。然而,如果上述的直接方法和间接方法都不能促使行政机关依法履行职责的话,适格的社会组织可直接提起环境民事公益诉讼,责令有关环境侵权行为人修复或赔偿受损的生态环境[1]。这种制度设计类似于给予社会组织一个杠杆工具,以监督建议权作为"支点",将具有环境监管权的行政机关和法律监督权的检察机关当作杠杆,来对抗生态环境损害责任人,从而实现维护生态环境的目的。

3. 检察机关置于第三顺位

检察机关代表公共利益,是公共权力监督机关。根据《民事诉讼法》的要求,监督行政机关履行(环境)行政管理职能。检察机关首先履行法律监督职责,对行政机关的不作为进行监督。同时《解释》提及,"支持起诉"一方面是检察机关的职责,另一方面也是检察机关参与环境民事公益诉讼的法律定位。当行政机关缺席生态环境损害诉讼时,检察机关应当督促和支持社会组织起诉。作为保护生态环境的最后一道防线,只有在行政机关和适格的社会组织双重缺位的情况下,检察机关才提起环境民事公益诉讼。

作为法律监督机构的"最后一道防线",检察机关在相关行政机关与适格的环保组织都缺位的前提下,才可以公益诉讼人身份开展生态环境损害赔偿诉讼。检察机关可以依法行使法律监督职能,向同级政府发出检察建议。除了检察建议之外,还存在行政命令、行政处罚、行政强制以及行政磋商等多种行政管制手段。如果穷尽上述措施仍不有效,检察机关才可依法追究相关责任人,为维护生态环境利益而提起环境民事公益诉讼。

(三)诉前程序的协调与整合

1. 磋商与诉讼的关系

在提起生态环境损害赔偿诉讼之前,《生态环境损害赔偿制度改革方案》专门设置了一个前置性赔偿磋商程序。行政机关作为权利人与造成生态环境损害的企业或个人谈判达成磋商协议。磋商是对传统行政强制手段的突破和

---

〔1〕 参见彭中遥:《行政机关提起生态环境损害赔偿诉讼的理论争点及其合理解脱》,载《环境保护》2019年第5期。

改进，作为柔性执法行为的体现，其体现出非强制性、灵活性、可选择性等特征，是以“交往”为前提、以“话语”为核心的过程〔1〕。当政府行使公权力，无论其身份是民事权利人还是公法上的行政监管机关，其地位究竟是平等还是不平等，这正是生态环境损害磋商法律性质在理论界与实务界的争论所在。为了能合理整合“两诉”制度，完善环境诉讼体系，需要对生态环境损害赔偿磋商进行一个准确的法律定位，尽可能地避免适用认识分歧，影响“两诉”整合的方向和思路。

(1)生态环境损害赔偿磋商属于民事法律关系

主张磋商属于民事法律关系的学者认为，自然资源是由国家所有，国家是自然资源的所有者，政府代表国家是自然资源的所有权人。究其权源基础，环境资源利益的代理人身份是政府通过民事代理关系而获得的，因此他们认为在生态环境损害发生后，赔偿权利人与义务人进行磋商，作为自然资源国家所有权人，政府(行政机关)在磋商过程中是与赔偿义务人地位平等的民事主体。

(2)生态环境损害赔偿磋商属于行政法律关系

生态环境损害赔偿磋商是一种基于环境保护责任的“弱权”行政行为〔2〕。持有该种观点的专家认为该磋商行为不同于传统的行政行为，其弱化了公权力的强硬之处，具有商讨的可能。该学说主张在生态环境损害后果发生后，行政机关打破传统限制，突破无行政执法权能的限制，运用相对灵活柔和，公共权力形式的相互合作与对方进行有限的协商和讨论，以实现修复和赔偿生态损害的目标。该理论更加注重行政执法手段的转化。

在探究环境问题的同时，传统的民事、行政、刑事法律体系在面对环境问题时存在明显不足，通过对制度进行改革创新，将环境治理模式逐步转变为风险应对型、社会回应型的多元合作共治的治理模式〔3〕。而这种典型事例就是对生态环境损害修复之前进行赔偿磋商。所以说，在环境领域中，民主行政和公民参与在社会政治经济文化发展的催生下产生生态环境损害赔偿磋商制度，为环境行政决策提供合理的决策手段，一方面区别于一般的行政法律关系，另一

---

〔1〕 参见康京涛：《生态修复责任的法律性质及实现机制》，载《北京理工大学学报(社会科学版)》2019年第5期。

〔2〕 参见王虎：《风险社会中的行政约谈制度：因应、反思与完善》，载《法商研究》2018年第1期。

〔3〕 参见史玉成：《生态环境损害赔偿制度的学理反思与法律建构》，载《中州学刊》2019年第10期。

方面也不同于一般的民事法律关系,体现了一种尝试性的“弱权管理”下的行政法律关系环境治理模式〔1〕。

总之,磋商制度虽看似是民事法律关系,实际却是披着“民事法律关系”外衣下的“弱权行政行为”,而诉讼则是司法行为。因此,在探索“两诉”制度的整合路径时,《生态环境损害赔偿制度改革方案》规定的磋商前置与“两诉”制度的整合不存在冲突。在整合的时候可以将磋商制度单独放置一旁,待“两诉”进行合理整合后,再考虑其在整合后的诉讼中的位置。行政行为相较于司法行为更具有主动性和专业性,应当优先发挥行政监管作用。若行政机关通过行政手段就能弥补生态环境破坏带来的损失,就没有必要抬高到司法领域。当尝试完各种行政手段,生态环境损害赔偿问题仍得不到解决,最终进入诉讼程序。构架起一个较为完善,逻辑流畅的环境诉讼体制。

2.“两诉”的诉前程序区别

对于环境民事公益诉讼的诉前程序规定,《民事诉讼法》第58条规定:“对污染环境、侵害众多消费者合法权益等损害社会公共利益的行为,法律规定的机关和有关组织可以向人民法院提起诉讼。人民检察院在履行职责中发现破坏生态环境和资源保护、食品药品安全领域侵害众多消费者合法权益等损害社会公共利益的行为,在没有前款规定的机关和组织或者前款规定的机关和组织不提起诉讼的情况下,可以向人民法院提起诉讼。前款规定的机关或者组织提起诉讼的,人民检察院可以支持起诉。”由此可见,检察机关提起的环境民事公益诉讼具有补充性。

生态环境损害赔偿诉讼的诉前程序即为《生态环境损害赔偿制度改革方案》中规定的赔偿磋商程序,是明确规定的前置性程序。在提起诉讼前,行政机关作为赔偿权利人先主动与赔偿义务人就赔偿事项进行磋商,磋商没有达成或者之后未履行,权利人方可提起诉讼。

3.“两诉”诉前程序的整合路径

检察机关作为国家公权力的代表,在权力的行使过程中要始终保持自身的谦抑性和审慎性,防止带有职权主义色彩的诉权滥用。检察机关在提起环境民

---

〔1〕 参见王虎:《风险社会中的行政约谈制度:因应、反思与完善》,载《法商研究》2018年第1期。

事公益诉讼活动中本质上起到法律监督者的作用,体现了检察监督权。而生态环境损害赔偿磋商制度,本质上是一种行政法律关系。

因此,诉前程序也应当形成优先发挥行政手段,检察机关补充的公权力救济模式。整合后的诉讼,其诉前程序是行政磋商先于检察机关的"督促或支持起诉",提高社会组织和公民的参与积极性,保证检察机关的"有限性"。

五、结语

"两诉"的整合作为《生态环境损害赔偿制度改革方案》中的重要环节,可以说决定该项制度改革之成败的关键在于其设计的科学合理与否。政策制定者以目的导向手段的倒推模式,推行的充满政策导向性气息的生态环境损害赔偿诉讼,不光是为了保护生态环境,更是追求实现可持续发展理念。同时,该诉讼的本质是环境民事公益诉讼的子类型。由于该诉讼性质存在一定的特殊性,未来我国应遵循先按照诉讼目的来整合"两诉",后分情况讨论,在适格主体多个存在且没有明确的起诉顺位时,根据适格主体的性质和职责来安排起诉顺位这样一个整合路径。同时,我们要注意的是,在环境保护的过程中,不能一味追求新制度而忘记运用已然存在的制度,这一舍本求末的心理要引起重视。应当发挥原有制度效力,充分利用好原有制度,同时整合新旧制度,力求将新旧制度的功能发挥到最大化,而不应当"见异思迁""另起炉灶",抛弃原有制度而去追求新制度,或者过分夸大新制度的功能[1]。

---

〔1〕 林莉红、邓嘉咏:《论生态环境损害赔偿诉讼与环境民事公益诉讼之关系定位》,载《南京工业大学学报(社会科学版)》2020年第1期。

25. 长江流域司法协作执行机制完善的可行性研究

袁　珊*

内容摘要：长江流域是中国第一大流域，承载着重要的经济、社会和生态功能。然而由于过度开发、环境污染等原因，长江流域的生态状况不容乐观。为了保护长江流域生态环境，建立完善的生态司法执行机制显得尤为重要。推动流域协调制度完善，需要完成对流域协调机制的体系化建构，明确流域协调机制的法律定位和构成要素；要建立流域协调的实体机构并明确其职责和权限，明晰流域协调的行政协作运行流程，确立流域协调的立法协作细化规则，加强流域协调法律实施的整体联动。笔者将就长江流域生态司法执行机制的完善可行性进行深入研究。

关键词：长江流域　生态环境　司法协作

一、长江流域生态司法执行机制的现状

目前，我国已有的规范性法律文件中，以流域治理为目标的，大多为水利部门、生态环境部门、农业农村部门制定的关于水资源利用、河道治理、水污染防治、渔业资源保护等相对分散、独立的规范性法律文件。近年来，随着经济的发展，对流域过度开发和利用，致使流域生态环境不断恶化，促使我国流域治理的步伐加快。原先这种分门别类、有针对性、分散性的流域治理管理模式逐渐显露出其本质缺点，不但无法实现科学发展、绿色发展的新型发展理念，而且长江的主要支流如鄱阳湖、洞庭湖、汉江等甚至出现了生态环境毁损和资源恶化的趋势。

如今的长江主要存在以下几个突出问题，一度无边无际的洞庭湖频频干旱

---

* 袁珊，荆门市东宝区人民法院漳河法庭法官助理。

见底，长江的部分水系严重断流，致使生态完整系指数达到最差的无鱼等级，一些珍稀野生动植物资源急剧下降，淡水生物多样性丧失。因长江全长6300公里，全流域涉及19个省(自治区、直辖市)，其上、中、下游，干、支流相互连通，一旦某一区域受到污染或生态损害，将会导致整个长江流域生态受到破坏。在自然地理条件上，具有整体性、统一性的长江流域，被行政区划、主管单位进行了条块管理，2021年3月施行的《长江保护法》在立法层面上加强了长江流域治理的多部门、多领域的统筹协调，此后流域治理的重点将转移到司法层面，长江流域治理司法一体化将是今后司法实践领域中的重点关注问题。

构建长江流域生态环境治理司法协作机制，不仅对长江流域的整体治理具有积极作用，而且为国家范围内流域治理的司法保护机制开创了先河，有着十分积极的作用。《长江保护法》的建立，也有赖于司法协作机制的实施和完善。

随着国家对长江流域生态保护的重视，各级司法机关逐步建立了环境司法专门化制度。如湖北省高级人民法院设立环境资源审判庭，上海市崇明区人民法院成立上海首家环境资源审判庭等，为生态司法执行提供了组织保障。

但是目前长江流域生态环境保护司法协作主要还是以省内区域及城市经济发展圈间的协同为主，例如长三角地区共同签订了《长江口生态环境保护司法协作框架协议》《湖北省流域综合治理和统筹发展规划纲要》。长江源头的协作、跨省域的协作较少。

区域协作的司法协作机制建立、完善主要以审判机关的探索为主。检察机关在公益诉讼、检察监督方面的侧重点不够，行政机关在行政执法中的力度不够。

二、流域司法协作的实践困境

在"共抓大保护，不搞大开发"的背景下，长江流域开始尝试探索跨域、跨主体的司法协作保护机制，但是受经济效益优先、地方主义保护主义等固有观念的影响，长江流域环境治理司法协作仍然困难重重，道阻且长。流域环境治理司法协同机制作为新时代长江生态保护的制度创新手段，备受瞩目。然而，由于理论观点较新颖，探索时间较短，相关体制机制不完善，长江流域生态环境保护司法协作仍然存在协作主体范围不全面、协调机制过于笼统、协作内容缺乏实践内容、协作主体不明确、协作规则不协调等问题。

(一)全流域生态治理司法协作机制尚未建立

受到传统经济发展理念的影响,各地区政府在生态流域环境治理过程中可能主要考虑的是经济发展成效,欠缺整体发展的观念,因此目前长江流域生态环境司法协作仍具有区域性,没有真正理解流域的自然属性与环境司法协作的关系,全流域的环境司法协作体系尚未形成。司法协作的区域性主要体现在以下两个方面。

一是区域环境司法协作割裂了全流域环境司法协作的整体性,"九龙治水"现象仍然存在。尽管长江流域环境司法协作正在努力破除受行政区划分割治理的僵局,跨省域司法协作,城市经济圈司法协作已初见成效,但是受经济发展水平、人民群众素质水平、审判人员专业化水平的限制,多个司法协作圈的发展进程不一致,发展水平不一致,难以齐头并进,共同进步。例如,受经济发展水平、司法观念等因素的影响,不同区域的智慧法院建设进程不一致,大数据服务司法审判的能力不同,部分法院在案件流程管理、数据传输等方面还没有得到全面的应用,不同区域之间的法院尚未能实现"零距离"沟通,不能够即时性地实现数据共享,即时性地互动,无障碍地共享数据。

二是多个环境治理司法协作圈之间存在壁垒。如长三角地区的司法协作。环境司法协作圈在发挥其功能的同时,也产生了一定的排他性,即不同协作圈之间相对封闭,缺乏有效的沟通机制,未能实现信息共享,对涉及多流域的环境问题无协作请求依据。

(二)协作主体的范围、职责有待明确

协作主体是长江流域环境司法协作中最基本、最重要的要素。实践中,长江流域环境保护司法协作中的主体和职责尚不明确,导致协作效果不显著。首先,协作主体具有一定的封闭性。[1] 目前的协作机制中,大多数都是省内法院之间合作、省内检察院之间合作;或者是审判机关、检察机关的跨省域合作;法院与检察院之间,公、检、法部门之间的跨部门司法协作的实践较少。如果审判

[1] 参见黄锡生、尚睿:《长江流域环境司法协作的理论构造与制度完善》,载《河南财经政法大学学报》2022年第2期。

机关缺乏检察机关的检察监督,缺乏完备的侦查、起诉、审判、执行等全过程的司法协作机制,将会使审判机关孤立无援,心有余而力不足,特别是环境保护大多数以公益诉讼的形式提起,显得检察机关的作用尤为突出。司法机关内部都是如此,更不用说司法机关与行政机关之间的协作。协作主体的封闭性导致无法回应长江流域的整体性保护。

协作主体范围较小。目前,长江流域环境司法协作的主体大多是公权力机关,作为社会主体的企业、社会组织及公民等并不在协作主体范围之内。[1] 然而这些社会组织对案件的执行、生态环境的修复具有重要意义。

(三)协作内容笼统、多原则性规定

传统的司法协作主要是省内的司法协作,在省高级人民法院以及省级行政机关的主导下,对于委托送达、案件管辖、跨区域执行等内容均明确予以规定。现长江流域环境司法协作将在传统模式上,从流域环境的系统性、整体性出发,以破除跨流域环境治理难题为目标,综合平衡各方面因素。《长江保护法》出台后,为使该法律落在实处,配套的司法协作机制体系已初具规模,但司法协作的形式多表现为"框架协议""合作协议书"等形式,规则条文往往是泛泛而谈,欠缺实际内容、责任规范,诸多机制创新只能是"空中楼阁",并不具备明确的可操作性,这种协作形式在初期侧重于政策性以及宣传性,但随着合作的不断深化,其缺陷也将逐渐显现,使协作协议落地困难。不仅如此,协议的内容也没有法律的强制力作为支撑,协作协议仅是一种合作的表现形式,没有经过法定程序和组织步骤上升为法律规章制度,缺乏强制性的约束力,缺乏长效性、稳定性。例如,"3·07"特大非法采砂案,在社会上引起了广泛关注,法院、检察院、水利部门通力合作,使案件顺利结束,安徽省高级人民法院与江苏省高级人民法院签订《关于长三角洲地区人民法院环境资源司法协作框架协议》,跨省协作共同修复长江生态环境,这种司法协作一般都是因个案需要而促成,因个案的结束而完成其使命,没有长期有效的合作机制,无法作为一种制度长期有效。同时,由于没有上升为法律规定,在裁判时无法直接适用,为审判机关的法律适用带来难题,可能与司法协作的初衷不相符。

---

〔1〕 参见黄锡生、尚睿:《长江流域环境司法协作的理论构造与制度完善》,载《河南财经政法大学学报》2022 年第 2 期。

(四)协作程序难以形成统一

在《长江保护法》的推动下,长江流域目前形成了以区域协作为主的环境保护司法协作模式。然而,协作区域圈之间存在壁垒、协作部门之间存在职权交叉,审判机关、检察机关内部,以及司法机关与行政机关之间缺乏有效的法律规范予以指导,流域环境治理司法协作在具体实施过程中未能形成统一且行之有效的规制。司法机关与行政机关之间存在各自为政、条块分割的情形,未建立起完善的系统化、常态化、制度化的司法协同机制。区域割据式执法在面对跨行政区域的流域环境违法行为时力不能及[1]。这些问题的存在,导致区域性的司法协作在审理环境资源纠纷案件时容易在事实认定、法律适用、裁判说理上出现差异性,可能出现同案不同判的情形,最终影响长江流域整体治理的司法协作效果。归根结底,以河流流经的各行政区域管理为主的长江流域管理状态,使流域层级管理屈从于区域管理,流域治理和流域司法难免陷入地方主义和部门主义的泥沼,导致流域治理权力失衡。[2]

三、流域环境治理司法协同机制的实现路径

(一)树立流域治理整体性的思想宗旨

长江生态环境保护司法协同机制的建立、完善过程中需遵循整体性发展理念系长江水系的整体性、不可分割性等自然地理特征所决定的。司法协作只是我们保护环境的手段,我们应该综合考量人类社会和大自然和谐共生,始终贯彻人类社会与山水田湖林草均为生命共同体,始终牢记绿色发展的可持续发展理念。一方面将长江流域与沿岸的经济活动、群众生活活动联系起来,遵循一体治理理念,实现流域治理和社会管理的双重发展,打破地方割据局面,促进流域整体治理的发展。另一方面流域整体性要求治理手段的动态变化性,实时关注流域治理过程中发生的突发情况,根据事实的变化发展,不断调整流域环境治理的方针、政策以及改变环境治理、修复的手段,保障流域保护工作的动态调整。我们要牢固树立整体性观念,流域空间不再仅仅是相对独立的集水区或分水区,更承载了自然水资源同其他自然要素和人口、社会、经济等人文要素的多

[1] 参见彭本利、李爱年:《流域生态环境协同治理的困境与对策》,载《中州学刊》2019年第9期。

[2] 参见王树义:《流域管理体制研究》,载《长江流域资源与环境》2000年第4期。

元素作用,是一个整体联动的生物空间。这就要求我们在制定流域整体治理司法协同机制时,不仅要考量水域治理的特殊性,还要综合考量与之紧密联系的各种因素,如人口发展等各种人文要素,实现整体协调治理。

长江流域环境司法协同机制的完善需遵循协同性理念系流域环境的复杂性所决定的。一般情况下的环境保护问题的司法协同治理目标、手段、效果较为单一,而流域环境保护司法协同对司法提出了更高要求,不仅要考虑流域环境的公共利益属性及其自然地理特性,还要考虑环境问题背后存在的政治、人口、经济发展、社会等各种因素的存在,仅是考虑环境因素带来的影响,将无法实现司法协同机制的长期有效性。例如,以往审判机关进行裁判时,检察机关可进行法律监督,提出检察建议,环境司法协同中还需要行政机关等主体的监督,司法治理的成果更是需要社会公众的检验、认可,司法协同治理的成绩也是由广大人民群众共享。

流域整体性、协同性治理理念应当贯穿长江流域生态环境司法协同治理的全过程,并以此为目标和导向,加之以贯彻落实。有学者将整体性治理理论总结概括为:以满足公民需求为主导治理理念,以信息技术为治理手段,以协调、整合与责任为治理策略,促使各种治理主体协调机制,实现治理层级、功能与部门的整合及碎片化的责任机制和信息系统的整合[1]。故生态环境的保护需要多主体的全方位协作,不是某单一主体的自身努力就可完成的,社会组织和个人也要发挥自己的作用。在相关职能部门的主导下,司法机关、行政机关、社会组织着眼于流域治理的整体性,由分散走向集中,由破碎化走向整合。

漳河水库是湖北省管辖的第一大水库,水域面积具有105平方公里,800千米库岸线迂回曲折,是300万荆门人赖以生存的母亲河,位于荆门、宜昌、襄阳三市交界处。近年来,随着经济发展和流域的开发利用,漳河流域面源点源污染增多,监管难度大,各市区对发现的跨境违法行为,只能通过移送处理,不能及时查处,各地市区对群众生产生活管理未能形成统一的标准,在管控上也没有形成统一的标准。现在在《长江保护法》出台的背景下,荆门、宜昌、襄阳加强流域整体治理协作,在项目审批、毁林开荒、水质监测等方面上,做到了规划

〔1〕 参见黄青鹏:《长江流域生态环境协同治理研究》,载《环境》2023年第1期。

统一、管理标准统一、监管执法统一,协同推动了漳河流域生态环境保护。

(二)加强司法机关的内部协作

1. 审判机关之间加强协作。尽管目前长江流域环境保护的司法协同已初具雏形,正在稳步发展,但是司法机关的内部协作机制还应丰富其内容,增强其实际可操作性。

目前,虽然多个省高级人民法院设立了专门的环境审判庭,但长江流域经过19个省(自治区、直辖市),流域范围广、流域面积大,支流交错纵横,一旦某支流发生环境污染问题,就可能涉及多个行政区划,如何确定管辖为首要的难题。笔者认为,应当根据长江流域的特殊地理位置以及其管理的复杂程度专门设立跨行政区划的统一司法体制,例如在洞庭湖区域范围内设立专门的环境资源审判庭,统一受理洞庭湖水面内发生的案件、纠纷。

长江流域内管理机构应当定期召开联席会议,负责对流域内各地方法院之间的立案、审判、执行工作的协调衔接,确保案件在委托送达、调查取证、查询、查封、冻结等方面排除地方保护主义的干扰。目前,各地法院都面临着案多人少的突出矛盾,对于其他兄弟法院委托的调查取证、查封、冻结等事项,部分法院可能没有竭尽所能,流于形式、敷衍性地完成规定性动作。所以,首先,需要设立一个长江流域内的管理机构督促法院完成各项委托事项,制定统一的制度管理。其次,各专门的环境资源审判庭应当定期商讨疑难复杂案件,搜集、整理、发布具有指导性意义的典型案例,确定案件的裁判标准,统一裁判尺度,努力做到同案同判。提高生态司法执行机构的独立性,减少地方行政干预,确保其能独立、公正地履行职责。最后,加大对地方司法机关的培训和指导力度,提升其审理和执行生态环境案件的能力。组建环境专家人才库,在其中选聘人民陪审员参加庭审活动,借助环境专家的专业知识解决专业性问题。

2. 审判机关与检察机关加强协作。法院与检察院之间需要有机衔接,确保案件移送、立案、侦查、审判等各个环节的顺利进行。检察机关要通过案卷评查、司法建议等方式加强对案件审理的监督,促进检察监督与环境案件审理的有机衔接。检察机关要充分行使公益诉讼的职能。部分行政机关可能还存在着地方保护主义的思想,使长江流域利益冲突明显,再加上环境保护方面专业性较强,公民个人提起公益诉讼的态度较消极,这就促使检察机关担负起提起公益诉讼的重任。检察机关应当与审判机关就公益诉讼的损害赔偿,生态修复方法、侵权损害赔偿方式等方面加强办案经验交流。

（三）加强司法协同的外部协作

区域环境损害引起的后续问题是繁杂的,生态环境的修复是系统的,非一朝一夕的,仅靠人民法院单方力量并不能促成流域治理的协作机制,需要检察机关、行政机关、社会组织、人民群众的紧密合作,共同努力。区域内的环境监管、水利水务等行政主体对流域内的相关环境行为可以先行进行合法性审查,未违反相关法律法规,不涉及犯罪的行为,可自行予以行政处罚,对于涉嫌违法犯罪的应当及时移送检察机关。

充分发挥社会组织和人民群众的监督积极性,从法律层面上明确社会监督对相关责任主体的具体法律责任。行政机关要完善群众监督途径,对群众反映的问题及时处理,对处理结果及时回应。

在长江流域环境整体治理过程中,笔者认为我们应该充分发挥非政府组织、相关研究机构、人民群众以及短视频媒体的参与,发挥其提供专业技术支撑及媒体宣传参与的作用。环境保护和长江水域问题治理是长期性、专业性、复杂性的工作,例如我们可以充分考虑水资源综合利用研究所、长江水资源保护科学研究所、中国水产科学研究院长江水产研究所和长江生态环境大保护研究院等在水资源质量检测、监测工作、流域综合管理、水资源安全可持续利用、水资源优化配置等方面提供专业的建议。从国际、国内的实践来看,非政府组织对环境保护的发展作出了重要贡献,例如非政府组织参与了《世界环境公约》的起草,其提供的关键信息,得到了联合国环境署的高度重视,对海洋环境保护国际条约的订立产生了积极影响。长江环境保护需要每个人的参与,现在短视频充斥着人民群众的生活,这就需要充分利用网络、报纸和杂志等新闻媒体深入开展环保法规的宣传教育,让公众自觉改变自身存在的不良习惯,自觉节约用水,不乱排生活污水。

四、优化流域司法协作机制的思考

优化流域司法协作机制是推进长江流域生态环境协同治理的必然举措,笔者认为,可以从以下几个方面出发:

1. 加强跨区域间的司法协助主体的信息共享。长江流域沿岸企业、城镇分布众多,人口密集,对长江流域的整体治理涉及多个行业、多个主体、多个地区之间的复杂利益。通过互联互通的数据平台和开放共享的信息平台,加强流域治理司法的联动性和协同性。政府机关作为信息公开主体的主要原因是其拥有公开环境信息的公共权力。完善司法协作信息公开制度,使公、检、法三家司法机关在信息上做到互通,在资源上达到资源共享,加快发展三家司法机关在信息共享平台的建设工作。通过协作的方式将案件信息进行整理,整理司法数据并统计相关数据将典型的环境案例或其他对环境治理有着重要作用的信息通过信息共享发布在平台上让各部门和机关之间进行互联互通,达到事半功倍的办案效率,实现环境审判案件中的审判尺度相对统一。充分利用网络大数据,进一步发展线索发现机制,系统全面地查询案件相关的线索。不断完善司法信息共享的工作平台,尤其侧重协调和安排相关部门之间的信息得到及时的互通。环境信息共享不仅能提高环境司法的协作机制还能提高公民的知情权,增加公众的参与感。通过信息共享制度打破地方司法行政化色彩,实现行政区划之间联合、共同参与,让信息资源互通,司法协作机制常态化。

2. 加强公众宣传教育。开展广泛的长江流域生态环境保护宣传教育活动,提高公众的法律意识和环保意识,引导公众积极参与生态司法执行。同时,加强与学校、社区等基层单位的合作,搭建良好的互动平台。各法院、检察机关可选取近年来审理的有关生态环境保护的典型案例,以宣传展板和宣传手册的形式,向群众进行精准普法,切实增强群众环境资源保护法律意识。村民委员会、居民委员会作为基层治理的关键点,应当自觉、主动地担当起水质治理的重要角色,发挥网格化管理的特色,各流域要定人员、定标准,形成治理全民参与、监管全面覆盖的格局,实现长江流域生态环境保护的新格局。

3. 引入科技支持。利用现代科技手段,提高生态司法执行的效率和准确性。如利用大数据、人工智能等技术,加强对长江流域生态环境状况的监测和分析,为生态司法执行提供科学依据。

4. 建立监督机制。设立专门的监督机构,对长江流域生态司法执行情况进行定期检查和评估。对于执行不力的地区或部门,实行问责制度,确保生态司法执行机制的有效运行。

5. 加强与地方政府的协调。在与地方政府的目标和政策保持一致的前提下，积极推动生态司法执行工作与地方发展建设的融合。通过与地方政府的沟通和协调，形成良好的合作机制，共同维护长江流域生态环境。各法院、检察机关可加强与地方政府的合作。

五、结语

流域融合了自然因素和社会因素，是一个复杂的有机融合整体，同时兼具自然属性和社会属性，流域环境保护需要以尊重其生态自然属性为基础，贯彻整体性理论、协同性理论，进行社会化流域环境司法协同的路径完善。全方面、多层次、跨领域、跨主体地参与环境保护、司法协同、监督管理，是未来长江流域环境保护司法协同机制完善的出路，更是生态环境动态治理和机动保护的重要前提和关键因素。

完善长江流域生态司法执行机制具有紧迫性和重要性。通过针对当前存在的问题采取可行性建议和措施，逐步建立健全的生态司法执行机制，将有助于保护长江流域生态环境，促进社会和谐与可持续发展。这不仅需要国家层面的努力，也需要社会各界共同努力，共同维护我们共有的家园。

26.《长江保护法》退捕补偿制度的实施与完善

胡帮达[*]　付潇龑[**]

内容摘要:开展退捕补偿是确保长江十年禁渔有效实施的重要举措。《长江保护法》关于退捕补偿的规定为中央政府和长江流域各省市开展退捕补偿明确了法律依据和基本方向。考察湖北、湖南、江西、江苏、重庆和四川这6个长江流域代表性省市的实践发现,各省市根据相关国家规定因地制宜地开展了退捕补偿工作并取得一定成效,但尚存在补偿主体和对象考虑不全面、补偿方式不适应情势变化、补偿标准不合理以及补偿过程缺乏有效社会参与等不足。对此,应当明确退捕补偿制度的目标定位,健全资金保障机制,精准化设计补偿方式,并完善社会参与和监督机制,以确保补偿资金的充足性与可持续性,保障补偿的有效性,增强退捕补偿决策与设施的科学性、合理性和规范性。

关键词:《长江保护法》　禁渔　退捕补偿　补偿方式　社会参与

一、引言

在长江流域实施禁捕是保护长江流域渔业资源、修复长江生态环境的重要举措。然而,长江禁捕也势必会影响大量捕捞者的经济利益,应当对其合法利益损失进行补偿以确保长江禁捕制度有效实施,实现生态效益和社会效益的有机统一。《长江保护法》第53条第3款规定,"长江流域县级以上地方人民政府应当按照国家有关规定做好长江流域重点水域退捕渔民的补偿、转产和社会保障工作",标志着长江流域退捕补偿已成为一项法律制度。实施好这一制度是当前和未来一段时间内长江大保护工作的重要内容。

---

* 胡帮达,华中科技大学法学院副教授。

** 付潇龑,华中科技大学法学院硕士研究生。

实际上，在《长江保护法》通过之前，长江流域各省市已经根据国务院有关部门发布的规范性文件的要求陆续开展了退捕补偿的实践，但仍存在诸多不足。《长江保护法》第 53 条第 3 款已成为退捕补偿实践的法律基础，这也意味着退捕补偿应当进一步规范化。笔者将从理论上诠释《长江保护法》退捕补偿制度实施的要点，对退捕补偿实施的现状进行考察，并针对其存在的问题提出完善建议。

二、《长江保护法》退捕补偿制度实施要点诠释

正确理解法律规定的内涵是确保制度实施符合立法目的的前提。《长江保护法》第 53 条第 3 款的规定可以从 4 个方面进行解读：

第一，《长江保护法》规定的退捕补偿适用的范围是长江流域重点水域的退捕行为。退捕补偿属于长江流域禁捕制度的配套制度，只有实施禁捕的流域的退捕行为才在本制度所覆盖范围之内。《长江保护法》第 53 条第 1 款规定，"国家对长江流域重点水域实行严格捕捞管理"，其第 3 款规定的退捕补偿为该条的配套规定，其适用的流域范围包括长江干流和重要支流、大型通江湖泊、长江河口规定区域等重点水域。对于重点水域以外的其他水域的禁捕和退捕补偿问题则适用《长江保护法》第 53 条第 4 款规定，由县级以上地方人民政府制定相应的管理办法。

第二，《长江保护法》规定的退捕补偿的实施主体是长江流域县级以上人民政府。这里的县级以上人民政府应当包括县级、市级和省级人民政府，各级人民政府应当明确责任分工、协同履行法律规定的退捕补偿职责（义务）。

第三，《长江保护法》规定的退捕补偿的内容（方式）包括为退捕渔民提供补偿、帮助其转产和提供社会保障。退捕补偿的目的在于弥补渔民因禁渔而导致的合法期待利益损失。然而，由于捕捞的期待利益并不总是能够被准确界定，单一的金钱补偿并非能适用于所有退捕情形，保障上岸渔民有出路、有生计、有保障可以成为替代方式。

第四，《长江保护法》规定的退捕补偿需按照"国家有关规定"来实施。一方面，《长江保护法》规定的退捕补偿属于国家意志的体现，牵涉利益复杂，社会影响巨大，需要国家层面统筹安排和协调；另一方面，退捕补偿制度涉及补偿

资金、补偿对象范围、补偿标准和方式、补偿程序等诸多具体要素和问题,且须根据实际情况不断做出调整,法律层面难以作出详细规定,授权有关部门代表国家制定相应规定更为切实可行。需要说明的是,“国家有关规定”虽然比上述法律规定要具体,但未必事无巨细。长江流域各级人民政府在遵循国家有关规定的前提下,仍可因地制宜地采取更加具体或者灵活的办法实施退捕补偿。

三、《长江保护法》退捕补偿制度的实施现状与问题

(一)中央层面实施退捕补偿的规范演进

长江退捕补偿制度的直接法律依据来源于《长江保护法》,在《长江保护法》出台前,我国已开始实施退捕补偿制度(见表1),并为《长江保护法》正式确立的退捕补偿制度打下了良好基础。

表1 《长江保护法》出台前退捕补偿的规范

年份	规范名称	内容要点
2007	《关于发放渔业柴油补贴资金有关问题的通知》(原农业部办公厅)	将渔船管理工作与渔用柴油补贴政策,捕捞、养殖渔船免征车船税政策结合,发放渔业柴油补贴
2018	《关于加强长江水生生物保护工作的意见》(国办发〔2018〕95号)	推进重点水域禁捕,加快建立长江流域重点水域禁捕补偿制度
2019	《长江流域重点水域禁捕和建立补偿制度实施方案》(农长渔发〔2019〕1号)	系统化建立起长江流域重点水域禁捕补偿制度
2020	《关于切实做好长江流域禁捕有关工作的通知》(国办发明电〔2020〕21号)	落实补助资金,强化转产安置,保障退捕渔民生计
2020	《关于切实做好长江流域退捕渔民养老保险工作的通知》(人社部发〔2020〕82号)	优化养老保险经办服务,引导退捕渔民按规定参加基本养老保险
2020	《关于加强长江退捕渔民农业农村领域就业帮扶工作的意见》(长江禁捕退捕工作专班)	对未就业长江退捕渔民实施就业帮扶
2020	《关于推动建立长江流域渔政协助巡护队伍的意见》(农办长渔〔2020〕7号)	设置一批渔政协助巡护队伍公益岗位安置退捕渔民

2016年以前,我国实施长江禁渔期制度,共涉及长江流域10个省(自治区、直辖市),8100多公里江段,是现今“长江十年禁渔”政策的前身。2007年,原农业部办公厅发出通知,为保护禁渔期制度下渔业生产能力和渔民权益,将

渔船管理工作与渔用柴油补贴政策,捕捞、养殖渔船免征车船税政策结合,发放渔业柴油补贴,设置了摸底、统计审核、公示和兑付等程序[1],这可以看作一次禁捕补偿的尝试,为后面退捕补偿工作的开展积累了经验。

为贯彻习近平总书记关于"共抓大保护、不搞大开发"的重要指示精神,落实党中央、国务院决策部署,中共中央、国务院《关于深入推进农业供给侧结构性改革 加快培育农业农村发展新动能的若干意见》提出"率先在长江流域水生生物保护区实现全面禁捕",由此出现了长江全面禁渔政策。此后以农业农村部为主的相关国家部门出台了一系列长江退捕补偿政策,逐渐建立起退捕补偿制度,为《长江保护法》退捕补偿规定提供了实践基础。

在《长江保护法》出台以前,除中央政府部门发布的退捕补偿规范文件外,退捕补偿制度也有着充分的法律依据,《宪法》《渔业法》《农业法》《水污染防治法》《环境保护法》《民法典》等均为退捕补偿提供了法律依据。具体而言:《宪法》第 13 条关于公民财产权保护的规定使补偿事宜的规定有法可依;《渔业法》第 14 条规定征收集体所有的水域、滩涂应按照征地管理的法律规定给予补偿;《农业法》第 63 条规定应依照国家规定对转产转业的渔民予以补助;《水污染防治法》第 8 条规定了国家通过财政转移支付等方式,建立健全江河、湖泊、水库上游地区的水环境生态保护补偿机制;《环境保护法》第 31 条规定国家建立、健全生态保护补偿制度;《民法典》第 117 条、第 243 条规定出于公共利益的需要,国家可以予以征收,但是要给予公正合理的补偿。然而,应当指出的是,在《长江保护法》出台前,前述规定内容较为模糊,并不专门针对退捕补偿。《长江保护法》的出台是对退捕补偿制度的进一步具体安排,也为县级以上行政机关实施具体行政行为提供了明确的法律依据。

《长江保护法》出台后,中央层面的规范文件数量有所减少。一方面,长江禁捕度过起步期,退捕补偿制度已基本建立;另一方面,由于有了《长江保护法》的授权,地方省市出台相关规范文件有了更大的自主性。从内容上看,退捕补偿制度的规范文件转向精准帮扶、落实社会保障和考核评价方面。(见表 2)

---

〔1〕 参见《关于发放渔业柴油补贴资金有关问题的通知》。

表 2 《长江保护法》出台后退捕补偿制度演进

年份	规范名称	内容要点
2021	农业农村部办公厅、人力资源社会保障部办公厅关于印发《"十省百县千户"长江退捕渔民跟踪调研实施方案》的通知(农办长渔〔2021〕1 号)	对退捕渔民安置保障工作进行跟踪调查
2021	人力资源社会保障部、国家发展改革委、民政部、财政部、农业农村部《关于进一步做好长江流域重点水域退捕渔民安置保障工作的通知》(人社部发〔2022〕28 号)	锁定重点帮扶对象,精准开展针对性就业帮扶,分类组织技能培训,兜牢社会保障底线,倾斜帮扶重点地区
2021	人力资源社会保障部、国家发展改革委、财政部、农业农村部《关于实施长江流域重点水域退捕渔民安置保障工作推进行动的通知》(人社部发〔2021〕34 号)	建立动态精准帮扶机制,拓展就业渠道,大力开展针对性技能培训,做好退捕渔民社会保障工作

(二)地方层面实施退捕补偿制度的实践——以六省市为代表的考察

长江自西向东流经我国多省市,沿线在地形、气候等方面差异极大,生物多样性极为丰富。根据党中央部署,"一江一口两湖七河"从 2021 年 1 月 1 日起实行 10 年禁捕。为充分考察长江流域退捕补偿的实施情况,文章选取西、中、东三个地理区域中退捕任务重、经济差异大、流域面积大的湖北、湖南、江西、江苏、重庆、四川六省市作为样本,考察退捕补偿主体、对象、方式、标准以及程序等情况。选取六省市作为研究对象具有典型性、广泛性,有利于较为客观地了解长江流域禁捕退捕的实施状况。

1. 退捕补偿的地方立法概况

在《长江流域重点水域禁捕和建立补偿制度实施方案》出台后,六省市人大常委会和省市政府及其组成部门先后结合本省市实际制定了相关法律规范文件(见表 3)。

表3　六省市退捕补偿规范文件

省市	制定机关	规范名称
湖北	省人大常委会	《关于长江汉江湖北段实施禁捕的决定》
	省政府办公厅	《关于落实我省长江流域水生生物保护区全面禁捕工作的通知》
	省政府办公厅	《关于切实做好湖北省长江流域禁捕退捕有关工作的通知》
	省农业农村厅	《湖北省长江流域重点水域禁捕和退捕渔民安置保障工作实施方案》
	省人力资源和社会保障厅、省发展和改革委员会、省财政厅、省农业农村厅、国家税务总局湖北省税务局	《关于印发长江禁捕退捕渔民安置保障集中攻坚方案的通知》
湖南	省人大常委会	《关于促进和保障长江流域禁捕工作的决定》
	省政府办公厅	《湖南省长江流域重点水域禁捕退捕工作实施方案》
	省财政厅、省农业农村厅、省人力资源和社会保障厅	《关于做好退捕渔民转产转业和生活保障相关工作的通知》
	省人力资源和社会保障厅、省农业农村厅、省财政厅	《进一步做好全省重点水域退捕渔民就业和社会保险工作实施方案》
	省高级人民法院	《关于发挥环境资源审判职能为长江流域重点水域禁捕退捕工作提供司法服务的意见》
	省人力资源和社会保障厅、省发展和改革委员会、省财政厅、省农业农村厅	《关于深入实施长江流域重点水域退捕渔民安置保障工作推进行动的通知》
江西	省人大常委会	《关于促进和保障长江流域江西重点水域禁捕工作的决定》
	省政府办公厅	《关于切实做好重点水域禁捕退捕有关工作的通知》
	省农业农村厅、省财政厅、省人力资源社会保障厅	《全省长江流域重点水域禁捕退捕工作实施方案的通知》
	省农业农村厅、省财政厅、省人力资源和社会保障厅	《关于印发江西省重点水域退捕渔民养老保障指导意见及江西省重点水域退捕渔民转产就业指导意见的通知》

续表

省市	制定机关	规范名称
江西	省人民政府办公厅	《关于进一步健全重点水域退捕渔民长效帮扶机制的实施意见》
	省人民政府办公厅	《关于印发“五河”干流禁捕退捕工作实施方案的通知》
江苏	省人大常委会	《关于促进和保障长江流域禁捕工作若干问题的决定》
	省禁捕办	《江苏省长江流域禁捕退捕补偿安置指导意见》
	省人力资源和社会保障厅、省发展和改革委员会、省民政厅、省财政厅、省农业农村厅、省住房和城乡建设厅、省医疗保障局	《关于实施长江流域重点水域退捕渔民安置保障工作推进行动的通知》
	省人力资源和社会保障厅、省发展和改革委员会、省民政厅、省财政厅、省住房和城乡建设厅、省农业农村厅、省医疗保障局	《关于进一步做好长江流域重点水域退捕渔民安置保障工作的通知》
重庆	市人大常委会	《关于促进和保障长江流域禁捕工作的决定》
	市农业农村委员会、市财政局、市人力资源和社会保障局	《重庆市长江流域禁捕和建立补偿制度实施方案》
	市人力资源和社会保障局办公室	《关于做好长江流域重点水域退捕渔民安置工作的通知》
	市人力资源和社会保障局、市发展和改革委员会、市民政局、市财政局、市农业农村委员会	《关于进一步做好长江流域退捕渔民安置保障工作的通知》
	市人力资源和社会保障局、市财政局、市农业农村委员会、国家税务总局重庆市税务局	《关于做好长江流域退捕渔民参加基本养老保险相关工作的通知》
四川	省人民政府办公厅	《关于做好全省长江流域禁捕有关工作的通知》
	省农业农村厅、省财政厅、省人力资源和社会保障厅	《四川省长江流域重点水域禁捕和建立补偿制度实施方案》
	省人力资源和社会保障厅、省发展和改革委员会、省民政厅、省财政厅、省农业农村厅	关于转发《人力资源社会保障部 国家发展改革委 民政部 财政部 农业农村部关于进一步做好长江流域重点水域退捕渔民安置保障工作的通知》的通知

从时间来看,地方立法于 2021 年达到高峰,这与我国长江十年禁渔“一年起好步、管得住,三年强基础、顶得住,十年练内功、稳得住”的总体目标相吻合。

在三年打基础最后一年的2023年,江西省人民政府办公厅印发《"五河"干流禁捕退捕工作实施方案》,吸取了江西省前3年重点水域禁捕退捕工作的成功经验,探索由原来的"全退全禁"转向"全退不全禁",统一禁捕水域和非禁捕水域法律适用,探索生态渔业发展新道路。[1]

从内容上来看,这些规范文件中,省人大常委会通过的地方立法性文件在内容上涵盖了禁捕时间、禁捕区域、职责分工和退捕补偿等内容。其中,禁捕和退捕补偿工作同时展开。以湖北省为例,根据湖北省人大常委会通过的《关于长江汉江湖北段实施禁捕的决定》,长江干流湖北段自2021年1月1日0时起至2030年12月31日24时,禁止天然渔业资源的生产性捕捞,人力资源和社会保障部门负责落实退捕渔民再就业职业技能培训及社会保障工作。[2] 省市政府组成部门的各类通知、实施方案则是专门的退捕补偿的规范文件,主要包括补偿保障、技能培训、就业帮扶等内容。总体而言,各省市退捕补偿的相关规定主要围绕补偿的主体、对象、方式、标准、程序等方面展开。

2. 退捕补偿的主体和对象

退捕补偿的主体,主要指退捕补偿制度实施的补偿者(义务主体),其对长江流域渔业资源生态环境负有保护义务或对长江流域渔业资源生态环境保护享有利益,根据法律规定或约定应当向生态保护服务提供者进行补偿,其实质是解决"谁来补偿"的问题。[3] 退捕补偿的对象,主要指退捕补偿制度实施的被补偿者(利益损失主体),即保护长江流域渔业资源生态环境而有利益损失的主体,其实质是解决"谁被补偿"的问题。区分退捕补偿的主体与对象,协调主体和对象之间的利益关系是构建完善渔民退捕补偿制度中不容忽视的问题。根据"谁保护、谁受益"和"谁受益、谁付费"原则,一切从长江禁捕退捕中获得利益的全体和个人都应该是退捕补偿的主体,一切从长江禁捕退捕中受到利益损失的全体和个人都应该是退捕补偿的对象。

中央政府作为长江禁捕退捕的发起者、推动者,理应对退捕渔民提供经济补偿和政策支持。而地方政府作为禁捕退捕政策的执行者,也能从禁捕退捕中

---

[1] 参见江西省人民政府办公厅关于印发《"五河"干流禁捕退捕工作实施方案》的通知。

[2] 参见《关于长江汉江湖北段实施禁捕的决定》。

[3] 参见李海棠:《完善我国渔业生态补偿制度的法律思考》,载《江淮论坛》2018年第1期。

获得一部分生态收益,理应成为退捕补偿的主体。实践中,中央政府通过中央财政采取一次性补助与过渡期补助相结合的方式对退捕补偿给予适当支持的方式来履行补偿主体责任,各省市政府负主体责任,由县(市、区)乡政府承担政策落实的属地责任。如《湖北省长江流域重点水域禁捕和退捕渔民安置保障工作实施方案》规定,长江流域退捕补偿按照“省负总责、市县抓落实”原则压实主体、主管和属地三个责任。实践中,退捕补偿的主体即资金兑付的主体也往往是县(市、区)乡政府。[1]

在长江流域进行捕捞是渔民的基本生活来源。全面禁捕前,渔民为了获得更多的收入,在渔业资源有限的情况下会尽可能多地捕捞,渔民既是渔业资源保护的利益获得者,又是渔业资源破坏的实施者、利益受损者。全面禁捕后,退捕渔民因保护渔业资源而受到利益损失,理应是退捕补偿的对象。

实践中六省市退捕渔民的身份界定不尽相同(见表4),主要有3种模式。第一种模式是以船定人,部分地区如宜昌市夷陵区额外规定每艘船只能有1名船长、1名船员作为补偿对象。[2] 第二种模式则对退捕渔民做具体区分,并不单一依照系统登记注册和持有渔业捕捞许可证认定渔民身份。例如,湖南省将渔民分为“持证专业捕捞渔民”“因历史等特殊原因未持证的专业捕捞渔民(事实渔民)”“持证兼业捕捞渔民”“其他持证捕捞渔民”。[3] 其中,前两种渔民均以捕捞为主要生活来源,区别在于后者因历史等特殊因素未持有渔业捕捞许可证;“持证兼业捕捞渔民”指以捕捞收入为家庭收入补充来源(占比60%以下)的持证捕捞渔民;“其他持证捕捞渔民”是在持有有效渔业船舶证书的捕捞渔民中,既不符合持证专业捕捞渔民认定条件,也不符合持证兼业捕捞渔民认定条件的其他渔民。第三种模式以渔民户籍所在地是在专业渔村还是在兼业渔村将渔民区分为专业渔民和兼业渔民。[4]

---

〔1〕 参见《湖北省长江流域重点水域禁捕和退捕渔民安置保障工作实施方案》。

〔2〕 参见《夷陵区长江流域重点水域禁捕及渔民退捕安置补偿工作实施方案》。

〔3〕 参见《湖南省长江流域重点水域禁捕退捕政策100问——渔民身份识别篇》。

〔4〕 参见江西省人民政府办公厅关于转发省农业农村厅、省财政厅、省人力资源社会保障厅《全省长江流域重点水域禁捕退捕工作实施方案》的通知。

表4　六省市退捕渔民身份界定

省市	渔民身份类别			
湖北	在渔政管理部门登记在册渔船对应的船主、船员各一人			
湖南	持证专业捕捞渔民	因历史等特殊原因未持证的专业捕捞渔民(事实渔民)	持证兼业捕捞渔民	其他持证捕捞渔民
江西	专业捕捞渔民		兼业捕捞渔民	
江苏	持证捕捞渔民		无证捕捞渔民	
重庆	纳入全国内陆渔船管理系统的持证捕捞渔民			
四川	持证合法渔民			

注:根据六省市退捕补偿实施方案整理。

3.退捕补偿的方式

当前六省市基本形成了以资金补偿为主,就业帮扶、岗位安置、技能培训、实物补偿等替代补偿方式为辅的补偿方式(见表5)。

表5　六省市退捕补偿方式

省市	资金补偿	替代补偿
湖北	渔民退出捕捞收入补偿、渔船渔具征收补偿、渔民转产过渡期生活补助、渔民转产安置费、退捕奖励	职业介绍、公益岗位安置、低保兜底保障、技能培训
湖南	渔船渔具补偿、内陆渔业船舶证书回收补偿、渔民过渡期的生活补贴、渔民社保补贴、渔民奖补	就业帮扶、岗位归集、税费减免、贷款支持、聘工补贴、公益岗位安置、技能培训、以工代训
江西	转产过渡补贴、渔船网具回收补偿、回收证件补偿、退捕奖励、养老保险补贴	就业服务、就业援助、创业政策、渔村集体经济补贴、公益岗位安置、技能培训
江苏	捕捞权收回补偿、专业生产设备回收补偿、临时生活补助、养老和医疗保险补贴	创业补贴、劳务输出、低保托底、公益岗位安置、产业安置、技能培训、危房改造
重庆	渔船捕捞权行政许可赎买收回补偿、渔船及网具专用生产设备补偿、转产转业扶持和基本养老保险补助费、退捕奖励	就业指导、职业介绍、岗位归集、公益岗位安置、技能培训
四川	渔船捕捞权行政许可赎买收回补偿、渔船及网具专用生产设备补偿、退捕奖励、社保补贴	创业指导、公益岗位安置、产业安置、技能培训、上岸安居工程和农村危房改造

注:根据六省市退捕补偿实施方案整理。

其中,资金补偿主要包括捕捞许可证回收补偿、渔船及网具等专用生产设备补偿等一次性补偿和过渡生活补助、养老保险补贴等过渡性补助。以四川省为例,四川省人民政府要求市(州)、县(市、区)财政统筹上级财政补助资金和本级财力用于退捕补偿,具体包括渔船捕捞权行政许可赎买收回补偿、渔船及网具专用生产设备补偿等一次性补偿以及提前退捕奖励、社保补贴等过渡性补助。[1] 替代补偿包括就业帮扶、岗位安置、技能培训、实物补偿。以江苏省为例,江苏省人民政府要求各地结合各地实际情况出台创业补贴、劳务输出、社会保障相关工作,面向渔民设置一批公益岗位,对符合农村危房改造政策的农村困难渔民家庭,按规定纳入农村危房改造范围,保障基本住房安全。[2]

4. 退捕补偿的标准

六省市政府依所获中央财政补贴资金、地方政府财政状况、退捕渔民数量等因素确定资金补偿中各补偿、补助、补贴的标准,因而六省市间形成了明显的省际差异。

在捕捞许可证回收补偿上,重庆市武隆区一次性给予船主捕捞权行政许可赎买收回补偿费 3 万元;[3] 江苏省仪征市按照渔船"核定的主机功率数 ×4550 元/千瓦"的计算标准来计算捕捞权收回的补偿;[4] 江西省九江市濂溪区对渔民上交捕捞许可证给予每证 0.1 万元的补偿。[5]

在专用生产设备补偿上,部分地方市政府选择根据不同渔船材质、大小及使用年限,分类评估设定固定标准,如重庆市丰都县人民政府;[6] 也有地方政府选择第三方机构对退捕渔民专用生产设备进行评估,确定补偿价格,如江苏省张家港市人民政府。[7]

在过渡生活补助上,部分省市政府选择一次性发放,但更多省市政府选择按月分期发放,具体做法上不尽相同。如湖南省麻阳苗族自治县一次性给予退

---

[1] 参见《四川省长江流域重点水域禁捕和建立补偿制度实施方案》。

[2] 参见《江苏省长江流域重点水域禁捕退捕补偿安置指导意见》。

[3] 参见重庆市武隆区人民政府办公室关于印发《武隆区渔业船舶禁捕和渔民退捕转产工作实施方案》的通知。

[4] 参见《仪征市长江流域重点水域禁捕和建立补偿制度实施方案》。

[5] 参见廉溪区人民政府办公室关于转发《区农业农村局区财政局区人社局廉溪区重点水域渔民退捕补偿及养老保障转产转业实施办法》的通知。

[6] 参见丰都县人民政府办公室关于印发《丰都县实施长江流域禁捕和建立补偿制度工作方案》的通知。

[7] 参见《张家港市长江干流禁捕和建立退捕渔民补偿制度实施方案》。

捕渔民过渡生活补助每人4800元,一户最高按2人计算;[1]江苏省常州市向对退捕的专业渔民按照当地最低生活保障标准连续发放2年过渡期生活补贴,具体按实际从事捕捞作业的人数确定。[2]

在养老保险补贴上,沿江省市参照对失地农民的补贴政策,为退捕渔民办理养老保险,将退捕渔民纳入社会保障体系(见表6)。如江苏省对符合条件的退捕渔民按失地农民补贴参加城乡基本养老保险;湖北省参照被征地农民政策,将符合条件的退捕渔民按规定纳入相应社会保障体系,其养老保险保费补贴总金额标准参照所在地本年度被征地农民养老保险补偿标准,专业渔民缴费补贴年限不超过15年,兼业渔民缴费补贴年限不少于10年,每人每年补贴标准不低于2000元。[3]

表6　六省市退捕渔民养老保险补贴标准

省市	专业渔民			兼业渔民		
	补贴标准	补贴时间	补贴方式	补贴标准	补贴时间	补贴方式
湖北	参照被征地农民标准	不超过15年	按年补贴先缴后补	不低于2000元	不少于10年	按年补贴先缴后补
湖南	3400元/年/人(每户最多2人)	15年	按年补贴先缴后补	2400元/年/人(每户最多2人)	15年	按年补贴先缴后补
江西	当地政府自主确定,不超过全省上年度全口径城镇单位就业人员年平均工资×60%×12%	不超过15年	按年补贴先缴后补	当地政府自主确定,不超过当年全省城乡居民基本养老保险缴费最高档	不超过15年	按年补贴先缴后补
江苏泰兴	以6800元/年/人的标准按年补贴,补贴时间为15年					
重庆	以2500元/年/人的标准按年补贴,补贴时间为15年					
四川	以不低于2500元/年/人的标准按年补贴,补贴时间为15年					

注:根据六省市相关政府文件及相应新闻报道整理。

〔1〕 参见麻阳苗族自治县人民政府办公室关于印发《麻阳苗族自治县长江流域重点水域禁捕退捕工作实施方案》的通知。

〔2〕 参见关于印发《常州市长江流域重点水域禁捕和建立补偿制度实施方案》的通知。

〔3〕 参见《关于印发长江禁捕退捕渔民安置保障集中攻坚方案的通知》。

5. 退捕补偿的程序

考察六省市的退捕补偿文件可以发现,在退捕补偿的程序方面各省市赋予下级县市(区)政府较大的自主权,如重庆市在退捕补偿文件的补偿安排中仅阐述了退捕补偿的方式、标准,关于退捕补偿的程序事项则未具体明确,交由各区政府结合实际情况确定。[1] 总体来看,各属地政府基本是遵照"开展宣传动员、界定渔民身份、签订退捕协议、回收证件及渔具、核定公示补偿名单、发放补偿"进行退捕补偿工作的。如江苏省要求各设区市及县(市、区)有关政府部门审核甄别渔民信息,委托机构对船网工具评估估价,而后乡(镇)人民政府与渔民签署《退捕补偿协议》。签订协议后,渔民申请注销《内陆渔业船舶证书》《渔业捕捞许可证》,船网工具交相关单位处置回收。乡镇政府汇总名单后报上级政府核定后发放补偿资金。

(三)退捕补偿制度实施存在的不足

长江禁渔和渔民退捕补偿是一个问题的两个方面,要实现长江禁渔的政策效果,必然要做好渔民的安置保障工作。实践中,"十年禁渔"制度实施后渔民家庭受到巨大冲击,短期内家庭收入下降明显,家庭生活质量远不如捕鱼时,[2]不少渔民迫于生计离开家乡进城打工,打工几天挣的钱低于打鱼一天挣的钱。[3] 由此可见,退捕补偿制度的实施还存在不足。

1. 补偿主体和对象考虑不全面

长江流域退捕渔民数量多、退捕年份长、退捕区域广、补偿金额大,随着退捕补偿工作的逐步开展,中央政府资金支持不足、涉渔企业利益被忽视等问题也逐渐暴露。

当前退捕补偿资金的大部分由中央政府承担,中央政府和省级政府共同成为退捕补偿的主体。但伴随的长江十年禁渔迈过打基础阶段,中央政府补助资金将会减少,地方省级政府投入变多,以中央政府作为主要补偿主体、省级政府作为次要补偿主体的安排将不适应长江十年禁渔的退捕补偿工作。

---

[1] 参见《重庆市长江流域禁捕和建立补偿制度实施方案》。

[2] 参见高小玲、孙晓瑜:《生计资本对退捕渔民家庭收入质量的影响研究——以湖南省退捕渔民为例》,载《农业现代化研究》2023 年第 3 期。

[3] 何香奕:《最后的鄱阳湖渔民:十年长江禁捕,三十万渔民何去何从?》,载搜狐新闻 2021 年 1 月 24 日,https://www.sohu.com/na/446488849_115571。

此外,从六省市退渔补偿实施方案来看,补偿对象仅为退捕渔民。退捕渔民是退捕补偿的当然对象,但涉渔企业同样也是退捕补偿的对象。实行禁渔政策后,长江流域渔业资源得以保护和修复,但同时将不可避免地减缓涉渔企业的利润增长幅度,甚至部分渔业捕捞为主要业务的涉渔企业可能濒临倒闭。从利益分析角度来看,全社会都能享受到因涉渔企业利益受损增加的环境利益,涉渔企业理所应当得到补偿。实践中,涉渔企业往往作为安置退捕渔民的政策背景板出现,政府对吸纳退捕渔民就业的涉渔企业给予补贴[1],但鲜见政府直接将涉渔企业作为补偿对象给予补偿。

2. 补偿方式不适应情势变化

当前我国采取的补偿方式已比较丰富,但仍然是以资金补偿为主,伴随着转产安置工作的推进,资金补偿短期性、不可持续性的缺点将会显现。我国退捕渔民转产就业已经完成“量”上的成就,截至 2021 年 5 月底,沿江 10 省(市)已落实转产就业 163996 人,占需转产就业退捕渔民(有劳动能力和就业意愿的)的 99.99%。[2] 但实际上,退捕渔民就业质量不高、就业抗风险能力较差、稳定性不足,而退捕渔民实际就业率低于建档立卡统计的就业率。如南昌市全市 18 个专业渔村村集体收入高低不一,大部分渔业村村集体收入依靠政府扶持,公益性岗位有限。与此同时 70% 以上需转产就业渔民均为 55 岁左右,只有少数被企业和单位吸纳,大部分靠灵活就业(临时工)。这些步入老龄化的渔民文化低、技能不足,难以进入劳动市场。[3] 这种差异主要在于官方统计口径与渔民认可的实际就业差异,官方统计中将“灵活就业”“自主择业”“务农就业”纳入就业范畴,而大部分退捕渔民普遍认为这些就业缺乏稳定可预期收入,不能解决长期生存发展问题,且渔民收入普遍高于务农收入,加之上岸无地,选择务农就业增加了土地承包流转成本而进一步降低有限的务农收入,因此不应将上述就业纳入充分就业范畴。[4] 以资金补偿为主的补偿方式已经不适应当

---

〔1〕 参见《沅江市吸纳退捕渔民就业企业奖励细则》。

〔2〕 钟煜豪:《农业农村部:沿长江 10 省市超 16 万退捕渔民已落实转产就业》,载澎湃新闻网 2021 年 6 月 28 日,https://www.thepaper.cn/newsDetail_forward_13343255。

〔3〕 参见《关于南昌市重点水域禁捕退捕工作的调研报告》。

〔4〕 参见刘子飞、韩杨:《长江退捕渔民转产就业政策:目标、进展与建议——基于长江禁捕典型省域的调查》,载《农业经济问题》2021 年第 8 期。

前退捕补偿工作存在的就业矛盾问题。

3. 补偿标准不合理

虽然各地都按照本省的实际情况制定补偿政策,但地市政府指定的补偿标准不尽合理,无法满足渔民生活需求,渔民受益感弱[1],对退捕政策的满意度并不高[2]。第一,补偿标准的制定考量因素不全面。从前文六省市的补偿标准来看,退捕补偿多按照人数计数,而具体地区经济水平、退捕渔民自身身体差异、所在地区渔业资源富集度并未被纳入考量因素。可以试想,一个身体残疾以捕鱼为主要收入的渔民与一个身体情况正常的渔民获得同样的补助金额是否合理?此外,自然禀赋的不同带来不同退捕地区渔业资源富集度的差别,渔民在渔业资源富集度不同的地区进行捕捞活动,其收益会有明显差别,如果全部采取相同的补偿标准,政策执行就比较机械。房屋都会因区位而价格有高有低,生活在“区位好”的禁捕水域的渔民要求更多的退捕补偿应当被支持。第二,各省市对退捕渔民进行临时生活补贴的年限设置不合理。多数地区参照本地城乡最低生活保障标准对渔民进行临时性补助,且以 2 年为限。临时生活补助本意是帮助退捕渔民转产就业,度过退捕过渡期。然而,由于长效退捕补偿机制尚未健全,2 年过渡期未必合理,如部分退捕渔民未退捕时在捕鱼旺季的几个月即可获得足够 1 年的生活支出费用,退捕后较低的临时生活补贴标准并不能让缺乏文化水平的渔民在政府有关组织的培训下迅速转产安置。

4. 补偿过程缺乏有效社会参与

退捕补偿是一种行政征收补偿行为,其须依照正当程序进行,才能保障退捕渔民的权益。在对六省市退捕补偿程序的考察中可以发现,基层县市(区)政府被赋予了较大的程序自主权,但退捕补偿的程序逐渐演变成对渔民的单方强制行为。多数地区对退捕补偿协议、公开、听证等程序在规定上过于笼统、走形式甚至没有规定,加之多数渔民的文化水平不高,其知情权、参与权等程序权利受到侵害。具体而言:第一,行政机关既是补偿政策的制定者,又是补偿政策的执行者,在整个退捕补偿过程中,渔民处于相对弱势的地位;第二,由于是基

---

[1] 参见刘善宇、陶宇扬等:《长江退捕渔民转业安置满意度与问题研究——基于南京市退捕渔民转业安置情况的调查》,载《中国渔业经济》2023 年第 2 期。

[2] 参见高小玲、邓江锋:《长江退捕渔民政策满意度影响因素及其作用层面研究——基于湘、皖渔民的有序 Logit - ISM 模型分析》,载《中国渔业经济》2021 年第 6 期。

层政府结合当地实际情况制定补偿标准，补偿方案形成后在政府内部通知，渔民往往通过村委会开会得知具体信息，对于补偿方案的关键条款的制定亦无法参与和反映意见；第三，正是因为退捕补偿的方案制定、实施、评价全过程由基层政府完全主导，渔民合法权益未得到全面保护的可能性也不能完全排除，对此各省市的补偿实施方案并未明确相应的救济渠道。

四、《长江保护法》退捕补偿制度实施的完善路径

有效实施退捕补偿是做好禁捕工作的关键，需要持之以恒、久久为功。上述长江流域代表性省市退捕补偿实践中反映的问题说明退捕补偿制度的设施仍需不断完善。笔者认为，应当从以下 4 个方面展开。

首先，明确退捕补偿制度的目标定位，使制度实施成效可以得到合理评价。退捕补偿不可能是永无休止的，不论采用何种具体的补偿方式，都应当有一个评判补偿到位或者合理的标准，这是退捕补偿工作展开的重要前提和落脚点，缺乏这一标准会导致补偿工作的混乱和无序。当前各省市补偿实践中反映的问题在一定程度上都与对补偿到位的评判标准缺乏共识有关。应当将填平退捕渔民利益损失作为评判退捕补偿到位的标准，其合理性在于退捕补偿制度因禁捕而生，而禁捕导致拥有捕捞许可的渔民的财产和期待利益受到损害。只要填平这一损害即可评价补偿工作已经到位，未填平利益损失的应当继续提供补偿，而超出填平利益损失之后的补偿则应纳入扶贫等其他目标项目下，不纳入退捕补偿制度的评价范围内。针对实践中期待利益计算的困难，可以综合考虑捕捞许可期限、捕捞方式和禁捕前捕捞渔获量等因素来得出一个期待收益的区间，各种补偿折算达到区间上限即可判断补偿已到位。据此，可以根据不同退捕渔民的情况和补偿方式来设定补偿的期限。

其次，健全资金保障机制，确保补偿资金的充足性和可持续性。这是决定退捕补偿制度成效的重要前提。退捕补偿在时间上具有长期性和不确定性，以及在补偿对象上具有广泛性和情势易变性等特点，需要稳定的资金支持。由于中央财政采取一次性补助与过渡期补助相结合的方式对退捕补偿给予适当支持，地方政府负责解决退捕渔民临时生活补助、社会保障、职业技能培训等相关

工作所需资金。[1] 地方政府有必要建立专门的退捕补偿资金保障机制,拓宽资金来源渠道,尤其应重视在政府财政支持的基础上吸纳社会资金,争取更多因退捕而受益的主体的支持。

再次,精准化设计补偿方式,确保补偿的有效性。长江流域退补渔民规模庞大,渔民之间在捕捞工具与方式、年龄分布、受教育程度、知识技能以及文化习俗与观念等方面存在差异,在对退捕补偿方式的接受程度和适应性方面也呈现出差异。这些差异意味着退捕补偿不可采用"一刀切"的单一化方式,而应当分类施策,乃至做到"一人一策"。各省市应继续采取金钱补偿和其他替代补偿方式(如提供公益岗位、技能培训、就业与创业帮扶、补贴参与社会保险等)相结合的多元化补偿方式,针对大龄(老龄)、残障、文化水平低、观念转变慢等特殊退捕渔民群体采取更具针对性的补偿方式,并建立跟踪监测机制,对效果不佳或无效的补偿方式及时进行调整。各省市之间还可以建立经验分享机制,针对上述问题推广良好实践。

最后,完善社会参与和监督机制,增强退捕补偿决策与设施的科学性、合理性和规范性。退捕补偿是法定制度,其实施成效关乎长江经济带高质量发展重大战略的实施,关乎大量退捕渔民的切身利益,还关乎整个社会的秩序安定。各省市在制定退捕补偿的方案时应避免行政机关单方主导,而应充分征求广大退捕渔民和社会各界的意见,增强退捕补偿方案的周延性、可操作性和可接受性。在实施退捕补偿方案过程中,各省市除强化纪委监委、检察机关的法定监督外,还应建立专门的渠道接受退捕渔民和社会各界的监督意见和建议,避免退捕补偿工作流于形式。

五、结语

《长江保护法》中的退捕补偿本质上应当属于一种生态补偿,遵循受益者负担原则,中央政府、地方政府代表整个社会来对退捕渔民实施补偿具有正当性。中央政府层面,国务院、国家发改委、农业、财政和社会保障等有关部门已发布了系列规范性文件指导长江流域各省市开展退捕补偿工作,长江流域各省

---

[1] 参见《长江流域重点水域禁捕和建立补偿制度实施方案》。

市贯彻中央政府要求并因地制宜地制定了各自的退捕补偿实施方案。实践表明,业已开展的退捕补偿已取得良好成效,但在补偿主体与对象、补偿方式与标准、补偿程序等方面仍有不足。针对这些不足,有必要从退捕补偿制度目标定位、补偿资金保障、补偿方式设计、社会参与和监督等方面进行明确和完善。

27."双碳"视角下认购碳汇的环境修复司法适用

秦淑敏*

内容摘要:认购碳汇作为一种修复方式,是当事人在损害生态环境后,通过购买碳汇达成修复生态环境的目的。在推进碳达峰和碳中和目标的指引下,认购碳汇作为环境司法领域的创新修复形式正得到广泛应用。然而,对于认购碳汇的法律性质目前尚不明确,导致适用认购碳汇的同时也存在具体修复方案缺失,与实现"双碳"目标的内在逻辑缺乏明确的联系,以及修复责任位次模糊不清的问题。为实现"双碳"目标,应当从确定认购碳汇的替代性修复和补偿性修复性质入手,以明确其在修复责任中的优先级。同时,建立认购碳汇与"双碳"目标的内在逻辑联系,制定清晰的修复方案,以规范认购碳汇在裁判执行过程中的应用,有助于更好地推进"双碳"目标的实现,并在环境司法领域取得更大的成效。

关键词:"双碳"目标　认购碳汇　修复生态环境

一、"双碳"目标是气候变化下的应有之义

温室气体的排放引发了全球气候变化问题,成为21世纪人类生存和发展过程中面临的严峻挑战。随着人类文明的不断进步,全球重工业产业规模不断扩大,汽车尾气和化石燃料等的广泛使用导致大量温室气体直接排放到大气中,超出了环境的承载能力。[1] 为了应对这一挑战,在世界气候大会上,各个国家面对气候变化治理这一问题都做出了自己的选择。在气候变化治理体系的形成过程中,《联合国气候变化框架公约》、《京都议定书》以及《巴黎协定》等

---

* 秦淑敏,中南财经政法大学环境法研究生。

〔1〕 United Nations Environment Programme, *Making Peace with Nature: A Scientific Blueprint to Tackle the Climate, Biodiversity and Pollution Emergencies*(Feb. ,2021), https://wedocs. unep. org/20. 500. 11822/34948.

都对世界各国如何采取行动应对气候变化危机提出了要求。随着2021年6月28日《欧洲气候法》的通过,欧盟的碳中和目标正式由政治承诺转变为具有约束力的法律安排。欧盟提出减碳主要的驱动因素是提升能源效率以及发展可再生能源,但是,政策实行的效果没有达到预期,控制温室气体排放的动力不足。此时提出综合性的绿色发展法律框架,用更加严格的法律规范,将气候危机和环境挑战转化为动力,促进经济增长。[1] 绿色转型将会为欧洲工业创造清洁技术和产品的市场,为欧洲工业提供重大机遇。这些新规定将对能源和运输、建筑和翻新等行业的整个价值链产生影响,帮助在整个欧洲创造可持续、本地和高薪的就业机会。[2]

我国作为负责任的大国,承担起减缓气候变化的责任。与此同时,加快我国经济转型也是重点所在,其目的是通过符合气候政策的绿色产业政策来增加经济利益。[3] 在第75届联合国大会上,我国已经向国际社会作出了在2030年前实现碳达峰、2060年前实现碳中和的庄严承诺。

具体如何在2030年前以及2060年前达成目标,中共中央、国务院印发的《关于完整准确全面贯彻新发展理念做好碳达峰碳中和工作的意见》中指出,实现碳达峰碳中和的目标,需要减少单位GDP(国内生产总值)能耗比和单位GDP二氧化碳排放比,提高非化石能源消费比重以及森林覆盖率。通过两升两降为我国碳达峰碳中和的目标实现奠定基础。由此可见,通过减碳和增汇,有助于实现我国的碳达峰碳中和相关计划。[4] 在司法审判过程当中实现“双碳”目标的表述,在各地法院审判文书中得到体现,而由福建法院开创的“认购碳汇”作为修复受损生态环境的司法模式,经媒体报道后产生较大影响。司法模式的创新给贵州、四川等地的法院提供了司法裁判与实现碳达峰碳中和目标的新思路。各地纷纷效仿“认购碳汇”的模式在司法裁判当中做出初步尝

---

〔1〕 参见田丹宇、高诗颖:《〈欧洲绿色新政〉出台背景及其主要内容初步分析》,载《世界环境》2020年第2期。

〔2〕 European Commission, *European Green Deal* (Nov. 12, 2019), https://commission. europa. eu/strategy-and-policy/priorities - 2019 - 2024/european-green-deal_en.

〔3〕 See M. Jänicke & R. Quitzow, *Multi-level Reinforcement in European Climate and Energy Governance: Mobilizing economic interests at the sub-national levels*, 27 Environmental Policy and Governance 122(2017).

〔4〕 参见谭志宣、夏洪伟:《国内减碳现状及“双碳”目标实现途径》,载《能源研究与管理》2022年第1期。

试。[1] 但是“认购碳汇”作为修复生态环境的方式在实践中依旧存在许多问题未能解决。为了更好地将认购碳汇作为有效减少碳排放的措施,需要在司法实践中解决基本问题,保障“双碳”目标的最终实现,避免因为错误地将实施认购碳汇作为修复责任导致生态环境损害与司法公正受到损害等问题。

二、认购碳汇的法律性质及优点

在司法裁判中,将认购碳汇作为修复受损生态环境的一种方式,目前尚未得出确切的定论,也未明确其应属于何种环境司法责任范畴。因此,迫切需要对其法律性质进行明确界定,并据此确定相应的环境标准,只有这样才能制定出针对认购碳汇的优化法律规定。

(一)认购碳汇法律性质的界定

认购碳汇之所以能够成为一种生态环境侵权责任的承担方式,是因为在传统的侵权责任承担方式之外,环境司法实践当中对于侵权责任承担方式制定的探索性政策。虽然一开始对于“恢复原状”与“修复生态环境”两者的区别与类似之处存在学术上的争议,[2] 但是在司法实践当中,2015 年最高人民法院颁布的《关于审理环境民事公益诉讼案件适用法律若干问题的解释》以及《关于审理环境侵权责任纠纷案件适用法律若干问题的解释》中,明确了将“修复生态环境”作为环境侵权案件当中的责任承担方式,实际上推动了司法实践中对于修复生态环境责任方式的适用,体现了司法实践的能动性。

此种新型的责任承担方式一方面是符合了司法实践中生态环境损害案件裁判结果对恢复受损生态环境的基本要求,另一方面也是环境司法对于传统民事侵权责任的一种“适环境法化”改造。法官对于具体采用何种方式承担生态修复责任也做出了创新,在司法实践中,“增殖放流”“劳动补偿”等方式也得到了广泛的运用。“认购碳汇”作为一种环境修复责任承担方式,其合理性主要

---

〔1〕 参见胡磊:《破坏环境案以购买碳汇作判罚补充,多地出政策禁止惩罚性碳汇再交易》,载百度网 2022 年 11 月 30 日,https://baijiahao.baidu.com/s? id = 1750906215549303944&wfr = spider&for = pc。

〔2〕 参见李兴宇:《公私法域交叉背景下“修复生态环境”责任的定位与实现》,载《云南大学学报(社会科学版)》2022 年第 5 期。

是在于2020年最高人民法院出台了新的司法解释[1],其中明确了在损害的原地无法进行直接的生态环境损害修复时,可以适用替代性修复责任。对于赔偿生态修复费用的明细,应包括修复方案的制定和实施费用,修复期间的监测管理开销,以及最终的验收和评估产生的费用,细化了生态修复期间各个阶段需要支付的费用类目,至此替代性修复的整个制度基本建立。购买碳汇最终确立司法适用是在2022年6月13日最高人民法院颁布的《关于审理森林资源民事纠纷案件适用法律若干问题的解释》中得到明确,其中第20条明确规定:"当事人请求以认购经核证的林业碳汇方式替代履行森林生态环境损害赔偿责任的,人民法院可以综合考虑各方当事人意见、不同责任方式的合理性等因素,依法予以准许"。

在司法裁判当中适用"认购碳汇",主要是因为当事人损害了林木生态环境,导致林木不能承担原有的固碳功能,导致大气当中的温室气体数量增加,最终对地球整体生态环境造成损害,因此在确定行为人的损害行为之后,必须责令当事人及时修复受损的林木生态环境。[2] 认购碳汇的法律性质,因为实践当中的不同情况呈现出不同的责任形态。在现阶段的司法实践当中,修复责任样态主要呈现以下几种。

第一,在当事人已经补种复绿并且缴纳生态公益补偿金的基础上,通过认购碳汇赔偿生态损害修复期间的碳汇损失,此时认购碳汇作为补偿性责任进行适用。在邓某灿盗伐林木案[3]中,首先,被告人邓某灿通过"补种复绿"并缴纳生态公益补偿金,采用直接修复与补偿性修复相结合的方式修复森林生态环境。其次,由永安市林业局技术人员依据《福建法院刑事司法林业碳汇损失量计量方法(试行)》,对受损碳汇数量进行测算,并参照上海环境能源交易所全国碳市场碳排放配额相关价格,计算出碳汇损失金额。在此情形中,因为修复生态需要一个过程,导致的期间损害需要通过其他方式进行弥补,因砍伐森林行为造成的森林固碳功能缺失可以通过认购碳汇来弥补损失,此时的认购碳汇

[1] 最高人民法院《关于审理环境民事公益诉讼案件适用法律若干问题的解释》(2020年修正)第20条,2020年12月29日最高人民法院发布。

[2] 参见刘超:《"双碳"目标下"认购碳汇"司法适用的规范路径》,载《中国地质大学学报(社会科学版)》2022年第5期。

[3] 参见邓某灿盗伐林木案,《福建省高级人民法院发布林业碳汇损失赔偿典型案例》之三。

属于补偿性修复措施。[1]

第二,生态损害原地不具备补种复绿的条件,并且在法院辖区内没有可供异地补种复绿的区域,此时认购碳汇作为替代性修复的责任承担形式。例如张某泉滥伐林木案[2],南靖县人民法院组织南靖县林业局技术人员和法院工作人员到滥伐林木现场实地核验,认定本案不具备进行原地或异地"补种复绿"的条件。当事人因为某种原因不能以直接修复的方式修复受损的林木,只能采用其他修复方式,通过认购官方提供的碳汇,提高碳汇林产生的碳汇数量,修复受损的生态环境,从而达到承担生态环境修复责任的良好效果。由此可以看出,"认购碳汇"实际上是一种直接修复受损生态环境不可能实现之后产生的替代性修复责任,在司法实践当中发挥了不可估量的作用。

第三,通过对修复期间造成的森林涵养水源、调节气候以及维持生物多样性等生态功能缺失问题进行补充性修复。例如在徐某寿非法收购滥伐的林木案[3]中,在已经对生态环境进行修复的情况下,对于其犯罪行为造成的其他生态功能缺失进行补充性修复,例如涵养水源,保持水土,维护生物多样性等功能。此时,认购碳汇作为补充性修复方式修复受损的生态环境。

(二)认购碳汇的优点

全国各地法院适用"认购碳汇"进行司法裁判的案件被新闻媒体报道,其中大部分案件集中在福建省,重庆、武汉、贵州、成都各地均有裁判案例出现,碳汇认购的裁判案件形成了以点带面的发展态势。随着新司法解释的颁布,[4]越来越多的案件裁判将会适用"认购碳汇"的形式判决当事人承担生态修复责任。

适用"认购碳汇"的修复方式在司法实践当中存在诸多优点。在法律事实确认当事人需要承担生态修复责任之后,在直接修复受损生态环境存在困难的情况下,可以适用"认购碳汇"的修复方式。相较于"增殖放流""异地补种"等替代性修复方式,"认购碳汇"具有的优点非常明显。

---

〔1〕 参见秦天宝、王亚琪:《购买碳汇修复生态责任承担方式的司法适用》,载《法律适用》2023年第1期。

〔2〕 参见张某泉滥伐林木案,《福建省高级人民法院发布林业碳汇损失赔偿典型案例》之一。

〔3〕 参见徐某寿非法收购滥伐的林木案,《福建省高级人民法院发布林业碳汇损失赔偿典型案例》之五。

〔4〕 最高人民法院《关于审理环境民事公益诉讼案件适用法律若干问题的解释》(2020年修正)第20条,2020年12月29日最高人民法院发布。

首先,认购碳汇的便捷性优点不可替代。在损害发生之后,有很多原因导致直接修复受损生态环境无法实现,或者修复期间的生态功能损失难以弥补,种植新树苗的固碳能力低于成年树苗的固碳能力等。认购碳汇相当于购买了异地的“固碳”和“释放氧气”的能力,当事人无须亲自种植树木,就能达到修复生态环境的最终目标。

其次,认购碳汇的资金使用效率更高。认购碳汇的资金可以通过交易平台直接进入碳汇市场流通,增加森林碳汇,相比于支付生态环境损害赔偿金而言,避免了生态环境损害补偿金的支配主体、具体的支配方式难以确定等问题,提高了资金的使用效率。

最后,对于当事人来说认购碳汇能够弥补自身能力不足的问题。种植树木不仅需要付出时间和精力,更加需要当事人具有修复生态环境的基本知识,以及相关部门的指导和监督。对于种植树木来说,整个周期较长,树木种植的维护和成活率也需要专业的指导和规划。在种植完毕之后,对于树木的生态功能恢复评估具有较高的要求,后续产生修复失败以及成活率低于预期等问题,还需要进一步地执行异议之诉等。在生态环境损害案件多发的今天,需要耗费较高的人力才能达到最佳效果。认购碳汇恰巧能够弥补缺点,在生态环境问题多样化的今天,修复生态环境的技术性更强,则需要更加专业的人介入生态修复的过程当中。认购碳汇通过官方种植碳汇林的方式,集中管理碳汇林,在此基础上,修复生态环境效率更高,质量更好。

三、认购碳汇环境修复方式存在的问题

随着“双碳”目标的确立,环境诉讼作为实现“双碳”目标的司法保障,正在探索通过何种方式实现“双碳”目标。现阶段,司法实践当中应用认购碳汇的案件越来越多,在案件审理和执行过程中,具体的执行方案较为模糊,与实现“双碳”目标还有相当长的一段距离。

(一)认购碳汇修复方式的规范性较弱

认购碳汇作为替代性修复方式的执行方式,在司法实践当中并未将认购碳汇的具体方案在裁判文书当中记载清楚。适用认购碳汇作为替代性修复的责任承担方式,首先,需要论证在原地补植复绿的直接修复方式不能实现修复生

态环境的目标。选择认购碳汇作为修复方式的前提是确认其他修复方式与认购碳汇相比,不能达到更优的效果。其次,在认购碳汇的执行过程中,需要通过鉴定意见、专家意见等确认修复的范围,还要确认认购碳汇的种类和数量,根据一定标准确认修复效果。最后,为了避免当事人在购买碳汇之后进行二次交易,非法获取利益,更是需要明令禁止此种行为,甚至可以要求当事人在购买碳汇后及时注销碳汇权,防止其获利。[1]

但是在现阶段的适用认购碳汇的裁判文书中,对于此类内容的记载较为模糊,大多数内容以结论性陈述实现,以认购碳汇作为最终解决方案,但办理案件的流程与规范显然还没有明确的依据。将认购碳汇作为补偿性修复以及补充性修复的责任方式,虽然不需要说明直接修复存在的障碍,但是作为期间损害,与直接损害不同,更加依赖鉴定意见以及专家意见,因此对于鉴定的准确度和速度要求更高。若当事人不满鉴定结果,执意进行重新鉴定,最终的裁判效果又该如何保障。因此协调鉴定的流程与司法裁判两者之间的平衡,需要统一规范,实现认购碳汇金额的合理认定。

(二)认购碳汇与实现“双碳”目标关联不清

碳汇主要是指森林吸收并储存二氧化碳的数量。[2] 但是,随着研究的不断深入,学界提出了草地碳汇、耕地碳汇、土壤碳汇以及海洋碳汇等概念,极大地拓宽了碳汇的来源,[3]但实践中将这些概念引入市场交易的情形较为少见,因此现阶段碳汇主要还是指森林碳汇。自《京都议定书》生效以来,产生了国际“碳排放权交易制度”。联合国政府间气候变化专门委员会在评估报告[4]中指出,林木具有减缓和适应气候变化的两种功能,因此,发展林业是未来30年至50年内达成增加碳汇、减少碳排放的重要措施。因林木具有生长速度快的优点,大力发展林业的措施具有成本较低、收益较高的优势。

---

[1] 胡磊:《破坏环境案以购买碳汇作判罚补充,多地出政策禁止惩罚性碳汇再交易》,载腾讯网,https://new.qq.com/rain/a/20221130A05BU000。

[2] 参见秦国伟、田明华:《“双碳”目标下林业碳汇的发展机遇及实施路径》,载《行政管理改革》2022年第1期。

[3] 参见李佐军、俞敏:《拓展碳汇市场交易,助力生态文明建设》,载《重庆理工大学学报(社会科学版)》2019年第4期。

[4] Working Group 1: The Physical Science Basis, *Climate Change* 2021: *The Physical Science Basis*, The Intergovernmental Panel on Climate Change, 2021.

为了实现我国制定的碳达峰碳中和目标,必须在生产和生活的过程当中减少碳排放量。但继续以传统的能源方式进行生产,在提高产能的情况下,碳排放量必然会随着化石等燃料的燃烧而增加。研发新型的清洁能源已经是远水难解近渴,因此需要增加碳汇,减缓全球的气候变化。[1] 碳汇这一产品形式在随着我国制定了碳达峰碳中和的目标迎来了快速发展,自北京、上海、广州等发达地区建立碳交易所以来,湖北、重庆等地建立的碳交易所也逐步建立。在庞大的碳交易市场中,受我国“双碳”目标的影响,认购碳汇进入司法实践的视野,并由地方法院创新为一种责任承担形式。

然而,从裁判文书当中来看,将认购碳汇的责任承担方式与“双碳”目标真正建立紧密联系的案件几乎没有,也就是说,现阶段法院认可认购碳汇作为责任承担方式,但是对于其与司法保障“双碳”目标实现的关系还是未能厘清。因为从两者的概念来看,认购碳汇作为一种责任承担形式,最终达到的是修复受损的生态环境的效果,而“双碳”目标的内涵是实现生态环境的碳达峰碳中和,两者之间具有的联系是局部与整体的关系。而从局部到整体,不仅仅需要两者的概念当中产生重叠的联系,还需要从具体的实现路径上体现二者的关系。由此可见,从认购碳汇的具体的运行机制来看,要从认购碳汇究竟如何对碳达峰碳中和产生影响入手,解决两者之间的联系问题。

当前的司法实践当中,以福建顺昌县首例认购碳汇案件为例,被告人自愿购买“一元碳汇”项目,作为其修复受损生态环境的方式,并且得到了从轻处罚。案件一出就得到了其他法院的争相效仿,上海、湖北等地法院都作出过认购碳汇的司法裁判。从新闻报道中可以看到,许多法院采用认购碳汇的形式,大多也是从司法服务保障“双碳”目标的角度出发,但是并未仔细论证二者之间的联系,认购的碳汇金额如何对实现“双碳”目标产生最终效果未有明确认定,导致现阶段认购碳汇与实现“双碳”目标之间二者的内在法理模糊,两者仅具有外在的相似性而缺乏内在的相关性。

(三)认购碳汇修复方式的位次模糊

认购碳汇因为没有直接修复受损的生态环境,而是取道碳汇交易作为修复

---

〔1〕 参见徐晋涛、易媛媛:《“双碳”目标与基于自然的解决方案:森林碳汇的潜力和政策需求》,载《农业经济问题》2022 年第 9 期。

环境的方式,因此其作为一种替代性修复方式具有间接性,具有替代性修复的通病。在司法实践中,使用认购碳汇作为修复方式的案件,裁判文书大多较为简便,内容大多由法院直接计算出被告人造成的碳汇损失金额,引导被告人自愿交纳碳汇损失赔偿金。以邱某彪盗伐林木案为例[1],本案中林业部门技术人员适用《福建法院刑事司法林业碳汇损失量计量方法(试行)》计算出碳汇损失量的情况下,龙岩市新罗区法院参照测算结果作出前一日的全国碳市场碳排放配额挂牌协议交易收盘价,直接计算出被告人造成的林业碳汇损失金额,并引导被告人自愿交纳碳汇损失赔偿金至生态修复账户。

认购碳汇作为替代性修复责任承担方式的条件,应当是以被告的行为导致已经被损害的生态环境无法被完全修复,但是从当前的裁判案件来看,认购碳汇的适用中没有完全将直接修复作为首要选择。评估适用替代性修复的实际环境情况是否合适,应当成为适用认购碳汇修复方式的核心前提。由法院直接计算出认购碳汇的数额,引导当事人进行购买,首先没有考虑原地是否能够适用补植复绿的形式进行修复;其次,对于法院提出的认购碳汇数额,当事人是基于自主的意愿主动进行认购,还是在法院的建议下被动认购并未作出有关说明。除认购碳汇外,还有劳务代偿等形式的替代性修复方式,法院认定作出购买碳汇的裁判决定实际上是刻意地将认购碳汇作为第一位次的责任修复形式。

四、认购碳汇在司法实践中的规范进路

(一)科学制定认购碳汇修复方式的方案

认购碳汇的方案一般由环境受到损害地区的鉴定机构作出,这些认购碳汇方案的内容大相径庭,一些地区的法院按照损害结果的5倍要求当事人交纳环境修复费用,有的法院根据当事人行为对环境的损害程度,适用等额认购的修复方式。这种认购碳汇的方案对于环境修复的效果是否能够达到恢复受损环境的目的还是个未知数,但是不同认购碳汇方案制定的标准似乎并未结合环境的实际情况进行调整。各个法院在进行审判时应当结合环境的实际情况调整认购碳汇的数量,如何将环境的实际情况与认购碳汇的方案制定联系起来,需

[1] 参见邱某彪盗伐林木案,《福建省高级人民法院发布林业碳汇损失赔偿典型案例》之二。

要适用统一的标准。在工作当中,各地的法院通过总结实践经验,做出了一些工作指引方案。例如,2022 年 9 月 20 日,福建省高级人民法院与福建省林业局联合制定下发《关于在生态环境刑事案件中开展生态修复适用林业碳汇赔偿机制的工作指引(试行)》,对林业碳汇损失赔偿机制的基础前提、适用范围、适用条件等问题予以明确和细化。

认购碳汇的标准应当对林木环境的情况进行评估,从以下几个维度来说,首先,需要评估林木环境受损程度,认购碳汇金额能够间接地弥补森林碳汇缺失。其次,考虑森林碳汇受损的期间损害。在种植林木恢复生态环境的过程当中,损失的碳汇也应当由当事人承担。可以在原地补种的基础上,通过认购碳汇弥补森林碳汇的期间损失,将直接修复与补偿性修复结合,为当事人减轻修复的负担,同时兼顾环境质量修复标准。[1] 最后,在制定修复方案的过程中,不仅要考虑生态环境修复的最终标准,也需要考虑有关的社会影响。根据法律规定,虽然修复费用的缴纳可以代替履行已经不可修复的环境的修复责任,但是法官也要在司法理性的指导下,合理制定修复方案,在判决书当中明确认购碳汇的责任组成方式,实现碳汇金的高效利用。

(二)强化认购碳汇和实现"双碳"目标两者之间的内在逻辑

司法实践当中,适用认购碳汇作为生态损害修复方式是通过购买碳汇弥补受损的碳汇功能。仅强调环境的碳汇功能来说,认购碳汇与我国制定的"双碳"目标具有相同的方式。通过认购碳汇可以直接增加生态系统中的碳汇数量,有助于实现"双碳"目标。但是认购碳汇作为受损生态环境的修复方式,是一种具体的修复形式,而"双碳"目标其中包含的内容明显大于认购碳汇的内容。"双碳"目标具有的减污、降碳、增汇等要求体现出更加复杂的要求与行为模式,[2] 增强认购碳汇与"双碳"目标之间的内在逻辑,必须将认购碳汇的修复模式与实现"双碳"目标进行高度契合。通过目前已经公开的裁判文书来看,大多数案件是由于当事人滥伐或者盗伐林木的行为损害了原本的生态环境,导致原本生态环境当中的碳汇损失难以弥补。在裁判文书当中,主要以判决当事

〔1〕 参见刘媛媛:《论环境侵权责任中的恢复原状费用》,载《交大法学》2021 年第 3 期。

〔2〕 苏利阳:《碳达峰、碳中和纳入生态文明建设整体布局的战略设计研究》,载《环境保护》2021 年第 16 期。

人认购碳汇,以缴纳购买碳汇金的方式承担相应的责任。因为认购碳汇金的形式并未直接修复受损的森林生态环境,与其直接达到的增加碳汇效果有一定出入。当事人认购碳汇金的目的是弥补自己行为对环境损害的后果,而实现“双碳”目标不是当事人的初衷。因此,虽然认购碳汇能够通过增加碳汇的形式对实现“双碳”目标产生影响,但是需要在裁判文书中明确论述当事人的行为不仅导致森林生态环境受到损害,还对森林碳汇造成损害,在此基础上才能将认购碳汇作为修复生态环境的方式,并且说明认购碳汇金目的是增加碳汇,以此实现“双碳”目标。通过明确两者之间的逻辑关系,从而明确认购碳汇对实现“双碳”目标的积极影响。

(三)厘清认购碳汇修复方式的基本标准

认购碳汇作为修复方式,首先需要认识到,其作为修复方式的间接性与替代性。因此,只有在原地修复不可行的状态下,才能适用认购碳汇的方式。并未考察原地修复的可能性,直接明确认购碳汇的修复方式,是将此种修复形式默认为“口袋式”的责任承担方式,不利于修复受损的生态环境。[1] 认购碳汇作为现阶段司法裁判当中适用的生态环境损害修复方式,应当对裁判适用认购碳汇的理由做出说明。其次,认购碳汇的使用范围应当主要是森林、湿地、草原等环境损害,因为这些环境受到损害,通过种植碳汇林增加碳汇能够得到较为直接的修复。但是,实践当中有一些案件,受到环境损害与森林碳汇的关系不够直接明显,例如水生生物的保护问题,以及土壤污染等问题,在此类问题当中适用认购碳汇作为修复生态环境的方式,虽然从整体主义的角度出发具有合理性,但是因为其与碳汇的联系不够直观,导致在适用认购碳汇的过程中,会使当事人产生“以钱买刑”的错误印象。因此,在认购碳汇还不够规范的情况下,审慎地适用认购碳汇修复环境才能发挥其最大的效果。最后,适用认购碳汇应当考虑实际情况当中,当事人的条件是否符合认购碳汇的要求。应当在当事人具有经济能力的情况下,要求当事人认购碳汇修复生态环境,否则应当选择其他替代性修复的方式。在涉及生态功能损失费用的缴纳时,应当根据当事人的意愿选择适用认购碳汇或者直接缴纳费用。

---

[1] 参见张宝、殷佳伟:《替代性修复责任司法适用的反思与调适》,载《南京工业大学学报(社会科学版)》2022年第4期。

五、结语

随着我国的“双碳”目标的确立,社会发展的核心目标将会侧重于实现减少碳排放量,有关经济发展的各个领域都需要转变发展方式,向“双碳”目标的实现不断努力前进。司法裁判也不例外,现阶段越来越多的案件适用认购碳汇作为修复环境的方式,从认购碳汇进入司法裁判的视域当中,认购碳汇是一种基于市场的气候行动。它旨在通过激励减排活动来减缓气候变化。认购碳汇与实现“双碳”目标具有外观上的相似性,但是认购碳汇真正对实现“双碳”目标产生积极影响,需要在认购碳汇的适用条件以及适用范围等方面作出规范,使认购碳汇与实现“双碳”目标产生内在实际关联。认购碳汇在当前司法裁判当中,还具有一定的制度方面的不足,在认购碳汇的鉴定,交易以及执行过程中,还需要各方面的法律法规作出规范。各地法院在裁判过程中应不断吸取经验教训,制定裁判指南。要想认购碳汇的司法适用继续为实现“双碳”目标产生积极影响,需要更高位阶的规范做出统一的指引,这对未来实现“双碳”目标来说是基础且重要的一步。

28. 关于长江流域非法采砂监管现状的研究

——以 44 份涉长江流域非法采砂行政判决为实证样本

严丽亚*

内容摘要：法律是治国之重器，法治是国家治理体系和治理能力的重要依托。笔者通过研究分析中国裁判文书网的 44 份涉长江流域非法采砂类行政判决书，归纳出长江流域非法采砂行为贯穿采砂整个过程、行政诉讼被告多样、行政机关公益诉讼案件及败诉案件居多等特征，反映出行政机关履职不充分、履职程序违法等问题，这背后跟长江流域管理"政出多门"、行政机关执法能力不足和行政人员滥用职权等息息相关。笔者积极探索促进行政机关依法全面履行长江流域非法采砂监管职责的有效路径，认为应充分发挥长江流域非法采砂联合机制的积极作用，充分发挥人民法院对行政机关依法行政的指导作用，充分发挥行政机关法规制度建设的保障作用。

关键词：行政诉讼　行政机关　监管职责　长江流域　非法采砂

长江流域是我国砂石的重要产区，众多企业在此布局。与此同时，长江流域也吸引了大量盗砂团伙的目光，非法采砂的行为屡禁不止。长江非法采砂始于 20 世纪 80 年代，猖獗于 90 年代末，非法采砂不仅破坏长江流域的砂石资源和生态环境，更扰乱社会治安，影响经济发展，被称为"黄金水道"的长江航线时常因此阻塞，导致的损失不可估量。[1] 现如今，在利益的驱使下，采砂、运砂、销砂已然形成了一条完整的黑色产业链，这给长江流域的管理带来了更加严峻的挑战，向长江生态环境的未来敲响了警钟。在推动长江经济带发展座谈

---

* 严丽亚，西塞山区人民法院法官助理。

[1] 王强、夏热轩、王春夏：《"黄金水道"岂容破坏——安徽省禁止长江非法采砂透视》，载《江淮法治》2001 年第 4 期。

会上，习近平总书记指出“当前和今后相当长一个时期，要把修复长江生态环境摆在压倒性位置，共抓大保护，不搞大开发。”

法律是治国之重器，法治是国家治理体系和治理能力的重要依托。由于长江流域管理任务繁重、情况复杂，非法采砂行为难以根除。为解决非法采砂问题，我国首先是从立法上发力，相继出台了一系列的法律法规，如《矿产资源法》《水法》《河道管理条例》《长江保护法》；各地结合地域实际，更进一步细化出台关于河道采砂行为的地方性法规，如《湖北省河道采砂管理条例》《福建省河道采砂管理办法》《定西市采砂管理办法》。特别是自 2021 年 3 月 1 日起施行的《长江保护法》，它是我国第一部流域专门法律，开启了对重要流域进行单独立法的先河，是以法律形式贯彻落实习近平总书记关于长江保护的重要指示和党中央对长江经济带绿色发展战略部署的有效措施，标志着长江流域管理迈入依法实施的新阶段。[1]

我国现行的法律法规及地方性管理办法对行政机关均规定了相应的监管职责，然而负有监管职责的行政机关是否依法履行了职责、实体处理是否合法、履职程序是否正当，对长江流域“纸面的上保护”是否有效落实到“行动上的保护”？为了解行政机关对长江流域非法采砂的监管现状，笔者通过在中国裁判文书网搜索关键词“行政诉讼、非法采砂、长江、判决”，截至 2023 年 5 月，共检索到 48 份文书，笔者选取其中 44 份为代表，以该 44 份关于长江流域非法采砂类行政判决书为研究依托，归纳出长江流域非法采砂类行政诉讼的案件特征，分析行政机关在履行长江流域非法采砂监管职责中存在的问题及原因，积极探索促进行政机关依法全面履行长江流域非法采砂监管职责的可行性建议。

一、长江流域非法采砂类行政案件的特征

行政诉讼是指公民、法人或者其他组织认为行政机关和行政机关工作人员的行政行为侵犯其合法权益，向人民法院提起诉讼，人民法院予以受理、审理并作出裁判的活动。[2] 行政机关行使职责应坚持“法无授权不可为”的原则，任

---

〔1〕 黄坚、代杰：《长江三角洲区域依法协同立法研究——基于对〈长江保护法〉第 6 条的阐释》，载《绍兴文理学院学报》2023 年第 3 期。

〔2〕 参见《行政诉讼法》第 2 条。

何违反法律规定的行政主体,以不符合法律规定的程序作出违反法律规定的行政行为均属违法,行政相对人均可以行政机关为被告,提起行政诉讼。通过对44份案例样本的研究分析,笔者认为涉及长江流域非法采砂类行政案件体现出以下特征。

(一)长江流域非法采砂类行政诉讼中行政相对人的违法行为贯穿采砂整个流程

笔者所研究的44份案例样本中,长江流域非法采砂行政相对人的违法行为主要集中在实施无证采砂行为、建设无证采砂码头、运砂船舶未经检验合格、无合法运沙单、未按照许可证的规定采砂5种情形。根据该5种情形可知,行政相对人的违法行为贯穿采砂整个流程。具体数据见图1。

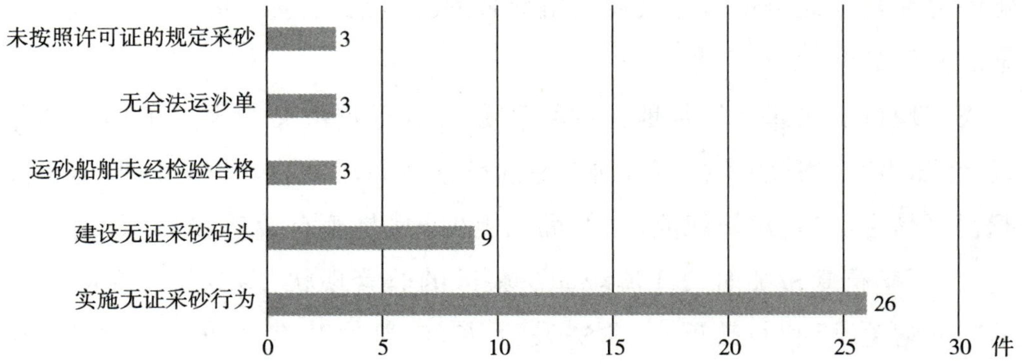

图1 违法行为数据分析

(二)长江流域非法采砂类行政诉讼中被告主体多样

笔者所研究的44件案例中,被起诉的行政机关有水利局、水务局、港航处、交通运输局、水利湖泊局、防汛抗旱指挥部等各政府部门。除了作为法律专业机构的公益诉讼起诉人能准确确定被告外,只有40%的案件中的行政相对人能准确确定适格被告,而60%的案件中,行政相对人则是"胡子眉毛一把抓",存在列错被告、列多被告的情形。具体数据见图2。

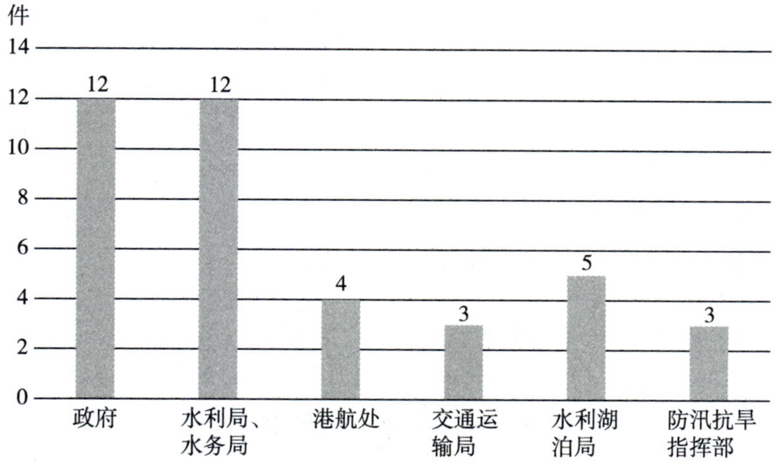

图2 被起诉的行政机关数据分析

(三)长江流域非法采砂类的行政诉讼中,行政公益诉讼案件以及行政机关败诉案件较多

1. 检察机关诉行政机关未履行法定职责的行政公益诉讼较多。长江流域非法采砂造成河道稳固风险、防洪风险以及航运风险,最终损害的是社会公共利益。而行政公益诉讼(环境)是指人民检察院在履行职责中发现生态环境领域负有监督管理职责的行政机关违法行使职权或者不作为,致使国家利益或者社会公共利益受到侵害的,应当向行政机关提出检察建议,督促其依法行使职责,行政机关不依法履行职责,人民检察院依法向人民法院提起诉讼。[1] 笔者所研究的44份案例样本中,被诉行政行为占比最大的是检察机关诉行政机关未履行法定职责的案件,共有25件,占比47.7%。具体数据见图3。

〔1〕 参见《行政诉讼法》第25条。

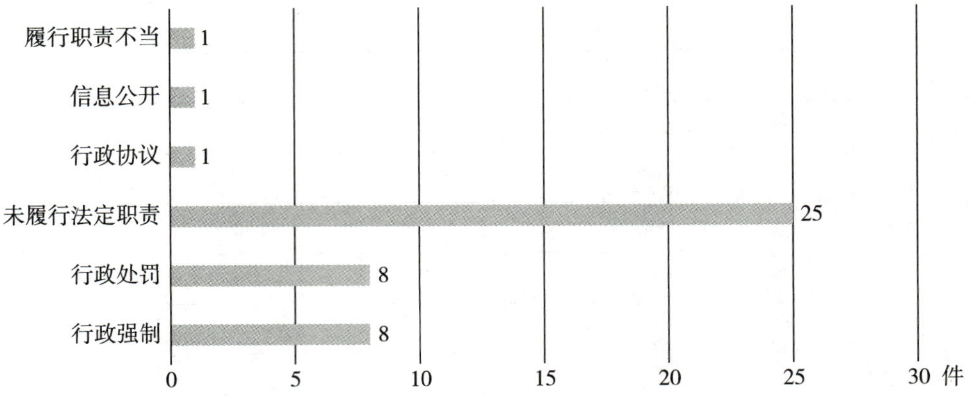

图 3　被诉行政行为数据分析

2. 行政诉讼中行政机关败诉案件较多。行政机关败诉表示法院对行政机关的履责行为予以否定性评价,这不仅意味着行政机关履责行为对行政相对人权利的损害,还意味着行政机关对长江流域采砂行为的监管职责未履行到位。笔者所研究的 44 份案例样本中,行政机关败诉案件高达 27 件,超过半数。其中败诉案件的类型主要有行政机关未履行法定职责、行政强制及行政处罚类,其中行政机关因未履行法定职责而败诉的案件达到 22 件,因行政强制拆除程序违法而败诉的案件 4 件,因行政处罚罚款金额不当而败诉的案件 1 件。具体数据见图 4。

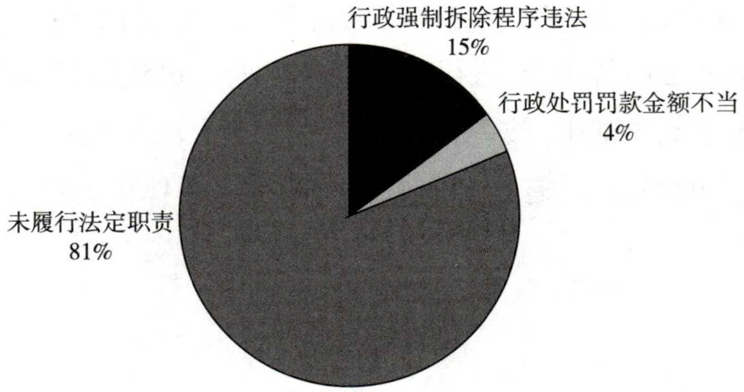

图 4　败诉案件类型数据分析

二、长江流域非法采砂类行政案件所反映出行政机关履职的问题

笔者所研究的 44 份案例样本中,通过对其中行政机关败诉的 27 件案例进行分析,行政机关败诉的原因以及相应的案件数量如表 1 所示。

表 1 行政机关败诉原因数据分析

行政机关败诉的原因	案件数量（件）
行政强制拆除程序违法	3
行政处罚金额不当	1
行政处罚的程序明显违法、罚款金额低于法律规定、遗漏处罚事项	5
未全面履行职责，仅作出罚款处罚，没有没收违法所得及非法采砂机具	3
履职不完全、不充分，没有达到依法监管、规范砂石开采行为目的	2
未经过行政机关的负责人集体讨论决定，对非法运砂行为不予行政处罚，违反法定程序	2
行政处罚适用法律错误	1
未查清实际采砂数量，事实认定不清，罚款的裁量依据不足	1
对查明的非法采砂行为不予处罚，不作为，降格处罚	1
行政处罚决定在形式上存在重大瑕疵，且明显欠缺事实根据，客观上缺乏可执行性	3
未充分、完整的执行行政处罚决定，作出没收非法采砂机具的行政处罚决定但未予执行	3
未及时查处非法采砂的违法行为	1
扣押采砂机具没有报经行政机关负责人批准、没有通知当事人到场、没有制作现场笔录、没有制作扣押决定书清单等	1

通过对行政机关败诉原因的分析，笔者认为行政机关在履行长江流域采砂行为监管的职责过程中主要存在以下三种较为典型的问题。

（一）行政机关对长江流域非法采砂行为的监管存在不全面、不充分的问题

相比陆地执法，水面环境的执法难度更大。长江流域非法采砂行为中，最多类型系无证采砂行为，其次是建设无证采砂码头行为，这两种类型均是固定场所的违法行为，其他 3 种行为均具备流动性大的特征。这反映行政机关对采砂行为的监管方式较为单一，监管辐射面未实现全覆盖，监管上存在监管"乏力"和监管"死角"的问题。

另外，针对非法采砂行为，根据其情节，有罚款、没收采砂机具、拆除设备等措施，但行政机关在履行监管职责过程中会存在履职不彻底的情况，从而导致没有达到依法监管、规范砂石开采行为的目的。笔者所研究的 44 份案例样本中，如 H 区人民检察院诉 H 市水利和湖泊局不履行长江河道采砂法定监管职责的 3 件行政公益诉讼案件，H 市水利湖泊局虽然对违法行为人的非法采砂行为作出了罚款的书面行政处罚决定，但未按照《长江河道采砂管理条例》的规

定没收违法所得及非法采砂机具,该行政机关履职不彻底的情形明显。[1]

(二)行政机关对长江流域非法采砂行为处以行政处罚和实施行政强制措施时存在程序违法的问题

具体行政行为程序合法包括符合法律规定的主体、符合法律规定的方式、符合法定的顺序、符合法定的期限和法定附款。[2] 而行政处罚和行政强制因直接关系到相对人的实际权益,行政机关执法过程中应该严格遵守法定程序。如《行政处罚法》规定设定和实施行政处罚必须以事实为依据,与违法行为的事实、性质、情节以及社会危害程度相当。[3] 笔者所研究的44份案例样本中,Y市检察院起诉Y市水利局未依法履行长江采砂监督管理法定职责一案,执法部门根据违法行为人能接受处罚的能力随意作出罚款行为,任意降低罚款标准,未遵循立案、调查、告知、听证、作出行政处罚决定等行政处罚法定程序,未认定违法事实,未明确适用的法律依据,未告知给予行政处罚的事实、理由和依据,未没收违法所得及非法采砂机具,未吊销河道采砂许可证,未作出书面行政处罚决定,未保留相关案卷材料,违反了罚执分离原则,该罚款行为属于"重大且明显违法"的行为,故被法院予以撤销。[4]

针对行政强制措施,《行政强制法》规定,行政机关作出强制执行决定前,应当事先催告当事人履行义务。经催告,当事人逾期仍不履行行政决定,且无正当理由,行政机关可以作出强制执行决定。对违法的建筑物、构筑物、设施等需要强制拆除的,应当由行政机关予以公告,限期当事人自行拆除。当事人在法定期限内不申请行政复议或者提起行政诉讼,又不拆除的,行政机关可以依法强制拆除。[5] 据此,即使是有权进行强制拆除的行政机关,亦应当在履行法定程序后,才能实施强制拆除行为。笔者所研究的44份案例样本中,其中3件案件被诉的行政机关均是因为未按照上述程序强制拆除非法码头、采砂场而被确认行政行为违法。

---

[1] 湖北省黄石市黄石岗区人民法院行政判决书,(2020)鄂0202行初38号、(2020)鄂0202行初36号、(2020)鄂0202行初37号。

[2] 关保英:《论具体行政行为程序合法的内涵与价值》,载《政治与法律》2015年第6期。

[3] 参见《行政处罚法》第5条。

[4] 江苏省江阴市人民法院行政判决书,(2019)苏0281行初109号。

[5] 参见《行政强制法》第35条、第37条、第44条。

(三)行政机关履行长江流域非法采砂监管职责过程中,存在违反行政机关负责人集体讨论规定和行政机关负责人审批规定的问题

《行政处罚法》第 57 条规定,调查终结,行政机关负责人应当对调查结果进行审查,根据不同情况分别作出决定。对情节复杂或者重大违法行为给予行政处罚,行政机关负责人应当集体讨论决定。笔者所研究的 44 份案例样本中,公益诉讼起诉人 X 检察院诉被告 X 水利和湖泊局行政处罚一案,被告未经过行政机关的负责人集体讨论决定而作出行政处罚决定,违反法定程序。[1] 《行政强制法》规定,行政机关实施行政强制措施前,须向行政机关负责人报告并经批准。笔者所研究的 44 份案例样本中,原告某运输贸易有限公司确认被告 S 水利局强制扣押船舶的行政行为违法及行政赔偿一案,被告扣押原告的非法采砂船舶及机具没有报经行政机关负责人批准违反法定程序。[2]

三、长江流域非法采砂类行政案件中行政机关履职问题的原因分析

(一)长江流域非法采砂管理"政出多门"

针对长江流域非法采砂的管理,法律法规应对管理主体、管理依据和管理规范进行统一明确,行政相对人依据法律规定规范自身行为,行政机关依据法律规定各司其职。而长江流域管理制度"政出多门",政策体系非常繁杂,不仅行政相对人"无所适从",行政机关也"依法推责"。[3] 正如笔者在前文"长江流域非法采砂类行政诉讼特征中"所提到的,行政诉讼特征其中一大特点就是被告主体多元化,即监管主体的多元化,由此须追溯到相关法律规定。

我国法律法规分别从矿产资源管理、河道管理、防洪、航道等不同角度对非法采砂作出规定。按照《矿产资源法》,在河道采砂属于矿产资源的开采,需要接受地质矿产主管部门的管理;按照《水法》和《河道管理条例》,在河道内采砂还应向河道主管机关,即水利行政部门申请许可,并接受其监督管理;按照《航道法》规定,在河道内采砂威胁航道畅通和通航安全的,还应当受航道主管机关,即交通运输主管部门的监督与管理;《防洪法》也从防洪安全角度规定了禁

---

〔1〕 湖北省阳新县人民法院行政判决书,(2019)鄂 0222 行初 76 号。

〔2〕 湖南省衡山县人民法院行政判决书,(2015)山行初字第 4 号。

〔3〕 成长春:《推动〈长江保护法〉落地生效》,载《财经界》2021 年第 11 期。

止性非法采砂行为。各类法律法规都针对采砂行为进行了规定,与此同时,不可避免地产生“依法推责”情形,从而导致长江流域非法采砂的管理出现混乱现象。[1]

(二)行政机关部分执法人员执法能力不足

基于长江流域砂石的特殊性,长江流域采砂行为涉及各方面的法律法规,其中包含实体性规定、程序性规定,并且法律法规不断更新,而当前开展行政执法的工作人员大多数并非法律专业,叠加法律知识培训或业务培训缺位等原因,导致相关执法人员在执法的实际过程中,容易出现执法程序存在漏洞、关键证据收集不全面、法律条文适用错误等情形。一旦出现此类情形,行政机关在行政诉讼中被判决为败诉,从而被要求撤销行政决定,后果则是对行政机关权威、行政相对人权益或是公共利益造成损害。[2] 笔者所研究的 44 份案例样本中,大多数行政机关败诉案件均系行政机关执法人员对法律法规掌握不全面、不充分而导致处罚不当或程序违法等情形造成的。

(三)行政机关部分执法人员存在滥用职权的行为

长江丰富的砂石资源,具有重要的经济价值。在利益的驱使下,个别执法人员直接参与到非法采砂的黑色产业链条中,让非法采砂的行为变本加厉。笔者所研究的 44 份案例样本中,不乏执法人员滥用职权的现象。如 C 市人民检察院诉被告 C 市水利局未依法履行长江采砂监督管理法定职责一案,判决书中载明,C 市水利局作为辖区内长江采砂管理和监督执法行政机关,虽然对执法人员进行了相关法律法规培训,对相应的工作职责进行了明确,但在执法过程中存在多处违法情形及制度漏洞:执法人员不遵守行政处罚程序规定,在法定处罚标准之下随意认定罚款金额,内部审核监督机制未能发挥作用,制度落实不到位,导致多起非法采砂行为的违法后果未得到有效纠正。C 市水利局在执法过程中有法不依、执法不严,影响了行政处罚的法定性,损害了行政执法的公信力,放纵了长江非法采砂行为,成为长江中游段非法采砂行为屡禁不止的重要因素。[3] 行政机关滥用职权的行为,亦存在损害行政相对人或者第三人权

[1] 陈茂山、吴强、王晓娟等:《河道采砂管理现状与立法建议》,载《水利发展研究》2019 年第 7 期。

[2] 满庭芳:《行政诉讼调解制度的建设研究》,载《法制博览》2023 年第 15 期。

[3] 江苏省江阴市人民法院行政判决书,(2019)苏 0281 行初 108 号。

利的情形,[1]如原告 M 公司诉被告 M 县交通运输局、M 县港航管理局行政协议一案,行政机关作为协议当事人,在第三人既未参与该协议的签订也未事后认可的情况下,擅自处分第三人的利益,从而导致协议无效,致使行政相对人和第三人权益受损。[2]

四、促进行政机关依法全面履行长江流域非法采砂行为监管职责的建议

长江流域的面积涉及 15 个省、2 个自治区、2 个直辖市,保护长江既是保护水生态环境的必然要求,也是保证经济可持续发展的应有之义。长江砂石作为长江河道的重要组成部分,我国法律明确了相应行政机关的监管职责,基于前文所述,针对行政机关履行非法采砂监管职责存在的问题,笔者提出以下建议。

(一)充分发挥长江流域非法采砂联合执法机制的积极作用

1. 河道采砂联合执法机制为破除"政出多门"的僵局提供了制度优势。《长江保护法》是我国第一部流域性专门法律,在规制非法采砂方面做了一项重要的制度创新,明确规定了非法采砂联合执法工作机制。各省亦积极出台相关工作制度予以贯彻落实,如湖北省根据《长江保护法》的相关规定,由省水利厅、公安厅、交通运输厅、农业农村厅、长江航运公安局、长江航务管理局联合出台《湖北省河道采砂管理联合执法工作制度》,该制度的出台标志着河道采砂管理多部门协作机制进一步健全。该制度规定:任何一方根据工作需要,随时组织发起联合执法行动,其他部门应积极响应;各部门在执法巡查时,发现有非法采砂行为的,第一时间控制现场,并移交线索,及时交流通报所掌握的有关涉砂信息。该制度为破除"九龙治水""政出多门"的僵局提供了制度优势。

2. 河道采砂联合执法机制被实践证明行之有效。2023 年 5 月,湖北省水利厅联合省委军民融合办、省公安厅、省交通运输厅、省市场监督管理局、长航公安局、长江航务管理局等 7 部门组织开展全省河道采砂联合执法行动,全省共出动执法人员 2374 人次,执法车辆 472 台次,执法艇 136 艘次,检查采砂船舶集中停靠点 55 处,检查长江汉江干流许可采区 4 个,重点清理清查辖区江段隐形采砂船舶、非法组装吸砂机具,对长江流域湖北段内非法采砂行为形成了严

---

[1] 参见《长江保护法》第 28 条。

[2] 湖北省武穴市人民法院行政判决书,(2020)鄂 1182 行初 117 号。

厉震慑,联合执法取得了良好效果。[1] 此种联合执法有效解决了前文所提到的行政机关履职交叉的问题,行政机关要坚持健全和完善联合执法机制,规范联合执法程序,细化联合执法分工,运用信息化技术打造联合执法“网通平台”,强化行政机关之间的沟通协作,让联合执法成为长江流域非法采砂监管的常态化和长效化措施。

(二)充分发挥人民法院对行政机关依法行政的指导作用

1. 深入落实行政机关负责人出庭应诉制度,强化行政机关在非法采砂监管中的法治思维。《行政诉讼法》中明确了行政机关负责人出庭应诉制度。行政机关负责人出庭应诉制度,是指在行政诉讼案件中,一般应当由行政机关负责人出庭和应诉的制度。行政机关负责人出庭应诉制度对促进行政机关依法履职具有重要作用。行政机关负责人是在行政机关中担任领导职务并具有决策、管理权的人员,行政机关主要负责人更是直接领导行政机关的全面工作。促进行政机关全面履职要抓住“关键少数”,行政机关负责人通过出庭应诉能够直接了解到行政机关在长江流域非法采砂监管过程中存在的具体问题,有助于行政机关负责人推动问题整改从而加强行政机关履职。[2] 如前文提到的“行政机关履行长江采砂监管职责过程中存在违反行政机关负责人集体讨论规定的问题”,行政机关负责人通过出庭应诉可以充分了解自身在行政执法程序上应承担的明确职责和应遵守的法定程序,从而避免后续行政执法过程中再次出现程序违法情形。

2. 拓展审判效果,以司法建议提升行政机关履行长江流域非法采砂监管职责的能力。司法建议是法律赋予人民法院的重要职责,是人民法院延伸审判职能、参与社会治理的重要切入点。笔者通过44份案例样本研究可知,法院通过审理行政诉讼案件,对行政机关的职责规定和执法程序“驾轻就熟”,对行政机关败诉原因和违法情形“见多识广”。法院应积极发挥审判机关的职责优势和司法的能动性,就长江流域非法采砂类案件中行政相对人的违法行为特征、行政机关履职过程中存在的共性问题及个性问题进行总结归纳,通过发送司法建议为行政机关监管长江流域非法采砂行为提供精准建议和及时有效决策,从而

---

〔1〕 参见艾红霞、周宗友:《我省开展河道采砂联合执法》,载《湖北日报》2023年5月19日,第11版。

〔2〕 才丽媛:《行政机关负责人出庭应诉制度研究》,载《现代商贸工业》2022年第1期。

促进行政机关不断提升长江流域非法采砂监管的能力。[1]

3. 依法审理政府信息公开行政案件,助推行政机关实行"阳光行政"。遏制行政机关行政人员滥用职权行为,重要方式之一就是实行"阳光行政"。行政人员滥用职权行为发生率与行政机关信息公开率成反比,行政机关信息的公开度和透明度越高,行政人员腐败滋生机会越低,滥用职权行为发生率越小。《政府信息公开条例》、最高人民法院《关于审理政府信息公开行政案件若干问题的规定》等法律规定为人民法院审理行政机关信息公开行政案件提供了根本遵循。人民法院通过审理此类行政案件,可有效督促行政机关在长江流域非法采砂监管工作中主动做好信息公开,提高行政机关的执法透明度,保障人民群众和社会各界知情权,从而加强纪委监委机关、检察机关等职能部门,人民群众和社会各界对行政机关的监督。[2]

(三)充分发挥行政机关法规制度建设的保障作用

1. 加强河湖长制法规制度建设,为长江流域非法采砂监管创新发展提供法治保障。全面推行河湖长制,是以习近平同志为核心的党中央,立足解决我国复杂水问题、保障国家水安全,从生态文明建设和经济社会发展全局出发作出的重大决策和制度创新。2022 年 9 月 28 日,中共湖北省委、湖北省人民政府印发《湖北省河湖长制工作规定》,系全国首部河湖长制工作省级党内法规,对推进湖北省加强长江流域治理起到重要作用。当前,我国部分地区开展了河湖长制暨非法采砂专项行动,如陕西省安康市在 2023 年 5 月 9 日召开非法采砂暨农村河湖环境专项整治行动推进会。实现长江流域非法采砂的全方位监管,可结合河湖长制创新进行谋划,行政机关将长江流域非法采砂监管作为河湖长制的重要内容,通过各级党委政府的有力统筹和完备规范的制度建设,行政机关对长江流域非法采砂的监管工作必定提档升级。

2. 加强行政机关法治建设,为长江流域非法采砂监管质效提升提供法治保障。《长江保护法》正式施行后,长江水利委员会以《长江保护法》为法律基准,全力全速推进流域法规制度体系建设,推进制定《长江流域控制性水工程联合调度管理办法》、制定《长江水利委员会生态流量管理办法》、修订《长江河道采

---

〔1〕 王云霞:《行政诉讼司法建议的功能扩张及省思》,载《中国法学》2022 年第 4 期。

〔2〕 施芸:《政府信息公开行政案件司法审查现状》,载《区域治理》2019 年第 50 期。

砂管理条例》。良法促善治,行政机关要以《长江保护法》为统领,推动配套的法律法规体系逐步完善。行政机关要将法治建设成果切实转化为长江流域非法采砂监管的实际行动,认真履行流域管理机构法定职责,树牢法治思维,提升执法能力,严格执法程序,注重执法效果,用法治思维和法治方式推进长江流域非法采砂监管工作,积极推动法律制度优势转化为长江流域非法采砂的治理效能。

五、结语

近年来,我国高度重视长江流域的保护,关于流域治理的法律体系日益完善,特别是《长江保护法》正式实施以后,长江流域形成了全新的治理模式,长江流域非法采砂行为得到明显改善。当然,长江流域生态环境治理与人民群众的期盼还有一定的距离,当前和今后的一段时间,行政机关对长江流域非法采砂的监管依然会面临较多问题,各方依然要加强研究和探索,为长江流域治理积极贡献智慧和力量。

附 件

主旨演讲

1. 在法治轨道上推动长江流域生态环境高水平保护

——在第二届长江大保护司法论坛上的主旨演讲

（2023 年 11 月 25 日，武汉）

全国人大常委会委员、法制工作委员会副主任，
中国法学会副会长　许安标

首先，我受法制工作委员会主任沈春耀委托，代表全国人大常委会法制工作委员会，对本次论坛的举行，表示热烈祝贺。

2023 年 10 月，习近平总书记在进一步推动长江经济带高质量发展座谈会上指出，从长远来看，推动长江经济带高质量发展，根本上依赖于长江流域高质量的生态环境。要毫不动摇坚持共抓大保护、不搞大开发，在高水平保护上下更大功夫。本次论坛以“长江流域治理现代化法律保障研究”为主题，共同研究探讨包括加强生态环境立法，完善生态环境法律制度体系，推进生态环境治理体系和治理能力现代化等重要内容，契合促进人与自然和谐共生的中国式现代化的任务要求。法律是治国之重器，良法是善治之前提，全面推进国家各方面工作法治化，在法治轨道上推进国家治理体系和治理能力现代化，全面建设社会主义现代化国家，必然要求在法治轨道上推动长江流域生态环境高水平保护。下面就此与大家交流几点认识和思考：

一是生态环境法律制度体系基本形成，为生态环境保护提供有力保障。党的十八大以来，在以习近平同志为核心的党中央的坚强领导下，我国生态环境发生历史性、转折性、全局性变化，我们的祖国天更蓝、山更绿、水更清，万里河

山更加多姿多彩。最根本的原因是习近平总书记以坚定的意志决心全力推进，有习近平生态文明思想的科学有力指导。习近平生态文明思想的核心要义之一,就是坚持用最严格制度最严密法治保护生态环境。习近平总书记多次强调,保护生态环境必须依靠制度、依靠法治,让制度成为刚性约束和不可触碰的高压线。

全国人民代表大会及其常务委员会深入贯彻落实习近平生态文明思想,将生态文明建设写入宪法,加快生态环境立法修法步伐,不断健全生态文明制度体系,用最严格的制度、最严密的法治推进生态文明建设,生态环境法律制度与时俱进、完善发展,整体实现“升级换代”。目前,我国现行有效生态环境法律有30多部,包括《环境保护法》等综合性法律,大气、水、土壤、固体废物、噪声等污染防治法律,森林、草原等生态保护方面的法律,《清洁生产促进法》等绿色发展法律,《长江保护法》等流域区域保护法律,还有行政法规100余件、地方性法规1000多件、大量涉及生态环境的法律法规规定,以及相关的司法解释、规章制度、政策措施。丰硕的生态环境立法成果,为新时代保护和改善生态环境、防治污染、保护生态、绿色发展,提供了明确依据、有效路径、有力保障,为筑牢法治之基、行法治之力、积法治之势,稳定对生态环境的预期发挥了重要作用。

二是流域区域保护立法取得创新突破,为加强流域区域生态环境保护提供有效工具。新时代生态环境立法的重要创新突破是,开创性制定了重要流域区域保护法律,打造大江大河治理的重要标杆,制定《长江保护法》《黄河保护法》;坚持生态保护第一,制定《青藏高原生态保护法》;保护好“耕地中的大熊猫”,制定《黑土地保护法》。

《长江保护法》首开全国江河流域保护立法先河,《黄河保护法》是江河流域保护立法的又一重大标志性成果。这两部法律有一个共同的突出特点,就是都坚持以流域为单元,妥善处理多元诉求,平衡好各方利益,统筹谋划上下游、干支流、左右岸,共同守护好长江黄河“母亲河”。这两部法律始终坚持问题导向。《长江保护法》坚持生态优先、绿色发展的战略定位,突出共抓大保护、不搞大开发的基本要求,把保护长江流域生态环境摆在压倒性位置,针对长江流域特定区域、特定问题规定特别制度措施。例如,禁止重污染企业和项目向长江中上游转移;禁止在长江干支流岸线一公里范围内新建、扩建化工园区和化工项目,禁止在长江干流岸线三公里范围内和重要支流岸线一公里范围内新建、改建、扩建尾矿库。《黄河保护法》把生态优先、绿色发展作为基本原则,全方位贯彻"四水四定",落实重在保护、要在治理要求,共同抓好大保护、协同推进大治理,紧紧抓住黄河保护主要矛盾、特殊问题,有许多制度创新和务实管用的举措。比较这两部大江大河保护法,他们有共同的理念原则、相同的立法思路,也有重点方向制度规范的差异。《长江保护法》共 9 章 96 条,《黄河保护法》共 11 章 122 条,《黄河保护法》增加了水沙调控和防洪安全、黄河文化保护传承弘扬的内容,这两章更加突出了黄河的特点。这两部法律相互印证,可以帮助我们更好理解流域法治,提供更好的思考路径。

法律调整社会关系,如民法调整平等主体之间的人身关系和财产关系,刑法调整犯罪和刑罚的关系,这类关系覆盖全国,立法适用于全国;国家生态环境法律同样适用于包括长江流域在内的全国范围,但是一些流域区域的生态环境保护有特殊功能要求,有些独有问题。流域区域保护立法,为更好保证制度供给提供了有效的路径,突出流域区域保护的特点,解决其独有问题;为强化特定流域区域生态环境保护,提供了更具针对性的措施,体现了更严要求、更高标准,充分彰显立法的价值和意义。

三是生态环境法律责任制度及纠纷解决机制不断完善,着力强化污染损害担责。为了切实解决生态环境领域"违法成本低、守法成本高"的突出问题,生态环境立法坚持"严"的总基调,综合运用行政、民事、刑事责任手段,对违法犯罪行为实行严惩重罚,增强生态环境法律制度的刚性和约束力、威慑力。修订后的《环境保护法》被称为"史上最严环保法",把损害担责写入基本原则,引入按日计罚、拘留等严厉手段,有力强化了法律责任。生态环境法律规定了生态保护补偿制度,让受益者付费,对保护者给予合理补偿。生态环境没有替代品,生态环境法律还规定了生态环境修复制度,坚持把自然恢复和人工修复有机统一起来,因地因时制宜、分区分类施策。修复是有成本的,专业技术性也很强,执法司法活动,还需要对污染损害者的修复责任予以明确,对生态环境司法执法能力和水平提出了更高要求。此次论坛有利于加强生态环境司法执法具体标准的统筹协调,具有很强的现实意义。《民法典》增加生态环境损害惩罚性赔偿责任,《刑法》从重设置生态环境犯罪法律责任。

完善追责程序和机制,在传统民事诉讼、行政诉讼、刑事诉讼的基础上,生态环境立法增加生态环境民事公益诉讼、生态环境损害赔偿诉讼、生态环境行政公益诉讼等纠纷解决机制,司法实践中还探索建立了生态环境刑事附带民事公益诉讼。

《长江保护法》专章规定生态环境修复,要求对长江流域生态系统实行自然恢复为主、自然恢复与人工修复相结合的系统治理;造成长江流域生态环境损害的侵权人承担修复责任、赔偿损失和有关费用;鼓励长江流域上下游、左右岸、干支流地方人民政府之间开展横向生态保护补偿;严格设定法律责任,规定了警告、罚款、没收违法所得、没收非法财物、吊销许可证件、责令停产整顿、责令停业整顿、责令关闭等多种行政处罚;针对从事破坏长江禁渔、岸线保护等违法行为,大幅提高罚款数额,规定了处分、民事责任、刑事责任;明确国家加强长江流域司法保障建设。

日益完善的生态环境法律责任制度及纠纷解决机制规定,为生态环境保护和司法执法提供了有力武器、法律依据、制度支撑。

四是持续加力推进生态环境立法,为美丽中国建设提供完备法治保障。立法必须紧跟时代步伐、实践需求、人民期盼,推进美丽中国建设,对生态环境立法提出更高要求。立法规划是组织协调、推动指导立法的重要抓手。2023 年 9 月 7 日印发的十四届全国人大常委会立法规划,立法规划分为三类,第一类、第二类共有 130 件,“推动绿色发展,促进人与自然和谐共生”是其中的一个重要方面,既包括填补空白的项目,青藏高原生态保护法(已通过)、国土空间规划法、国家公园法(自然保护地法,一并考虑)、能源法、原子能法、电磁辐射污染防治法等,也包括修改完善的项目,修改海洋环境保护法(已通过)、可再生能源法、节约能源法、水法等,还包括继续研究论证重要江河流域保护立法等。我们要在已有基础上,持续加力推进生态环境立法,不断增强生态环境法律制度的系统性、整体性、协同性、时效性。

法典是法律规范的高级形式,也是法治实践和水平的集中体现。党的十八大以来,以习近平同志为核心的党中央把法典编纂作为新时代坚持全面依法治国、推进法治中国建设的重要举措。习近平总书记指出,要总结民法典编纂的成功经验,在条件成熟的立法领域继续开展法典编纂工作。党的二十大报告将法典编纂专门列为一种立法形式，这也就意味着本届立法在法典编纂方面要有新进展、新成效、新突破。本届立法规划明确积极推进生态环境法典和其他条件成熟领域的法典编纂工作，对法典编纂工作作了比较明确的安排。

编纂生态环境法典，将党的十八大以来生态文明建设的理论、制度、实践成果以体系化、法典化的方式确认下来，对于推进生态环境治理体系和治理能力现代化，更好发挥法治固根本、稳预期、利长远的保障作用，具有重要意义。对于如何编纂生态环境法典，各方面普遍认为，应当采取适度法典化的模式，使生态环境法典保持一定的开放性、兼容性、前瞻性。在全国人大常委会领导下，立法工作机构已经开始编纂工作，建立了编纂工作机制。我们要坚持以习近平新时代中国特色社会主义思想特别是习近平生态文明思想为指导，坚持党中央集中统一领导，坚持从国情和实际出发，遵循立法工作规律和法典编纂规律，坚持问题导向，补短板、强弱项、扬优势，树立历史眼光和世界眼光，总结汲取历史经验和国际经验，践行全过程人民民主，广纳民意民智，完成好生态环境法典编纂这一重大法治工程。

习近平总书记强调，长江流域生态环境保护和高质量发展正处于由量变到质变的关键时期，取得的成效还不稳固，客观上也还存在不少困难和问题，要继续努力加以解决。编纂生态环境法典，加快推进生态环境法律体系建设，强化长江流域治理现代化法治保障，责任重大、使命光荣、任务艰巨，我们要坚决贯彻落实习近平总书记重要指示精神和党中央决策部署，充分体现生态环境立法、制度成果，充分吸收包括生态环境司法执法形成的实践经验，深入开展调查研究，广泛听取各方意见，积极凝聚立法共识，以时不我待的精神状态和奋发进取的工作热情，优质高效做好新时代新征程生态环境立法工作，扎实推动生态环境法律有效实施，继续努力为打造长江流域高质量的生态环境作出法治贡献。

2. 准确适用生态环境修复责任的几点思考

全国人大常委会委员、环境与资源保护委员会副主任委员，
农工党中央副主席，中国法学会副会长、
环境资源法学研究会会长　吕忠梅

各位领导、专家学者：

非常感谢第二届长江大保护司法论坛主办方的邀请，让我有机会与大家分享一些观察和思考。我发言的题目是：准确适用生态环境修复责任几点思考。

一、长江保护法实施中存在生态修复责任适用不当的突出问题

《长江保护法》是一部以解决"长江病"为导向、整合多类法律资源、综合多种法律机制的新型立法，其立法理念、基本原则和具体制度与传统立法都有很大不同。面对这样一部超越"部门"与"地方"的特别法、统筹"保护"与"利用"的综合法、整合"空间"与"平面"的立体法，各级司法机关为适应《长江保护法》的特殊性，不断探索完善流域司法机制，坚持恢复性司法理念，探索多元化生态修复方式，保障长江流域的可持续发展，取得了积极成效。但是，在我们对《长江保护法》实施以来的司法裁判文书进行跟踪分析的过程中，也发现在相关案件的审判中，法官关于生态修复责任的理解和责任承担方式的适用，与以生态恢复为价值取向的立法目标存在一定距离。具体表现为，在对《民法典》第1234条和第1235条的适用过程中，将永久损害的责任简单理解为对生态环境的折价赔偿；将"期间损失"片面理解为经济损失，对生态环境修复"所需费用"的性质与计算方式不尽准确，导致生态环境修复责任变成了"一赔了之"，有悖于"生态恢复"的立法目标。这种现象的出现，既有《民法典》第1234条、第1235条的规定过于原则的原因，也有对《民法典》第1234条、第1235条的司法解释和相关规定前后不一、使用不当等问题。

第一，对"永久损害"的相关规定存在矛盾。《民法典》第1235条对永久损害

规定了损害赔偿请求权。但现行相关规定对永久损害的规定却不尽一致。2015年发布的《最高人民法院关于审理环境民事公益诉讼案件适用法律若干问题的解释》(以下简称《环境民事公益诉讼解释》)第20条将受损生态环境分为可以修复和无法完全修复两种类型,后者准许采用替代性修复方式,没有规定永久损害赔偿金。2020年最高人民法院发布的《关于审理生态环境损害赔偿案件的若干规定(试行)》第12条将承担修复责任或修复费用限于受损生态环境能够修复的情形,第13条规定若受损生态环境无法修复或者无法完全修复,则可判令被告赔偿生态环境功能永久损害造成的损失;同期修正的《环境民事公益诉讼解释》第21条采用了这一观点。但2022年生态环境部与最高人民法院等机关联合发布的《生态环境损害赔偿管理规定》第9条第3款明确规定,在生态环境损害无法修复的情况下赔偿义务人承担责任的方式有两种,分别是赔偿损失及相关费用或者替代修复。这意味着替代修复也是履行损害赔偿义务的一种方式,如义务人进行异地补绿、增殖放流等生态恢复方式,除此之外,还有第三方的替代修复、综合修复等方式。简单梳理就可以看出各种规定中存在的矛盾,特别是无法修复与"永久损害"、生态损害赔偿金与替代修复之间的关系,令人困惑。

第二,有关"期间损失"的司法适用较为混乱。对于期间损失,《民法典》沿用了2020年修正的《环境民事公益诉讼解释》第21条的说法,称之为"生态环境受到损害至修复完成期间服务功能丧失导致的损失",但并未对如何确定和计算相关损失作出规定。司法实践中,对于期间损失的计算主要运用虚拟成本法、司法酌定等方法进行期间损害量化。许多案件没有采用生态环境部推荐的方法进行期间损害计算,基本上还是按照民法理论中的狭义恢复原状及填补责任裁判案件,将"期间损失"量化为经济价值并适用传统的赔偿损失责任。

二、从理论与实践两个方面厘清一些模糊认知

造成司法实践中对生态环境修复责任理解偏差的原因,既有理论上的误解,也有立法上的混同,需要澄清两个核心问题。

(一)生态环境修复责任是建立在与传统民法上的侵权责任不同理论基础上的新型责任

民法上的侵权损害救济制度是建立在侵权损害论基础上的规则体系,经过

多年发展和不断完善已形成成熟的规则与结构，完全能够应对个体性具体化损害的救济。但是，面对整体性系统化的生态环境损害，侵权损害论显得力不从心。《民法典》关于生态环境恢复责任的规定以及生态文明体制改革建立的生态环境损害赔偿制度，实际上是为妥当处理社会矛盾而对传统损害论的不断创新与突破。在我国，民法规范中的恢复原状被狭义化，其适用本身有很大的局限性。而金钱赔偿的范围不仅能涵盖价值赔偿，而且还将支付恢复原状费用作为赔偿纳入其中。于是，金钱赔偿弥补受害人的“差额”损失被通说视为最主要的侵权责任承担方式。但在环境损害中，金钱赔偿不能实现为人提供必要生存环境的目标，只能是不得已的选择，修复生态环境才是最必要的救济方式。

但是，在环境法上，处于不断运动过程中的生态系统，任何一个环节要素都不是民法意义上的“物”，也不存在民法意义上的“恢复原状”，对其修复必须采用特定标准和方法。与此同时，生态环境问题的解决还必须高度重视其社会性特征，采用“集体而非个人的方法”，从受害人救济出发建立相关各种制度的协作关系，替代修复、第三方修复都是这种协作的具体体现。生态环境修复责任充分体现了现代社会的损害救济制度尊重不同损害事件之间的规范差异性以及由此呈现的复合功能，以实现价值共融、损害共救。由此看来，生态环境修复责任是以“生态恢复”为理论基础的新型损害救济责任，其旨意在于重建生态系统的自组织性和可持续性，并不是民法“恢复原状”意义上的物理性恢复，也不是填补“差额”意义上的价值赔偿。这意味着，生态环境修复责任已大大超越了传统民法侵权救济理论，目标在于恢复被破坏的生态环境而非求取经济赔偿。在此意义上，《民法典》第1234条、第1235条的规定是贯彻“绿色原则”的特殊条款，其理念、适用方式都不同于非传统的民法侵权制度，因此，需要按照生态环境法理念重新解释。

（二）《民法典》第1234条、第1235条与生态文明体制改革方案并非完全一致

在我国生态文明体制改革过程中，先建立环境公益诉讼制度，后出台生态环境损害赔偿制度改革方案，虽然生态环境损害赔偿制度改革方案明确了有生态环境损害赔偿诉讼，但一直没有立法加以确认。为此，最高人民法院《关于审理生态环境侵权责任纠纷案件适用法律若干问题的解释》被认为具有“造法”意义。我们看到，在《民法典》颁布之前，有关生态环境损害赔偿诉讼的司法解

释将其与环境公益诉讼进行了一定程度的区分。但是,《民法典》第1234条、第1235条所规定的“生态环境损害赔偿”实际上将环境公益诉讼、生态环境损害赔偿诉讼进行了“整合”。从目前各种《民法典》适用解释读物中,这种规定似乎是民法学者未能充分了解在环境法治实践中有“环境公益诉讼”与“生态环境损害赔偿诉讼”两种不同的诉讼形式,也不了解“生态环境损害赔偿”有特定含义的结果而作出的。而最高人民法院在《民法典》出台后,根据第1234条、第1235条的规定,实际上将原来的两个司法解释进行合并,采取了“生态环境损害赔偿”的概念,但并未说明此“生态环境损害赔偿”与生态文明体制改革文件中的特定含义是否一致。在2022年与生态环境部等部门联合出台的《生态环境损害赔偿管理规定》中,这一问题同样存在。这种将环境公益诉讼与生态环境损害赔偿诉讼“混同”的结果,使人们将司法裁判中的“生态环境损害赔偿金”与行政磋商中“生态环境损害赔偿资金”混为一谈,资金管理与使用乱象由此而生。

三、几点建议

2024年,全国人大常委会已正式启动了生态环境法典编纂工作,有关生态环境损害赔偿责任制度存在的问题,有望在法典编纂过程中加以解决。但生态环境法典编纂还有一个过程,案件审判并不会停止。为此,提三点建议:

1. 认真梳理现有司法解释和指导性案例,针对司法实践中存在的问题,专门出台司法解释,对《民法典》第1234条、第1235条的适用进行详细规定,特别是澄清相关概念及其相关责任承担方式的适用方法、基本程序。

2. 加快推进环境资源审判实质性“三审合一”,促进形成以“生态恢复”为目的的司法理念,防治和及时纠正环境资源审判中的“一赔了之”。

3. 积极与有关部门沟通配合,对环境公益诉讼与生态环境损害赔偿诉讼是两类不同诉讼形态、具有不同的责任承担方式、相关资金管理和使用应做分类规定等达成共识。

非常期待,经过大家的共同努力,更好发挥司法在长江大保护中的作用。

谢谢大家!

3. 加强生态环境司法制度建设　构建高质量的司法保护制度体系

中国法学会副会长、最高人民法院咨询委员会副主任委员　江必新

尊敬的各位领导，各位嘉宾，各位专家，各位朋友：

大家上午好！

首先，我对第二届长江大保护司法论坛的成功举办表示祝贺。湖北省高级人民法院作为这次活动的主办方，邀请我参加这样一个非常有意义的活动，并给我主题发言的机会，我表示衷心感谢！

这么多年来，湖北省各级法院在最高人民法院的指导下，在湖北省委的领导下，深入贯彻习近平生态文明思想和习近平法治思想，坚决落实长江经济带发展战略，充分发挥环境资源审判（以下简称环资审判）职能作用，对长江大保护作出了重要贡献。在这个过程中，湖北法院不仅审理了大量的生态环境方面的案件，而且积累了很多好的经验。通过不断完善裁判规则体系，建立了一系列生态环境保护制度，为长江大保护和湖北省经济高质量发展作出了重要贡献。对此，我们应当予以充分肯定。

借这个机会，我就加强生态环境司法制度建设和高质量的生态环境司法保护制度体系谈一点个人看法，供同志们参考。

第一，生态环境保护司法制度不健全，已经成为生态环境司法保护的主要"瓶颈"。习近平总书记多次强调，"制度建设带有根本性、全局性、稳定性、长期性"；"要夯实'中国之治'的制度根基"；"要加快建设公正、高效、权威的社会主义司法制度"。在生态环境保护方面，强调"要用最严格的制度、最严密的法治保护生态环境"；"要更好发挥法治固根本、稳预期、利长远的保障作用"；"坚持依法应对重大挑战，抵御重大风险，克服重大阻力，解决重大矛盾"；"要聚焦法律制度的空白点和冲突点，统筹谋划和整体推进，加快建立健全国家治理体系"；加快建设"满足人们日益增长的美好生活需要的法律必备制度"。总之，

习近平总书记对制度建设给予了高度重视。但是当下生态环境保护方面的制度建设还不尽如人意，司法生态环境审判最重要的任务，就是要加快制度建设的步伐，尽快构筑高质量的生态环境司法保护制度体系。

第二，当前生态环境司法审判制度建设需要重点关注以下一些问题。一是要进一步健全跨行政区划跨流域相对集中管辖的司法管辖制度，以解决环境司法审判方面的主客场问题，从而提升司法的公信力。二是要进一步健全完善环境资源审判专门化制度体系，解决司法尺度不一、裁判标准不一的问题。三是要进一步完善生态环境公益诉讼制度以及多元化纠纷解决机制，建立符合公益诉讼特点的制度体系。四是要进一步健全评估鉴定制度，以解决目前鉴定难、鉴定贵、鉴定乱的问题。五是要进一步健全专家陪审员、生态环境技术调查官以及咨询专家库制度，为环境资源审判提供专业技术支撑。六是要进一步完善修复性的裁判规则和制度，以充分体现环境资源审判的规律和特点。七是要进一步健全修复性判项的执行制度，以确保生态环境得到切实恢复。八是要进一步完善生态环境损害赔偿资金的管理使用制度，最大限度地发挥环资审判的最优效能。九是要进一步完善环资审判的内外部协作制度，以提升环资审判的协同保护水平。以上九个方面，是我们当前完善制度建设必须重点关注的一些问题。当然，这些问题并非全部，之所以提炼出这九个问题，是想表达一个观点，就是在制度建设方面，我们要久久为功。

第三，要努力提升生态环境司法制度的质量和水平。首先要坚持顶层设计与基层创造相结合。中央要做出总体规划和设计，同时也要发挥基层的创造作用。事实上近年来，各地法院都创造了很多好的经验，也建立了一些好的工作机制，需要我们进行认真总结，上升为我们的政策、制度、法律。二是要坚决贯彻系统性、整体性、协调性、时效性的基本要求，要注意体系化建构。三是要特别重视法律授权制度，授权司法机关制定司法解释和规范性文件来不断完善制度，尤其是要授权司法机关利用典型案例，以典型案例方式来不断完善相关规则，在条件成熟的时候，进行生态环境制度的体系化建构。四是要坚持实践标准，力求好使、管用，用实践来检验我们的制度是否良善、是否正确、能否解决实际问题。如果实践证明这些制度还有问题，我们就应该及时地再进行修改完善。五是要坚持问题导向、目标导向和效果导向的有机统一。要奔着问题去，解决现实中存在的主要问题,就要通过制度来打通解决问题的通道,解决堵点难点问题。六是要善于借鉴其他国家和地区的有益经验。最近我们通过研究国外的一些生态环境司法保护制度,发现有些国家也建立了一些值得借鉴的好的制度,我们要认真进行分析,对我们有益有用的,应该积极地借鉴吸收,完善我们的制度,提高我们的制度质量。在借鉴时,要重点考察相关制度是不是真正有价值、能否推动我们的生态环境保护及制度建设。

生态环境司法保护制度建设是一个艰巨、复杂、长期的系统工程,需要丰富的法治建设智慧和经验。正是在这个意义上,我们期待与会领导专家贡献自己的聪明才智,期待本次论坛取得圆满成功！祝在座各位身体健康、工作顺利！

谢谢大家！

4. 发挥环境司法职能作用　服务长江流域治理现代化

最高人民法院环境资源审判庭庭长　吴兆祥

长江是中华民族的母亲河，也是中华民族永续发展的重要支撑。习近平总书记一直高度关注长江生态环境保护和经济社会发展，多次赴长江沿线省市考察，先后四次主持召开座谈会并发表重要讲话。总书记关于长江大保护的系列重要指示批示擘画了长江经济带高质量发展蓝图，也为人民法院加强长江生态环境司法保护指明了方向。

党的十八大以来，人民法院坚持以习近平新时代中国特色社会主义思想为指导，深入践行习近平生态文明思想和习近平法治思想，认真执行《长江保护法》，坚持为大局服务、为人民司法，用最严格制度最严密法治保护长江流域生态环境，统筹推进长江流域生态环境高水平保护和经济社会高质量发展。具体表现在以下方面：

一是流域内生态环境案件审判工作有力有效。长江流域各级法院依法妥善审理各类破坏生态环境疑难、新类型案件，创新适用多种裁判执行方式，统筹推进长江流域生态环境高水平保护和经济社会高质量发展。湖北法院发送司法建议，督促行政机关落实生态修复监管责任；江苏法院在“长江特大非法采砂案”中判决将修复费用跨省移交生态环境受损地安徽铜陵法院组织实施修复；重庆法院判决明知系珍稀濒危野生动物而非法销售的行为人承担生态破坏赔偿责任，服务长江十年禁渔。法院裁判有力保障长江流域生态环境整体保护、系统修复目标的实现。

二是流域生态环境保护裁判规则不断完善。强化司法解释制定，发布生态环境侵权责任、禁止令、惩罚性赔偿、环境证据等多项司法解释，统一裁判尺度。强化司法政策供给，发布《关于贯彻〈中华人民共和国长江保护法〉的实施意见》，《贯彻实施〈长江保护法〉工作推进会会议纪要》，总结流域审判经验、明确审判规则,配套《长江保护法》实施,强化长江流域生态环境保护和修复,推动长江流域绿色发展。强化案例释法工作,发布涉长江保护的专题指导性案例,充分发挥案例的裁判指引、法治宣传、教育警示作用。

三是长江流域环境资源审判体系不断健全。坚持一体化保护和系统治理,立足流域保护特点和治理需要,推进跨行政区划集中管辖机制,刑事、民事、行政案件"三合一"专门审判机构。建设并上线运行"上下贯通、横向联通"的全国环境资源审判一张网,以信息化助推专业化建设。

四是流域生态环境司法协作不断深化。2018 年 9 月长江经济带 11 个省(自治区、直辖市)及青海省高级人民法院签署《环境资源审判协作框架协议》后,江苏、浙江、上海、安徽四省市高级人民法院签署《关于全面加强长江三角洲地区人民法院司法协助交流工作的协议》《长三角环境资源司法协作框架协议实施细则》,重庆、四川、贵州、云南四省市高级人民法院签署《环境资源审判协作框架协议》,湖南省、湖北省高级人民法院签署《环洞庭湖环境资源审判协作框架协议》,加强人民法院之间在立案、审判、执行方面的工作协调对接,建立远程立案、在线庭审、电子送达、修复资金移送等配套机制,形成长江流域生态环境保护合力。

五是流域生态环境多元协同共治局面形成。积极开展行政与司法协同合作,优化与检察机关、公安机关、行政执法机关之间在信息通报、形势会商、证据调取、线索移交、纠纷化解、生态修复等方面的衔接配合,不断完善生态环境保护多元共治格局。如湖北省高级人民法院联合水利部长江水利委员会、交通运输部等部门出台《关于加强行政执法与司法审判协调联动共同推进长江生态环境保护的若干意见》,协同推进长江流域生态环境保护修复。

新时代新征程,人民法院要全面贯彻落实党的二十大精神和全国生态环境保护大会精神,严格贯彻执行《长江保护法》等法律法规,认真学习落实第十四届全国人大常委会第六次会议对人民法院环境资源审判工作的专题审议意见,持续做深做实张军院长提出的能动司法、绿色发展、系统保护、最严法治、协同治理五大环境司法理念,全力推进环境资源审判工作再上新台阶,为推动长江流域高质量发展与高水平保护提供更加坚强有力的司法服务。在此,我建议重点聚焦以下几个方面工作。

一是完善环境资源专门化审判组织体系。环境资源案件高度专业化需要专门化审判组织。目前,已有30个高级人民法院及兵团分院成立环境资源审判庭,南京、兰州、昆明、郑州、长春、乌鲁木齐等中级人民法院专设环境资源法庭,包括基层人民法院共有环境资源专门审判机构、组织2813个,涵盖四级法院的专门化审判组织体系基本建成。长江流域环境司法专门化起步早、发展快,6个环境资源法庭就有4个设在长江流域。今后要聚焦精细化设置和实质化运行,将组织建设重点从"做多"转向"做强",合理确定环境资源法庭受案范围,推进机构和人员聚焦主责主业,履行好环境资源审判职责使命。

二是做实环境资源审判"三合一"。截至2023年11月,全国共有1159个法院实行环境资源刑事、民事、行政审判职能"三合一",536个法院实行刑事、民事或者民事、行政审判职能"二合一",44个法院积极探索涵盖执行的"三加一"。下一步,要加快推进刑事、民事、行政审判职能从"物理"的聚合到"化学"的融合的转化增效,充分发挥"三合一"模式在贯彻生态理念、统一裁判尺度、培养专业法官、提升审判质效等方面的优势作用,实现"1+1+1>3"的效果。

三是完善环境资源案件集中管辖。长江的一体化、系统化和整体性保护,需要一定程度的集中管辖,要坚持符合生态环境保护客观规律,因地制宜。集中管辖要同时落实两便原则,通过巡回审判、网上办案等配套措施,最大限度地方便当事人诉讼。加强与检察机关、公安机关等部门沟通协调配合,尽力争取党委政法委统一部署,研究制定更精准更具操作性的集中管辖实施方案。

四是着力做实能动司法。生态环境保护预防优先,更要做实能动司法,抓好前端,治好未病。积极主动融入"进一步推动长江经济带高质量发展"工作大局,依法延伸环境资源审判职能,优化、创新诉源治理、多元解纷、司法建议等方式方法。在法律规范的裁量空间内,努力寻找最佳处理方案,努力实现"三个效果"有机统一,努力追求最佳生态效果。充分发挥目前已经建立的流域派出法庭、巡回法庭、司法服务工作室的审判功能作用,深入一线、贴近群众,努力实现"审理一案、教育一片、影响一方"的法治效果。

五是持续深化流域多元协同共治。长江大保护,必然要强化长江流域系统治理、整体治理、协同治理。协同治理首先是流域法院之间的协同,其次是公安机关、检察机关、法院等司法机关之间的协同,再次是司法、执法、立法的协同,最后是审判案件和群众参与之间的协同。加强与检察机关、公安机关、行政执法等部门沟通配合,建立健全执法司法衔接联动机制;在统一执法司法尺度、案件线索移送、追究损害责任、环境修复执行等方面协同发力;在推动"省际共商、生态共治、全域共建、发展共享"格局落实落细上展现司法担当;推进长江流域江河湖泊、上中下游、干支流、左右岸的生态环境协同保护、综合治理,努力实现环境资源保护执法司法与源头治理双赢、多赢、共赢。

六是加强环境立法研究工作。生态环境法典编纂工作已经正式启动,检察公益诉讼立法也列入立法计划。下一步要高度关注,积极参与立法。深入总结审判实践经验,提炼法律规则,特别是要推动完善事关生态环境保护体制机制,为立法机关积极建言献策,促进环境法治健全完善。

5. 拓展长江保护检察公益诉讼的案件范围

最高人民检察院第八检察厅副厅长　邱景辉

长江大保护在生态环境保护乃至生态文明建设中具有标志性和极端重要性。检察公益诉讼作为习近平法治思想在公益保护领域的生动实践和原创性成果,重点在生态环境司法领域与中央环保督察衔接协同,与环境资源审判同频共振,积极探索承载中华优秀传统文化的治理方案,得到国际社会高度评价。最高人民检察院(以下简称最高检)深入贯彻落实"拓展公益诉讼案件范围""完善环境公益诉讼制度"重大改革部署,持续在监督理念、体系、机制、能力的"拓展"上做文章,积极构建有利于高质量发展、高品质生活、高效能治理的长江大保护检察工作格局。长江检察经验在黄河保护等大江大河流域治理领域得到复制推广。

为贯彻落实习近平总书记关于准确把握新征程上推进生态文明建设需要处理好的"五个重大关系"的要求,检察机关有必要积极稳妥拓展长江流域生物多样性保护、气候变化应对、无障碍环境建设、文物和文化遗产保护等领域检察公益诉讼案件范围,并将国有资产保护和交通、建设、采矿、化工、新能源、旅游等产业安全生产预防性公益诉讼贯彻其中,加强与生态补偿制度改革的耦合,从青海的长江源到上海的入海口,线上线下全流域系统监督保障《长江保护法》《青藏高原生态保护法》《海洋环境保护法》等相关法律的统一正确实施。

一、拓展检察公益诉讼案件范围的规律和规则

习近平总书记在党的十八届四中全会亲自设计"探索建立检察机关提起公益诉讼制度",党的十九届四中全会决定"拓展公益诉讼案件范围",党的二十大部署"完善公益诉讼制度"。探索、拓展、完善"三步走",一脉相承的党的主张,与时俱进的改革举措,指引着检察公益诉讼在党的绝对领导下守正创新、蓬

勃发展,在国家治理体系和治理能力现代化的制度安排中,立足法律监督本职,担当公共利益代表的新时代光荣使命。

探索建立检察机关提起公益诉讼制度,自2015年7月1日起在北京等13个省(自治区、直辖市)开展为期两年的试点。2017年7月1日,修改后的《民事诉讼法》《行政诉讼法》正式确立检察公益诉讼制度。随着这项制度全面推行,办案数量持续增长,截至2023年上半年已立案办理各类公益诉讼案件超过80万件,年均上升14.6%。对于一些诉前检察建议解决不了问题、具有示范引领意义的案件,通过"诉"的确认推动类案治理、诉源治理。这其中,生态环境和资源保护始终是重中之重,占据超过50%的案件比例。

与此同时,检察公益诉讼案件范围从制度建立之初的生态环境和资源保护、食品药品安全、国有资产保护、国有土地使用权出让4个法定领域,逐步拓展为"4+N"的履职格局。截至2023年10月,已有23部现行法律规定了检察公益诉讼条款,涉14个法定领域。

检察公益诉讼相关法律规定从无到有,立法供给不断补强,制度机理、内在规律和相互关系也更加明晰。在此过程中,全国人大全体会议通过大会决议批准《最高人民检察院工作报告》关于拓展公益诉讼案件范围的工作安排,授权检察机关开展相关领域的法律监督。

2019年的《最高人民检察院工作报告》提出"完善公益诉讼检察制度,注重督导规范,探索拓展办案范围,更加注重质量效果"。2020年提出"规范公益诉讼检察工作,拓展办案范围,积极、稳妥办理安全生产、公共卫生、生物安全、妇女儿童及残疾人权益保护、网络侵害、扶贫、文物和文化遗产保护等领域公益损害案件"。2021年提出"积极推进涉军公益诉讼,部署军用机场净空专项监督,助力强军兴军""坚持提质效、拓领域,创新公益诉讼检察办案机制"。2022年提出"在办好法律明确赋权领域公益诉讼案件的同时,积极稳妥办理网络治理、金融证券、知识产权、文物和文化遗产保护、妇女权益保障等新领域案件"。2023年提出"强化老年人、妇女儿童、残疾人、新就业形态劳动者等特殊群体权益司法保护""突出抓好法律明确赋权领域公益诉讼办案工作,积极稳妥办理新领域案件。促进立法,完善检察公益诉讼制度"。

回顾"4+10"法定领域拓展轨迹,有两条清晰的主线:

一条主线是尊重和保障人权。依据《国家人权行动计划(2021—2025)》,经济、社会和文化权利,公民权利和政治权利,环境权利,特定群体权益,广泛涉及检察公益诉讼“4+10”领域。拓展的重点是加强特定群体权益保障。这类案件范围保护对象特定,保护事项有的特定,如捍卫英雄烈士荣誉、名誉;有的保护对象不特定,如军人地位和权益保障不限于荣誉、名誉,还包括严重影响军人有效履行职责使命的其他相关合法权益;未成年人保护是全领域,妇女权益保障则是“列举+兜底”。最高检正在积极稳妥探索的残疾人、老年人权益保障,外卖骑手等新业态灵活用工劳动者权益保障,以及下一步拟加强的少数民族权益保障和涉侨检察公益诉讼,都是特定群体权益保障的延伸拓展。特别是,最高检复制推广杭州经验,在全国部署开展无障碍环境建设检察公益诉讼,有力推动无障碍环境建设专门立法,并且将无障碍环境建设的保障对象从残疾人、老年人等特定群体扩大为全体社会成员,全方位体现国家和社会文明的标志。

另一条主线是推进国家安全体系和能力现代化。着力提高公共安全治理水平。坚持安全第一、预防为主,在安全生产领域突出预防性检察公益诉讼,推动公共安全治理模式向事前预防转型,并推广到文物安全领域。统筹食品安全、粮食安全、生物安全、耕地安全,在农产品质量安全领域发挥检察公益诉讼的综合治理效能。在网络治理领域,以个人信息保护为基点,以反电信网络诈骗为底线,以互联网反垄断为抓手,着力维护个人信息安全、网络安全、数据安全,并向金融安全等新领域拓展。

“4+N”法定领域不断拓展,遵循着《民事诉讼法》《行政诉讼法》确立检察公益诉讼制度时对案件范围的“等”外开放式立法原意,是在预留发展空间中对相关规定的具体化、规范化。

与此同时,生态环境和资源保护、食品药品安全、国有资产保护、国有土地使用权出让这四大传统领域,也在细分领域和纵深拓展。例如,2023年5月,最高检组织特约检察员赴山东调研视察检察公益诉讼工作时,中国政法大学教授侯佳儒建议检察机关在跨流域跨区划治理黄河生态环境同时注重保护黄河文化遗产。他对河南洛阳市瀍河回族区人民检察院督促保护“老子的传说(孔子入周问礼)”等民间文学非物质文化遗产行政公益诉讼案给予高度评价,并大力宣传推广。

案件范围不断拓展,彰显了检察公益诉讼作为完善预防性法律制度的价值取向。检察机关在强调依法能动履职,突出补位兜底功能的同时,注重防控越位扩权的风险。特别是,虚心听取批评意见,自觉接受包括社会监督在内的各方面监督。2020 年 9 月 18 日最高检出台《关于积极稳妥拓展公益诉讼案件范围的指导意见》,明确强调从严把握新领域案件的立案条件。要求新领域案件立案应当同时满足国家利益或者社会公共利益遭受严重侵害或者存在重大侵害危险,人民群众反映强烈;侵害行为违反法律强制性规定,具有明显的违法性;现有行政执法制度机制严重失灵或者存在明显短板,难以有效解决公益侵害问题;没有其他适格主体可以提起诉讼,难以通过普通民事、行政、刑事诉讼有效实现公益保护这四个条件。并且列出负面清单,规定经评估新领域案件线索具有以下情形之一的,不宜立案:一是通过私益诉讼可以有效解决权利救济的;二是保护特定公共利益可能影响其他公共利益,容易引发或者加剧社会矛盾的;三是存在重大争议的新生事物或者历史遗留问题,相关行政法规缺位或者如何治理有待进一步凝聚共识的;四是行政机关对所涉公益侵害事实正在依法履职,有明确处理意见或具体处理措施的。实践证明,这一指导意见对规范探索新领域监督办案发挥了重要作用。自 2021 年 7 月 1 日起实施的《人民检察院公益诉讼办案规则》,进一步细化强化了办案规范。

经过近十年发展,检察公益诉讼已逐步成为明显区别于民事诉讼、行政诉讼的独立诉讼形态,呈现出鲜明的监督和治理特点,独具中国特色。特别是,检察民事公益诉讼与检察行政公益诉讼并存,并以检察行政公益诉讼为主;非诉监督与提起诉讼相衔接,以诉前督促行政机关自我纠错为优先目标;多主体提起的公益诉讼并存,同时赋予检察机关作为国家法律监督机关的更重责任。正是源自中国特色社会主义制度的显著优越性,检察公益诉讼制度在世界上独树一帜,迅速成为世界法治文明新样本、新形态,对国际公益诉讼制度发展作出了开创性贡献。2023 年 9 月公布的《十四届全国人大常委会立法规划》把制定“检察公益诉讼法(公益诉讼法,一并考虑)”列入一类项目。正如应勇检察长指出的,制定一部适应时代发展需要的检察公益诉讼法,是世界法治史上前无古人的开篇之作,是具有标杆意义的法治大事件。

二、拓展长江保护检察公益诉讼案件范围的方式和路径

从习近平总书记2018年4月在武汉座谈会上阐述推动长江经济带发展需要正确把握的五个关系，到习近平总书记2023年7月在全国生态环境保护大会上提出准确把握新征程上推进生态文明建设需要处理好的“五个重大关系”，充分彰显长江大保护在生态环境保护乃至生态文明建设中的标志性和极端重要性。伴随这一历程，作为习近平法治思想在公益保护领域生动实践和原创性成果的检察公益诉讼，突出其创新性和开放性，重点在生态环境司法领域积极探索承载中华优秀传统文化的治理方案，得到国际社会高度评价。

2023年10月20日，来北京出席第三届“一带一路”国际合作高峰论坛的欧洲环保协会首席执行官桑顿先生称赞：“没有哪个国家像中国这样，意识到生态破坏和环境污染问题的存在后迅速铁拳出击，并在极短时间内取得了卓越成效。其中，检察公益诉讼制度占据了特殊且重要的位置。在最高人民检察院的领导下，中国各级检察机关积极办理生态环境公益诉讼，并以开放包容的心态不断深化国际合作与交流，探索公益诉讼制度不断完善的有益做法。另外，在公众参与领域，中国是走在欧洲前面的。诸如‘益心为公’志愿者等制度，让公民有更广泛的渠道为检察机关提供线索与支持，为完善检察工作积极建言献策。相信随着检察公益诉讼法的出台，中国的检察官将手握更加有力的武器，更好地践行检察公益诉讼制度这一独具特色的中国智慧。”

桑顿先生还说，“中国检察官的理念非常先进，通过国际公约履约，来推动司法系统的改变，从而增大案件影响力，这一理念十分超前。利用大数据办案的思路非常前沿。在大数据和AI领域，中国已经走在前面。未来在技术上、立法上和司法上都可以进一步探索合作，取得更多成就。”

正如桑顿先生所言，近年来，最高检持续在“拓展”上做文章，积极构建有利于高质量发展、高品质生活、高效能治理的长江大保护检察工作格局。先后在上海、浙江、江西举办了四届服务保障长江经济带发展检察论坛，长江检察经验在黄河保护等大江大河流域治理领域得到复制推广。央视《今日说法》2023年11月25日至29日重磅推出的五集纪录片《守护黄河秀美安澜》，就是“拓展”成果的生动展示。最高人民法院新发布长江保护专题的5件指导性案例中

有4件是检察公益诉讼案件。

说起“拓展”,已经自觉融入检察公益诉讼监督理念、体系、机制、能力现代化的全过程。理念方面,不断拓展一体履职、综合履职、能动履职的开放视野。例如,湖北省检察院第八检察部原主任王朝阳检察官,在办理最高检交办的长江非法捕捞案件线索时,建议北京检察机关对辖区内传播电捕鱼视频的网络平台开展专项监督,线上线下双管齐下,使不在长江流域的北京也能为长江禁捕依法履职。王朝阳检察官深入宜昌调查核实长江船舶污染的场景还历历在目,《今日说法》在全国生态日的特别报道《长江船舶污染治理专案》中,留下了致敬英雄的特写镜头。2022年最高检直接立案办理长江船舶污染公益诉讼专案,目前沿江11个省(自治区、直辖市)检察机关同步办理关联案件540余件,推动多部门协同、全流域联动治理。如今,船舶污染治理检察公益诉讼已经在淮河等其他流域延伸拓展。最近被联合国环境署授予2023年度“地球卫士奖”的浙江台州海洋塑料废弃物治理“蓝色循环”项目,其中的重要贡献包括将船舶和船员从海洋塑料废弃物的制造者转化为治理者,这一中国模式正在走向世界。同时,积极学习借鉴其他国家和地区的成功经验。欧洲环保协会龙迪主任、蒋博雅律师提供的欧洲国家通过征收船舶燃油税、废物处置税等并将其中部分税款作为处理船舶产生污染物的费用,为内河船舶污染治理提供充足经费保障“事前强制缴税,事后免费使用”模式,最高检专案组正在研究如何推动在中国转化应用。

体系方面,优先拓展检察公益诉讼研究基地。最高检支持在郑州大学检察公益诉讼研究院率先开设公益诉讼法学专业本科、硕士、博士学历教育。2023年11月25日,郑州大学发布全国首部《检察公益诉讼蓝皮书(2023)》,举办检察公益诉讼高质量发展和专门立法研讨会。武汉大学环境法研究所受最高检委托在2022年11月5日《湿地公约》第十四届缔约方大会开幕之际发布了湿地保护检察公益诉讼典型案例,并在“双碳”目标下气候变化应对及海洋检察公益诉讼等领域与最高检展开合作,期待早日成为最高检新的检察公益诉讼研究基地。

机制方面,着力拓展与审判机关、行政机关的深度协作。最高检深化长江经济带检察办案跨区域协作机制,制定实施《关于长江经济带检察机关办理流域环境资源案件加强协作配合的意见》,推动沿江省市检察机关陆续形成 20 余项协作机制,探索建立长三角环太湖流域、长江流域生态环境行政公益诉讼异地管辖制度。2023 年,积极推动杭州互联网法院与余杭区检察院会签互联网检察公益诉讼协作意见,推动上海市检察院第三分院与上海海事法院建立海洋自然资源与生态环境司法保护协作机制。武汉海事法院目前是我国 11 家海事法院中唯一总部设在非沿海省份的涉外海事审判机关,与四川、湖北、江西、湖南、安徽、重庆检察机关在长江流域治理中的司法协作,有待进一步加强。最高检还将指导湖南、贵州加强检察公益诉讼与生态保护补偿制度改革的衔接配合,督促协同行政机关落实好《湖南省人民政府办公厅关于深化生态保护补偿制度改革的实施意见》《贵州省危险废物跨省转入生态保护补偿机制试点方案》。

能力方面,积极拓展"益心为公"志愿者等智力支持和数据赋能。为在司法实践中践行全过程人民民主,引导公众广泛有序有效参与检察公益诉讼。最高检研发建设"益心为公"志愿者检察云平台,2023 年 2 月在浙江海宁召开现场部署会,在全国全面推广上线,并持续指导各级检察机关围绕增加志愿者规模、发挥志愿者作用、做好志愿者服务、提升工作效能等方面持续推进,配套建立了一系列工作机制,办理了一批志愿者参与、监督和支持的案件,构建了多元化人员结构、专业化背景知识、多环节参与办案和线上线下同步对接的新模式,形成了全社会共建共治共享的公益保护新格局。截至 2023 年 12 月 15 日,全国检察机关共招募注册"益心为公"志愿者 110665 人。志愿者共通过平台提报并推送至检察办案系统的高质量线索共 10085 条。各级检察机关通过公益诉讼案件专家咨询网共发起案件咨询、邀请参与听证、邀请跟踪观察共计 13355 件,"益心为公"志愿者的参与及贡献正日益成为检察公益诉讼"标配"的发展态势。与此同时,最高检持续推动数字检察与公益诉讼检察深度融合、相辅相成。2023 年全国检察机关大数据法律监督模型竞赛模型展示中的江苏省无锡市锡山区人民检察院"区块链 + 长江船舶污染治理"监督模型,福建省平潭综合实验区人民检察院的非法占用海岸线类案法律监督模型,广东省清远市人民检察院的督促依法监管超范围、超量采矿等涉矿类案监督模型,四川省成都市人民检察院、成都市龙泉驿人民检察院的违法抽取地下水公益诉讼类案监督模型等,都可以用于长江保护检察公益诉讼案件范围拓展的提质增效。

三、拓展长江保护检察公益诉讼案件范围的精准性和规范性

习近平总书记在进一步推动长江经济带高质量发展座谈会上强调"继续加强生态环境综合治理,持续强化重点领域污染治理,统筹水资源、水环境、水生态,扎实推进大气和土壤污染防治""深入发掘长江文化的时代价值""在维护国家粮食安全、能源安全、重要产业链供应链安全、水安全等方面发挥更大作用,以一域之稳为全局之安作出贡献"。

正在编纂的生态环境法典强调"生态环境"内涵应兼具狭义"环境""资源""生态"三大面向,体现贯穿政治、经济、社会、文化建设全过程和各环节的"大环保"格局。

下一步,检察机关将积极稳妥拓展长江流域生物多样性保护、气候变化应对、无障碍环境建设、文物和文化遗产保护等领域检察公益诉讼案件范围,结合贯彻执行《青藏高原生态保护法》《海洋环境保护法》等相关法律,统筹推进长江流域生态环境保护和经济社会发展。

一是积极拓展长江经济带生态环境和资源保护领域案件范围。继续深化长江船舶污染防治专案办理,推动长江干流支流一体治理。因地制宜部署专项行动,配套土壤污染、大气污染、噪声污染、光污染防治检察公益诉讼办案指引,精准解决长江流域大水面生态增养渔业、塑料等固体废弃物污染、矿山生态保护修复、水土保持、沿江农村人居环境整治、入海口海洋生态系统保护等美丽长江建设亟待进一步解决的突出问题;主动研究探索气候变化应对检察公益诉讼,发挥 ESG(Environmental、Social、Governance 的缩写,是一种关注企业环境、社会、公司治理绩效而非传统财务绩效的投资理念和企业评价标准)的作用,防范金融产品、投资策略或公司对环境或气候产生积极影响的性质和程度作出虚假、欺骗性或误导性陈述/声明的"漂绿"行为造成的不正当竞争,管控绿色金融风险。

二是稳妥拓展长江经济带安全生产等其他法定领域案件范围。出台安全生产领域检察公益诉讼办案指引,注重发挥检察公益诉讼预防功能,切实加强特种设备安全以及化工污染治理、尾矿整治、综合交通运输体系安全生产等司

法保障。围绕突发事件应对管理法的立法完善，加强对矿山、金属冶炼、建筑施工单位和易燃易爆物品、危险化学品、放射性物品等危险物品的生产、经营、运输、储存、使用单位应急预案情况，应急救援器材、设备和物资配备情况，对生产经营场所、有危险物品的建筑物、构筑物及周边环境开展隐患排查等情况的监督，督促协同监管部门和责任主体及时采取措施管控风险和消除隐患，防止发生突发事件。

三是探索拓展长江经济带文物和文化遗产保护等新领域案件范围。推动长江文化公园建设。用足用好最高检、住房城乡建设部联合印发的《关于在检察公益诉讼中加强协作配合依法做好城乡历史文化保护传承工作的意见》，深入学习文化和旅游部、国家文物局、国家发展改革委联合印发的《长江文化保护传承弘扬规划》，主动加强与当地文化旅游等部门沟通协作，重视办理沿江文物和文化遗产保护领域公益损害案件，督促加强沿江革命红色文物保护修复、传统村落保护，协同推进长江文物和文化遗产系统保护。

四是做深做实长江沿线无障碍环境建设检察公益诉讼。落实《无障碍环境建设法》的法律责任中"依照相关法律法规的规定进行处罚"、依法进行政务处分及追究民事、刑事责任。检察公益诉讼着力"激活"《残疾人保障法》《老年人权益保障法》《道路交通安全法》《防震减灾法》《公共文化服务保障法》，以及《民法典》《职业教育法》《体育法》《法律援助法》等法律中的无障碍环境建设条款，通过督促协同行政机关在相关法律规定执行中努力做到有法必依、执法必严、违法必究。协同各部门各方面大力开展无障碍环境理念的宣传教育，通过公益广告、志愿服务等方式普及无障碍环境知识，体验式、沉浸式传播无障碍环境文化，融合社会主义核心价值观，借助正反两方面典型案事例释法说理，持续提升全社会的无障碍环境意识，真正实现无障碍改造众望所归。结合监督办案，积极推动国家标准、行业标准、地方标准、团体标准、企业标准建设，通过标准化建设增强实施的强制性，并切实将无障碍检察公益诉讼监督办案情况纳入文明城市、文明村镇、文明单位、文明社区、文明校园等活动的评审内容。

实践证明，中国特色检察公益诉讼制度植根于中国国情、政情、社情，传承了"天下大同""无讼"等中华优秀传统文化基因。检察机关充分发挥诉前督促履职作用，促进行政机关、侵权主体等依法履职尽责，以更高效率、更低成本争取最佳办案效果,95%以上的公益损害问题都在诉前得到解决。对于一些诉前检察建议解决不了问题、具有示范引领意义的案件,通过“诉”的确认推动类案治理、诉源治理,以督促之诉、协同之诉发挥激活、补漏、兜底作用,破解“九龙治水”难题和“公地悲剧”,形成了公益司法保护的创新方案。相信拓展长江保护检察公益诉讼案件范围将有利于更高效率、更小成本地实现长江司法保护的最佳效果。

6. 打造长江大保护司法保障升级版

——关于设立长江生态法院的几点思考

武汉大学教授、上海政法学院特聘教授,
最高人民法院环境资源司法研究中心学术委员会副主任、
最高人民法院环境资源审判咨询专家　王树义

一、问题的提起

长江经济带发展是我国经济社会发展的重大战略部署,也是习近平总书记十分关注的重大问题。党的十八大以来,围绕长江经济带发展问题,习近平总书记亲自主持召开了四次座谈会。八年四次座谈会,每两至三年召开一次,足见总书记对这一问题的重视。

2023 年 10 月 12 日,习近平总书记在江西省南昌市主持召开了第四次座谈会,主题为"进一步推动长江经济带高质量发展",从而释放出党中央要求全社会在长江大保护上下更大功夫的重要信号。对于这一点,我们应当有一个清醒的认识。

座谈会总结了近八年来我国在推动长江经济带发展方面的成功实践,同时习近平总书记明确指出,长江流域生态环境保护和高质量发展正处于由量变到质变的关键时期,取得的成效还不稳固,客观上也还存在不少的困难和问题,要继续努力加以解决。

困难如何克服,问题怎样解决,这就是这次座谈会上习近平总书记提出来的摆在全社会面前的任务。

于司法界而言,显而易见的问题就是,如何进一步加强长江经济带高质量发展的司法保障。何为长江经济带高质量发展的司法保障,统而言之,是指司法机关通过实施司法活动对长江经济带高质量发展予以保障。而具体到法院系统来说,即通过对涉及长江经济带高质量发展并引起诉讼的民事、刑事和行政案件进行高质量的审判,从而为长江经济带的高质量发展提供保障。那么,说到审判,自然就要涉及审判机构或审判组织的问题。因此,这就关联到我今天发言所要讲的主要内容——关于设立专门的长江生态法院的问题。

二、加强环境司法是保障顺利实施长江经济带高质量发展战略的客观要求

长江经济带是一个涉及沿江 11 个省(自治区、直辖市)、横跨东中西三大板块的经济带,面积约 205.23 万平方公里,占全国总面积的 21.4%,并且还有占“半壁江山”的人口规模和经济总量,其发展、兴衰事关全国发展之大局。推动和保障这样一个“大块头”的高质量发展,绝非易事。

首先,长江经济带高质量发展所依赖的发展基础,或者说支撑长江经济带高质量发展的核心资源是什么?当然是长江。发展的是长江经济带,而保护的应当是长江,是长江流域的生态环境。长江经济带“因长江而出,也因长江而兴,一定要认清这个因果关系”。习近平总书记强调,“从长远来看,推动长江经济带高质量发展,根本上依赖于长江流域高质量的生态环境”。

然而,现实的情况却是长江流域的生态环境堪忧。主要原因在于,“长江病了,而且病的不轻”。虽经几年的“诊治”,情况有所好转,但用习近平总书记的话来说,现在的长江只能说是“大病初愈”,还要经过很长一段时间的调养,方才可以担当长江经济带高质量发展之大任。而长江“大病初愈”的调养,自然离不开环境司法、环境审判的保驾护航。因为虽然长江目前已“大病初愈”,但其“病灶”,或者说诱发其生病的原因并未根除。具体而言,环境污染、生态破坏案件时有发生,它们在继续在侵蚀长江的“肌体”,损害其健康。长此以往,长江的健康很难彻底恢复,继而严重影响长江经济带的高质量发展。

其次,目前“长江流域生态环境保护和高质量发展正处于由量变到质变的关键时期,取得的成效还不稳固,客观上也还存在不少困难和问题,要继续努力加以解决”。而克服存在的困难和解决相关问题,无疑需要环境司法,尤其是环境审判活动的助力、加持。

这就是为什么说加强环境司法是保障长江经济带高质量发展顺利实现的

客观要求的主要理由。

三、设立专门的长江生态法院（或长江环境法院）是长江经济带区域环境审判工作的客观需求

1. 设立长江生态法院可以有效地改变目前长江经济带区域环境司法“各自为政”“自由裁量”的状况。目前,长江经济带区域11个省(自治区、直辖市)之间,在长江生态环境资源的司法保护方面处于一种“多龙治水”“各自为政”“各吹各的号、各唱各的调”的情况。同类案件,有的地方作为环境资源案件受理,有的地方则不受理,类案异判、裁判标准、尺度不一的现象并不罕见。

2. 由水体的流动性所决定。长江经济带区域经常出现污染发生地与污染损害结果发生地不一致的案件,特别是跨行政区域的案件,往往出现相关法院要么争着管,要么推诿不愿管的情况,造成流域环境司法的异象。

3. 由流域本身的特殊性所决定。凡流域都会涉及上中下游、左右两岸以及干流支流地区之间的利益冲突,长江经济带区域更为突出,涉及面更广,涉及11个省(自治区、直辖市)。在这种情况下,传统的地方化的环境资源司法,尤其是环境资源案件审理的地方化,极有可能形成“地方保护”,极不利于对长江全流域的有效保护,也不利于长江经济带区域生态环境的保护。

4. 目前,我国地方各级人民法院的设置与现有的行政区划基本一致,以行政区划为法院受理和审理案件的地域界限。这样的情况对流域环境资源司法而言,是不利的、不科学的。主要原因在于它难以顾及到整个流域的生态环境利益,难以顾及到全流域生态环境的整体性、完整性和不可割裂性。

5. 长江经济带高质量发展所依赖的长江流域,是作为一个整体来进行开发、利用和保护的。那么,相应地,长江经济带区域所产生的环境资源案件也理应交由统一的专门的审判机构进行审理裁决,以便集中统一行使长江经济带区域或整个长江流域环境资源类案件的管辖权。这样既可以避免环境资源类案件审判方面的“地方保护”,又有利于科学合理地开发、利用和保护全流域的整体生态环境。

以上五个方面是支撑本人提出设立长江生态法院的主要理由。

另外,《长江保护法》已颁布实施两年多了,但该法的实施,并不尽如人意。

从宏观方面来看,那是因为在对长江经济带的发展和对长江流域自然资源的开发、利用以及生态环境保护提供有力的司法保障问题上,有许多新的理论和实际问题并没有完全弄清楚;从微观方面来看,《长江保护法》的统一适用就是一个重要的问题。因为,长江流域包括支流在内涉及19个省(自治区、直辖市),欲使《长江保护法》在这样的一个范围内得到有效的统一实施,本身就不是一件容易的事。因此,建立一个专门的长江生态法院或环境法院,就显得十分必要和十分重要。它对于长江流域环境资源案件的统一管辖,理顺长江流域生态环境资源管理与保护关系,统筹推进长江流域水污染防治、水污染治理、水生态环境修复和水资源合理利用与保护都是非常必要的。

四、关于设立专门的长江生态法院(或长江环境法院)的具体建议

美国学者乔治·普林教授认为,环境司法专门化有效运行涉及12个方面:(1)审判组织形式;(2)法院的级别;(3)案件管辖权;(4)地域管辖范围;(5)案件数量;(6)运营开支;(7)原告资格;(8)法官的业务能力;(9)案件审理水平;(10)技术专家;(11)判决执行和救济能力;(12)非诉环境纠纷解决机制。

(一)关于审判机构和审判组织形式

建议采取"1院3庭"的形式:

1院——长江生态法院(或长江环境法院),建议设于武汉市。

3庭——依长江干流分别设3个生态法庭(或环境法庭),上中下游各设1庭。3个生态法庭应分别管辖上中下游的一审环境资源类案件,长江生态法院管辖二审的环境资源类案件。

(二)关于环境案件的审理程序

建议授权长江生态法院制定单独的案件审判程序,其他国家的相关经验可资借鉴。

印度:立法授权国家绿色法庭制定单独的环境案件审判程序。

菲律宾:制定了《环境案件程序规则》(被学者赞为"世上最完备的环境法庭实践规则之一")。

(三)关于环境案件所涉科学技术问题的解决

建议在现有环境案件审理中实行的"专家证人""专家鉴定人""专家辅助

人”“专家陪审员”等制度探索的基础上，结合我国知识产权案件诉讼活动中实行的“技术调查官”制度，探索建立统一的环境案件诉讼活动中的“技术法官”制度。

7. 比较法视野下的环境公益诉讼制度

夏　颖

我今天主要是想从比较法的角度，跟大家简短地分享一下我对公益诉讼制度的一些理解，包括中国在公益诉讼方面的经验总结，以及未来能够给世界其他国家的环境诉讼制度提供哪些启示。

公益诉讼制度作为一种通过司法机关对个人权利和公共利益进行保护的制度化形式，是在 20 世纪 60 年代美国的民权运动以及公益法的发展过程中出现。最早是在针对种族歧视的一些案例当中应用，当时是为了争取对黑人权利的保护，但是很快就扩展到了其他的领域，包括环境保护以及其他的弱势群体的保护，比如妇女、儿童、残疾人还有移民的保护，等等。从地域上来讲，它也经历了从美国、欧洲等国家和地区传播以及在国际法层面发展的过程。其中一个例子就是美国的国家环境政策法，对于国际环境法上的预防原则，以及其他国家的环境影响评价制度都有深远的影响。

关于传统西方国家公益诉讼的经验和特点，我个人觉得主要有两点。第一，它是以个人权利为出发点的公民诉讼为代表，而不是以保护集体或者公共利益为出发点。第二，它非常依赖于社会组织和公益律师这两个群体的合作和发展。因为今天我们会议的主题是长江保护，所以我在这边列的两个案例，都是跟水资源有关的。

第一个案例是 Concerned Area Residents for the Environment v. Southview Farms。它涉及美国纽约州一个奶牛场污染地表水和地下水以及附近的河流。在美国，尤其是在南部和西部的一些州，由于农业人口在政治选举中是很重要的选票，所以联邦政府对于管理农业活动造成的环境污染的态度是比较谨慎的，有很多如有机肥料使用的项目，它的许可在联邦的环境法律规范当中都被豁免了。但是该案是法院第一次明确确立对于像包括有机肥料使用等农业项目发展和操作都需要进行环保治理。该案以及后续的一些案件,也成功地促进了美国国家环境保护局对于农业污水许可和处理程序作出更明确的规定。

第二个案例,DuBois v. United States Department of Agriculture,也是美国法院对于引水或者调水工程可能造成的水污染作出的一个司法上的确认。法院第一次指出,在引水工程里面,除了一些化学污染元素的增加,它也可能导致泥沙等颗粒物的增加,还可能构成潜在的水污染等。像上一个案例一样,这个案例也是通过代表性案例或者说一系列的代表性的案例,促进了美国国家环境保护局出台和修订相关的引水规则,对引水调水工程的许可程序进行进一步的规范化。

对于以美国为代表的西方经验,主要有两点反思。第一,他们的主要策略是希望通过具有影响力的个案,也就是影响力诉讼,去推动更广泛的规则和制度的发展。但是这样的策略过度关注个案的政策性影响,可能导致在案件的选择当中,会忽略对于某些环境问题的解决以及对于受到影响的特定群体的利益保护。第二,由私人或者非国家主体主导的公益诉讼的模式,虽然一方面可以享受市场化主体带来的创造力,也就是发现问题和提供解决方案的创造性,但与此同时,对于这些作为原告的私人主体,包括环境公益律师还有环保组织,都要求他们拥有很高的资源调动能力。这里的资源调动既包括法律资源的调动,也包括经济资源的调动。并且经常作为原告的环保组织或者个人团体,他们是否能够真正地代表社会利益或者环保的公共利益,以及如何对这些承担环保法律监督职能的私人主体进行再监督,这些问题都是大家对于西方经验提出更多批判和反思的原因。

与此同时,近些年学术界除了更多地关注传统的西方视角以外,也关注其他的新兴国家在公益诉讼方面取得的创新和进展。我这里就以印度和巴西作为代表进行阐述。印度的公益诉讼制度是印度最高法院在 20 世纪 70 年代末设立的,虽然原告也是以个人主体为代表的,如公益律师和社会团体,但因为印度的最高法院在印度国内享有非常高的社会威信,所以法院在印度公益诉讼制度的建立当中扮演着一个非常积极的作用。比如法院内部会设立办公室听取民众的申诉意见,积极地筛选公益诉讼的线索,并且会为作为公益诉讼原告的个人和团体指定律师,委托调查,并且积极地创立一些新的宪法权利,比如说洁净空气权等,都是印度法院能动司法的表现。

另一个例子是巴西。巴西的公益诉讼制度与印度类似,但是是由国家机关,也就是联邦公共部所属的检察官作为原告。因为1988年的巴西宪法的修正案将联邦公共部确立为一个独立的机构,并且赋予了很大的调查权和公益诉权。所以在此之后,巴西的检察官在公益诉讼方面充分发挥了其在事实调查、诉前协商还有检察建议等多方面的优势,从而成功地推动了包括环境保护在内的很多公益保护的职能的履行。

在这里面列举了两个案例,第一个是印度的,第二个是巴西的。印度的案例是 Cmdr Sinha v. Union of India,在该案中原告要求联邦政府对恒河和及其支流所受到的污染以及水资源的利用和协调进行判决。印度最高法院在该案中要求恒河和支流所流经的各州政府,我记得是包括10个以上的州政府以及联邦的相关部门都派出代表,成立治理委员会。法院要求治理委员会每个月都定期见面,协商制定相关的治理方案,并向法院汇报执行进展。这也是印度最高法院能动司法的体现。

第二个案例是巴西的 Public Prosecution office of the State of São Paulo v. Imobiliaria Caravelas Ltda,在这个案例中,圣保罗当地的公益诉讼检察官,针对一个市政工程进行起诉。虽然市政工程本身是为了保护环境,但检察官认为该工程在实施过程当中,对于城市的湿地造成了破坏和再污染,所以提出了公益诉讼。法院也确认了水资源在城市这一人口密集的环境中是非常重要的,并且城市的湿地对于气候变化的调节也具有很关键的作用。所以尽管工程本身是为了环境保护,但最终法院还是支持了检察官的诉请。

对于印度和巴西的经验,我的观察也有两点。第一,他们的制度设计相对来讲可能会更适应发展中国家的国情。因为在这些国家的社会力量,包括社会组织以及公益律师团体的发展,都是相对滞后的,在法律和经济方面,他们可能不会像西方国家一样拥有社会力量的支持。而在这些国家当中,国家机关尤其是法院和检察院在职权、人力、资金和威信方面相对于社会组织而言都拥有明显的优势,因而可能更适合主导公益诉讼。另一方面,我们也都看到,不管是巴西还是印度的司法机构,包括检察院和法院,都在积极地与各种社会力量进行配合,共同促进公益诉讼的进步。这样的配合既包括在诉讼前端的问题发现和线索筛查,也包括诉讼后端的对执行的持续监督,还有对于案件在社会和媒体上的宣传。

关于环境公益诉讼中的中国经验,我认为中国现在所形成的以检察院为主力军,由法院来发挥能动司法,其他社会力量也充分参与公益诉讼这样的协同治理,其制度条件已经初步具备。从立法的角度来讲,尤其是在民事这一块,不管是《民事诉讼法》还是《环境保护法》,都规定了包括检察院和社会组织在内的诉讼主体资格。并且,民事诉讼中的支持起诉制度,既允许检察院去支持公益组织的诉讼,也为社会组织在检察院的公益诉讼当中提供协助提供了空间。

我认为在公益诉讼中,国家机关和社会力量还是有很多可以优势互补的地方。一方面,从检察院的角度来看,因为我们全国有 3000 多个基层检察院,检察院在资源调动的能力上是社会组织所不能比拟的。但另一方面,因为检察院需要从事的公益诉讼不仅仅是在环保领域,也包括很多其他的领域,而且在环保领域又有包括水污染、空气污染等领域的细分。在这些细分的专业领域当中,社会组织可以提供一些能力建设还有资源共享方面的支持。另外,社会组织在诉讼风险的承受能力上可能是相对更强的,因为他们想要去做一些影响力诉讼,去尝试一些前沿问题,所以他们能够并且愿意去承担一些败诉的风险。所以我认为在这一方面双方也可以互补,从而发挥彼此的优势。这样的互补不仅仅体现在解决具体的环保问题方面,也包括规则和制度的创新。

根据两个我调研过的例子,分别在陕西和贵州,当然我相信其他地方还有更多的创造性的例子,我也非常希望向大家继续学习。在陕西,我看到有多个检察院都和环保社会组织进行合作,在信息共享、案件移送、支持起诉和联合培训方面都有比较深入的探索。尤其是在农村的小水域的水污染方面,还成功地形成了数个国家级的和省级的典型案例。这里不仅有社会组织向检察院移送案件线索,也有检察院支持社会组织进行起诉的案件。

在贵州,我看到了一个环境共治的模式,即由我国的第一家环保法庭——清镇法院环保法庭进行居中协调,检察院和社会组织共同参与并促进当地的工业区中的企业相互监督,再由社会力量和国家机关对企业进行再监督。这个模式的成果主要体现在对诉源治理的推动,尤其是在诉讼前端防止和化解纠纷,而不只是局限于通过诉讼进行争议解决。而在此过程当中也可以提升企业的环保自我治理的意识,有利于营造更有利的营商环境。

总结一下,我认为协同治理可以出现在诉讼的各个阶段:既包括前端的信息共享、线索移送,也包括中期的支持起诉和资源互补,同时更重要的是后期对于司法判决和检察建议的执行监督。在这样的模式下,国家机关和社会力量可以在公益诉讼过程中形成全方位的互动。另外,在规则创新的过程当中,也可以由不同的力量来共同起到推动作用。比如,社会组织可以针对一些前沿问题进行试水,从而评估那些相对比较新颖的法律观点或者环境问题的社会影响和公众反馈。在此基础之上,检察院可以帮助推动创新观点的制度化和传播,尤其是跨区域的经验传播。最后,法院在整个过程中可以发挥能动司法和居中协调的作用,从而推动整个互动过程的良性发展。

编 后 语

第二届长江大保护司法论坛由来自国（境）内外相关领域专家学者广泛深度参与。为持续发挥长江大保护司法论坛的辐射效应，巩固拓展论坛成果，促进转化运用，编委会高度重视文集编写，众多专家学者并给予大力指导与帮助。

鉴于本文集编选时间紧、审校工作量大，加之编者水平有限，如有疏漏和不足之处，敬请读者谅解，并欢迎向编委会反馈意见。感谢广大读者的关心与支持！

2024 年 2 月 20 日